TEXTES DE LA RENAISSANCE
31

Mémoires et autres écrits
1574-1614

Cet ouvrage a été publié pour la première fois en 1999
dans la collection *Textes de la Renaissance* dirigée par Claude Blum.

Marguerite de Valois

Mémoires et autres écrits

1574-1614

Édition critique par Éliane Viennot

PARIS
CLASSIQUES GARNIER

Éliane Viennot est professeuse émérite de littérature française de la Renaissance. Spécialiste des autrices de cette période et éditrice des œuvres de Marguerite de Valois, elle mène des recherches sur l'histoire des relations de pouvoir entre les sexes.

Réimpression de l'édition de Paris, 1999.

ISBN 978-2-406-13220-2 (livre broché)
ISBN 978-2-8124-5758-6 (livre relié)
ISSN 1262-2842

Remerciements

Je tiens à remercier tout particulièrement les professeurs qui m'ont encouragée dans ce travail : Madeleine LAZARD , qui a dirigé ma thèse sur Marguerite de Valois à une époque où le sujet paraissait bien insignifiant ; Jean BALSAMO, Marie-Madeleine FRAGONARD et Alain VIALA, les autres membres de mon jury de thèse, qui ont jugé cette aventure éditoriale nécessaire ; Jean-Pierre BABELON, Nicole CAZAURAN, Claude-Gilbert DUBOIS, Arlette JOUANNA et François MOUREAU, membres de mon jury d'habilitation, qui ont permis qu'elle commence de voir le jour ; et Claude BLUM, qui lui a donné vie en l'acceptant dans la collection des Textes de la Renaissance.

Je remercie également Véronique LE RU, philosophe, des lumières dont elle m'a fait profiter pour l'analyse du Discours docte et subtil.

Je veux enfin remercier du fond du cœur tous ceux et toutes celles qui, vivant avec moi ou me fréquentant, ont dû vivre avec Marguerite et la fréquenter durant toutes ces années, et sans la confiance et l'affection desquelles je n'aurais pu mener à bien cette entreprise.

LISTE DES ABRÉVIATIONS

BA : Bibliothèque de l'Arsenal (Paris).
BAN : Bibliothèque de l'Assemblée nationale.
BBi : *Bulletin du Bibliophile.*
BHPF : Bibliothèque d'Histoire du Protestantisme Français.
BM : Bibliothèque municipale.
BNF : Bibliothèque nationale de France.
BSACP : *Bulletin de la Société des Amis du Château de Pau.*
CSP : Calendar of State Papers.
COR : *Correspondance* de Marguerite de Valois, éd. Viennot.
DM : *Discours* de Brantôme sur Marguerite, in *RD*.
ital : caractères italiques.
LCM : *Lettres de Catherine de Médicis*, éd. La Ferrière.
LH4 : *Recueil des lettres missives d'Henri IV*, éd. Berger de Xivrey.
MAZ : Bibliothèque Mazarine (Paris)
MEJ : Bibliothèque Méjane (Aix-en-Provence).
MJ : *Mémoires-Journaux* de Pierre de L'Estoile, éd. Tricottel et *al.*
MMV : *Mémoires* de Marguerite, éd. Guessard.
ms : manuscrit (ms fr. : manuscrits français).
n.a.f. : Nouvelles acquisitions françaises.
NFT : *Négociations de la France avec la Toscane*, éd. Desjardins.
NRSS : *Nouvelle Revue du Seizième Siècle.*
NUC : *National Union Catalog.*
OC : *Œuvres complètes* de Brantôme, éd. Lalanne.
RD : *Recueil des Dames* de Brantôme, éd. Vaucheret.
RHLF : *Revue d'Histoire littéraire de la France.*
RJ : *Registres-Journal* de Pierre de L'Estoile, éd. Lazard & Schrenck.
rom : caractères romains.
RQH : *Revue des Questions Historiques.*
RSS : *Revue du Seizième Siècle.*
VHI : *Vie des hommes illustres*, de Plutarque, éd. Pléiade.

Marguerite de Valois vers 1580.
Bibliothèque nationale de France, Cabinet des estampes.

AVERTISSEMENT

La correspondance de Marguerite de Valois – quelque cinq cents lettres échangées avec ses proches, ses alliés, ses amis, ses domestiques – a fait l'objet d'un premier volume de cette collection. On trouvera dans celui-ci les trois textes en prose qui demeurent d'elle : les célèbres *Mémoires*, le court *Mémoire justificatif pour Henri de Bourbon*, et le petit *Discours docte et subtil dicté* promptement par la reine Marguerite*. On y trouvera aussi les quelques poésies qui ont pu être retrouvées de toutes celles qu'elle dut écrire. On n'y trouvera pas, en revanche la *Ruelle mal assortie*, sortie de l'ombre au XIXe siècle, et attribuée à la reine en pleine phase de construction du mythe de la reine Margot par quelques éditeurs peu scrupuleux, et qui est en réalité un pamphlet dirigé contre elle[1]. J'ai également laissé de côté le mémoire en italien envoyé par Marguerite au roi d'Espagne en 1588 par l'intermédiaire de l'évêque de Comminges, qu'a analysé Charles Urbain[2]. La reine s'y exprimant à la troisième personne, on peut estimer qu'il a été rédigé par le prélat lui-même ou l'un des secrétaires de la reine, à partir de ses directives.

C'est la première fois que l'ensemble de ses écrits est réuni et mis à la disposition du public. L'entreprise était indispensable pour que la dernière des Valois, qui fut pour ses contemporains comme

1. *Cf.* mon étude (1992). On peut le lire dans l'édition Cazaux des *Mémoires*, pp. 173-181.
2. *BBi* 1891, pp. 416-423. L'original est aujourd'hui aux archives Simancas de Madrid. Cette pièce très importante pour la connaissance de la reine et de son activité politique à la fin des années 1580 vaudrait cependant la peine d'être traduite et étudiée.

pour sa postérité une « femme qui compte », tant du point de vue culturel que politique et religieux, sorte de l'ornière de la petite histoire scandaleuse où les promoteurs du mythe de la reine Margot l'ont fait chuter – quelles que soient d'ailleurs leurs intentions bonnes ou mauvaises ; pour qu'elle soit enfin étudiée en raison de ce qu'elle a *fait* et de ce qu'elle a *écrit*, et non plus seulement des rêveries ou des polémiques qui se sont nourries d'elle.

Il se trouve que ces textes sont pour l'essentiel autobiographiques. L'appareil critique a donc été conçu pour éclairer, autant que faire se peut, leur contexte historique et personnel, pour permettre à la fois de comprendre et de juger ce que la reine a écrit. Il ne saurait toutefois tenir lieu de biographie de l'auteur, et je me permets de renvoyer ici une fois pour toute (ou presque) à celle que je lui ai consacrée (*Marguerite de Valois : histoire d'une femme, histoire d'un mythe*, 1993), où figure la plupart des propos tenus sur elle, et où sont discutés tous les points obscurs ou « litigieux » de son existence, en fonction des interprétations données par mes devanciers et des connaissances mises au jour par les études récentes. A quoi s'ajoutent quelques articles réalisés depuis, approfondissant tel ou tel aspect de la vie ou de l'œuvre de Marguerite et que l'on trouvera de même dans la seule bibliographie, à côté d'autres témoignages du renouveau que suscite, depuis quelques années, la première mémorialiste de notre littérature.

* Ce signe marque les mots ayant changé de sens ou n'étant plus répertoriés dans les dictionnaires courants, et qui sont explicités dans le glossaire.

PARTIE I

MÉMOIRES

1594-?

MEMOIRES
DE
LA REYNE
MARGUERITE.

Derniere Edition plus correcte.

A GOVDE,

Imprimez chez GUILLIAUME DE HOEVE, Maistre Imprimeur demeurant à l'Imprimerie.
M. DC. XLIX.

Ne extra hanc Bibliothecam efferatur. Ex obedientiâ.

Mémoires, édition Guillaume de Hoeve, 1649.
Bibliothèque nationale de France.

INTRODUCTION

La reine Marguerite mourut à Paris en mars 1615 à l'âge de soixante-deux ans, si célèbre que son corps fut exposé à la vue des Parisiens et que toute la Cour porta le deuil. Elle était alors, dira Dupleix son secrétaire, « cherie et honorée de tous les Ordres du Royaume, pour les royales conditions qui avoient tousjours paru avec un merveilleux esclat en elle : et mesmement la pieté, la devotion, l'affection envers l'Estat, l'honneur envers les Lettres, la magnificence, la courtoisie, l'affabilité, et l'estime de la vertu[1]. » Le talent littéraire n'apparaît pas dans cette liste, et pour cause : officiellement, Marguerite n'avait publié, ou plutôt laissé publié, que son petit *Discours docte et subtil*, quelques mois avant sa mort, et une longue « lettre ouverte » au duc de Nevers[2].

Cette célébrité était du reste relativement récente, au contraire de sa notoriété dans les milieux de la Cour, acquise dans sa jeunesse, et dont le *Discours* de Brantôme demeure le meilleur témoignage[3]. Ce n'est qu'à l'extrême fin du siècle, en effet, que la dernière fille de Catherine de Médicis et d'Henri II avait commencé de

1. Scipion Dupleix, *Histoire de Louis le Juste*..., p. 72 [80].

2. Elle s'était également arrangée pour faire publier quelques-unes de ses poésies, mais pratiquement dans l'anonymat.

3. Pierre de Bourdeille (1540?-1614), abbé commendataire de Brantôme, fils cadet de François de Bourdeille et d'Anne de Vivonne. Fidèle d'Henri II, attaché aux Guises puis à François de Valois, il avait eu une carrière militaire aventureuse avant d'être victime d'une chute de cheval qui l'immobilisa sur ses terres périgourdines plusieurs années. Il y travailla à la rédaction des différents Discours qui constituent ses Mémoires, dont un est consacré à Marguerite. Pour d'autres écrits d'auteurs sur la reine, *cf.* également l'étude de Catherine Magnien-Simonin.

conquérir la sympathie générale (mise à part celle des factieux) en acceptant de faire annuler son mariage avec Henri IV, après l'arrivée au pouvoir de celui-ci – quitte à laisser la place enviée de reine de France à une autre, plus jeune, qui pourrait avoir des enfants ; c'était le seul moyen pour que la paix civile s'installe durablement dans le royaume. Mais c'est surtout son retour dans la capitale en 1605, après vingt ans d'exil auvergnat, qui avait fait de la reine Marguerite – son nouveau nom – une figure de premier plan : pour les artistes et les érudits, qu'elle reçut magnifiquement dès qu'elle eut réorganisé sa cour, bien plus brillante que celle du Louvre ; pour le régime des premiers Bourbons, auquel elle avait apporté un soutien matériel et symbolique de taille, non seulement en « divorçant », mais aussi en faisant don à la Couronne de tous ses biens ; pour l'Église catholique, dont elle finançait depuis deux décennies déjà les efforts de Réforme, et pour laquelle sa bourse fut à Paris plus largement ouverte que jamais ; pour le peuple enfin, vers lequel se dirigeait souvent sa générosité, en ces temps où la « reprise économique » laissait tant de gens sur le carreau.

Cette popularité aurait dû s'amoindrir avec le temps, avec la mort de ceux qui en avaient été les témoins, et le nom de la reine Marguerite venir se ranger sagement dans les livres d'histoire, parmi ceux d'autres héros et héroïnes victimes ou survivants des guerres de religion. C'était sans compter avec la publication de ses *Mémoires*, treize ans après sa mort, dont le succès devait faire d'elle l'un des auteurs les plus lus et les plus appréciés du XVIIe siècle – avant de la transformer en héroïne de romans.

Car le texte a beau être titré *Mémoires de la reine Marguerite*, le personnage qui en est le centre n'est pas la dame âgée, plutôt corpulente, mi-farfelue mi-bigotte, que l'on avait vu régner sur Paris à l'époque de la poule au pot. C'est au contraire une jeune femme, en butte au roi, à la reine mère, aux favoris, à la Fortune, mais qui garde le front haut, qui reste par devers soi indépendante, fière, et qui s'amuse à dénoncer les travers du pouvoir, le roi livré à ceux qui le « possèdent », l'existence des « cabales », le suivisme des courtisans, le courage des opposants... Dans les années 30 du XVIIe siècle, et jusqu'après l'établissement du règne personnel de Louis XIV, cette histoire parlait à beaucoup de monde. On comprend que les Frondeurs se soient arraché le livre, et qu'il ait donné à certains, à certaines, l'idée d'écrire leurs propres Mémoires. On comprend aussi que les romanciers y aient puisé à pleins bras les épisodes hauts en couleur, les amours malheureuses, les portraits des grands de ce monde, et que les historiens, comme le public, y aient cherché les secrets d'une Cour jamais auparavant (ni après[4]) décrite de l'intérieur de la famille royale.

I - À L'ORIGINE DES MÉMOIRES.

Écrire sa vie est devenu, dans la seconde moitié du XVIIe siècle, une chose relativement courante. A la fin du précédent, l'exercice était rare. Le genre était en gestation, il n'avait pas encore ses lettres de noblesse. Par ailleurs, aucune femme ne s'y était illustrée[5]. Qu'est-ce qui poussa donc Marguerite à s'y lancer ? Quelques réponses se trouvent dans les explications qu'elle fournit en ouverture de son œuvre, d'autres peuvent être déduites de l'analyse de l'œuvre elle-même. Pour le reste, on ne possède pas de documents permettant d'expliquer les circonstances exactes ni les motivations de la venue à l'écriture autobiographique de la reine. On en est donc réduit à reconstituer le faisceau des circonstances et des événements qui durent entrer en ligne de compte.

A. L'oisiveté.

Les indications temporelles qui apparaissent dans le récit prouvent qu'il fut écrit à Usson (Puy-de-Dôme), où la reine demeura de novembre 1586 à l'été 1605. La première mention de son mari, « qui maintenant est notre brave et magnanime roi » (p. 89), reporte plus précisément le début de la rédaction à une date postérieure à la fin de l'année 1593, et la dernière mention de Turenne, son « bon parent » (p 198), atteste que celui-ci n'était pas encore devenu, à l'époque où elle écrivait ces lignes, le comploteur qu'elle devait dénoncer à partir de l'année 1603. C'est donc en plein milieu de cette longue période d'exil, où Marguerite était libre de vivre comme elle l'entendait dans sa forteresse, mais non d'en partir, qu'elle s'est mise à l'ouvrage. Elle n'est pas en cela très originale : beaucoup de Mémoires d'Ancien Régime sont ainsi nés de périodes d'inaction forcée, imposées à leurs auteurs par la

4. A l'exception de la Grande Mademoiselle.

5. On ne peut pas considérer le texte de Jeanne d'Albret publié par de Ruble sous le titre *Mémoires* comme relevant de ce genre. Il s'agit d'un Mémoire justificatif, destiné à une divulgation immédiate et correspondant à un but politique précis – ce qui n'ôte rien à son aspect également inaugural et transgressif.

proscription ou la maladie, propices à la remémoration, et durant lesquelles l'écriture devient un moyen de poursuivre l'action.

Marguerite avait eu, jusqu'à son installation en Auvergne, une vie bien remplie et bien mouvementée. Elle avait grandi au temps des guerres civiles, transportée d'un château à l'autre quand un coup de main ou une armée menaçait la famille royale. Elle avait plusieurs fois suivi la Cour dans ses voyages, grandioses déplacements à travers les provinces, ponctués de réceptions, de retrouvailles, mais aussi d'accidents, de tempêtes, de naufrages. Elle avait traversé indemne la Saint-Barthélemy, tout en voyant tomber les cadavres autour d'elle. Elle s'était engagée dans la conjuration des Malcontents, qui s'était soldée par la mort des uns et l'emprisonnement des autres. Elle avait fait en Flandre une ambassade diplomatique qui avait failli mal se terminer, et elle était revenue en France à cheval, en une folle équipée. Elle avait participé à des pourparlers de paix et animé des cercles littéraires, mais elle avait aussi donné la main à des évasions, elle avait été prise en otage, assignée à résidence, ballottée entre les puissants comme une vulgaire poupée de chiffon. Elle avait même fini par prendre les armes, par faire le chef de guerre pendant plus d'une année... avant d'être arrêtée.

Nul doute que l'inaction devait lui peser. Les témoignages que l'on possède de la longue parenthèse auvergnate disent qu'elle passait son temps à prier, à lire, à écrire (des poèmes, des lettres, des chansons), à écouter ses musiciens, à voir des pièces, à recevoir la noblesse des environs ou des visiteurs plus lointains. Pourquoi pas à écrire sa vie, où tous les épisodes marquants, aventureux, dangereux, comiques, dérisoires, exaltants, seraient racontés ? Ceux qu'on trouve narrés dans ses *Mémoires* ont dû constituer, pour elle et pour ses proches, de bonnes occasions de rire, de trembler à nouveau, de se souvenir du « bon temps passé ».

B. La personnalité de Marguerite.

Si l'oisiveté prolongée pouvait pousser la reine vers la rédaction de ses *Mémoires*, d'autres facteurs étaient nécessaires pour qu'elle s'y lance, et avec cette maestria. Les plus structurels résident dans sa personnalité profonde. Dans sa culture, tout d'abord. Marguerite fut vraisemblablement la mieux instruite, ou la plus douée, des enfants de Catherine de Médicis et d'Henri II. Les nombreuses lettres autographes que nous possédons d'elle dévoilent ainsi que sa formation initiale avait été excellente (par exemple, elle n'oublie presque aucun accord des participes passés, ce qui pour l'époque est rare). Lors de la réception des ambassadeurs polonais, en 1573 – elle avait vingt ans –, elle fut la seule de la famille royale à pouvoir répondre à la harangue latine de l'évêque de Cracovie « sans s'ayder d'aucun truchement » dit Brantôme (qui y était), ce qui lui valut l'admiration générale[6]. A ces solides connaissances de base s'ajouta très vite une sorte de formation continue de qualité, grâce à sa participation aux académies savantes créées par ses frères, et au « salon vert » de son amie la maréchale de Retz ; grâce, aussi, à la fréquentation quasi ininterrompue des poètes et des savants qui dès cette époque gravitèrent autour d'elle, à la recherche, certes, d'un mécène puissant, mais aussi d'une oreille attentive et compétente. Enfin, elle sut mettre à profit ses périodes de retraite forcée pour lire à peu près tout ce qui lui tombait sous la main : les romans à la mode et les classiques de la littérature de cour, mais aussi les grands auteurs de l'Antiquité et ceux de son temps, les historiens, les Pères de l'Église, les médecins, les auteurs ésotériques...

Ces lectures furent certainement, pour Marguerite qui vivait désormais beaucoup parmi les Muses, un encouragement puissant à se mettre au travail. D'autant qu'écrire était pour elle une vieille habitude. Elle rédigeait des lettres, beaucoup de lettres, depuis très longtemps. Elle écrivait aussi – nous ne savons pas avec quelle assiduité – de la poésie. Mais elle avait fait plus que s'adonner à ces deux types d'écrits, alors communs chez les princesses de son rang. Au printemps 1574, alors que son mari était emprisonné à la suite du complot des Malcontents, elle avait rédigé, à sa demande, ce *Mémoire justificatif* qu'il devait présenter devant ses juges, et grâce auquel il les impressionna. Le style du *Mémoire*, son allant, sa justesse, prouvent d'ailleurs que la reine était d'ores et déjà un écrivain. Et si nous n'avons rien, hormis des lettres, entre ce texte et l'autobiographie, il est vraisemblable qu'elle en écrivit d'autres qui ne nous sont pas parvenus, comme le suggère Brantôme lorsqu'il dit que si quelqu'un pouvait « faire ung recueil, et [de ses lettres] et de ses discours, ce seroit autant d'escolle et d'aprentissage pour tous le monde[7]. » Or le seul Discours de Marguerite qui soit passé à la postérité est celui de l'année 1614, et il est très peu probable que Brantôme en ait eu connaissance.

6. *DM*, p. 131.
7. *DM*, p. 133.

Enfin, un dernier facteur personnel dut compter beaucoup dans sa décision de se mettre à l'ouvrage, et de s'inscrire précisément dans ce genre où seuls, jusqu'à elle, s'étaient illustrés des hommes d'État et des capitaines : l'extrême difficulté qu'eut la reine durant une bonne partie de son existence à réaliser qu'elle était une femme. Autrement dit, qu'un certain nombre d'activités et de positions ne lui étaient pas accessibles, ou du moins pas sans la mise en place de stratégies particulières, que les femmes d'État de l'époque devaient utiliser pour pouvoir s'imposer, et que Marguerite n'assimila qu'à la fin de sa vie. Les *Mémoires* avouent à de nombreuses reprises – dès la troisième phrase ! – cette difficulté à se sentir partie prenante d'un sexe méprisable, et la préférence nette à se reconnaître dans les figures masculines de l'Antiquité grecque ou de la Bible. Mais c'est le discours reconstitué du duc d'Anjou après Jarnac (pp. 81-82) qui livre le mieux la clef de ce brouillage. On y voit en effet le jeune prince si beau appeler sa sœur à sa rescousse, l'élisant « entre tous ceux que nous sommes de frères », l'élevant au rang de « second moi-même », et la faisant du même coup entrer dans la vie politique – là où leur mère regarde, là où l'on existe. Même si Marguerite, en écrivant ces lignes, veut mettre en évidence la rouerie de son frère, son récit révèle qu'elle grandit en osmose avec lui[8], s'identifiant à lui, forgeant sa personnalité dans cette fusion première, que le reste du texte atteste si souvent, et qui allait devenir rivalité mortelle.

Qu'elle fût un prince doué des mêmes pouvoirs, des mêmes facultés que ses frères, quoi de plus naturel, puisque sa mère était « roi » depuis si longtemps ? Et ce n'est pas son mariage, dans les premières années du moins, qui risquait de la détromper : Navarre avait besoin de sa protection et il l'appela même à son aide. En revanche, dès le premier séjour en Gascogne, son mari se révèle dans ses pires aspects, donnant raison contre elle à ses subordonnés, courtisant, voire engrossant ses suivantes, lui imposant le caprice de ses maîtresses, l'utilisant sans vergogne dans ses relations avec la Couronne – quitte à attirer sur elle les foudres du roi et de la reine mère. Les *Mémoires* sont pleins de ces accrochages : entre un mari et sa femme bien sûr, mais surtout entre l'idée que Marguerite se faisait d'elle-même et la réalité à laquelle elle avait été confrontée des années durant. Car lorsqu'elle prend la plume, la reine a beau

8. La réciproque pourrait d'ailleurs être envisagée.

venir de « faire sa paix » avec ce mari devenu roi, elle est toujours aussi révoltée qu'au premier jour par ce qu'elle voit (et dénonce) comme une tare personnelle du Premier Bourbon. Il lui faudra attendre encore quelques années avant de comprendre qu'il s'agit là d'une tare sociale, culturelle, politique, que c'est l'ensemble de son sexe qui est ainsi traité de manière désobligeante. Le trouble identitaire aura à ce moment presque entièrement régressé, et Marguerite aura récupéré cette fierté d'être une femme dont témoigne sa dernière œuvre. Mais alors, nous aurons un texte qui, pour être courageux, s'inscrit dans une longue tradition sans la transgresser, et non plus ce geste innovant, magistral, fondateur, en quoi consistent les *Mémoires*.

C. Une nouvelle situation politique et personnelle.

Cette mue identitaire, que l'écriture a dû accélérer, se préparait aussi sur d'autres terrains. Marguerite est en effet, lorsqu'elle se met à l'ouvrage, dans une situation particulièrement propice à l'élaboration d'un bilan personnel – et c'est un troisième facteur qui a dû la pousser à se lancer dans l'aventure. Les guerres civiles, tout d'abord, sont sur le point de prendre fin : la première avait commencé quand elle était enfant, la huitième et dernière durait depuis près de neuf ans... L'arrivée au pouvoir d'Henri IV, que l'on peut dater de la fin de l'année 1593 (après sa conversion, en juillet, la plupart des villes et des régions qui lui étaient encore hostiles l'ont reconnu, et Paris est chancelant), marque donc le début d'une période nouvelle : le monarque a éliminé ses concurrents, c'est bien un Bourbon qui succède aux Valois, et la paix à la guerre.

Marguerite est comme le royaume : elle émerge de cette période pleine de blessures, mais survivante. Hormis son mari, tous ses proches sont morts. Son père, son frère aîné, sa sœur aînée, elle les avait à peine connus[9]. Mais ceux qu'elle aimait le plus, ceux qui avaient compté et qu'on retrouve dans les *Mémoires*, ont disparu aussi : Charles IX, son « bon frère », en 1574 ; sa sœur la duchesse Claude de Lorraine, à peine un an plus tard ; son jeune frère François, dont elle avait servi la cause durant dix ans, est mort loin d'elle, miné par la tuberculose, en 1584 ; sa mère s'est éteinte aux

9. Henri II mourut accidentellement en 1559, pendant le mariage de sa fille Elisabeth, qui partit aussitôt vivre en Espagne et mourut neuf ans plus tard, alors que Marguerite ne l'avait revue qu'une fois. François II, qui monta sur le trône à la mort de son père, mourut de tuberculose l'année suivante.

premiers jours de 1589, quelques semaines après la tragédie de Blois (le meurtre des deux Guises), dépassée par l'ampleur du désastre, après s'être épuisée, durant trente ans, à « rhabiller » un royaume en état de constant déchirement ; Henri III, enfin, est mort assassiné par un moine fanatique, six mois plus tard... Depuis quelques années, Marguerite est donc « seule demeurée de sa race », comme disent ses contemporains, et prête à prendre une place nouvelle dans l'horizon singulièrement désencombré. Reste toutefois l'époux, qui lui est bien vivant, et plus puissant que jamais, mais qu'elle a « abandonné » en 1585, pour rejoindre un moment le camp de ses ennemis...

Or en avril 1593, sur le point de gagner la guerre de succession, le roi de Navarre a repris contact avec elle. Lui aussi veut solder le compte des mésententes conjugales. Plusieurs personnes l'y poussent dans cette nouvelle conjoncture. Ses conseillers politiques tout d'abord, au premier rang desquels se trouve Duplessis-Mornay, qui voient bien que la paix civile ne reviendra vraiment que lorsque le royaume aura non seulement un roi, mais une reine et un dauphin. Or la reine ne vit plus depuis longtemps avec le roi, et ils n'ont jamais pu avoir d'enfant. Il faut donc procéder à une annulation de ce mariage et en contracter un autre. Gabrielle d'Estrées, d'autre part, milite dans le même sens. Maîtresse du roi depuis trois ans, enceinte de leur premier enfant, elle se verrait bien dans le rôle de la future épousée – ce qui n'est pas du goût de tout le monde. Un émissaire royal s'est donc rendu en Auvergne pour faire à Marguerite les premières ouvertures, car son accord est indispensable pour entamer la procédure, et aussi pour confectionner une version des choses acceptable à Rome. Cet accord, la reine l'a donné tout de suite, sans arrière-pensées (voilà plusieurs années qu'elle a choisi « la vie tranquille[10] » et qu'elle attend l'occasion de reprendre contact avec l'héritier du trône), mais contre la promesse d'un rétablissement de sa situation : une pension confortable, le paiement de ses dettes, une « place de sécurité » bien à elle. Et le roi a accepté ses propositions... L'avenir semble donc grand ouvert, et la femme qui l'aborde est à bien des titres en passe de devenir une nouvelle femme[11].

---

10. C'est-à-dire la neutralité. L'expression est de Marguerite, dans une lettre à Brantôme (voir Annexe I, B).

11. La négociation relative au « démariage », dont on peut suivre les étapes dans ses échanges avec le roi et ses ministres, n'aboutira qu'en décembre 1599.

D. La réception du Discours *de Brantôme et la mise en chantier des* Mémoires.

Manquait à cet ensemble de conditions favorables un « événement déclenchant ». Cet événement, c'est la réception du *Discours sur la Reyne de Navarre* de son vieil ami Brantôme, cet admirateur de toujours, de quinze ans son aîné, à qui elle avait un jour « passé commande » pour qu'il écrive sa vie[12]. Le sujet lui paraissant bien « haut », il avait longtemps hésité. Mais une fois condamné à l'inaction, lui aussi, et relégué dans ses terres périgourdines, cet autre mal aimé du dernier Valois avait repris contact avec Marguerite (vers 1591[13]) et s'était mis à l'ouvrage. Il y était encore en 1592-1593, comme le prouve ce commentaire sur la forteresse d'Usson qui figure dans le *Discours* : « Elle l'a gardée desjà il y a six à sept ans[14] ». Un autre document vient resserrer la fourchette et suggérer que la reine dut recevoir le texte vers la fin de l'année 1593 : c'est son propre sonnet, « Ami qui vas cherchant... »[15], qui est, comme l'ouverture des *Mémoires*, une réponse au *Discours* de Brantôme, et qui est daté de décembre 1593 par un manuscrit.

C'est donc vers cette époque, à quelques semaines près, que Marguerite s'est mise au travail, comme le prouvent et la précision avec laquelle elle mentionne le *Discours* de son ami dans les premières pages de se son œuvre, et la phrase de sa dédicace où elle dit ne pas vouloir trop travailler au façonnage stylistique de son texte, « n'en ayant [...] maintenant le loisir » (p. 72). En effet, entre la reprise des relations avec son époux et son retour dans la capitale, le seul moment où la reine put croire que le temps pressait et que sa situation allait se dénouer remonte à cette fin d'année 1593, lorsque le roi et elle pensent que leur divorce sera l'affaire de quelques mois, et qu'elle se félicite de « l'heureux succès de [s]es affaires[16] ».

Marguerite conservera son titre de reine (mais non *de Navarre* ou *de France* : elle sera désormais la « reine Marguerite ») et deviendra protocolairement la « sœur » du roi ; nouveau nom, nouvelle place symbolique qui aideront au parachèvement de la mue identitaire.

12. Voir le sonnet « Vous me dites un jour... », Annexe I, A.

13. En témoigne la lettre de la reine qu'il cite dans son *Discours*, où elle remerciait Dieu de l'avoir installée dans son « arche de salut », Usson, « depuis cinq ans » (voir Annexe I, B).

14. *DM*, p. 159. Marguerite avait pris possession d'Usson en février 1587.

15. Voir *Poésies*, p. 293.

16. *COR*, lettre 257.

Dès le printemps suivant, elle se doute que la négociation sera plus dure que prévu, et ensuite, jusqu'en 1605, elle n'aura que quelques rares et très brefs espoirs, vite déçus, de quitter l'Auvergne.

II - LES OBJECTIFS DE LA MÉMORIALISTE.

L'ouverture d'un texte autobiographique est généralement le lieu d'un « pacte », comme l'a montré Philippe Lejeune : un lieu privilégié où l'auteur explique ses intentions, ce qui l'a amené(e) à prendre la plume, à qui il ou elle s'adresse, la manière dont il ou elle entend conduire son entreprise, parfois même s'engage à dire la vérité, toute la vérité, fût-elle peu reluisante. Aucun de ces ingrédients ne manque dans les premières pages des *Mémoires* de Marguerite de Valois, qui apparaissent ainsi comme l'un des premiers modèles du genre. C'est néanmoins l'ensemble du texte qui permet de comprendre la portée exacte de ces engagements, et ce que voulait faire la mémorialiste.

A. Rectifier le Discours *de Brantôme.*

Marguerite avoue, dans les premières lignes de son œuvre, à quel point elle est flattée par ce qu'elle vient de lire. Toutefois son premier mouvement est de prendre ses distances : le portrait d'elle qui s'en dégage n'a plus grand chose à voir avec la réalité, et surtout le récit de sa vie n'est que partiellement juste. Reprenant l'opposition entre Nature et Fortune sur laquelle Brantôme terminait son *Discours*[17], elle lui laisse la responsabilité de ses propos quant à la première (car « en ayant été témoin oculaire, vous n'y avez besoin d'instruction »), mais elle conteste ce qu'il avance quant à la seconde (car ce sujet ne peut être décrit « que par rapport », et les personnes fournissant l'information peuvent être « mal informées ou mal affectées »).

Dès ces premières pages, elle énumère les erreurs qu'elle a relevées dans le *Discours*, « qui sont : lorsque vous parlez de Pau et de mon voyage de France, quand vous parlez de feu Monsieur le maréchal de Biron, quand vous parlez d'Agen, et aussi de la sortie de ce lieu du marquis de Canillac. » Ces déclarations d'intention permettent de mesurer l'importance de l'élément réactif dans la mise en route des *Mémoires*, d'autant que la confrontation entre ce que disait Brantôme et ce que nous connaissons de la vie ou du

17. Voir Annexe I, c.

caractère de Marguerite révèle que, sur plusieurs de ces points, le *Discours* avait dû l'irriter.

L'essentiel de la rectification porte toutefois sur bien plus important : sur l'interprétation générale de sa vie. Placée à dix-neuf ans au cœur de la tourmente pour satisfaire à la Raison d'État, Marguerite avait dû, à chaque flambée de violence, choisir entre les camps – deux, bientôt trois – qui déchiraient la France, et que dirigeaient ses plus proches parents. La plupart de ces choix s'étaient révélés désastreux. Au lendemain de la Saint-Barthélemy, sa mère lui avait proposé de casser son mariage ; elle avait pris le parti de son époux, demeurant ainsi dans l'œil du cyclone. Dans la difficile succession de Charles IX, elle avait soutenu François contre Henri, et c'est François qui avait perdu. A l'ouverture de la dernière guerre civile, n'ayant plus aucune confiance en son mari, elle l'avait quitté, et c'est lui qui avait gagné. Enfin, au moment où sa mère lui tendait une dernière perche, elle avait refusé, croyant à un nouveau piège. Tous ces choix s'expliquaient, tous étaient honorables... ou presque. Mais au lieu de montrer comment un fait avait entraîné l'autre en une chaîne de malheurs à peine interrompue, le *Discours* de Brantôme semblait mimer cette vie brisée. Passant d'un souvenir à l'autre, bousculant la chronologie, ouvrant sur de longues digressions, se boursouflant d'hyperboles, il donnait (en dépit d'un plan voulu thématique : la beauté de Marguerite, son élégance, sa culture...) l'impression d'un miroir fait d'éclats recollés, rejointoyés (comme dirait une autre Marguerite) par le ciment des dithyrambes. Et au lieu de désigner les coupables de sa misère, le vieil admirateur, tout en dissertant sur l'acharnement de la Fortune, n'hésitait pas formuler sur sa princesse un jugement fort réaliste (que tant de commentateurs n'ont pas vu) : elle avait « le courage grand ! Helas ! trop grand certes, s'il en fust onq' ; mais pourtant cause de tout son malheur ; car si elle l'eust vouleu ung peu contraindre et rabaisser le moins du monde, elle n'eust esté traversée* comme elle a esté[18]. »

Ce miroir-là, Marguerite ne pouvait pas l'accepter, elle ne pouvait pas s'y reconnaître, et il n'est pas étonnant qu'elle le dise

18. *DM*, p. 143 ; le long discours de Marguerite à Madame de Dampierre que rapporte Brantôme peu après ce jugement (*ibid.*, p. 145) fournit un exemple magistral de l'orgueil de la reine. Le mémorialiste est sans doute d'autant plus triste d'en faire état que la discussion entre les deux femmes portait sur Du Guast, qui était son ami, et que la reine haïssait.

expressément dès les premières lignes de son œuvre, en évoquant « la vieille Madame de Randan » qui ne se reconnaissait pas dans le sien. Là est la raison principale de la décision d'écrire le récit de sa vie, et non une suite de notes sur les points où Brantôme s'était trompé. Pour expliquer son infortune, donner une autre image d'elle-même et de son existence, il fallait reprendre le fil de l'histoire, la retisser.

B. Donner une autre image d'elle-même et de sa vie.

Cette volonté de (re)mise en ordre est évidente dans les *Mémoires*. Elle se traduit d'abord par ce que Marguerite appelle la « liaison des choses précédentes avec celles des derniers temps » (p. 72) – autrement dit le choix d'un récit se déroulant de manière chronologique et ininterrompue. La chose peut paraître évidente, et elle l'est effectivement devenue, mais elle ne l'était pas à l'époque. La plupart des mémorialistes, avant elle, ne disent rien de leur enfance, rien de leur vie privée, et font se succéder les épisodes historiques comme autant de narrations autonomes. Par ailleurs, ils opèrent fréquemment des retours en arrière ou des anticipations, pour expliquer une cause ou une conséquence de ce qu'ils rapportent. Enfin ils ne sont pas rares à étendre leur récit sur des centaines, voire de milliers de pages – parfois fort indigestes. Marguerite au contraire prend grand soin de faciliter la lecture de son œuvre. Déroulant l'ensemble de son existence, elle en évoque les différents aspects, vise la concision, évite toute rupture brutale et semble s'interdire les décrochements temporels. Les rares anticipations que l'on trouve sous sa plume sont en réalité de brèves annonces de développements à venir, destinées à solliciter l'intérêt du lecteur[19], et les formules anaphoriques (« comme j'ai dit ») ne sont là que pour lui rappeler un fait déjà narré mais qu'il doit avoir à l'esprit pour comprendre le passage en cours[20].

D'autres phénomènes que cette remise en ordre chronologique travaillent à la rectification globale de l'image de la reine. Ainsi, Marguerite émet parfois sur l'événement qu'elle raconte un jugement vraisemblablement issu du temps de l'écriture (ou du moins d'une période intermédiaire entre l'époque qu'elle narre et

---

19. Voir notamment l'annonce du récit de la mort de Mademoiselle de Tournon (*Mémoires*, p. 157), et celle des malheurs qui attendaient la reine en France (p. 214).

20. Sur l'unique retour en arrière des *Mémoires*, voir *infra*, V, B.

celle où elle écrit) et qu'elle ponctue d'un laconique « comme il a bien paru depuis » ; il semble alors que le jugement a été émis au moment même, et que le temps n'a fait que le confirmer, ce qui donne l'impression d'une sagesse ou d'une maturité politique qui n'étaient peut-être pas les siennes à l'époque. Par ailleurs, les choix qui déterminèrent son parcours mouvementé ne sont pas évoqués en tant que tels : aucun temps d'arrêt n'est aménagé pour expliquer le sens des engagements en question, ni pour réfléchir rétrospectivement sur leur bien-fondé ou leurs conséquences ; le texte mentionne bien les décisions prises, mais comme s'il n'y avait pas d'alternative, et enchaîne sur l'épisode suivant. En revanche, l'attention du lecteur est orientée vers la tenace volonté de nuire à Marguerite de certains personnages, volonté qui préexiste aux événements et s'en nourrit, jouant le rôle de principe organisateur du récit. C'est le cas d'Anjou/le roi de Pologne/Henri III, dont la haine pour sa sœur paraît constituer le lien entre ses différentes identités, en même temps qu'elle assure l'enchaînement (parfois bien artificiel) de certains épisodes ; c'est le cas, aussi, de ses favoris, qui changent au fil des ans mais conservent la même fonction. Et lorsque Marguerite est à l'abri de leur malveillance, c'est l'« envieuse Fortune » qui prend le relais, assurant la « liaison des choses » précisément là où il n'y en a pas – voire masquant certaines connexions tout à fait humaines et tout à fait établies.

De cet autre récit émerge une autre image : celle d'une personne avenante, aimante, cultivée, capable, aimée de Dieu qui l'a toujours aidée, mais victime du « temps misérable », de la haine ou de l'indifférence de ses proches, de l'acharnement du destin. Sa faute est de n'avoir pas vu la perversion du monde autour d'elle, d'avoir été « trop jeune », « sans expérience » – et, quand tout allait bien, de n'avoir pas eu « à suspecte cette prospérité » (p. 84).

En soulignant l'importance de cette construction, on ne saurait conclure trop vite à la duplicité de l'auteur, à sa volonté de masquer ses responsabilités, à sa manipulation du réel. D'une part, si c'est bien elle qui organise son récit, ce n'est pas elle qui invente l'état de guerre endémique du royaume, qui eut des répercussions particulièrement cruelles sur l'unité de la famille royale, ni la concurrence entre favoris et parents du roi, qui dès cette époque revêtit l'allure d'une lutte au couteau (ce qui n'est même pas toujours une métaphore), ni l'instrumentalisation de la reine de Navarre, que tenta chaque parti. D'autre part, il est manifeste que la

Fortune intervient ici contre plusieurs personnes, et pas seulement contre elle. Enfin, on peut constater que les choix de ses alliés ou ceux de adversaires ne sont pas davantage analysés que les siens, qu'elle ne cherche pas plus à éluder ses responsabilités que celles des autres. Il faut bien admettre, d'ailleurs – quelle que soit la frustration que nous puissions en ressentir quatre siècles plus tard – que cette recherche n'appartient pas à l'époque. Que Marguerite ne tient pas tant à faire son apologie qu'à montrer ce qu'à son avis les malheurs du temps n'ont pas permis de voir : ses qualités, ses actions. Que, surtout, la conception du tragique qui est celle de son temps (et qui consiste précisément en l'acharnement du destin sur le héros, en dehors de toute prise en compte de ses actes bons ou mauvais) surdétermine le récit de la mémorialiste, jusque dans les moments où elle transforme sciemment la réalité.

C. Écrire des Mémoires, non de l'Histoire.

Cette version rectifiée des choses, Marguerite compte sur Brantôme pour la diffuser dans le monde. C'est en effet dans une division du travail rigoureuse entre elle et son admirateur de toujours qu'elle conçoit son œuvre, du moins au début de son entreprise : elle l'écrira, elle la lui enverra, et il réécrira l'histoire de sa vie – le *Discours* n'étant qu'un brouillon. Ce projet est clairement défini dans la dédicace, en même temps que ce qui distinguera les deux textes à venir : « Je tracerai mes Mémoires, à qui je ne donnerai plus glorieux nom, bien qu'ils méritassent celui d'Histoire, pour la vérité qui y est contenue nûment et sans ornement aucun [...]. Cette œuvre donc, d'une après-dînée*, ira vers vous comme les petits ours, en masse lourde et difforme, pour y recevoir sa formation. C'est un chaos duquel vous avez déjà tiré la lumière ; il reste l'œuvre de cinq autres journées. »

La différence faite ici entre Histoire et Mémoires mérite l'attention. Pour une part en effet, elle relève de ce qui est déjà devenu un cliché : depuis Commynes, tous les mémorialistes ou presque se démarquent de l'Histoire, tous ou presque soulignent leur « manque de métier », et la modestie de leur propos. C'est que l'Histoire est traditionnellement l'un des plus grands genres littéraires qui soient. Sa matière, faite de documents multiples, épars et divers, soigneusement compilés, est ensuite refondue en un discours ordonné et global, orné de tout ce qui fait la grandeur du genre depuis l'Antiquité grecque et latine : périodes savamment construites, harangues soigneusement reconstituées, maximes, développements mythologiques, parallélismes, leçons morales tirées des cas évoqués... Les mémoires en revanche sont des textes partiels, bruts, sans art, que rédigent parfois des acteurs de l'Histoire : ils sont l'une de ces sources qu'utilisent les historiens.

À la Renaissance toutefois, cette distinction n'est plus qu'un fable[21]. La marche en avant de l'absolutisme a engendré la multiplication de littérateurs surtout soucieux de plaire aux monarques, qui non seulement leur tressent des couronnes mais en outre « trafiquent » délibérément l'histoire du pays[22] ; l'art de l'historien, c'est alors surtout sa capacité à loger des mensonges sous les fleurs de la rhétorique. Du moins est-ce le sentiment de ceux qui font les frais de cette réécriture, notamment la grande noblesse menacée par les progrès de l'absolutisme, et qui entre en dissidence de manière récurrente à partir de cette époque[23]. C'est donc de ses rangs que, de plus en plus, se dégagent des auteurs de Mémoires (ceux auxquels nous mettons aujourd'hui une majuscule) : des « gens de terrain », animés d'une volonté farouche de faire entendre une autre musique que celle de l'histoire officielle, et persuadés que, pour manquer de « polissure », leur récit est supérieur à celui des scribes professionnels[24]. Aussi affichent-ils, dès les premières lignes, ce signe de leur indépendance, cette preuve de la validité de

---

21. J'emprunte l'expression à Frédéric Briot, *Usage du monde...*, p. 85.

22. *Cf.* l'étude de Colette Beaune, *Naissance de la nation France*. Il conviendrait à ce propos de noter que l'un des grands enjeux de cette réécriture, à l'aube de la Renaissance, était de faire croire à l'ancienneté de la loi française interdisant aux femmes l'héritage et la transmission de la Couronne, dite loi salique, d'invention toute récente (*ibid.*, ch. 9). Brantôme faisait là-dessus dans son *Discours* une très longue digression : il évoquait les polémiques que la question soulevait depuis des décennies parmi les historiens comme parmi la noblesse, traitait les arguments des partisans de la loi de « grands rebus et resveries » (*DM*, p. 137), et affirmait que, sans cette injustice, Marguerite serait reine de France depuis longtemps. Il est remarquable que la mémorialiste ne fasse dans ses *Mémoires* aucun commentaire sur ce sujet brûlant (la loi salique avait été au cœur de la dernière guerre civile, puisque c'est en son nom que le roi de Navarre avait revendiqué la Couronne, et pour son abolition qu'avaient milité les Ligueurs), mais elle devait avoir lu ce passage avec beaucoup d'attention.

23. *Cf.* l'étude d'Arlette Jouanna, *Le Droit de révolte*.

24. Un exemple parmi bien d'autres : Monluc, adressant « À la noblesse de Gascougne » ses *Commentaires*, souligne qu'« ils n'ont point de polisseure qui soit fardée, d'artifice qui soit exquis, d'ornement qui soit estranger, de beauté qui soit empruntée ; c'est la simple verité qui vous y est nuement representée. » (*Commentaires...*, p. 4).

leur témoignage, en quelques phrases soulignant la « nudité » de leur style et la limite de leur ambition (dire la vérité), propos qui leur paraissent suffisants pour les situer dans le camp (en partie imaginaire[25]) auquel ils veulent appartenir et être identifiés. Il ne faut évidemment pas s'y tromper : ce « refus des vanités oratoires » est en réalité « la manifestation suprême d'une philosophie et d'une rhétorique de l'héroïsme[26]. »

Cette posture aristocratique, nous la retrouvons dans les *Mémoires* de Marguerite lorsqu'elle dit qu'elle ne se sent pas « capable » de se lancer dans un ouvrage d'Histoire, et qu'elle n'en a d'ailleurs pas le « loisir » ; ou lorsqu'elle écarte négligemment l'éventualité de faire de « superflues recherches » sur les premières années de sa vie, renvoyant vers « ceux qui [l]'ont gouvernée en cet âge-là » (p. 73) ; ou lorsqu'elle déclare ne pas se souvenir du grand voyage et qu'elle « laisse à en discourir à ceux qui, étant en âge plus mûr, comme vous, se peuvent souvenir des magnificences qui furent faites partout » (p. 77). Brantôme paraît alors faire les frais du cliché : c'est à lui, l'historien, que revient le travail subalterne : la collecte des informations secondaires, l'ornementation.

Il est aisé de voir, pourtant, que cette position est on ne peut plus ambiguë. Car si les mémorialistes affirment leur supériorité sur les historiens, ce n'est pas, généralement, pour commander à l'un d'entre eux l'histoire de leur vie ! Or c'est expressément ce qu'a fait Marguerite dans le passé[27] (d'où le *Discours*) et c'est ce qu'elle fait à nouveau en commençant son œuvre. Elle va ici jusqu'à suggérer à Brantôme certains développements qu'elle estime nécessaires à la beauté de l'œuvre à venir, comme lorsqu'elle le prie de « [ne pas oublier] de représenter le festin superbe… » (p. 77). Parfois, elle se décide même à lui fournir la matière qu'elle voulait laisser à sa discrétion. Ainsi, après avoir déclaré qu'elle ne s'attardera pas sur son enfance, où l'on trouverait pourtant, pour peu qu'on s'y intéresse, des actions « aussi dignes d'être écrites que

25. Claude-Gilbert Dubois a montré que si ces proclamations ont bien un sens, elles n'ont pas de réel fondement dans le style : « les auteurs de Mémoires prendront à peu près tous le soin de se déterminer stylistiquement par rapport aux historiens, détermination qui porte souvent à faux, lorsqu'on se réfère aux écrits des historiens contemporains souvent hantés par le refus de l'effet oratoire à la manière cicéronnienne. » (*La Conception de l'Histoire…*, p. 167).

26. Marc Fumarolli, « Mémoires et Histoire… », p. 36.

27. Voir *supra*, I, D.

celles de l'enfance de Thémistocle et d'Alexandre » (p. 73), elle se dépêche d'en fournir trois exemples à Brantôme ; c'est après tout plus sûr que de le laisser enquêter auprès des personnes l'ayant « gouvernée en cet âge », et trouver peut-être à citer des anecdotes moins significatives que ces trois-là.

Ce dernier exemple nous met sur la voie de l'explication. Autant qu'une actrice de l'Histoire désireuse d'en donner sa version, Marguerite est une reine, et elle appartient à la race des héros. D'ailleurs, l'enfance de Thémistocle et d'Alexandre, c'est un peu la sienne : le traducteur des *Vies* de Plutarque, Jacques Amyot, a été précepteur de ses frères, les enfants de France ont été nourri de cette littérature, et Henri, à l'époque, s'appelait même Alexandre... L'époque a changé depuis l'Antiquité, mais les héros restent des héros, ils doivent avoir leur Plutarque, afin que leur mémoire se perpétue à travers les siècles. Dès avant le temps de l'adversité, la reine a voulu que Brantôme soit le sien. Ce « cavalier d'honneur, vrai Français, né d'illustre Maison, nourri des rois mes père et frères, parent et familier ami des plus galantes et honnêtes femmes de notre temps », est à l'évidence qualifié pour cette tâche, et il a fait preuve de sa bonne volonté – si ce n'est de ses capacités à écrire l'œuvre attendue. Il faut donc l'aider à réaliser cette dernière, en lui fournissant la matière première – et parfois un peu plus. Le dédain très aristocratique du métier d'historien se double donc chez Marguerite d'une foi en l'Histoire qui lui vient à la fois de sa culture et de sa position sociale.

III - LES LOGIQUES SOUTERRAINES DU TEXTE.

Ces projets ont beau être affirmés avec netteté dans les premières pages des *Mémoires*, ils ne seront pas, pour la plupart, menés à bien. Davantage : après quelque temps d'hésitation entre plusieurs options, Marguerite va les oublier assez vite – et elle finira même presque par oublier celui à qui elle s'adressait. C'est que l'écriture de la remémoration met en jeu la personnalité de celui ou celle qui s'y attelle, quels que soient ses objectifs. L'immersion dans le passé et la formulation d'un récit le reconstruisant entraînent en effet des phénomènes qui mettent partiellement en échec la volonté de l'auteur, libèrent des énergies insoupçonnées, l'affrontent à des situations qui n'étaient pas attendues, voire règlent des problèmes qui n'étaient pas répertoriés, pas connus – bref transforment la personne, un peu comme le travail psychanalytique. Et le récit s'avère d'autant plus révélateur qu'il est indocile.

A. Logiques du dialogue.

Une certaine raideur, de posture comme de ton, caractérise les premières pages des *Mémoires*. Outre l'unique mot savant du texte (*philautie*), on y trouve une concentration « anormale » de références littéraires et quelques phrases assez ampoulées, qui trahissent l'appréhension de Marguerite au moment de se lancer dans l'aventure. Y participent aussi, à l'évidence, la division du travail qu'elle a fixée entre elle et son historien, et la différence de position que celle-ci implique. Très vite pourtant, cette raideur cède la place à une attitude beaucoup plus souple, égalitaire et décontractée, et c'est dans une sorte de conversation amicale que la reine s'engage avec ce « parent et familier ami des plus galantes et honnêtes femmes de notre temps, de la compagnie desquelles j'ai eu ce bonheur d'être ». Même s'il n'a pas produit l'œuvre dont elle rêvait (ce n'est d'ailleurs que partie remise), il lui a prouvé son attachement, sa fidélité – ce qui au début des années 1590 devait être aussi rare que précieux. Et il lui a offert, par ses insuffisances mêmes, l'occasion de se replonger mentalement dans cette *compagnie* bienveillante où ils avaient tous deux vécu les meilleures années de leur vie.

Cette conversation amicale se poursuit durant toute la première moitié des *Mémoires*, comme en attestent les nombreuses occurrences des indices de la seconde personne que l'on y trouve. Bien au-delà de la dédicace, Marguerite continue de s'adresser à Brantôme, le prenant à témoin, en appelant à son jugement, mentionnant ses proches – y compris de manière à lui faire plaisir, comme lorsqu'elle évoque « [l'âme] de Ardelay votre brave frère » (p. 117). Un métadiscours se développe ainsi dans les failles du récit, fait d'apostrophes caractérisées, mais aussi d'allusions, de remarques humoristiques, de références culturelles communes (Moïse, Néron, Brutus...), de brèves réflexions issues du temps de l'écriture, voire d'apartés plus longs (comme le « trait si plaisant » de Mme de Nevers, qui ne mérite certes pas « d'être mis en l'Histoire » mais qu'elle ne résiste pas au plaisir de lui raconter), qui traduisent la complicité ancienne, nourrie d'affections communes et de communs déboires, existant entre les deux compères.

C'est en ayant présente à l'esprit cette situation d'énonciation particulière qu'il convient d'envisager ce qui figure et ce qui ne figure pas dans les *Mémoires*, de même que les différences d'extension donnée à certains épisodes. Cette clé s'avère en effet bien plus efficace que celle, souvent essayée par les commentateurs du XIXe siècle, de la honte ou au contraire du désir de se mettre en valeur. Par exemple, si la reine parle aussi abondamment de Bussy et d'Alençon, n'est-ce pas parce que l'un était le meilleur ami de Brantôme, et l'autre son maître bien aimé ? Si elle n'évoque pas la conférence de Nérac, où elle joua un rôle diplomatique important, n'est-ce pas parce que Brantôme, qui y avait assisté, le connaissait bien ? De même, on peut penser que si les deux mois du voyage en Gascogne sont réduits dans les *Mémoires* à quelques lignes, c'est parce que le mémorialiste en avait fait partie et qu'il en parlait abondamment dans son *Discours* ; en revanche, les deux mois du voyage en Flandre, dont il ne soufflait mot (et pays qu'il ne connaissait pas), reçoivent ici un développement quinze fois plus ample que la moyenne[28]. Seules les relations de la Saint-Barthélemy et de la seconde évasion d'Alençon sont proportionnellement plus développées[29] : Brantôme n'avait pas non plus vécu ces événements.

B. Logiques du plaisir.

L'abandon rapide de la pose initiale pour le bonheur de la conversation avec un vieil ami libère d'autres plaisirs. Celui qui consiste à décrire les fastes auxquels la reine fut mêlée surgit ainsi à plusieurs reprises dans les *Mémoires*, témoin d'un émerveillement renouvelé, et peut être renforcé par le contraste avec la vie austère de Marguerite jusqu'à l'arrivée des premières subsides royales. Le festin donné par sa mère sur une île de l'Adour, alors qu'elle n'avait que douze ans, est l'occasion d'une description très détaillée du lieu, de l'ambiance, aussi bien que des divertissements grandioses dont la reine mère avait le secret. Au moment d'évoquer son mariage, Marguerite se souvient aussi de « la Cour parée comme vous savez, et la saurez trop mieux représenter... » ; Brantôme excellait en effet à décrire la richesse et la beauté des vêtements et des parures déployés lors des fêtes royales, et un développement de la mémorialiste sur ce sujet constituait assurément une entorse à l'engagement de dire « la vérité [...] nûment et sans ornement aucun ». Pourtant, elle n'attend même pas la phrase suivante pour en donner

---

28. Le rapport moyen s'élève dans cet épisode à 154 mots par jour, contre 1,4 pour le voyage en Gascogne (voir Annexe II).

29. Voir *infra*, IV, C.

sa version : « …moi habillée à la royale, avec la couronne et couette d'hermine mouchetée qui se met au devant du corps, toute brillante de pierreries… » (p. 91) Le même phénomène intervient – mais cette fois elle a l'excuse d'apprendre la chose à Brantôme, en même temps qu'un prétexte politique pour le faire – lorsqu'elle relate son voyage en Flandre et qu'elle prend soin de décrire son équipage, si admirable que les « étrangers […] eurent en beaucoup plus d'admiration la France. » (p. 144)

Un autre plaisir très présent dans les *Mémoires* est celui qui consiste à faire revivre les êtres aimés et à les faire évoluer sous leur meilleur jour. Des femmes tout d'abord, Marguerite ayant été une amie particulièrement fidèle, et au premier chef celles qui étaient chères aux deux « devisants » : Mme de Dampierre et la duchesse de Retz, respectivement tante et cousine de Brantôme, et aussi son autre grande amie, Henriette de Nevers. Toutefois les êtres aimés sont ici d'abord deux hommes : Bussy d'Amboise et le duc d'Alençon, dont elle fait des portraits vibrants d'admiration, et qu'elle met en scène dans des épisodes hauts en couleurs où ils dominent toujours leurs adversaires – même lorsqu'ils sont en fâcheuse posture. L'étonnement, l'enthousiasme de la reine devant le courage et l'aplomb de celui que personne « en ce siècle-là » n'égalait « en valeur, réputation, grâce et esprit » semblent toujours intacts, vingt ans après les faits, et le nonpareil traverse tel une comète les années 1575-1578 des *Mémoires*. Alençon en revanche, tardivement entré en scène car éclipsé dans les premières années par le faux brillant du frère aîné, en devient progressivement le héros et le demeure jusqu'au bout. Bien plus riche encore, la palette des sentiments qui s'expriment pour ce frère à qui Marguerite avait lié son destin en 1574 et qui ne lui avait jamais retiré sa confiance, va de l'admiration à la tendresse, en passant par la reconnaissance et le désir passionné de lui rendre justice, comme si elle pressentait que, terrassé à trente ans par la maladie, à un moment où il accumulait les défaites militaires et diplomatiques, il allait bientôt se trouver accablé par l'historiographie partisane.

Reconstruisant le monde avec sa plume, Marguerite ne se contente pas de mettre en valeur les êtres qu'elle a aimés. Elle roule aussi dans la farine, avec un plaisir non dissimulé, ceux qui s'opposèrent à elle, ceux qui l'humilièrent, ceux qui combattirent ses choix et ses alliés. Le sort des favoris de son frère aîné est souvent réglé en une formule assassine : le « gros Ruffé » dont les calomnies éclatent au grand jour comme des baudruches ; Le Guast, un « potiron de ce temps », qui s'entoure d'une centaine d'hommes pour attaquer Bussy et quelques-uns de ses compagnons ; les mignons, ce « conseil de Jéroboam », cette « folle jeunesse, enflée de la faveur du roi », qui fait faire à ce dernier folie sur folie... Mais les grands moments d'amusement demeurent pour Marguerite ceux où elle met en scène son frère aîné lorsqu'il perd le contrôle de lui-même – notamment lors des évasions d'Alençon ou de ce qu'il prend pour tel. La reine excelle alors à le montrer fou de rage et d'orgueil, ordonnant de courir aux trousses du duc à un entourage immobile, bien décidé à ne pas « mettre le doigt entre deux pierres » (p. 132), ou gesticulant « en robe de nuit » dans les couloirs du Louvre, vitupérant contre ce frère à qui il se promet d'apprendre ce « que c'est que de s'attaquer à son roi. » (p. 179). Marguerite prend ici une sorte de revanche, sur ces gens qui sont morts à l'heure où elle écrit, sur ces heures vécues dans l'angoisse et la peur ; et elle le fait avec d'autant plus de liberté que ce n'est pas elle qui est, dans nombre de ces épisodes, l'objet de l'« l'ire du roi »[30].

Hors de tout esprit de revanche, d'autres moments qui furent alors difficiles à vivre sont ici revécus avec la sorte de délice que procurent la distance et la sécurité retrouvée : on peut bien frémir à nouveau en se les remémorant, puisque le danger est loin et qu'on est aujourd'hui dans un fauteuil, entouré d'amis. Ce sentiment marque tout particulièrement le voyage en Flandre, commencé dans les pompes et terminé dans le sauve-qui-peut. Y ayant survécu, Marguerite s'amuse à se faire peur – et à faire peur à son lecteur. Ainsi pimente-t-elle le début de sa relation de détails apparemment anodins mais qui connotent l'insécurité, alors qu'aucun danger véritable n'est encore à l'horizon. Puis, lors de l'escale à Namur, elle fait monter d'un coup la tension, par divers signes menaçants et surtout en annonçant les malheurs à venir, par l'intermédiaire des augures

30. On peut néanmoins supputer que son propre exemple est souvent présent à son esprit – d'où, peut-être une jubilation encore plus grande. Ainsi, lorsqu'elle décrit (alors qu'elle n'était pas présente) Henri en fureur fouillant lui-même la chambre d'Alençon pour y trouver des papiers compromettants, et lui imposant un affront public (p. 179), peut-elle ne pas penser à sa propre arrestation en 1583, également décidée sur un coup de tête, également effectuée par le roi lui-même ? Le jugement émis sur l'épisode (« une des plus grandes folies qui se soit faite en notre temps ») se rapporte du reste bien plus à cette dernière qu'à la bouffonnerie de 1578, qui fit scandale mais n'eut aucune conséquence.

que lui donne la Fortune. Enfin, relatant l'éprouvant voyage de retour, elle transforme son récit en roman d'aventure, où les difficultés s'accumulent (pays en pleine révolution, entourage plein de traîtres...) et où se succèdent les poursuites, les méprises, les ruses, les rencontres bouffonnes et les cavalcades.

Si Marguerite s'amuse autant, c'est qu'elle maîtrise l'écriture dans toutes ses virtualités. A l'art du portrait en petites touches, à l'art du théâtre qu'elle mobilise abondamment pour mettre en valeur ses héros, à l'art de mener un récit haletant et drôle, elle ajoute d'autres talents comme celui de décrire avec justesse et pittoresque les curiosités du voyage en Flandre – les mœurs, l'architecture, les gens – ou d'insérer dans son récit une « digression », comme l'histoire de Mademoiselle de Tournon, que Sainte-Beuve appellera « l'esquisse achevée d'une petite nouvelle dans le genre de madame de Lafayette[31] », et que la reine place judicieusement dans le temps mort de la cure aux bains de Spa, entre l'annonce des malheurs de son retour en France et leur narration. On voit que Marguerite est loin d'écrire « nûment et simplement », même si nous jugeons aisément, à la présence çà et là de répétitions ou de lourdeurs, qu'elle n'a pas apporté le même soin à toutes les parties de son œuvre. Et le plaisir d'écrire l'entraîne parfois sur les chemins de l'ornementation où elle avait promis de ne pas s'aventurer : dialogues résumés ou reconstitués (le discours direct alternant soigneusement avec le discours indirect), parallélismes efficaces mais rarement terme à terme, maximes et références littéraires discrètes sporadiquement glissées au sein de la narration... Les *Mémoires* sont déjà ce « carrefour des genres en prose » que l'on identifiera comme une caractéristique du genre au XVIIe siècle[32].

C. Logiques de l'auto-analyse.

Une dernière pente, bien naturelle, entraîne Marguerite là où elle n'avait sans doute pas prévu d'aller : au cœur d'elle-même. Dès la fin de la dédicace, où la volonté s'est seule exprimée, celle-ci entre en conflit avec la mémoire de la reine. En témoignent les deux faux départs du récit proprement autobiographique, dont le premier est introduit par le verbe *contraindre* (« La liaison des choses [...] me contraint de commencer du temps du roi Charles », p. 72) et le second par le verbe *vouloir* (« voulant commencer mes

---

31. Sainte-Beuve, *Causeries du lundi*..., p. 156.

32. M. Fumaroli, « Les Mémoires du XVIIe siècle... »

Mémoires seulement du temps que je vins à la suite de la reine ma mère », p. 75). Le troisième départ est le bon : « Au règne du magnanime roi Charles, quelques années après le retour du grand voyage… » (p. 78). On comprend alors où elle voulait en venir : à l'épisode inaugural, fondateur, que fut pour elle la bataille de Jarnac, ou plutôt ses suites. Entre temps, se sont engouffrés dans son texte des souvenirs qu'elle croyait évanouis. Les deux premiers lui sont rendus par la médiation de Thémistocle et d'Alexandre : la lectrice assidue de Plutarque se souvient à propos qu'il n'est pas mauvais qu'au seuil de la vie d'un héros figurent quelques « faits et dits notables de son enfance, que l'on a recueillis par mémoire[33] », et qui livrent le sens profond d'un destin ou d'une personnalité. Les autres souvenirs, en revanche, ne présentent aucune utilité particulière. Le « grand voyage », par exemple, elle croyait ne s'en souvenir « qu'en gros » (p. 77) et se proposait de l'ignorer ; mais le mot *Bayonne* a fait resurgir les tables, les bosquets, les danseuses, les musiciens, les bateaux, l'orage et les rires, comme si elle y était à nouveau, et le plaisir est trop grand pour qu'on jette la page. En revanche, les trois années suivantes sont impitoyablement laissées de côté.

Ce conflit ouvert entre mémoire et volonté cesse cependant de l'être – même s'il ne se referme pas – dès que Marguerite parvient là où elle voulait, au récit de son entrée en politique. Les deux facultés s'engagent alors dans une sorte de collaboration pour la production du récit autobiographique, l'une fournissant les faits, l'autre veillant à la « liaison des choses ». Le choix du récit de vie chronologique donne malgré tout le rôle moteur à la mémoire, la volonté n'intervenant que pour guider de manière plus ou moins directive le flot des souvenirs, et « laissant passer », par manque de vigilance ou par fascination, nombre de matériaux sans doute non voulus. De purs moments d'introspection (si rares dans les Mémoires de l'époque) surgissent ainsi parfois au cœur de la narration, comme après le discours du vainqueur de Jarnac, lorsque Marguerite, ayant tenté de montrer Anjou purement séducteur, mais n'ayant réussi qu'à se le rappeler si séduisant, essaie de démêler ce que ses paroles ont remué en elle ; un autre passé surgit alors, plus lointain, douloureux, qu'elle avait justement décidé de ne pas évoquer dans ses *Mémoires*, cette période où elle vivait, dit-elle,

33. Plutarque, Vie d'Alcibiade, III (*VHI*, vol. 1, p. 420).

« avec telle crainte auprès de la reine ma mère que, non seulement je ne lui osais parler, mais quand elle me regardait je transissais, de peur d'avoir fait chose qui lui déplût. » (p. 82) Les pièces les plus signifiantes livrées par le flot des souvenirs sont toutefois les comparaisons dont Marguerite use pour se représenter ou pour représenter ses proches. D'Agamemnon à Thémistocle, en passant par Brutus, Iphigénie, Moïse, Néron et quelques autres, de la « vieille Madame de Randan » à la Romaine malmariée, en passant par la phalange macédonienne, nombre d'images dotées d'une forte symbolique viennent se positionner autour de celle de l'aimable victime, l'enrichir, la gauchir, voire la démentir. À mettre ainsi des mots sur la réalité vécue, à donner des masques aux personnages de son théâtre, Marguerite transforme la vision qu'elle avait d'eux, et donc d'elle-même.

Ce « travail » – d'où naîtra, on l'a vu, une nouvelle femme – est en partie perceptible dans les *Mémoires*, même s'il est surtout repérable dans une plus longue durée, sur l'ensemble de l'œuvre[34]. Dès le milieu du texte, notamment, les apostrophes ou les références au dédicataire disparaissent, comme s'il sortait peu à peu de l'esprit de Marguerite. Le *vous* initial cède la place au *on*, l'interlocuteur privilégié se mue en lecteur indistinct, quoique toujours en empathie avec le personnage central de l'œuvre, invité à partager « l'affliction » (p. 184) ou « la peine que l'on peut penser. » (p. 210) De même, arrivée au moment de faire les rectifications relatives aux erreurs de Brantôme, la reine oublie de préciser ce qu'elle contestait dans sa version des choses[35]. C'est encore à lui, assurément, qu'elle explique qui l'entourait à Nérac, et comment catholiques et huguenots y vivaient en bonne intelligence, mais le *Discours* de son ami est loin, et la remémoration pénible des amours de Navarre et de Fosseuse semble accentuer le tête-à-tête avec soi-même dans lequel est entré la reine.

Ce changement de statut que traduit l'effacement progressif de Brantôme dans le texte est à mettre en relation avec l'abandon par Marguerite de son projet initial : lui envoyer son œuvre, pour qu'il se remette à l'ouvrage. Non seulement elle ne la lui enverra

34. Voir *Mémoire justificatif*, Introduction, III, C, et *Discours docte et subtil*, Introduction, I, B. *Cf.* également *COR*, pp. 44-46.

35. Du moins pour les trois premières des erreurs nommées en ouverture, puisque les autres portent sur des époques postérieures à l'interruption du texte.

jamais, mais elle ne lui dira jamais qu'elle l'a écrite[36]. Relatant les événements de l'année 1574, alors que les *Mémoires* sont déjà bien avancés, elle indique encore qu'elle veut « les avancer promptement, afin que plus tôt vous les receviez » (p. 108). Mais l'affirmation s'inscrit dans une sorte de rappel à l'ordre lié au mensonge central de l'œuvre, et il est probable qu'elle ne songe déjà plus depuis longtemps à la lui soumettre. Avançant dans sa rédaction, recréant sa vie telle qu'elle se la représente, estimant certainement qu'il y a là ce qu'il faut de vrai comme ce qu'il faut de beau, et que l'Histoire tout compte fait y trouve son compte, elle comprend sans doute le risque qu'elle prendrait à laisser quelqu'un d'autre – fût-il bien « affecté » – retoucher, refondre, disloquer ce récit qui se suffit à lui-même. Elle renonce à l'œuvre sublime, hiératique, dont elle avait rêvée, mais elle garde le dernier mot. L'auteur de mémoires en quête d'historien est devenu auteur de Mémoires. Aussi bien le temps n'était-il plus à autre chose[37].

IV - LA VALEUR DU TÉMOIGNAGE.

Que ce soit par les historiens ou les amateurs, les Mémoires d'Ancien Régime ont toujours été lus pour ce qu'ils apprennent sur les événements et les grands personnages d'une époque – même si leur intérêt est loin de se réduire à cette dimension – et ceux de Marguerite de Valois échappent d'autant moins à la règle que son appartenance à la famille royale l'avait placée au cœur du pouvoir et qu'elle traversa les décennies les plus tragiques de son siècle. On ne saurait pour autant croire sur parole un mémorialiste : comme tout le monde, il peut se tromper, oublier, omettre, arranger, mentir. La comparaison avec les autres sources est de ce point de vue indispensable : elle seule permet de mesurer la fiabilité de ses dires. Mais c'est encore une fois l'examen de son œuvre qui permet seul de comprendre les fondements de sa relation au réel et à la « vérité ».

---

36. S'il avait connu l'existence des *Mémoires*, *a fortiori* s'il les avait reçus, Brantôme (qui devait retoucher ses écrits jusqu'à la fin de sa vie et dédier à Marguerite l'ensemble de son œuvre) aurait été trop heureux de le signaler. Ne doutons pas non plus qu'il aurait essayé d'exécuter le projet qu'elle lui proposait.

37. Le « renoncement à Plutarque » apparaît ainsi comme un signe de maturité, de réconciliation avec le principe de réalité, avec le présent.

A. Une mémoire excellente.

Comme beaucoup d'autres mémorialistes, la reine de Navarre n'a pu s'aider, pour sa reconstitution du passé, de documents d'époque. Elle rédige à partir de sa seule mémoire, et – très vraisemblablement – de celle des gens qui, comme Thorigny, l'entourent depuis longtemps. Ceci explique (en partie seulement : il y a là aussi une question d'esthétique) que le récit soit rapide, qu'il ne comporte pas de dates et que les notations temporelles soient souvent vagues (« quelques mois après », « quelques jours », « peu avant »...). Ceci explique également qu'il comporte des erreurs (comme la durée du premier voyage en Gascogne), ou des confusions (comme au tournant de l'année 1575-1576)[38]. Il arrive également que sa mémoire lui joue des tours, d'où des citations approximatives (Du Bellay) et des confusions de personnages (Thémistocle pour Alcibiade, Jéroboam pour Roboam).

Toutefois, au-delà de ces quelques exemples qui ne portent pas à conséquence, les erreurs sont rarissimes et la mémoire de Marguerite s'avère excellente, notamment sa mémoire visuelle et auditive. Certaines descriptions (les fêtes de Bayonne, le voyage de Flandre...) révèlent sa capacité à revoir mentalement les lieux, les scènes, les habits, avec une incroyable précision dans les détails. Les dialogues au style direct, même s'ils sont reconstitués, semblent également traduire les inflexions, les manières de s'exprimer des personnages qui prennent la parole, et les brèves notations physiques ou gestuelles qui les accompagnent traduisent l'acuité du souvenir dans lequel ils sont ancrés. Par ailleurs, nombreux sont les croisements que l'on peut faire avec des documents de l'époque, ou les propres lettres de la reine, qui attestent qu'elle se souvient parfaitement des événements, des circonstances, des noms des uns et des autres – y compris des comparses. Nous la voyons même parfois réutiliser les mots et les formules qui étaient venus sous sa plume dix ou quinze ans plus tôt !

B. Un point de vue extérieur.

Le témoignage des *Mémoires* peut aussi être considéré comme particulièrement valable en raison de l'insolite position de leur auteur sur l'échiquier politique, au temps du récit comme au temps de l'écriture. Cette position, liée à son mariage, Marguerite

38. Voir *Mémoires*, n. 203, 397, 421, 432.

l'expérimente dès le déclenchement de la Saint-Barthélemy, lorsque futures victimes et futurs bourreaux la rejettent brutalement : « Pour moi, l'on ne me disait rien de tout ceci. [...] Les huguenots me tenaient suspecte parce que j'étais catholique, et les catholiques parce que j'avais épousé le roi de Navarre, qui était huguenot. » (p. 97) Le chiasme, avec ses deux causales parallèles, n'est pas gratuit ; il traduit la double clôture des portes devant la jeune reine, et la solidité de la configuration qui se met alors en place. Mise hors jeu, elle est abandonnée à elle-même, réduite, puisque chacun lui tourne le dos, à prier Dieu et à agir seule, mais aussi à déchiffrer les signes inscrits dans les gestes et les comportements des uns et des autres, dans les bribes de conversations qu'elle surprend ; mise hors champ, elle regarde tout, et elle voit ce que personne ne voit.

Les guerres civiles se poursuivant, et Marguerite ayant refusé de rompre son mariage, cette situation d'extériorité se prolonge dans les années suivantes, accentuée par la stérilité de son couple (la maternité l'aurait assurément ancrée dans la Maison de Navarre) et par sa difficulté à comprendre quelles sont ses marges de manœuvre réelles (liée au trouble identitaire). C'est elle qui l'expose aux coups des deux camps, sans que personne ne bouge, dans l'autre, pour tenter de la protéger. C'est elle qui la pousse dans le parti d'Alençon, voie médiane entre les extrêmes catholique et protestant, mais sans qu'elle y trouve un ancrage véritable puisque son frère ne parvient pas à s'asseoir sur un trône. C'est elle qui l'entraîne en Flandre, en une ambassade hautement symbolique de l'impossibilité pour la reine de trouver sa place en France même. C'est elle, enfin, qui la met pour longtemps sur la route de l'errance, lorsque la mort du jeune prince referme pour un temps la troisième voie, et que s'ouvre une période où aucune des nombreuses combinaisons politiques qui s'échafaudent ne prend en compte son existence, certaines mêmes tablant sur sa mort...

Mais cette extériorité durable, ce triple « flottement » (politique, familial, identitaire), c'est aussi ce qui produit ce texte étonnamment libre, étonnamment dégagé des multiples pressions qui ancraient les individus dans des communautés pesantes, muselant leur parole, ou la codifiant au point de la rendre indéchiffrable. Si la fidélité à la religion catholique s'affirme là nettement, elle n'entraîne ni justification des horreurs commises en son nom ni prise de position tonitruante, et elle voisine parfois avec la reconnaissance des qualités des protestants côtoyés. Les aléas de sa vie conjugale sont nommés crûment – la chose est rarissime – sans pour autant tourner au réquisitoire ni laisser entendre autre chose qu'une sorte de critique du manque de discernement de son époux : après tout, qu'il ait des maîtresses, qu'importe ? mais il aurait dû faire son travail (lui faire des enfants) et ne pas tout mélanger. De même, la liberté de ton de Marguerite est grande en ce qui concerne sa famille. Se faisant l'avocate de son frère cadet, elle n'hésite pourtant pas à épingler ses défauts ; accusant sa mère d'être injuste à son égard et trop complaisante envers son fils préféré, elle lui reconnaît pourtant nombre de qualités et manque rarement de lui rendre justice ; quant à son frère aîné, s'il est souvent l'objet de critiques politiques acerbes (notamment pour son style de gouvernement), il est aussi souvent présenté à travers ses contradictions personnelles, voire au sein des contraintes où il se débat. Une sorte de solidarité profonde semble donc mettre Marguerite *aux côtés* des principaux acteurs de la vie politique du temps, mais jamais inféodée à aucun d'eux, toujours dissociée, même si fidèle à l'une ou l'autre des causes qu'ils incarnent, toujours libre, même si fortement attachée, affectivement et politiquement à certains d'entre eux.

C. Un témoignage unique sur la Saint-Barthélemy.

Avant d'être remis en cause de manière aussi radicale qu'infondée[39], le témoignage de Marguerite sur cette page tragique de notre histoire a toujours retenu l'attention des historiens. Il faut dire qu'il est exceptionnel à plusieurs titres. Il est le seul qui provienne de la famille royale, ses autres membres ayant gardé un silence absolu sur l'événement, de même que le roi de Navarre et le prince de Condé qui n'y survécurent qu'en échange de leur abjuration[40].

---

39. Jean-Louis Bourgeon a émis en 1989, pour la première fois en plus de trois cent cinquante ans, l'hypothèse que les *Mémoires* ne seraient pas de Marguerite, mais un texte apocryphe du XVIIe siècle. L'idée, qui ne s'appuyait sur aucun examen de l'œuvre ni du contexte de publication, a été répétée ensuite durant quelques années, y compris sporadiquement par d'autres historiens. Si ce dernier trait s'insère globalement dans l'histoire du mythe de la reine Margot (qui a longtemps fait perdre à la reine son statut d'objet scientifique), l'attaque de Bourgeon était motivée par l'importance cruciale du témoignage de Marguerite sur la Saint-Barthélemy, qui s'oppose à son interprétation des événements. Sur cette polémique, voir mon étude publiée dans la *RHLF* (1996).

40. J'exclus ici les prises de positions officielles de la Couronne au cours des jours et des mois suivants. J'exclus aussi, bien entendu, le *Discours d'Henry troisiesme à un personnaige d'honneur et de qualité estant près de sa Majesté, des*

Marguerite est également la seule, avec Jean de Mergey, secrétaire du comte de La Rochefoucauld, à relater la tuerie de l'intérieur du Louvre, et son récit est de loin le plus développé des deux. Enfin, sa relation est la seule à provenir d'une personne à la fois aussi informée (même si cette information lui a été fournie après coup) et non impliquée d'un côté ou d'un autre : ni responsable, ni victime, et le jour même placée, comme on l'a vu, en position obligée d'observatrice.

Considéré comme incontournable, le témoignage de la reine sur le massacre n'a pas pour autant été lu avec toute l'attention nécessaire. Certains historiens ont cru y trouver la preuve de la culpabilité de Catherine dans l'attentat perpétré contre Coligny le 22 août 1572, alors que le texte dit le contraire, puisqu'en fin de récit la mémorialiste dissocie clairement sa mère de « ceux qui avaient commencé cette partie ». D'autres ont vu dans ce passage des silences insupportables, notamment en ce qui concerne la journée du 23, comme si le but de Marguerite était de retracer les événements historiques heure après heure. Certes, sur ce sujet si sensible, la reine en sait vraisemblablement plus qu'elle n'en dit ; mais la remarque vaut pour nombre d'événements évoqués dans les *Mémoires*. Certes, pour des historiens qui continuent de s'affronter sur l'identité des responsables du massacre, il peut sembler frustrant qu'elle désigne Guise comme seul commanditaire de l'attentat, et qu'elle ne donne pas la liste exacte de « ceux qui avaient commencé cette partie » ; mais la connaissait-elle ? Il est possible que la formule protège des gens encore vivants (Philippe II ?), mais elle reflète peut-être aussi le manque d'informations ou de certitude de la reine. Certes, on ne peut la suivre lorsqu'elle présente la décision de faire exécuter les chefs huguenots comme la réponse de la Couronne à la « menace » qu'ils firent peser sur elle après l'attentat, alors que le principal péril, on le sait aujourd'hui, résidait pour celle-ci dans un soulèvement catholique si Charles persistait dans sa volonté de faire arrêter Guise ; mais Marguerite sous-entend cette éventualité lorsqu'elle montre le roi « en un très grand danger, fût ou des catholiques, à cause de Monsieur de Guise, ou des huguenots, pour les raisons susdites » (p. 96) ; et sa description des provocations verbales de quelques protestants correspond à ce qu'on sait aujourd'hui du jusqu'au-boutisme de certains d'entre eux.

---

causes et motifs de la St-Berthelemy, prétendûment dicté le soir de son arrivée à Cracovie, et qui a été depuis longtemps identifié comme un faux.

Il convient en outre de remarquer que la reine nous en dit plus sur cet événement historique que sur nul autre, et qu'elle est loin de blanchir les catholiques ou de gommer les responsabilités de la Couronne. Accordant à cette relation une expansion exceptionnelle, près de cent fois supérieure à la moyenne[41], elle fait ici ce qu'elle fait rarement ailleurs : expliquer la genèse des événements, alors qu'elle n'y a pas été mêlée. Seuls les quelques jours allant du mariage de Saint-Luc à la seconde évasion d'Alençon, en février 1578, reçoivent un traitement similaire[42]. Enfin, il est loisible d'observer que, même si la reine ne fait pas un récit exhaustif, elle s'attache ici à retracer, loin des simplifications partisanes, la logique des événements qui poussèrent Charles et Catherine à abandonner en quelques heures la politique de concorde qu'ils menaient depuis l'été 1570 : Guise a tenté de faire tuer Coligny ; les huguenots se sont affolés et ont demandé une réparation solennelle, que Charles était prêt à leur accorder ; Guise et Anjou ont fait pression sur la reine mère pour qu'elle l'en empêche, au nom du danger où il mettait l'État s'il le faisait, et pour qu'elle le convainque de sacrifier plutôt les huguenots ; Catherine n'y est parvenue qu'avec l'aide de Retz, et en usant de tous les arguments possibles et imaginables.

Le témoignage de Marguerite, à condition d'être considéré comme tel, apparaît donc particulièrement fiable. Ne donnant prise à aucune des « thèses » sur lesquelles a longtemps prospéré la mythologie du massacre (celle de la préméditation, celle de la perversion des dirigeants, celle de la jalousie maternelle...), il rejoint d'ailleurs dans ses grandes lignes les analyses retenues par les historiens qui, depuis une vingtaine d'années, s'attachent à saisir l'événement dans sa complexité, en s'appuyant sur toutes les sources disponibles, et en prenant en compte la politique extérieure et intérieure suivie par la Couronne[43].

---

41. Les deux jours que retrace son récit (22-24 août) comportent 2158 mots, soit 1079 par jour (voir, pour comparaison, Annexe II).

42. Une moyenne de 986 mots par jour, et un récit essentiellement fondé, pour tout ce qui est antérieur à l'évasion elle-même, sur ce qui a été ultérieurement rapporté à la reine.

43. *Cf.* l'étude fondamentale (malheureusement toujours pas traduite en français au-delà d'un chapitre) de Nicola-Mary Sutherland, *The Massacre of St.-Bartholomew*.... Également, les travaux français récents qui intègrent ses recherches, notamment ceux de Jean-Louis Bourgeon et de Denis Crouzet.

V - LES LIMITES DU TÉMOIGNAGE.

La fiabilité de la mémoire de la reine, son étonnante liberté de jugement, parfois même son véritable souci d'objectivité, ne garantissent évidemment pas que son récit soit exempt de biais, voire de falsifications. Le domaine en ce sens le plus connu – le plus lourdement évoqué par ses biographes – est celui de sa vie sentimentale ; encore n'est-ce ni le plus flagrant ni le mieux analysé. Bien plus importante, historiquement comme textuellement, est la stratégie narrative mensongère mise en place autour du duc d'Anjou dès le début des *Mémoires* pour effacer la trahison dont Marguerite se rendit coupable à son encontre en 1574, en adhérant au parti du duc d'Alençon. Touchant au cœur de la personnalité de la reine, cet aveu impossible entraîne une réécriture de l'histoire de leur relation, et parfois une singulière perte de lucidité.

A. Les amours illicites.

Les silences ou les mensonges de Marguerite sur ce terrain doivent tout d'abord être replacés dans un double contexte : celui du code de l'honneur, partagé par toutes les femmes de son milieu, qui interdisait d'évoquer des liaisons avérées et imposait de nier celles qui avaient été connues ; et celui, propre à Marguerite, d'une philosophie qui voulait (pour reprendre les termes acerbes d'Agrippa d'Aubigné) « que la publique profession sentît quelque vertu, et que le secret fût la marque du vice[44]. » Le premier de ces contextes explique que la reine nie purement et simplement sa liaison avec Bussy, qui avait été de notoriété publique, et qu'elle ne mentionne pas sa liaison avec La Mole, qui avait été de très brève durée[45]. Le second rend compte du peu de censure qu'elle s'impose en évoquant celui qui avait forcé l'admiration de tous ses contemporains, et qui avait été le plus vaillant de tous ses serviteurs. Pour le reste, force est de constater que Marguerite ne ment pas. À propos de Guise, elle nie avoir entendu parler de projet de mariage, ce qui est des plus vraisemblable, et non pas qu'un tel projet lui aurait déplu. À propos d'Antraguet en 1575, elle nie ce qui paraît, au vu des éléments en notre possession, avoir été une pure calomnie. Et à propos de Champvallon, elle ne dit rien à l'année 1581 durant laquelle elle entama sa relation avec lui – ce qui encore une fois est normal –, mais elle l'évoquait peut-être plus loin, comme Bussy.

44. *HU*, vol. 5, p. 359.

45. Voir *Mémoires*, note 142.

Un autre aspect de la réserve de la reine en ce domaine concerne la vie sexuelle et affective de ses frères. Si nous ne savions pas que Charles eut d'une de ses maîtresses un garçon qui naquit en 1573, ce n'est pas la lecture des *Mémoires* qui nous l'apprendrait ; ce garçon « bien né et de bon naturel[46] » était pourtant fort connu de la reine. Devenu comte d'Auvergne en 1588 par la grâce d'Henri III, il jouissait depuis de ce qu'elle considérait comme une part de son héritage, mais elle était encore en bons termes avec lui au moment où elle rédigeait son autobiographie. En ce qui concerne Henri, la discrétion est la même. Des historiens ont accusé sans preuves Marguerite d'avoir fait circuler, durant son séjour à Paris en 1583, des libelles vilipendant ses penchants homosexuels ; il est loisible de constater que les *Mémoires* sont à ce sujet d'une rectitude absolue. S'ils dénoncent l'influence néfaste qu'eurent sur lui quelques jeunes gens à la « débordée outrecuidance » (p. 176), et s'ils critiquent cette faiblesse de caractère chez le roi, aucune de leurs formulations ne prête à équivoque, alors même que la mémorialiste avait les coudées plus franches que jamais. Alençon quant à lui bénéficie d'un tout autre traitement. Non seulement Marguerite mentionne sa liaison avec la baronne de Sauve puis son goût pour Fosseuse, qui entrent dans son propos, mais il lui arrive aussi d'insister sur ses succès auprès des femmes, comme lorsqu'elle dit incidemment qu'après sa première évasion, on le chercha dans « les chambres des dames où il avait accoutumé d'aller. » (p. 125) Le peu de connaissances aujourd'hui disponibles sur François de Valois nous empêche de juger si la reine ne fait ici qu'évoquer son frère dans l'un des aspects de sa personnalité, ou si elle allume des contre-feux pour circonscrire les rumeurs d'homosexualité qui circulèrent aussi à son propos. Dans tous les cas, il faut renoncer à trouver dans ce texte des secrets de cet ordre, du moins pour ce qui concerne le cercle familial.

B. Le mensonge des Mémoires.

La focalisation des siècles passés sur les aveux que le texte contiendrait ou ne contiendrait pas concernant la vie sentimentale de la reine a empêché de considérer un mensonge bien plus important et bien plus visible, qui entraîne un véritable travail de réécriture. Dès la seconde des anecdotes qui servent d'entrée en matière symbolique au récit autobiographique, se met en effet en place une

46. *COR*, lettre 250.

stratégie narrative diabolisant Henri, destinée à rendre logique, des dizaines de pages plus loin et treize ans plus tard, le ralliement de Marguerite à François. Après avoir ainsi mis en exergue la cruauté de son frère aîné, la mémorialiste reconstruit l'histoire de leur relation à partir du moment où il l'appelle à son service, en 1569, aux lendemains de Jarnac – ce moment où elle était si pressée d'arriver en entamant ses *Mémoires*. Elle tente alors de convaincre son lecteur que le jeune duc parvint à la séduire en la flattant, jouant sur son innocence et son désir d'être reconnue, puis qu'il lui retira sa confiance quelques mois plus tard, après la victoire de Moncontour, obtenant aussitôt que leur mère l'écarte du jeu politique ; dans la période suivante, il aurait fait alterner la cruauté, l'indifférence et les simulacres d'amitié ; Marguerite serait donc passée « naturellement » au service de son frère cadet lorsque celui-ci lui en fit la proposition, au début de l'année 1574.

Les témoignages de l'époque, les propres lettres de Marguerite, livrent une autre histoire. Ils disent qu'elle resta l'alliée d'Henri jusqu'aux premiers mois de son séjour en Pologne. Les *Mémoires* eux-mêmes, quand on les lit bien, confirment ce scénario. Le récit du brusque retournement d'Henri, après Moncontour, est proprement invraisemblable, et la description de son attitude dans les semaines suivantes rétablit ce qui paraît la vérité de l'histoire – alors même qu'elle est présentée par Marguerite comme une nouvelle volte-face du jeune homme. Plus tard, la reine explique que, mise au courant du « coup d'État » projeté par Alençon et Navarre, elle les dénonça pour être fidèle à Charles ; mais personne ne songeait à s'emparer du trône de Charles, qui était mourant : c'est bien Henri dont la succession était menacée, et qui avait besoin qu'on veille à ses intérêts. C'est donc alors, et alors seulement, qu'elle fut gagnée par Alençon – et cela aussi le texte le dit, bien que Marguerite fasse tout son possible pour gommer le sens politique de ce ralliement[47].

Si Marguerite ment, c'est qu'elle ne parvient pas à assumer ce changement d'alliance, qui fut dicté par l'intérêt le plus trivial. Comme tant d'autres, elle se rallie à Alençon parce que le pouvoir semble tout à coup à la portée de celui-ci (il a derrière lui une bonne partie de la France, alors que l'héritier légitime se trouve aux

---

47. Alors que l'entrée au service de l'aîné s'était déployée sur plusieurs pages (79-83), celle-ci est résumée en deux phrases (p. 103).

fins fonds de l'Europe), et parce qu'elle aperçoit dans cette configuration la possibilité de sortir de l'impasse où elle est depuis la Saint-Barthélemy, la possibilité de jouer enfin un rôle politique à sa mesure (Alençon, confessionnellement neutre, semble pouvoir rester l'allié de Navarre ; elle sera le pivot de l'union entre les deux couronnes, au lieu de rester sur la touche). Si Marguerite ment, c'est que les valeurs d'héroïsme et de gloire qui sont les siennes ont été brutalement mises entre parenthèses au cours de ces quelques mois, c'est que ce choix a signifié pour elle une trahison personnelle (envers quelqu'un qui lui était particulièrement cher), et c'est enfin – *last, but not least* – que l'entreprise a failli.

Le mensonge, toutefois, coûte à Marguerite. Si les premières évocations du duc d'Anjou semblent aisément servir la stratégie narrative choisie, des difficultés surgissent au fur et à mesure que le texte avance, celui-ci se mettant à révéler ce que la mémorialiste veut dissimuler, à dire le contraire de ce qu'elle veut dire. Par ailleurs, la reine prend soin de « protéger » son frère en même temps qu'elle l'accuse, rejetant toujours la responsabilité de ses agissements haineux sur ses favoris. L'apogée de ce conflit intérieur se situe lorsqu'elle en arrive au moment où elle doit décrire sa première entrevue avec celui qu'elle a trahi pendant qu'il était en Pologne, et qui est à présent roi de France. Très significativement, la première chose qui lui revient à l'esprit est le « frisson si grand », le « tremblement si universel » qui la saisirent en le voyant, malgré la chaleur accablante (p. 109). Cependant l'idée de raconter (donc de revivre) ces retrouvailles est si insupportable qu'elle arrête – une unique fois – le déroulement chronologique de son récit. Repartant en arrière, elle disserte sur l'aide que Dieu apporte aux grands de ce monde à travers des signes mystérieux. Puis, ayant trouvé dans une triple invocation du Ciel, de la reine mère et de l'assassin de César, le courage de faire face à Henri, elle rappelle bien à propos qu'il n'est pas dans son « intention d'orner ces Mémoires, ains* seulement narrer la vérité »... et elle reprend le fil de sa narration.

La réalité ayant rejoint la fiction (Henri III en veut à présent à sa sœur dans l'Histoire comme dans les *Mémoires*), la tension qui dominait jusqu'alors le texte se relâche[48]. L'hostilité et la méfiance du roi, qui sont à l'origine de nombreux déboires ultérieurs de

---

48. Trois des quatre années suivantes connaissent une expansion textuelle inégalée jusque là dans l'œuvre (voir Annexe II).

Marguerite et de son jeune frère, peuvent désormais être allégués sans que la vérité soit malmenée. Paradoxalement, l'hostilité même de la reine envers son frère se fait moins abrupte, les accusations moins dures. Il n'est plus Néron, mais Roboam ; il n'est plus « possédé » par un « mauvais homme, né pour mal faire » (p. 84), mais simplement égaré par « cinq à six jeunes hommes » (p. 178), qui exploitent sa fragilité. L'amusement se mêle désormais aux critiques. Marguerite règle ses comptes, mais elle ne semble plus mentir, et ses *Mémoires* rejoignent, quoiqu'avec leur ton propre et en livrant leurs propres informations, le récit des autres sources. Surtout, elle prend le temps de développer des épisodes n'ayant rien à voir avec le roi, tels le lumineux voyage de Flandre, ou l'évoquant sans amertume, comme durant les premières années du séjour en Gascogne. La mémorialiste approche pourtant inexorablement du moment où il lui faudra relater la pire des humiliations que lui ait fait subir son frère[49], d'où le retour inopiné, anticipé, du motif de la « haine mortelle » du roi, celui-ci « faisant revivre en sa mémoire la souvenance du passé », c'est-à-dire, précise-t-elle, « durant qu'il était en Pologne » (p. 208). En réalité, c'est bien dans sa mémoire à elle que resurgit la haine de son frère, lorsqu'elle pense à ce qui l'attendait à Paris ; et c'est bien la trahison de l'année 1574 qui est désignée comme l'origine de la méfiance viscérale du roi.

Les domaines où l'on ne peut suivre Marguerite avec quelque assurance s'avèrent donc particulièrement rares, et celui des relations avec son frère aîné le seul où elle mente véritablement, le seul qui nécessite plus qu'un décodage. Encore n'est-ce que l'histoire de leurs relations qui souffre de contre-vérités, et non l'action du roi ou son portrait, que corroborent les autres sources. Cette observation conduit à prendre la mesure de la complexité de ces relations, à la fois constitutives de la personnalité de la reine et longtemps productrices de bonheur, puis minées par la trahison et génératrices de souffrances majeures (la chute dans l'estime de l'*alter ego*, la dégradation des relations avec la mère, la descente aux enfers après l'affront de 1583...), avant d'être rétablies *in extremis*, puisque la reine s'était réconciliée avec son frère quelques mois ou quelques semaines avant qu'il ne soit assassiné[50].

---

49. Son renvoi de la Cour en août 1583 (*COR*, lettres 176 à 210 et pp. 619 et suiv.).

50. Voir l'unique lettre conservée de la reine à son frère après la rupture de l'année 1585, Annexe I, D.

C. Un point de vue parfois étriqué.

L'importance du nœud affectif qui s'exprime dans les *Mémoires* paraît donc renforcer la position d'extériorité de la reine (comme si elle n'était, somme toute, attachée que *là*), rendant possible son détachement et sa liberté dans tant d'autres domaines où les mémorialistes font souvent preuve de positions partisanes. Mais cette polarité entraîne aussi, à plusieurs reprises, un rétrécissement de son champ de vision. Si ses capacités d'analyse politique éclatent dans les épisodes non liés aux relations familiales (la description de l'échiquier politique flamand, les considérations sur l'aventurisme des chefs huguenots en 1580...), elles s'annihilent parfois momentanément dans le cas inverse. Ainsi présente-t-elle les prémisses de la sixième guerre de religion comme le résultat d'une machination d'Henri III, qui lui promet depuis plusieurs mois de la laisser partir en Gascogne mais refuse toujours de lui donner son congé : « pour y trouver un prétexte, on fait courir le bruit que les catholiques se plaignent des avantageuses conditions que l'on avait accordées aux huguenots à la Paix de Sens. » (p. 137). Puis Marguerite retrouve ses esprits, et décrit très finement le début de cette période : « Ce murmure et mécontentement des catholiques passe si avant qu'ils viennent à se liguer, à la Cour, par les provinces et par les villes, s'enrôlant et signant, et faisant grand bruit... » ; ce qui ne l'empêche pas de préciser (mais il n'est plus question de prétexte) que tout cela se faisait « tacitement du su du roi ».

VI - HISTOIRE DU TEXTE.

Comme pour de nombreux Mémoires, qui n'étaient pas pour les contemporains de Marguerite ni même pour ceux du siècle suivant des œuvres destinées à la publication du vivant de leur auteur, un certain nombre de mystères entourent ceux de la première épouse d'Henri IV[51]. Le manuscrit original ne nous est pas parvenu[52]. Les manuscrits demeurants présentent entre eux quelques

51. Pour l'époque de la rédaction, voir *supra*, I, A et D.

52. Les *Mémoires* ne présentent en cela aucune singularité : ni les manuscrits originaux des autres œuvres de la reine, ni aucune des pièces qui furent en sa possession ne nous sont parvenus (nous n'avons d'elle que les lettres conservées par leur destinataire, aucune de celles qu'elle reçut). La seule exception à la règle est l'Album où elle faisait recopier ses poésies préférées, qui n'avait pas le même statut et a été sauvé (*cf.* l'étude d'E. Droz et Introduction aux Poésies). Il est probable que tous ces papiers personnels ont été détruits à sa mort.

différences, et les premières éditions d'autres encore. Toutes les versions des *Mémoires* que nous possédons présentent des interruptions du récit, plusieurs momentanées, la dernière définitive, qui restent inexplicables. Nous ne savons pas non plus ce que devint le texte entre le moment où il fut écrit et celui où il parvint à son premier éditeur. Tout juste peut-on affirmer qu'il circulait avant 1628, date de sa première publication, puisque Marie de Gournay, qui avait travaillé chez la reine mais ne semble pas en savoir davantage sur la question, évoque dans son *Ombre*, parue en 1626, les « memoires de la [...] reyne [...], courans par ceste ville[53] ».

A. Les lacunes et l'interruption finale.

Les *Mémoires* sont interrompus par trois fois au cours du récit : une première fois à l'année 1572, très brièvement sans doute, alors que Marguerite évoque Mme de Nevers (p. 91) ; une seconde fois un peu plus loin, entre la fin de la cérémonie du mariage et le déclenchement de la Saint-Barthélemy, de manière vraisemblablement encore assez brève (p. 92) ; la troisième lacune, en revanche, supprime les quatre derniers mois de cette année 1572 et les dix premiers de la suivante (p. 101). Par ailleurs, le récit des *Mémoires* s'arrête brutalement à la fin de l'année 1581. Tous les manuscrits indiquent ces interruptions, tous s'arrêtent au même endroit ; aucun ne donne d'information à ce sujet.

Ces trous dans le tissu du texte ont-ils été faits dans l'intention de détruire ce que l'œuvre révélait, ou bien ne reflètent-ils que le mauvais état de conservation du document original ? C'est là, par définition, une chose difficile à dire, d'autant qu'aucune autre source n'évoque ce problème. L'examen du texte conservé et celui de la conjoncture politique à la fin des années 1620 font toutefois pencher pour la seconde hypothèse. Les deux premières lacunes, en effet, altèrent des passages dont le sujet est annoncé comme futile pour la première (un « trait plaisant ») et s'avère également sans importance politique ni personnelle pour la seconde (Marguerite est en train de décrire les magnificences consécutives à la cérémonie de son mariage, et elle ne change visiblement pas de sujet puisqu'elle reprend en évoquant « cet heureux état de noces »). Quant à

53. *L'Ombre de Mademoiselle de Gournay*..., p. 216. Cette remarque apparaît dans la seconde partie du traité *De la médisance*, qui pourrait remonter aux années 1610 (*cf.* les *Œuvres* de Marie de Gournay, éds J.-Cl. Arnoud *et al.*, Paris, Champion, à paraître) ; mais le passage peut avoir été rajouté peu avant l'impression.

la troisième lacune, si son ampleur interdit toute supputation sur l'importance politique du passage dont elle nous prive, il est néanmoins loisible de constater qu'elle se situe après la Saint-Barthélemy, alors que le texte semble s'engager sur un récit beaucoup moins grave. À supposer qu'un censeur soit passé par là, la première chose à supprimer était la relation du massacre elle-même – qui risquait de relancer des polémiques dans une conjoncture à nouveau marquée par les conflits religieux[54].

Dans le même ordre d'idée, on peut remarquer que cette année 1572 très amputée contient la seule chose qui aurait dû être cachée aux lecteurs du XVIIe siècle : le début de la cérémonie du mariage, où la reine disait que, sur le parvis de Notre-Dame, avaient bien été prononcées entre les époux « les paroles accoutumées en tel cas » (p. 91). Le divorce royal, en effet, avait été bâti sur trois motifs, dont le principal – évidemment inventé pour les besoins de la cause – était le non-consentement de la mariée. Les *Mémoires* démentaient donc la version forgée trente ans plus tôt, et prouvaient qu'une falsification était à la base du pouvoir de Louis XIII. Or le livre est paru avec privilège royal, c'est-à-dire qu'il est passé à travers la censure, à l'époque dans les mains de Richelieu ; et son éditeur devint l'un des premiers membres de l'Académie française, fondée par ce même Richelieu... Il faut bien en conclure que le ministre, qui appréciait d'ailleurs hautement les lettres, et qui est l'auteur de propos particulièrement élogieux sur Marguerite dans ses propres Mémoires[55], a laissé passé le livre tel quel, en dépit des coups de canif qu'il portait à l'histoire officielle de la dynastie.

L'interruption finale pose les mêmes problèmes, mais il s'y ajoute une autre énigme, propre au genre. Les Mémoires, par définition, sont toujours inachevés puisque l'auteur qui les rédige n'a pas fini sa vie. Du moins celui-ci peut-il les poursuivre jusqu'au moment où il s'est mis à l'œuvre, voire jusqu'au jour où, à force d'écrire, il est parvenu. Or les mémorialistes sont nombreux à ne pas poursuivre leur entreprise jusqu'au bout, et à arrêter leur récit

---

54. Les années 1627-1628 voient notamment les troupes royales assiéger La Rochelle occupée par les protestants.

55. Propos qui montrent que les attaques commanditées contre elle à ses historiographes à partir de 1630 étaient essentiellement politiques. Il devait notamment écrire : « elle parlait mieux que femme de son temps et écrivait plus élégamment que la condition ordinaire de son sexe ne portait. » (*Histoire de la mère et du fils*..., p. 110).

avant d'en arriver à l'année ou au mois qui les a vus se mettre au travail, comme s'ils rechignaient à faire se rejoindre le temps du récit et le temps de l'écriture, à faire se rencontrer le *moi* qui a vécu et le *moi* qui raconte, à se rattraper eux-mêmes sur le chemin de l'existence. C'est aussi que le « travail » en gestation dans l'aventure est souvent terminé dès avant cette borne : quel que soit le motif qui les a poussés à l'écriture, quelles que soient les questions qu'ils se posaient en commençant (si même ils s'en posaient), ils ont trouvé au cours de cette immersion dans leur passé des réponses, des explications (fussent-elles terribles), des apaisements ; il n'y a plus de combustible, la machine à écrire ralentit, et bientôt s'arrête. Ces changements dans l'état d'esprit de celui ou celle qui écrit sont perceptibles dans son allure, dans son style, dans l'ampleur qu'il donne aux épisodes narrés[56].

Rien de tel n'est observable dans les *Mémoires* de Marguerite. Au moment où s'interrompt son récit, elle vient de renouer comme on l'a vu avec le thème de la rancune royale, qui prépare le lecteur au récit de ses péripéties parisiennes ; Henri III l'invite en effet à revenir en France, « beau moyen pour me rendre aussi misérable qu'il désirait : me tirant hors d'auprès du roi mon mari, espérant que l'éloignement serait comme les ouvertures du bataillon macédonien. » (p. 213) Non seulement la mémorialiste s'apprête à dénoncer l'acharnement de son frère dans l'épisode le plus cruel de sa vie, mais elle se prépare mentalement à la grande bataille, en retrouvant Plutarque et en invoquant la phalange grecque mise au point par le père d'Alexandre ; bataille dont, au demeurant, son frère ne sortira pas vainqueur, puisqu'il n'aura fait qu'*espérer* briser l'alliance entre la reine et son époux, alors que celle-ci se reformera – après sa mort. Le sourire qui s'entend ici coïncide mal avec la déflation caractéristique des Mémoires interrompus avant l'heure. Pas davantage n'y correspond l'ampleur que la mémorialiste donne à son récit au moment où le texte s'arrête. L'étude de l'expansion année par année montre qu'il n'accuse aucune diminution progressive du volume imparti aux dernières, autrement dit du plaisir à se remémorer le passé, du plaisir à écrire. Si les années passées en Gascogne occupent globalement moins d'espace que les autres, elles restent dans une bonne moyenne, et surtout cette moyenne augmente au fur et à mesure qu'approche le retour à Paris.

---

56. Le phénomène est très perceptible, par exemple, chez le Cardinal de Retz.

Ces observations mettent en évidence l'irrecevabilité de la thèse élaborée au XIXe siècle par des éditeurs et des biographes plus séduits par le mythe de la reine Margot qu'attentifs à lire le texte, et plaquant la morale de leur temps ou de leur milieu sur un objet qui leur est étranger : la mémorialiste se serait arrêtée d'elle-même, de honte, à l'idée des turpitudes qui lui restaient à dire[57]... Lancée dans l'introduction aux *Mémoires* de l'édition de 1836, l'idée a semblé si bonne qu'elle a été reprise jusqu'à nos jours, sans que personne ou presque ne relève les apories qu'elle implique, entre le désir d'apologie à l'œuvre (selon ces critiques) sous le moindre des propos de la reine, et l'aveu que constituerait un tel silence, entre son aisance habituelle en ce qui concerne sa vie sentimentale, et cette dérobade ; sans que personne ne mette en doute l'existence même de la honte censée l'avoir terrassée (sans parler de ses fondements), ou ne tente d'en trouver les traces dans les lettres de la reine, fort nombreuses pour la période qui suit l'interruption des *Mémoires*.

L'hypothèse de la censure (rarement émise, vu la place occupée par la précédente[58]) est plus sérieuse mais guère plus solide, pour les mêmes raisons que celles qui ont été évoquées à propos des lacunes. En outre, la décennie qui devait remplir les feuillets suivants était particulièrement « vide » de secrets d'État. Elle avait été occupée pour Marguerite par une année parisienne émaillée de disputes avec le roi, par l'affront qu'il lui avait infligé à son départ et les neuf mois de l'odieuse négociation ultérieure, par le bref et solitaire second séjour à Nérac, par les six mois d'aventure militaire à Agen et la fuite dans le Cantal, par la réclusion à Usson puis l'attente de la paix du roi. Rien, de toute cette obscure période pendant laquelle la reine n'avait vécu ni à la Cour ni dans l'intimité d'aucun des grands chefs de partis, ne représentait d'enjeu pour les contemporains de Richelieu. Rien ne nécessitait en tout cas une suppression massive du texte[59].

---

57. Turpitudes liées à sa relation amoureuse avec Champvallon, qui occupa effectivement l'année 1582 et la première moitié de l'année 1583, et que la rumeur dit s'être soldée par une grossesse, contre toute vraisemblance (*COR*, pp. 619-620).

58. *Cf.* édition Bonnefon des *Mémoires* [1920], p. 23.

59. J'ai étudié ce contexte dans mon article de la *RHLF* (1996). J'avais alors envisagé (*ibid.*, p. 906) que les Retz, qui se trouvaient chargés à travers la personne de leur aïeul par le récit de la reine sur la Saint-Barthélemy, puissent être à l'origine d'une demande de saisissement de l'ouvrage, en me fondant sur les pièces restantes

La conjecture la plus probable demeure donc que Marguerite, qui n'avait pas grand-chose à faire en Auvergne, a dû, si ce n'est rédiger toute la partie manquante, du moins avancer davantage dans la rédaction de ses *Mémoires* ; et que les cahiers sur lesquels elle a travaillé ont été partiellement détruits ou perdus, involontairement. Après sa mort, on a dû retrouver ce qui demeure aujourd'hui de l'œuvre, et la recopier telle quelle. Sans doute pensait-on à l'époque pouvoir retrouver la suite du texte, puisque de nombreuses pages ont été laissées en blanc à la fin de deux des copies existantes.

B. Les manuscrits.

Six copies manuscrites des *Mémoires* sont aujourd'hui répertoriées, qui toutes datent du XVIIe siècle. Toutes présentent le même texte à quelques variantes près. Quatre sont conservées à Paris, deux à Carpentras. Les cinq qui ont servi à établir cette édition ont été numérotées comme suit :

- B : BNF, ms n.a.f. 7264, ff° 1-115
- D : BNF, ms Dupuy 237
- A : BA, ms 5414, ff° 795-925
- C : BM Carpentras, ms 952
- P : BM Carpentras, ms 1778, ff° 112-234

B, anciennement répertorié sous la cote Brienne 295, est un gros volume de copies contenant, outre les *Mémoires*, de nombreuses pièces relatives à Marguerite. Il fait partie de la collection d'Antoine de Loménie (secrétaire d'État sous Henri IV et Louis XIII, que connaissait bien Marguerite[60]), rassemblée par Pierre Dupuy, transcrite par Du Vallier, reliée par Le Gascon aux armes de Loménie sur maroquin rouge, collection qui a fait l'objet en 1627 d'une donation à son fils, Henri Auguste de Loménie, comte de Brienne[61]. Le texte des *Memoires de la Royne Marguerite* est distribué sans alinéas ni division en livres, et il est suivi de trente-huit pages blanches. Les lacunes sont signalées par des étoiles, quelques dates ont été inscrites dans les marges. Son orthographe est la plus archaïque de tous les manuscrits (*ie croi*, *subiect*,

---

du procès de 1629 ; mais ce procès est purement interne à la profession des libraires-imprimeurs (voir *infra*, C).

60. Sa correspondance répertorie une quinzaine de lettres de la reine au secrétaire d'État, entre 1594 et 1607.

61. *Cf.* Leopold Delisle, *Le Cabinet des manuscrits*..., vol. 1, p. 215.

veoir...), la langue est similaire (à quelques lexies près) à celle de Marguerite, et le texte est très complet. Ces caractéristiques, ainsi que la provenance du document, ont conduit à considérer ce manuscrit comme la base du texte de cette édition.

D est un volume plus mince ne contenant que les *Mémoires*, et terminé par dix pages blanches. Relié en maroquin rouge et marqué aux armes d'Antoine de Loménie, il a, comme le précédent, appartenu à sa collection, mais il a été offert à Dupuy, comme il est expliqué sur la première page : « Memoires de la Reyne Marguerite // 1628 // donné par M. de Loménie ». La seconde page porte une autre inscription, due vraisemblablement à Dupuy lui-même : « Cet escript est adressé à Messire Charles de Vivonne, Baron de la Chastigneraye et seigneur d'Ardelay, qui estoit Chambellan du duc d'Alençon. Il estoit cousin de Madame de Raiz a cause que la mere de ladite dame estoit sa tante. » Le texte est extrêmement semblable au précédent (sur lequel il a très certainement été copié), hormis l'orthographe, plus moderne, et des erreurs dues à l'inattention du copiste, notamment des passages manquants entre deux occurrences d'un même mot. Ce manuscrit pourrait être celui qui a servi à l'établissement de la première édition, car on retrouve dans celle-ci non seulement l'explication relative au destinataire, mais des erreurs similaires (voir *infra*). 1628 serait alors la date du cadeau à Dupuy, qui aurait eu les mains libres pour le proposer à un éditeur, qui l'aurait publié aussitôt.

A est un gros volume de copies conservé à la bibliothèque de l'Arsenal. Il regroupe des documents dont les plus anciens datent du XVIe, mais dont l'essentiel couvre les années 1630-1655. Les « Memoires de la reine Marguerite » ne portent aucune indication de provenance. L'écriture est régulière, l'orthographe tardive, la syntaxe souvent modernisée. Pour autant, le texte n'a pas été recopié sur une édition, même tardive : il ne reprend ni la division en livres ni le découpage en paragraphes qu'elles suivent toutes, il donne les trois lacunes alors qu'elles n'en identifient que deux (et en ajoutent d'autres), et il est à la fois le plus complet (quelques passages apparaissent ici qui sont manquant dans B et D) et le plus juste ; il est notamment le seul à reproduire correctement les noms propres de personnes que tous les manuscrits et toutes les éditions estropient jusqu'aux XVIIIe ou XIXe siècle (La Bussière, Léran).

C est un grand manuscrit autonome intitulé « Memoires de la Royne Marguerite », que le catalogue de la bibliothèque de Carpentras répertorie comme « XVIe siècle, papier ». La couverture de toile cartonnée blanche est déchirée dans le tiers supérieur droit, comme la première page, les inscriptions portées sur celles-ci étant illisibles (trois lignes) ou en partie détruites : « Ce liv[...] // Monsieu[...] ». Le texte a été entièrement recopié de la même écriture très lisible, et une autre main est intervenue pour corriger quelques noms propres. Il est distribué sans alinéas ni découpage en livres. Les signes de ponctuation sont rares, l'usage des majuscules généreux et fantaisiste, l'orthographe en partie semblable à celle de la reine (des graphies comme *trouvarent* [trouvèrent]). Dans la marge en face de la première lacune est écrit : « Il y a icy du deffault en l'original » (f° 12). Sans être aussi sûr que A, il s'en rapproche beaucoup, présentant les membres de phrases absents des autres manuscrits et modernisant également la syntaxe, tout en ne suivant pas A dans toutes ses « interventions ».

P appartient au fonds Peiresc. Le volume contient diverses copies, notamment, à la suite des *Mémoires*, l'« Apologie de Guy du Faur, seigneur de Pibrac, 1581 », qui évoque longuement la reine. Le catalogue des manuscrits ajoute un renseignement qui n'est pas (ou plus) sur le volume : « On lit après le titre : "Cet escript est adressé à Messire Charles de Vivonne, baron de la Chataigneraie et seigneur de Hardelay, qui estoit chambellan du duc d'Alençon. Il estoit cousin de Madame de Rai à cause que la mere de ladicte dame estoit sa tante" » (vol. 2, p. 45). Le texte est en effet extrêmement proche de B et de D, et pourrait avoir été confectionné à partir d'eux.

Un dernier manuscrit enfin (BNF, ms fr. 1521) n'a pas été considéré dans cette édition. C'est un petit cahier qui ne contient que les *Mémoires* et dont la copie semble assez tardive – en tout cas postérieure aux premières éditions, puisqu'elle en reproduit la division en livres. D'une syntaxe modernisée, et d'une écriture très difficile à déchiffrer, elle a été exécutée sans soin : le texte est fréquemment amputé de mots, de groupes de mots, voire de phrases entières, et il y manque parfois des dizaines de lignes. En revanche, de très nombreux passages sont soulignés, et les marges qui leur font face sont remplies de commentaires et de dates.

Cinq des six copies existantes ont donc été réalisées à partir de manuscrits, et non à partir des premières éditions, contrairement à ce que suggérait encore Mariéjol en 1928 à propos des exemplaires conservés à Paris : « aucun de ces manuscrits ne paraît antérieur à la première édition des *Mémoires*[62] ». Parmi ces cinq copies, deux filiations semblent identifiables au vu des variantes : B, D et P d'une part, A et C de l'autre. Cependant, alors que D et P pourraient être des copies de B, il semble que A et C soient deux copies autonomes réalisées à partir du même texte – peut-être l'original si l'on prend au sens propre la notule inscrite dans C… On ne peut guère aller plus loin dans les hypothèses.

C. Les premières éditions.

Le livre est paru à la fin de l'année 1628 chez Charles Chappellain, avec un privilège daté du 8 novembre. Bien que le nom de celui qui a réalisé l'édition n'apparaisse pas sur l'ouvrage, nous savons que « nous devons ces beaux mémoires à Auger de Mauléon, sieur de Granier, qui, pour s'établir à Paris, s'associa avec un libraire nommé Chapelain[63]… » Granier a rédigé un avis *Au lecteur*, où il vante les mérites de l'ouvrage, évoque la notoriété de son auteur, et finit sur l'identité du destinataire des *Mémoires*, en reproduisant l'explication qui figurait dans le manuscrit de Dupuy, suivie d'une autre hypothèse, quoique « pas si vraisemblable » que la première[64]. Il a modifié quelques tournures abruptes et quelques phrases trop longues. Par ailleurs, il a découpé le texte en trois livres, le premier s'arrêtant au tournant de l'année 1575-1576 (« … nous ne couchions plus et ne parlions plus ensemble. ») et le second avant le départ en Gascogne de la reine (« … le traversant sous main aux apprêts de son armée pour Flandre. »)[65].

Cette première édition semble avoir été faite dans une extrême précipitation. Les erreurs y sont nombreuses et souvent grossières, à l'instar de la première, qui donne « lorsque vous parlez de ma peau et de mon voyage de France » au lieu de « lorsque vous parlez de Pau et de mon voyage de France ». Par ailleurs, plusieurs passages sont omis, souvent entre deux occurrences du même mot, et quelques-uns ne sont pas compris ; le texte étant (ou semblant) incorrect, la phrase apparaît alors suivie de nombreux points de suspension, qui dessinent de nouvelles lacunes ; en revanche, la rupture de l'année 1572-1573 n'est pas signalée. Il est

62. J.-H. Mariéjol, *La Vie de Marguerite…*, p. XIII.

63. Paul Colomiès, *Bibliothèque choisie…*, p. 166.

64. Voir le texte de base de cet avis, ainsi que ses différentes versions, Annexe III, B.

65. Dans cette édition, respectivement p. 123 et p. 192.

hautement vraisemblable que Granier a établi son texte à partir du manuscrit Dupuy, puisqu'on retrouve là, outre la phrase d'explication sur le destinataire, plusieurs erreurs de texte communes (notamment les passages tronqués sur la Saint-Barthélemy et sur Bussy). Toujours est-il que l'avis *Au lecteur* initialement prévu s'allonge, explique qu'une meilleure copie a été récupérée « depuis que l'impression a esté achevée », et invite à consulter une liste d'*errata*, insérée à la page suivante. Parmi les dix rectifications qui la composent, neuf renvoient à un passage précis des *Mémoires*, tandis que la dernière indique simplement : « par tout où vous treuverez ces noms, *de Cossé* et *de Coste*, remettez *de Losse* »[66].

Trois autres éditions sortent des presses Chappelain dans la fin de cette même année 1628, dont la succession est difficile à établir en raison des contradictions qui les caractérisent ; peut-être ont-elles été mises en chantier en même temps par des ouvriers différents. Dans celle qui semble la seconde, la plupart des erreurs figurant sur la liste d'*errata* ont été rectifiées, la liste a disparu, et l'avis *Au lecteur* est le texte de base initialement prévu. Les cahiers suivant la première grosse erreur ont été recomposés, et l'ouvrage comporte une page supplémentaire. La troisième édition, en revanche, revient au nombre de pages initial et reprend l'avis de la première édition – bien que la liste des *errata* ait disparu, et que les erreurs qui y figuraient aient été cette fois toutes corrigées, au point que tous les *Cossé* sont devenus *Losse*, même là où Marguerite parlait bien du maréchal... Seule la dernière édition de l'année 1628 a été faite avec soin. Presque tous les cahiers ont à nouveau été recomposés, et la pagination reste fidèle à la première édition. L'avis *Au lecteur*, qui s'étend à présent sur quatre pages en gros caractères italiques, reprend l'explication sur la détestable facture du texte, mais ne fait plus mention de la liste des *errata* – devenue inutile puisque les rectifications ont été faites. De nouvelles erreurs, non repérées jusque là, ont par ailleurs été rectifiées, et de fausses lacunes supprimées (mais le maréchal n'a toujours pas retrouvé son identité). Quelques dates ont en outre été ajoutées dans les marges. Cette édition est enfin la seule à comporter l'information relative à Léran : « neveu de Monsieur Dodou [d'Audon] », qui apparaît dans tous les manuscrits.

---

66. Voir la liste des principales erreurs des premières éditions, Annexe III, C.

Malgré les progrès réalisés dans cette dernière édition, une nouvelle version de la seconde édition de l'année précédente est mise en vente en 1629. Le succès de l'œuvre est si considérable que trois éditions pirates arrivent également sur le marché, l'une donnant sa date de fabrication et se disant « jouxter la copie » de Chappellain, les deux autres sans lieu ni date. Les trois se ressemblent fort : même nombre de page, même absence de privilège, même avis *Au lecteur* modifié pour annoncer que le texte est à présent entièrement rectifié. En réalité, ces éditions reproduisent également le texte de la seconde édition de l'année 1628, tout en créant plusieurs nouvelles erreurs. Mais Chappellain se défend : d'une part, il traîne en justice les imprimeurs-libraires, qui ne sont guère inquiétés comme le prouve l'« Arrêt d'appointé signé des avocat et procureur des Parties, rendu sur l'appel interjetté par Lamy, Alliot et Daubin, de la sentence du 15 mai 1629, par lequel la cour les decharge de l'amende portée par ladite séance, avec deffense néanmoins tant aux susdicts qu'à tous autres libraires et imprimeurs de plus vendre et débiter ledit livre des *Mémoires de la Reine Marguerite* à peine de confiscation et d'amende[67] ». D'autre part, il fait reparaître une nouvelle édition du texte, qui cette fois-ci suit de très près la seule bonne édition de 1628, et sur la page de titre de laquelle il fait écrire son nom en lettres capitales...

Ce texte, de loin le meilleur, va pourtant complètement tomber dans l'oubli. Bien que je n'aie pu consulter les éditions de 1632, 1642 et 1648 que la maison Chappelain redonna, il est peu probable que ce soit lui qui ait été reproduit. En effet, toutes les éditions postérieures suivent les mauvaises versions du texte, qu'elles défigurent encore en peu plus. Dès 1649, alors que s'ouvre la période de la Fronde, c'est l'imprimerie hollandaise et flamande (ou prétendue telle) qui prend la relève avec plusieurs éditions, jusqu'en 1662, de petits ou très petits in 12°. L'avis *Au lecteur* de Granier (dans sa version de base), la division en trois livres, les lacunes et les erreurs des seconde et troisième éditions de l'année 1628, sont globalement reproduits, mais de nouvelles erreurs apparaissent encore (« lorsque vous parlez de *Dau* et de mon voyage de France »).

Les années 1665-1668 voient enfin une dernière salve d'éditions françaises pour le XVIIe siècle[68]. Toutes sont à nouveau pa-

---

67. BNF, ms fr. 22087, f° 322 [92].

68. Avec une édition (isolée ?) en 1693 (voir Annexe IV, A).

risiennes, et constituées de petits in 12°. Bien que chacune de celles qui paraissent en 1665 affiche un nom d'imprimeur différent, elles sont toutes identiques, jusqu'aux coquilles[69]. La suivante est en revanche entièrement recomposée. Toutes s'appuient sur les éditions des deux décennies précédentes pour l'établissement du texte, en introduisant quelques nouvelles erreurs de plus (*Brutus* au lieu de *Burrus*...).

Quant aux traductions des *Mémoires*, qui témoignent de la célébrité de l'œuvre hors des frontières françaises, on en trouve dès les années 1630. Le public anglais semble notamment s'en repaître autant que son homologue continental, si l'on en juge par le succès de la traduction de Robert Codrington, *The memorialles of Margaret de Valois*, disponible à Londres dès le début de la décennie et republiée en 1641, 1645, 1649, 1654, 1658. L'œuvre est également publiée sous le titre *The History of Margaret de Valois* en 1650 et 1653, et sous le titre *The Grand Cabinet-consels unlocked* en 1656, 1658, 1660 et 1662. Une traduction est également donnée en italien en 1641 (*Memorie della regina Margherita di Valois*... Descritte dalla medesima in idioma francese e trasportate nell'italiano, da Pelopide Varrialira, Venetia, Sarzina)[70].

D. La réception du livre au XVIIe siècle.

La fréquence de ces rééditions démontre à elle seule le succès des *Mémoires*, qui est par ailleurs attesté par les témoignages et les jugements des contemporains. Paul Pellisson rapporte que l'œuvre fut l'une des quatre qui lui apportèrent la certitude de la supériorité de la langue française sur celle de Cicéron, ajoutant que, lorsqu'il la découvrit, il la relut « deux fois, depuis un bout jusqu'à l'autre en une seule nuit ». L'historien de l'Académie française n'était pas le seul à trouver le livre remarquable. Lors de la séance du 22 février 1638, les Immortels le mentionnèrent avec une trentaine d'autres qu'ils voulaient voir figurer dans le *Catalogue des livres les plus célèbres en notre langue* qu'ils projetaient d'élaborer[71]. Quatre décennies plus tard, l'érudit Colomiès inscrivait les *Mémoires* au nombre des cent livres de sa *Bibliothèque choisie*, en

69. Par exemple, le premier livre (p. 59) se termine dans toutes par une vigule.

70. *Cf.* liste dans *NUC*.

71. Pellisson, *Relation contenant l'Histoire de l'Academie*..., pp. 481 et 237.

rappelant en outre les propos très élogieux des diverses autorités de la République des Lettres, dont le cardinal Bentivoglio[72].

Le succès des *Mémoires* se mesure également en ce que l'œuvre est elle-même productrice de textes. D'une part, la présence dans le récit de nombreux épisodes brièvement narrés mais riches de matière donne, à l'heure du succès des romans historiques, l'idée d'en développer certains. C'est le cas de *Mademoiselle de Tournon* (Paris, Claude Barbin, 1678), roman publié la même année que *La Princesse de Clèves*, et de manière également anonyme. L'auteur, vraisemblablement Charles Cotolendi, y reprend l'histoire qui ornait une partie du récit du voyage de Flandre, tout en donnant sa source dans l'*Avertissement* : « Les mémoires de la Reine Marguerite, ou l'autheur de cette histoire a pris son sujet, sont entre les mains de tout le monde; et ainsi ce n'est pas luy qui met au jour les Amours de Mademoiselle de Tournon : il ne fait que leur donner un peu plus d'etenduë. »

D'autre part, la vogue des Mémoires chez les Frondeurs et leurs contemporains se nourrit de l'exemple de Marguerite, qui pousse les grands nobles en délicatesse avec l'autorité royale à se mettre comme elle à l'écritoire pour faire connaître leur version de l'Histoire – et peut-être assurer leur gloire posthume avec autant d'éclat. « J'avais lu les Mémoires de la reine Marguerite » écrit la Grande Mademoiselle en rappelant les occasions qui la poussèrent à l'ouvrage[73]. Madame de La Guette ne la cite pas, mais à qui d'autre peut-elle songer lorsque vers 1675 elle écrit en ouverture de son oeuvre : « il se trouve peu de femmes qui s'avisent de mettre au jour ce qui leur est arrivé dans leur vie. Je serai de ce petit nombre[74] » ?

Cette extraordinaire célébrité des *Mémoires*, associée à la composante historique et à la couleur romanesque du texte, expliquent enfin que la dernière des Valois devienne peu à peu un personnage de légende, à qui l'on prête beaucoup et – déjà – dans tous les genres. Tandis que les historiographes de Richelieu sont invités à la faire figurer dans leurs sommes parmi les dangereuses trublionnes qui mirent l'État en péril, tandis que ceux qui l'ont connue prennent sa défense en s'offusquant des mensonges de la propa-

---

72. Colomiès, *Bibliothèque choisie*..., pp. 166-168.

73. Mademoiselle de Montpensier, *Mémoires*..., vol. 2, p. 248 [année 1653].

74. Madame de la Guette, *Mémoires*..., p. 41.

gande monarchique, paraît *La Ruelle mal assortie* (1644), première fiction mettant en scène le personnage de la reine Marguerite, petite pièce libertine qui tombe aussitôt dans l'oubli mais qu'on lui attribuera un jour. Quelques années plus tard, l'*Histoire des Amours du Grand Alcandre* (1651), roman à clef dont Henri IV est le principal personnage, l'évoque également en termes semi-scandaleux. A partir des années 1660 en revanche, est publié, puis republié à un rythme soutenu, le *Divorce Satyrique*, pamphlet violent sur lequel sera bâti la légende noire de la reine. Enfin, à l'extrême fin du siècle, paraît le premier roman, signé De Brye, où elle joue un rôle central : *Le Duc de Guise surnommé le Balafré* (1694)[75].

E. Les éditions depuis 1713.

Le succès des *Mémoires* se tasse néanmoins durant la fin du règne de Louis XIV, puis durant la presque totalité du XVIIIe siècle. On ne trouve en effet durant cette période que deux éditions de l'œuvre – à vrai dire qu'une seule, d'où sera issue la seconde. Due à Jean Godefroy et publiée à Liège, cette édition est la première à abandonner l'avis au lecteur de Granier, et à restituer l'identité du vrai destinataire des *Mémoires*. En 1665 en effet sont parues les *Œuvres* de Brantôme, et le rapprochement entre le *Discours* sur la reine et la dédicace de l'autobiographie a été établi peu après par Colomiès[76]. Godefroy explique tout ceci en introduction : « Monsieur de Mauleon, à qui le public est redevable des *Memoires* de la Reyne Marguerite, a cru qu'ils étoient adressez à Messire Charles de Vivonne, baron de la Chastaigneraye [...] M. Colomiez soustient, au contraire, que ces *Memoires* sont adressez à M. de Brantome et qu'ils servent de reponse à l'Eloge qu'il a fait de cette Princesse. » Pour appuyer cette thèse, le texte paraît accompagné du *Discours* sur la reine, d'un autre texte que Brantôme avait consacré à Bussy, et d'un traité de Dampmartin « qui est un entretient entre Mrs de Bussy et de La Neuville sur le bonheur et le malheur des favoris ».

L'édition quant à elle est meilleure que les précédentes, mais ce n'est pas l'étude des manuscrits qui a permis de la réaliser. Godefroy conserve le découpage en trois livres, il corrige les erreurs les plus grossières (Pau !), remplit quelques blancs

75. Pour plus d'informations et la suite de cette histoire, *cf.* la seconde partie de mon ouvrage sur la reine (1993).

76. Colomiès, *Mélanges historiques...* [1675], p. 86.

(Turenne), et surtout propose des notes copieuses ; certaines éclairent le texte (par exemple, en face de Tejan : « Brantôme le nomme Lerac »), d'autres sont des commentaires moralisateurs (par exemple, en face de l'allusion à la Romaine : « Cette reponse estoit un peu innocente et il auroit mieux valu avouer le fait. »). L'ouvrage est en outre orné d'un portrait en frontispice montrant Marguerite dans la trentaine, de face, habillée d'une robe à l'immense col en éventail. Cette édition reparaît deux ans plus tard, mais cette fois en deux volumes.

L'œuvre attend ensuite la fin du siècle pour être republiée, Entre 1789 et 1834 en revanche, elle apparaît quatre fois, non plus en volume isolé mais insérée dans les monumentales collections de Mémoires qui marquent la période (Boucher, Petitot, Buchon, Michaud & Poujoulat). La dernière inaugure en outre ce qui va devenir une tradition, en donnant à la suite des *Mémoires* le *Mémoire justificatif.* Tous les éditeurs suivent Godefroy pour le texte, et s'inspirent de ses notes. Ils surenchérissent également sur son ton moralisateur en faisant précéder l'œuvre de notices dans l'ensemble fort malveillantes sur la reine.

Ce dernier point est le seul avec lequel ne rompe pas l'édition suivante, établie par François Guessard en 1842 à la demande de la Société de l'Histoire de France. Pour la première fois en effet, un volume est consacré aux seuls écrits de Marguerite : les *Mémoires* y côtoient le *Mémoire justificatif* et un choix de lettres important[77]. Par ailleurs, Guessard a travaillé à partir des manuscrits parisiens. Il supprime donc la division en trois livres et rétablit le texte, où n'apparaissent plus que de très rares méprises[78]. En revanche, les notes sont succinctes.

Les éditions ultérieures des *Mémoires* reprennent le texte établi par Guessard lorsqu'il ne s'agit pas de réimpressions des grandes collections. Les nouveaux éditeurs font cependant parfois d'autres choix éditoriaux que lui. Ainsi, Lalanne (1558) couple l'autobiographie et le manifeste de 1574, mais les fait suivre

77. En conformité avec ses préjugés, Guessard n'avait pas envisagé d'adjoindre à cet ensemble le *Discours docte et subtil*, mais bien la *Ruelle mal assortie*. La Société s'y étant opposée, il fit publier la *Ruelle* séparément (*cf.* ses explications dans sa préface, *MMV* p. xvij, et mon étude sur l'attribution du texte).

78. Par exemple « Elisabeth [...] et ma soeur ainée » (*MMV*, p. 110), au lieu de *sa* (voir *Mémoires*, p. 159). Ses erreurs sont plus importantes dans son choix de lettres.

d'anecdotes issues de souvenirs d'autres auteurs. Caboche (1860) donne les deux textes également, mais les agrémente de note nourries, où apparaissent notamment beaucoup de propos de contemporains de la reine. Bonnefon quant à lui (1920) modernise l'orthographe des *Mémoires*, et les reproduit en compagnie du *Discours docte et subtil*.

L'œuvre de Marguerite connaît ensuite à nouveau une longue éclipse : aucun de ses écrits n'est publié entre 1920 et 1968, alors que le personnage, lui, est l'un des plus sollicités par la « petite histoire ». Les trois éditions de la fin du siècle ne rompent pas réellement avec cette dérive. Elles annulent en effet les progrès réalisés au XIXe siècle, les éditeurs revenant aux premières éditions, à leur division en trois livres[79], et à certaines de leurs erreurs. La première (1968), qui couple les *Mémoires* avec l'autobiographie de d'Aubigné, segmente en outre le récit de la reine en épisodes précédé d'un résumé, et l'agrémente de nombreuses reproductions de tableaux en noir et blanc, mais réintroduit une orthographe archaïsante. La seconde (1971) segmente également le texte, y introduit de nouvelles erreurs[80], et le fait suivre, outre du *Mémoire justificatif* et de quelques dizaines de lettres puisées chez Guessard, de la *Ruelle mal assortie*, qui apparaît ainsi pour la première fois matériellement associée aux écrits de la reine. La dernière (1994) n'a été motivée que par la sortie du film *La Reine Margot* de Patrice Chéreau ; inspirée de l'édition précédente pour le texte, réduite au strict minimum pour l'appareil critique, elle présente en outre une œuvre défigurée par les fautes d'orthographe, pourtant modernisée.

---

79. Exceptée la dernière, peut-être pour un simple problème de place (édition de poche, réduite au minimum) car S. Rozenker suit Cazaux.

80. Ex. édition Cazaux : « les gentis-hommes de ma raison » (p. 99), au lieu de *les gentis-hommes de ma Maison* ; « C'est trop, dit-il, pour faire à bon escient, et trop peu pour se jouer » (p. 143), au lieu de *C'est trop peu, dit-il, pour faire à bon escient, et trop pour se jouer...*

MÉMOIRES
DE
LA REYNE
MARGVERITE.

Edition Nouvelle, plus correcte.

A PARIS,
Chez Pierre Traboüillet, au Palais,
dans la Salle D'auphine, à
la Fortune.

M. DC. LXV.

Mémoires, édition Trabouillet, 1665.
Bibliothèque nationale de France.

NOTICE SUR L'ÉTABLISSEMENT DU TEXTE

TEXTE DE RÉFÉRENCE

C'est pour l'essentiel le texte du manuscrit Brienne de la BNF, noté B (voir Introduction, VI, B) qui a été suivi. Les exceptions et les principales variantes sont signalées en notes.

ORTHOGRAPHE

En l'absence de manuscrit original ou d'édition supervisée par l'auteur, la reproduction du choix des copistes ou des premiers éditeurs de la reine n'a pas semblé utile, et l'orthographe a été modernisée, noms propres compris, excepté lorsque les mots présentaient une différence de prononciation notable avec leur état actuel.

PONCTUATION

Les documents autographes conservés de Marguerite de Valois enseignent qu'elle n'utilisait aucune ponctuation ; celle des manuscrits et des éditions est donc des copistes et des éditeurs, et elle est au reste parfois fautive. Elle a donc été restituée selon l'usage moderne.

Des parenthèses (rares dans les manuscrits et les éditions) ont été ajoutées dans les phrases longues. Des guillemets (absents) ont été utilisés pour signaler les discours directs. Des tirets (absents) ont également été utilisés dans les phrases longues pour aider à la lecture en rendant plus évidents les décrochements de ton de la mémorialiste.

PRÉSENTATION

Des alinéas, rares dans les manuscrits et les premières éditions, ont été introduits, pour l'essentiel selon le modèle de l'édition Guessard. La division en trois livres, introduite par le premier éditeur, et que rien ne justifie, n'a pas été reproduite.

Les crochets carrés sont utilisés pour restituer des mots dont l'omission perturbe la compréhension du texte.

MEMOIRES

DE

MARGUERITE DE VALOIS,

REINE

DE FRANCE ET DE NAVARRE,

Auxquels on a ajoûté ſon Eloge, celuy de Monſieur de BUSSY & la FORTUNE DE LA COUR.

A LIEGE,

Chez JEAN FRANÇOIS BRONCART.

M. DCC. XIII.

Mémoires, édition Jean-François Broncart, 1713.
Bibliothèque nationale de France.

MÉMOIRES

Je louerais davantage votre œuvre[1], si elle ne me louait tant, ne voulant qu'on attribue la louange que j'en ferais plutôt à la philautie[2] qu'à la raison, ni que l'on pense que, comme Thémistocle, j'estime celui dire le mieux qui me loue le plus. C'est un commun vice[(a)] aux femmes de se plaire aux louanges, bien que non méritées. Je blâme mon sexe en cela, et n'en voudrais tenir cette condition[3]. Je tiens néanmoins à beaucoup de gloire qu'un si honnête homme que vous m'ait voulu peindre d'un si riche pinceau. À[(b)] ce

1. Marguerite s'adresse à son ami Brantôme (voir Introduction, I, D et II, A, C).

2. Du grec *philautia*, « amour de soi ». Ce terme rare, introduit par les humanistes (Erasme notamment) et employé pour la première fois en français par Rabelais (*Tiers Livre*, XXIX), désigne l'amour de soi, que les moralistes du XVIIe siècle préféreront nommer « amour propre ». Bien qu'Aristote ait distingué un bon et un mauvais amour de soi, Marguerite et ses contemporains y voyaient essentiellement un défaut. La philautie apparaîtra en revanche dans son sens positif dans une lettre de l'année 1600 au baron de Fourquevaux (*COR*, lettre 327). Les premières éditions, comme les manuscrits, écrivent *philaftie*, en « conformité avec la prononciation du grec moderne » (Jean Mesnard, *La Culture du XVIIe siècle...*, p. 49). Marguerite avait également fait inscrire le terme dans son Album de poésies (voir Poésies, Introduction).

(a) A et C : « vice commun ».

3. Marguerite nomme ici l'un des aspects les plus singuliers de sa personnalité (voir Introduction, I, B, § 3 et 4).

(b) A : « En ». Les éditeurs ont également modernisé.

portrait, l'ornement du tableau surpasse de beaucoup l'excellence de la figure que vous en avez voulu rendre le sujet. Si j'ai eu quelques parties de celles que m'attribuez, les ennuis*, les effaçant de l'extérieur, en ont aussi effacé la souvenance de ma mémoire ; de sorte que, me remirant en votre *Discours*, je ferais volontiers comme la vieille Madame de Randan[4], qui, ayant demeuré depuis la mort de son mari sans voir miroir, rencontrant par fortune son visage dans le miroir d'une autre, demanda qui était celle-là. Et bien que mes amis qui me voient me veulent persuader le contraire, je tiens leur jugement pour suspect, comme ayant les yeux fascinés de trop d'affection. Je crois que, quand vous viendrez à la preuve[5], vous serez en cela de mon côté et direz, comme souvent je l'écris, par ces vers de Du Bellay : *C'est chercher Rome en Rome, et rien de Rome en Rome ne trouver*[6].

Mais comme l'on se plaît à lire la destruction de Troie, la grandeur d'Athènes, et de telles puissantes villes lorsqu'elles florissaient, bien que les vestiges en soient si petits qu'à peine peut-on remarquer où elles ont été, ainsi vous plaisez-vous à décrire l'excellence d'une beauté, bien qu'il n'en reste autre vestige ni témoignage que vos écrits[7]. Si vous l'aviez fait pour représenter le contraste de la Nature et de la Fortune[8], plus beau sujet ne pouviez-vous choisir, les deux y ayant à l'envi fait essai de l'effort de leur puissance. En celui de la Nature, en ayant été témoin oculaire, vous n'y avez besoin d'instruction. Mais en celui de la Fortune, ne le pouvant

---

4. Fulvie Pic de la Mirandole († 1607), veuve depuis 1562 de Charles de La Rochefoucauld, comte de Randan, colonel général de l'infanterie. Brantôme rapporte pour sa part qu'après la mort de son mari, « Elle fit un si grand deuil de sa perte que jamais elle n'a daigné se regarder en son mirouër » (*RD*, p. 532).

5. Cette phrase au futur prouve que, contrairement à ce qu'avancent Anne-Marie Cocula-Vaillières (*Brantôme...*, p. 388) et après elle Etienne Vaucheret (*RD*, p. xxxv), Marguerite n'a toujours pas revu son panégyriste à l'heure où elle commence ses *Mémoires* ; il viendra lui rendre visite à Usson plus tard, nous ne savons exactement quand ni combien de fois (*cf.* Préface aux *Rodomontades espagnoles*).

6. Allusion au troisième sonnet des *Antiquitez de Rome*, publiées en 1558 :
Nouveau venu, qui cherches Rome en Rome,
Et rien de Rome en Rome n'aperçois...

7. Marguerite fait allusion au *Discours* que Brantôme lui avait consacré, et envoyé (voir Introduction, I, D).

8. Voir le quatrain avec lequel Brantôme concluait son *Discours*, Annexe I, C.

décrire que par rapport (qui est sujet d'être fait par des personnes mal informées ou mal affectées, qui peuvent ne [pas] représenter le vrai, ou par ignorance ou par malice), j'estime que recevrez plaisir d'en avoir les Mémoires de qui le peut mieux savoir, et de qui a plus d'intérêt à la véritable description de ce sujet. J'y ai aussi été conviée par cinq ou six remarques que j'ai faites en votre *Discours*, où il y a de l'erreur, qui sont : lorsque vous parlez de Pau[9] et de mon voyage de France[10], quand vous parlez de feu Monsieur le maréchal de Biron[11], quand vous parlez d'Agen[12], et aussi de la sortie de ce lieu du marquis de Canillac[13].

---

9. Voir le récit de Marguerite à l'année 1579, et n. 390.

10. Il s'agit du voyage de retour en France, en 1582, qui est juste postérieur à l'interruption des *Mémoires*. Le peu de chose qu'en disait Brantôme permet de comprendre à peu près sûrement ce que la reine voulait en contester : l'initiative de ce retour, que le mémorialiste attribuait à Marguerite elle-même (« elle pria la Reyne sa bonne mère de la venir querir pour la veoir, et aller jusques en France veoir le roy et Monsieur, son frère », *DM*, p. 143). Cette initiative revint en fait à la Couronne (voir n. 436).

11. Armand de Gontaud, baron de Biron (1524-1592), l'un des principaux chefs de l'armée catholique, s'était distingué à Jarnac et Moncontour, et fut promu maréchal en 1577. Marguerite devait le fréquenter lors de son premier séjour à Nérac, alors qu'il était lieutenant général en Guyenne et maire de Bordeaux. Pour la rectification qu'elle annonce ici, voir n. 415.

12. Cette rectification concerne également une époque postérieure à l'interruption des *Mémoires*. Brantôme écrivait : « La guerre de la Ligue amprez arriva ; et, d'autant que la Reyne de Navarre se craignoit de quelques uns, à cause qu'elle estoit très-grande catholique, elle se retira à Agen [...] et puys qu'il y alloit de la relligion catholique, et qu'il la falloit maintenir et exterminer l'autre, elle voulut fortiffier la sienne de son costé de tout ce qu'elle peut [*put*], et faire la guerre contre l'autre ; mais elle y fust très-mal servie, par le moyen de Madame de Duras, disoyton, qui la gouvernoit fort, et qui soubz son nom faisoit de grandes exactions et concussions » (*DM*, p. 148). Ces affirmations avaient dû irriter Marguerite. D'une part, elle s'était éloignée de Nérac en avril 1585 pour des raisons de sécurité (*COR*, lettres 232 et suiv.). Par ailleurs, même si elle devait avoir gardé un fort mauvais souvenir d'une dame d'honneur qu'elle avait toujours défendue et qui avait fini par la trahir (*ibid.*, lettres 153, 176, 242), elle n'était certainement pas prête à admettre qu'elle s'était laissée « gouverner » par elle.

13. Jean Timoléon de Beaufort-Montboissier, marquis de Canillac († 1589) avait été chargé par Henri III, à la fin de l'année 1586, de s'emparer de Marguerite alors en fuite en Auvergne ; il l'avait arrêtée et enfermée à Usson. Quelques mois après son arrestation, il avait laissé sa prisonnière libre dans son château – à la grande surprise de tout un chacun. Brantôme, se faisant vraisemblablement l'écho des rumeurs qui avaient alors circulé à la Cour, expliquait dans son *Discours* que la reine l'avait séduit (*DM*, p. 148). En réalité, Canillac attendait du service rendu au

Je tracerai mes Mémoires, à qui je ne donnerai plus glorieux nom, bien qu'ils méritassent celui d'Histoire, pour la vérité qui y est contenue nûment et sans ornement aucun[14], ne m'en estimant pas capable, et n'en ayant aussi maintenant le loisir[15]. Cette œuvre donc, d'une après-dînée*, ira vers vous comme les petits ours, en masse lourde et difforme, pour y recevoir sa formation. C'est un chaos[16] duquel vous avez déjà tiré la lumière ; il reste l'œuvre de[(a)] cinq autres journées. C'est une histoire certes digne d'être écrite par cavalier d'honneur, vrai Français, né d'illustre Maison, nourri des rois mes père et frères, parent et familier ami des plus galantes* et honnêtes femmes de notre temps, de la compagnie desquelles j'ai eu ce bonheur d'être[17].

La liaison des choses précédentes avec celles des derniers temps[18] me contraint de commencer du temps du roi Charles[19], et au premier point où je me puisse ressouvenir y avoir eu quelque

---

roi une récompense qui ne vint pas, et il se fit très prosaïquement acheter par les Ligueurs (*COR*, lettres 240 bis et 242). Marguerite devait vouloir rectifier cette version qui n'était ni juste ni honorable.

14. Sur la distinction entre Mémoires et Histoire, et le travail qu'elle assigne à Brantôme, voir Introduction, II, C.

15. Cette remarque peut paraître curieuse de la part d'une femme en exil dans un château isolé. C'est qu'au moment où elle commence à écrire, Marguerite pense qu'elle va rapidement pouvoir reprendre une vie active (voir Introduction, I, C).

16. Grammaticalement, le pronom *C'* renvoie à « cette œuvre » – qui n'est pas encore écrite. Marguerite songe, par métonymie, à la matière de l'œuvre, c'est-à-dire sa vie ; le mot *chaos* pourrait lui avoir été inspiré par le *Discours* de Brantôme, d'où émane une grande impression de désordre (voir Introduction, II, A).

(a) A, C, P : « des ». Tous les manuscrits donnent ensuite « cinq autres journées ». Le premier éditeur a trouvé la formule trop abrupte et a changé pour « cinq ou six », modification retenue ensuite par tous les autres y compris Guessard.

17. Marguerite fait peut-être ici allusion aux autres écrits de Brantôme sur les dames, qu'il avait dû évoquer en envoyant son *Discours*.

18. C'est-à-dire : la nécessité de lier les événements, de passer du récit des temps anciens à celui du temps présent, chronologiquement et sans interruption (voir Introduction, II, B).

19. Charles IX (1550-1574), second fils de Catherine de Médicis et d'Henri II, devenu roi en 1560. Il semble que Marguerite veuille désigner ici non pas les premières années de son règne officiel, où il était mineur, mais l'époque où il régnait véritablement, et qui sera le cadre du véritable début de son récit autobiographique (voir p. 78). Tout ce qui est raconté dans l'intervalle revêt un autre statut.

chose remarquable à ma vie. Partant, comme les géographes nous décrivant la terre, quand ils sont arrivés au dernier terme de leur connaissance, disent *au-delà, ce ne sont que déserts sablonneux, terres inhabitées, et mers non naviguées*, de même[20] je dirai n'y avoir au-delà que le vague d'une première enfance, où nous vivons plutôt guidés par la Nature, à la façon des plantes et des animaux, que comme hommes régis et gouvernés par la Raison. Et laisserai à ceux qui m'ont gouvernée en cet âge-là cette superflue recherche, où peut-être, en ces enfantines actions, s'en trouverait-il d'aussi dignes d'être écrites que celles de l'enfance de Thémistocle et d'Alexandre, l'un s'exposant au milieu de la rue devant les pieds des chevaux du charretier[(a)] qui ne s'était à sa prière voulu arrêter, l'autre méprisant l'honneur du prix de la course, s'il ne le disputait avec des rois[21].

[1559] Desquelles pourrait être la réponse que je fis au feu roi mon père peu de jours avant le misérable coup qui priva la France de repos, et notre Maison de bonheur[22] : n'ayant lors qu'environ quatre ou cinq ans, et me tenant sur ses genoux pour me faire causer, il me dit que je choisisse celui que je voulais pour mon serviteur, de Monsieur le prince de Joinville (qui a depuis été

---

20. La comparaison est inspirée du tout début des *Vies des hommes illustres* de Plutarque, traduites par Amyot : « Ainsi comme les historiens qui décrivent la terre en figure [...] ont accoutumé de supprimer aux extrémités de leurs cartes les régions dont ils n'ont point de connaissance, et en conter quelques telles raisons par endroits de la marge : outre ces pays-ci n'y a plus que profondes sablonnières sans eaux, pleines de bêtes venimeuses, ou de la vase que l'on ne peut naviguer, ou la Scythie déserte pour le froid, ou bien la mer glacée. Aussi en cette mienne histoire... » (Vie de Thésée, I, vol. 1, p. 1).

(a) B, D, C, P : « des charretiers qui ne s'étaient... »

21. Ces deux « anecdotes significatives » sont également inspirées de Plutarque. La première se trouve dans la Vie d'Alcibiade (et non Thémistocle), III, la seconde dans la Vie d'Alexandre-le-Grand, VI (*VHI*, vol. 1, p. 420 et vol. 2, p. 326).

22. Allusion à la mort d'Henri II (1519-1559), le 10 juillet, consécutive à l'accident survenu le 30 juin au cours d'un tournoi. La Cour avait vécu plusieurs semaines de festivités, relatives aux suites de la signature du traité du Cateau-Cambrésis (3/4/1559) : mariage d'Elisabeth de France avec le roi d'Espagne (22/6) et de Marguerite de France avec le duc de Savoie (9/7).

ce grand et infortuné duc de Guise[23]), ou du marquis de Beaupréau, fils du prince de La Roche-sur-Yon[24] (en l'esprit duquel la Nature, pour avoir fait trop d'effort de son excellence, excita l'envie de la Fortune jusques à lui être mortelle ennemie, le privant par la mort, en son an quatorzième, des honneurs et couronnes qui étaient justement promises à la vertu et magnanimité qui reluisaient à son aspect), tous deux âgés de six à sept ans, se jouant auprès du roi mon père, moi les regardant. Je lui dis que je voulais le marquis. Il me dit : « Pourquoi ? Il n'est pas si beau » – car le prince de Joinville était blond et blanc, et le marquis de Beaupréau avait le teint et les cheveux bruns. Je lui dis : « Pour ce qu'il était plus sage, et que l'autre ne peut durer en sa patience qu'il ne fasse toujours mal à quelqu'un, et veut toujours être le maître. » Augure certain de ce que nous avons vu depuis[25].

[1561] Et la résistance aussi que je fis pour conserver ma religion du temps du colloque de Poissy, où toute la Cour était infectée d'hérésie, aux persuasions impérieuses de plusieurs dames et seigneurs de la Cour[26], et même de mon frère d'Anjou, depuis roi de France[27], de qui l'enfance n'avait pu éviter l'impression de la malheureuse huguenoterie, qui sans cesse me criait de changer de

---

23. Henri de Lorraine (1550-1588), troisième duc de Guise, alors prince de Joinville, futur chef de la rébellion catholique et assassiné sur l'ordre d'Henri III.

24. Henri de Bourbon (1547-1560), fils de Charles de Bourbon et de Philippe de Montespedon.

25. Allusion à la lutte acharnée pour le triomphe de son parti, menée par Guise jusqu'à sa mort.

26. En octobre 1561, colloque où Catherine de Médicis et son chancelier Michel de L'Hospital tentèrent une réconciliation des deux religions. Les Châtillon, les Condé, la première duchesse Montpensier, la reine de Navarre étaient déjà gagnés à la Réforme ; la duchesse d'Uzès n'y était pas hostile ; Catherine et ses fils non plus. Il se peut que Marguerite protège le souvenir de sa mère en la décrivant comme extérieure à ce processus, mais elle peut aussi projeter sur cette époque (elle n'avait que huit ans) la position ultérieure, plus catégorique, de sa mère. Dans cette seconde anecdote, Marguerite fait valoir sa fidélité à la religion catholique, sa fermeté de caractère, sa « résolution » (voir *infra*). Elle commence également à mettre en place l'image du « méchant frère » (voir Introduction, V, B).

27. Edouard Alexandre, futur Henri III (1551-1589), est alors duc d'Orléans, mais Marguerite le désigne ici par le titre de son apanage d'Anjou, qu'il acquerra en 1566 et conservera jusqu'à son élection au trône de Pologne, en 1573 (il changera de prénom lors de sa confirmation, en 1564).

religion, jetant mes heures souvent dans le feu, et au lieu me donnant des psaumes et prières huguenotes, me contraignant les porter. Lesquelles, soudain que je les avais, je les baillais à Madame de Curton ma gouvernante[28], que Dieu m'avait fait la grâce de conserver catholique, laquelle me menait souvent chez le bon homme, Monsieur le cardinal de Tournon[29], qui me consolait et fortifiait à souffrir toutes choses pour maintenir ma religion, et me redonnant[30] des heures* et des chapelets au lieu de celles que l'on m'avait brûlées. Mon frère d'Anjou et ces autres particulières âmes qui avaient entrepris de perdre la mienne, me les retrouvant, animés de courroux m'injuriaient, disant que c'était enfance et sottise qui me le faisait faire, qu'il paraissait bien que je n'avais point d'entendement, que tous ceux qui avaient de l'esprit, de quelque âge et sexe qu'ils fussent, oyant prêcher la vérité, s'étaient retirés de l'abus de cette bigoterie ; mais que je serais aussi sotte que ma gouvernante. Et mon frère d'Anjou, y ajoutant les menaces, disait que la reine ma mère me ferait fouetter – ce qu'il disait de lui-même, car la reine ma mère ne savait point l'erreur où il était tombé ; et soudain qu'elle le sut, tança fort lui et ses gouverneurs, et le faisant instruire, contraignit[(a)] de reprendre la vraie, sainte et ancienne religion de nos pères, de laquelle elle ne s'était jamais départie. Je lui réponds, à telles menaces, fondante en larmes comme l'âge de sept ou huit ans où j'étais lors y est assez tendre, qu'il me fît fouetter, et qu'il me fît tuer s'il voulait, que je souffrirais tout ce que l'on me saurait faire plutôt que de me damner.

Assez d'autres réponses, assez d'autres telles marques de jugement et de résolution s'y pourraient-elles trouver[31], à la recherche desquelles je ne veux peiner, voulant commencer mes Mémoires seulement du temps que je vins à la suite de la reine ma mère pour n'en bouger plus. Car incontinent* après le colloque de

---

28. Charlotte de Vienne, dame de Curton.

29. François de Tournon (1489-1562), cardinal, diplomate, lettré, incarnait la réaction catholique et contribua à l'échec du colloque.

30. « et me redonnait ». La tournure verbe conjugué + participe présent coordonnés est assez fréquente chez Marguerite.

(a) A a ajouté « *le* contraignit », ce qui restreint le sens.

31. « pourraient se trouver dans l'histoire de mon enfance ».

Poissy, que les guerres commencèrent, nous fûmes, mon petit frère d'Alençon[32] et moi, à cause de notre petitesse, envoyés à Amboise[33], où toutes les dames de ce pays-là se retirèrent avec nous, même* votre tante Madame de Dampierre[34], qui me prit lors en amitié, qu'elle m'a continuée jusques à sa mort, et votre cousine Madame la duchesse de Retz[35], qui sut en ce lieu la grâce que la Fortune lui avait faite de la délivrer à la bataille de Dreux d'un fâcheux, son premier mari, Monsieur d'Annebaut, qui était indigne de posséder un sujet si divin et parfait. Je parle ici du principe de l'amitié de votre tante envers moi, non de votre cousine, bien que depuis nous en ayons eu [une] de si parfaite qu'elle dure encore, et durera toujours[36]. Mais lors, l'âge ancien de votre tante et mon enfantine jeunesse avaient plus de convenance, étant le naturel des vieilles gens d'aimer les petits enfants, et de ceux qui sont en âge parfait, comme était lors votre cousine, de mépriser et haïr leur importune simplicité.

[1564] J'y demeurai jusqu'au[(a)] commencement du grand voyage, que la reine ma mère me fit revenir à la Cour pour ne bouger plus d'auprès d'elle[37] – duquel toutefois je ne parlerai point, étant lors si jeune que je n'en ai pu conserver la souvenance qu'en

---

32. Le frère cadet de Marguerite (1554-1584) s'appelle alors Hercule, et il est duc d'Anjou ; il deviendra François et duc d'Alençon en 1566, puis il redeviendra duc d'Anjou en 1576 tout en conservant son apanage d'Alençon. C'est sous ce dernier titre que la reine le désigne toujours.

33. Amboise (Indre-et-Loire). La première guerre de religion débuta quelques mois après le colloque de Poissy et se termina en mars 1563 (paix d'Amboise).

34. Jeanne de Vivonne (1511?-1583), fille d'André de Vivonne et de Louise de Daillon du Lude, épouse de Claude de Clermont, seigneur de Dampierre. Elle était la sœur de la mère de Brantôme.

35. Claude-Catherine de Clermont-Dampierre (1543-1603), fille unique des précédants, épouse de Jean d'Annebaut, baron de Retz, puis (1565) d'Albert de Gondi, nommé maréchal en 1573, fait comte puis duc (1581) de Retz. Retenue loin de la Cour par l'humeur ombrageuse de son premier mari, elle avait occupé ses loisirs à s'instruire. Dans les années 1570, elle devait animer brillant un salon.

36. Marguerite écrivait toujours à la duchesse de Retz en 1599 (*COR*, lettre 318).

(a) A et C : « jusques au ». Il est probable que ces deux manuscrits homogénéisent, car on trouve parfois sous la plume de Marguerite *jusquo* (*COR*, lettre 222).

37. Le tour de France que Catherine entreprit au début de l'année 1564 afin de fortifier l'autorité royale dans le pays se prolongea jusqu'en mai 1566 (*cf.* Jean Boutier *et al.*, *Un Tour de France royal...*).

gros, les particularités s'étant évanouies de ma mémoire comme un songe. Je laisse à en discourir à ceux qui, étant en âge plus mûr, comme vous, se peuvent souvenir des magnificences qui furent faites partout, même* à Bar-le-Duc, au baptême de mon neveu le prince de Lorraine[38] ; à Lyon, à la venue de Monsieur et de Madame de Savoie[39] ; à Bayonne, à l'entrevue de la reine d'Espagne ma sœur[40] et de la reine ma mère, et du roi Charles mon frère (là où je m'assure que vous n'oublierez de représenter le festin superbe de la reine ma mère en l'île[41], avec le ballet, et la forme de la salle* qu'il semblait que la Nature l'eût appropriée à cet effet, ayant cerné dans le milieu de l'île un grand pré en[(a)] ovale de bois de haute futaie, où la reine ma mère disposa tout à l'entour des grandes niches, et dans chacune une table ronde à douze personnes ; la table de leurs majestés seulement s'élevait au bout de la salle* sur un haut dais de quatre degrés* de gazons ; toutes ces tables servies par troupes de diverses bergères habillées de toile d'or et de satin, diversement selon les habits divers de toutes les provinces de France, lesquelles bergères, à la descente des magnifiques bateaux – sur lesquels, venant de Bayonne à cette île, l'on fut toujours accompagné de la musique de plusieurs dieux marins chantant et récitant des vers autour du bateau de leurs majestés – s'étaient trouvées chaque troupe en un pré à part, à deux côtés d'une grande allée de pelouse dressée pour aller à la susdite salle*, chaque troupe dansant à la façon de son pays : les Poitevines avec la cornemuse, les Proven-

---

38. La Cour arriva à Bar-le-Duc le 1er mai 1564 ; le prince de Lorraine, Henri II, est le fils de la sœur de Marguerite, Claude (1547-1575), épouse de Charles III de Lorraine.

39. La Cour arriva à Lyon le 13 juin ; elle y retrouva Marguerite, fille de François Ier, sœur d'Henri II, mariée à Emmanuel-Philibert de Savoie.

40. Elisabeth (1545-1568), fille aînée de Catherine de Médicis et d'Henri II, épouse de Philippe II d'Espagne. La Cour s'installa à Bayonne pour un mois au début du mois de juin 1565 ; diverses entrevues et festivités eurent lieu, à Bayonne et à Saint-Jean-de-Luz, avec une délégation espagnole composée, entre autres, de la jeune reine et de Fernando Alvarez de Tolède, duc d'Albe – le roi d'Espagne ayant refusé de s'y joindre.

41. Il s'agit de l'île d'Aiguemau, sur l'Adour (Pyrénées-Atlantiques), où ce festin eut lieu le 23 juin 1565. Marguerite commence là une sorte de très longue note (représentée ici par la parenthèse) dans laquelle elle livre un souvenir qu'elle croyait perdu.

(a) B, D, A : « ou ».

çales la volte avec les cymbales, les Bourguignonnes et Champenoises avec le petit hautbois, le dessus de violon et tabourins* de village, les Bretonnes dansant leur passe-pied et branle-gai[42], et ainsi toutes les autres provinces ; après le service desquelles, le festin fini, l'on vit, avec une grande troupe de satyres-musiciens, entrer ce grand rocher lumineux, mais plus éclairé des beautés et pierreries des nymphes qui faisaient dessus leur entrée que des artificielles lumières, lesquelles descendant, vinrent danser ce beau ballet, duquel la Fortune envieuse ne pouvant supporter la gloire, fit orager une si étrange pluie et tempête, que la confusion de la retraite qu'il fallait faire la nuit par bateaux apporta le lendemain autant de bons contes pour rire, que ce magnifique appareil de festin avait apporté de contentement), et en toutes les superbes entrées qui leur furent faites aux villes principales de ce royaume, duquel ils visitèrent toutes les provinces.

[1569] Au règne du magnanime roi Charles mon frère, quelques années après le retour du grand voyage[43], les huguenots ayant recommencé la guerre, le roi et la reine ma mère étant à Paris, un gentilhomme de mon frère d'Anjou, qui depuis a été roi de France, arriva de sa part pour les avertir qu'il avait réduit l'armée des huguenots à telle extrémité qu'il espérait qu'ils seraient contraints venir dans peu de jours à la bataille ; et qu'il les suppliait, avant cela, qu'il eût cet honneur de les voir pour leur rendre compte de sa charge, afin que, si la Fortune, envieuse de sa gloire (qu'en si jeune âge il avait acquise), voulait en cette désirée journée, après avoir fait[44] un bon service au roi et à sa religion et à cet État, joindre le triomphe de sa victoire à celui de ses funérailles, il partît de ce monde avec moins de regret, les ayant laissés tous deux satisfaits en la charge qu'ils lui avaient fait l'honneur de lui commettre ;

---

42. Passe-pied : « sorte de danse » (Huguet). « Danse à trois temps, d'un mouvement très rapide » (Littré). Branle : « Danse de plusieurs personnes se tenant par la main » (Huguet). « Le branle ou branle gai est le nom générique de toutes les danses où un ou deux danseurs conduisent tous les autres, qui répètent ce qu'ont fait les premiers. » (Littré).

43. Marguerite saute trois années ; le récit autobiographique suivi commence ici, pendant la troisième guerre de religion.

44. « après qu'il eut fait ».

de quoi il s'estimerait plus glorieux que de deux trophées qu'il avait acquis par ses deux premières victoires[45]. Si ces paroles touchèrent au cœur d'une si bonne mère, qui ne vivait que pour ses enfants, abandonnant à toute heure sa vie pour conserver la leur et leur État, et qui sur tous chérissait cettui-là, vous le pouvez juger.

Soudain elle se résolut de partir avec le roi, le menant avec elle, et des femmes la petite troupe accoutumée, Madame de Retz, Madame de Sauve[46] et moi. Étant portée des ailes du désir et de l'affection maternelle, elle fit le chemin de Paris à Tours en trois jours et demi[47], qui ne fut sans incommodité et beaucoup d'accidents* dignes de risée, pour* y être le pauvre Monsieur le cardinal de Bourbon[48], qui ne l'abandonnait jamais, qui toutefois n'était de taille, d'humeur ni de complexion pour telles corvées. Arrivant[49] au Plessis-lès-Tours[50], mon frère d'Anjou s'y trouva avec les principaux chefs de son armée, qui étaient la fleur des princes et seigneurs de France, en la présence desquels il fit une harangue au roi, pour lui rendre raison de tout le maniement de sa charge depuis qu'il était parti de la Cour, faite avec tant d'art et d'éloquence, et dite avec tant de grâce qu'il se fit admirer de tous les

45. La première doit être le combat de Jazeneuil (Vienne), du 17 novembre 1568, où Anjou parvint à repousser les troupes de Condé. Elle fut éclipsée par la victoire de Jarnac (Charente) remportée le 13 mars 1569 par les armées catholiques, où Condé fut assassiné (voir *infra*, p. 108, le récit du songe prémonitoire de la reine mère malade à Troyes). Henri d'Anjou, nommé lieutenant-général des armées le 29 août 1568, était assisté de plusieurs hommes de guerre expérimentés (*cf.* Chevallier, *Henri III*..., pp. 109 et suiv.).

46. Charlotte de Beaune (1547-1617), fille de Jacques de Beaune de Semblançay et de Gabrielle de Sade, épouse de Simon de Fizès, baron de Sauve, dame d'honneur de Catherine et l'une de ses plus proches collaboratrices.

47. La mémoire de Marguerite superpose vraisemblablement plusieurs épisodes. La Cour, en Champagne au moment de Jarnac, y resta jusqu'à la mi-mai, où elle revint à Paris (*LCM*, vol. 3, p. 241). Catherine et Charles quittèrent ensuite Saint-Maur le 27 mai (Chevallier, *Henri III*..., p. 122, Cloulas, *Catherine*..., p. 250) pour se rendre au plus vite près du Blanc (Indre) où campaient les troupes, où ils arrivèrent le 1er juin, et où il demeurèrent quelques jours avant d'aller s'installer à Limoges. Ce n'est qu'en août que la Cour séjourna en Touraine.

48. Charles de Bourbon (1523-1590), frère d'Antoine de Bourbon, roi de Navarre, et de Louis de Bourbon, prince de Condé, fut à la fin de sa vie le « roi de la Ligue » sous le nom de Charles X.

49. « Comme nous arrivions... »

50. Le Plessis-lès-Tours (Indre-et-Loire). Voir n. 47.

assistants – et d'autant plus que sa grande jeunesse relevait et faisait davantage paraître la prudence de ses paroles (plus convenables à une barbe grise et à un vieux capitaine qu'à une adolescence de seize ans[51], à laquelle les lauriers de deux batailles gagnées[52] lui ceignaient déjà le front), et que la beauté, qui rend toutes actions agréables, florissait tellement en lui qu'il semblait qu'elle fît à l'envi* avec sa bonne fortune [pour voir] laquelle des deux le rendrait plus glorieux.

Ce qu'en ressentait ma mère, qui l'aimait uniquement*, ne se peut représenter par paroles, non plus que le deuil du père d'Iphigénie[53] ; et à toute autre qu'à elle, de l'âme de laquelle la prudence ne désempara jamais, l'on eût aisément connu le transport qu'une si excessive joie lui causait. Mais elle, modérant ses actions comme elle voulait, montrant apparemment*[(a)] que *le discret ne fait rien qu'il ne veuille faire*, sans s'amuser à publier* sa joie et pousser ses louanges dehors (qu'une action si belle d'un fils si parfait et chéri

51. Marguerite s'amuse : c'est Tavannes qui avait rédigé la harangue, comme devait le révéler son fils : « Monsieur [*Anjou*] alla trouver le Roy son frere, par le conseil du sieur de Tavannes, et luy rendit compte de sa charge, en une harangue dressée par ledict sieur de Tavannes... » (*Mémoires de Gaspard de Saulx-Tavannes*..., p. 331). Si Tavannes situe également l'épisode au Plessis, c'est vraisemblablement qu'écrivant après la publication des *Mémoires* de Marguerite, il recopie son erreur.

52. Voir n. 45.

53. Marguerite évoque la douleur du chef grec face au sacrifice qu'il a dû faire de sa fille, et que plusieurs auteurs avaient dite irreprésentable (Cicéron, *Orator*, XXII, Pline, *Histoire naturelle*, XXXV, 10, Quintilien, *Institution oratoire*, II, 13...) La tristesse du chef grec est souvent mentionnée par ses contemporains. Montaigne évoque ainsi « cet ancien peintre [Timanthe], lequel, ayant à representer au sacrifice de Iphigenia le dueil des assistans [...] ayant espuisé les derniers efforts de son art quand se vint au pere de la fille, il le peignit le visage couvert, comme si nulle contenance ne pouvoit representer ce degré de dueil. » (*Essais*, I, 2). La reine n'est pas la seule à avoir noté la préférence de Catherine pour Henri, mais elle la ressentait de manière douloureuse. Les termes de la comparaison, où tous les pôles sont inversés (Catherine/Agamemnon, Henri/Iphigénie, bonheur de la reine/malheur du roi, naissance symbolique du prince/mise à mort de la princesse), traduisent à la fois la problématique identité sexuelle de la reine et l'ambiguïté de ses sentiments envers son frère (voir Introduction, I, B, III, C, V, B).

(a) A propose : « appertement ».

méritait)[54], elle prit seulement les points de sa harangue qui concernaient les faits de la guerre, pour en faire délibérer aux princes et seigneurs là présents, et y prendre une bonne résolution, et pourvoir aux choses nécessaires pour la continuation de cette guerre – à la disposition de quoi il fut nécessaire passer quelques jours en ce lieu. Un desquels, la reine ma mère se promenant dans le parc avec quelques princes, mon frère d'Anjou me pria que nous nous promenassions en une allée à part, où étant il me parla ainsi : « Ma sœur, la nourriture que nous avons prise ensemble ne nous oblige moins à nous aimer que la proximité*. Aussi avez-vous pu connaître qu'entre tous ceux que nous sommes de frères, j'ai toujours eu plus d'inclination de vous vouloir du bien qu'à tout autre ; et ai reconnu aussi que votre naturel vous portait à me rendre même amitié. Nous avons été jusques ici naturellement guidés à cela sans aucun dessein, et sans que telle union nous apportât aucune utilité que le seul plaisir que nous avions de converser ensemble. Cela a été bon pour notre enfance ; mais à cette heure il n'est plus temps de vivre en enfance. Vous voyez les grandes et belles charges où Dieu m'a appelé, et où la reine notre bonne mère m'a élevé. Vous devez croire que, vous étant la chose du monde que j'aime et chéris le plus, que je n'aurai jamais grandeurs ni biens à quoi vous ne participiez. Je vous reconnais assez d'esprit et de jugement pour me pouvoir beaucoup servir auprès de la reine ma mère, pour me maintenir en la fortune où je suis. Or mon principal appui est d'être conservé en sa bonne grâce. Je crains que l'absence m'y nuise, et toutefois la guerre et la charge que j'ai me contraignent d'en être presque toujours éloigné. Cependant, le roi mon frère est toujours auprès d'elle, la flatte, et lui complaît en tout : je crains qu'à la longue cela me porte préjudice, et que le roi mon frère devenant grand, étant courageux comme il est, ne s'amuse [pas] toujours à la chasse, mais devenant ambitieux, veuille changer celle des bêtes à celle des hommes, m'ôtant la charge de lieutenant de roi qu'il m'a donnée pour aller lui-même aux armées. Ce qui me serait une ruine et déplaisir si grand, qu'avant que recevoir une telle

---

54. Catherine ne montrant rien, de l'aveu même de Marguerite, ce récit peut être lu comme un pur fantasme de sa part, traduisant à la fois sa propre admiration d'alors et la rancune qu'elle a accumulée depuis.

chute j'élirais plutôt une cruelle mort. En cette appréhension, songeant les moyens d'y remédier, je trouve qu'il m'est nécessaire d'avoir quelque personne très fidèle qui tienne mon parti auprès de la reine ma mère. Je n'en connais point de si propre comme* vous, que je tiens comme un second moi-même. Vous avez toutes les parties qui s'y peuvent désirer : l'esprit, le jugement, et la fidélité. Pourvu que me vouliez tant obliger que d'y apporter de la sujétion – vous priant d'être toujours à son lever, à son cabinet, et à son coucher, et bref tout le jour –, cela la conviera de se communiquer à vous, avec[55] ce que je lui témoignerai votre capacité, et la consolation et service qu'elle en recevra ; et la supplierai de ne plus vivre avec vous comme [avec] un enfant, mais de s'en servir en mon absence comme de moi. Ce que je m'assure qu'elle fera. Perdez cette timidité, parlez-lui avec assurance comme vous faites à moi, et croyez qu'elle vous aura agréable. Ce vous sera un grand heur et honneur[(a)] d'être aimée d'elle. Vous ferez beaucoup pour vous ; et pour moi, je tiendrai de vous[(b)], après Dieu, la conservation de ma bonne fortune. »[56]

Ce langage me fut fort nouveau, pour avoir jusques alors vécu sans dessein, ne pensant qu'à danser ou aller à la chasse, n'ayant même la curiosité de m'habiller ni de paraître belle, pour* n'être encore en l'âge de telle ambition, et avoir été nourrie* avec telle crainte auprès de la reine ma mère que, non seulement je ne lui osais parler, mais quand elle me regardait je transissais, de peur d'avoir fait chose qui lui déplût. Peu s'en fallut que je ne lui répondisse, comme Moïse à Dieu en la vision du buisson : « Que suis-je, moi ? Envoie celui que tu dois envoyer. »[57] Toutefois, trouvant en moi ce que je ne pensais qui y fût (des puissances excitées par l'objet de ses paroles, qui auparavant m'étaient inconnues, bien

---

55. « sans compter... »

(a) B, D, P : « bonheur », ce qui semble une erreur de lecture car on ne trouve jamais sous la plume de Marguerite une telle expression, contrairement à celle-ci.

(b) B, D, A, P : « je vous tiendrai ».

56. Sur le sens que l'on peut donner à ce discours habilement reconstitué, voir Introduction, V, B.

57. Référence à l'épisode du buisson ardent, lorsque Moïse répond à Yahvé qui l'a choisi pour sauver son peuple : « Qui suis-je, pour aller vers Pharaon et pour faire sortir d'Egypte les fils d'Israël ? » (*Exode*, III, 11).

que [je fusse] née avec assez de courage en moi), revenue de ce premier étonnement, ces paroles me plurent ; et me semblait à l'instant que j'étais transformée, et que j'étais devenue quelque chose de plus que je n'avais été jusques alors. Je commençai à prendre confiance de moi-même, et lui dis : « Mon frère, si Dieu me donne la capacité et l'hardiesse de parler à la reine ma mère, comme j'ai la volonté de vous servir en ce que désirez de moi, ne doutez point que vous n'en retiriez l'utilité et le contentement que vous vous en êtes proposé. Pour la sujétion, je la lui rendrai telle, que vous connaîtrez que je préfère votre bien à tous les plaisirs du monde. Vous avez raison de vous assurer de moi, car rien au monde ne vous honore et aime tant que moi. Faites-en état, et qu'étant auprès de la reine ma mère vous y serez vous-même, et que je n'y serai que pour vous. »

Je proférai ces paroles trop mieux du cœur que de la bouche, ainsi que les effets* le témoignèrent ; car étant parties de là, la reine ma mère m'appela à son cabinet et me dit : « Votre frère m'a dit les discours que vous aviez eus ensemble. Il ne vous tient [plus] pour enfant, aussi ne le veux-je plus faire : ce me sera un grand plaisir de vous parler comme à votre frère. Rendez-vous sujette auprès de moi, et ne craignez point de me parler librement, car je le veux ainsi. » Ces paroles firent ressentir à mon âme ce qu'elle n'avait jamais ressenti : un contentement si démesuré, qu'il me semblait que tous les plaisirs que j'avais eus jusques alors n'étaient que l'ombre de ce bien. Regardant au passé d'un œil dédaigneux les exercices de mon enfance, la danse, la chasse, et les compagnies de mon âge, les méprisant comme choses trop folles et trop vaines, j'obéis à cet agréable commandement, ne manquant un seul jour d'être des premières à son lever et des dernières à son coucher. Elle me faisait cet honneur de me parler quelquefois deux ou trois heures, et Dieu me faisait cette grâce qu'elle restait si satisfaite de moi, qu'elle ne s'en pouvait assez louer à ses femmes. Je lui parlais toujours de mon frère, et le tenais, lui, averti de tout ce qui se passait avec tant de fidélité que je ne respirais autre chose que sa volonté.

Je fus en cette heureuse condition quelque temps auprès de la reine ma mère, durant lequel la bataille de Moncontour[58] se bailla, avec la nouvelle de laquelle mon frère d'Anjou, qui ne tendait qu'à être toujours près de la reine ma mère, lui manda* qu'il s'en allait assiéger Saint-Jean-d'Angely, et que la présence du roi et d'elle serait nécessaire en ce siège-là[59]. Elle, plus désireuse que lui de le voir, se résout soudain de partir, ne menant avec elle que la troupe ordinaire, de laquelle j'étais ; et y allais d'une joie extrêmement grande, sans prévoir le malheur que la Fortune m'y avait préparé. Trop jeune que j'étais, et sans expérience, je n'avais à suspecte cette prospérité ! Et pensant le bien duquel je jouissais permanent, sans me douter d'aucun changement, j'en faisais état assuré ! Mais l'envieuse Fortune, qui ne put supporter la durée d'une si heureuse condition, me préparait autant d'ennui à cette arrivée que je m'y promettais de plaisir, par la fidélité de laquelle je pensais avoir obligé mon frère.

Mais depuis qu'il était parti, il avait proche de lui Le Guast[60], duquel il était tellement possédé qu'il ne voyait que par ses yeux et ne parlait que par sa bouche. Ce mauvais homme, né pour mal faire, soudain fascina son esprit, le remplit de mille tyranniques maximes : qu'*il ne fallait aimer ni fier qu'à soi-même*, qu'*il ne fallait joindre personne à sa fortune, non pas même ni frère ni sœur*, et autres tels beaux préceptes machiavélistes... Lesquels imprimant en son esprit, et résolvant les pratiquer, soudain que nous fûmes arrivées, après les premières salutations ma mère commença à se louer de moi et lui dire combien fidèlement je l'avais servi auprès d'elle, il lui répondit froidement qu'il était bien aise qu'il[61] lui eût bien réussi, l'en ayant suppliée ; mais que la prudence ne permettait pas que l'on se pût servir de mêmes expédients en tout temps, que *qui était nécessaire à une certaine heure pourrait être nuisible à une autre.* Elle lui demanda pourquoi il disait cela. Sur ce sujet, lui,

58. Moncontour (Vienne), où les armées catholiques remportèrent une grande victoire sur les huguenots le 3 octobre 1569.

59. Les troupes royales mirent le siège devant Saint-Jean-d'Angely (Charentes-Maritimes) le 16 octobre ; la Cour y parvint le 24.

60. Louis Bérenger, seigneur du Guast (1545?-1575), capitaine des gardes d'Henri et son favori.

61. « que cela... »

voyant [venu] le temps de l'invention* qu'il avait fabriquée pour me ruiner, lui dit que je devenais belle, et qu'il savait que Monsieur de Guise me voulait rechercher, et que ses oncles aspiraient à me le faire épouser ; que si je venais à y avoir de l'affection, qu'il serait à craindre que je lui découvrisse tout ce qu'elle me dirait ; qu'elle savait l'ambition de cette Maison-là, et combien elle avait toujours traversé* la nôtre ; [que] pour cette occasion il serait bon qu'elle ne me parlât plus d'affaires, et que peu à peu elle se retirât de se familiariser avec moi[62].

Dès le soir même, je reconnus le changement que ce pernicieux conseil avait fait en elle. Et voyant qu'elle craignait de me parler devant mon frère, m'ayant commandé trois ou quatre fois, cependant qu'elle parlait à lui, de m'aller coucher, j'attendis[(a)] qu'il fût sorti de sa chambre ; puis, m'approchant d'elle, je la suppliai de me dire si, par ignorance, j'avais été si malheureuse d'avoir fait chose qui lui eût déplu. Elle me le voulut du commencement dissimuler. Enfin, elle me dit : « Ma fille, votre frère est sage ; il ne faut pas que lui en sachiez mauvais gré de ce que je vous dirai, qui ne tend qu'à bien. » Et me fit tout ce discours, me commandant que je ne lui parlasse plus devant mon frère. Ces paroles me furent autant de pointes dans le cœur, que les premières, lorsqu'elle me reçut en sa bonne grâce, m'avaient été de joie. Je n'omis rien à lui représenter de mon innocence, que c'était chose de quoi je n'avais jamais ouï parler, et [que] quand il aurait ce dessein, il ne m'en

62. Il est peu vraisemblable qu'Henri soit à l'origine de ce revirement, du moins volontairement comme l'affirme Marguerite. C'est bien plus certainement Catherine elle-même qui, après avoir intégré sa fille au jeu politique (pour complaire à Anjou et renforcer ses liens avec lui), l'en écarte, parce que les manœuvres matrimoniales de la Maison de Lorraine contrarient ses projets, et surtout parce qu'elle commence à comprendre que son fils (très ami avec le duc de Guise) n'y est pas hostile. Peut-être même a-t-il lui-même suggéré cette union, en soulignant que sa sœur y agréerait. Toute la conversation que transcrit ici Marguerite devient lumineuse si l'on rend à la reine mère les propos imputés ici à son fils. En rapportant « tout ce discours » (*infra*) à sa fille, chercha-t-elle à mettre au compte d'Anjou la décision qu'elle venait de prendre, afin de jeter le trouble entre les deux alliés ? L'interdiction signifiée à Marguerite de ne pas parler à son frère, mentionnée trois fois dans la suite du récit, pourrait appuyer cette hypothèse. Mais la lecture « paranoïaque » de cet épisode conforte aussi la stratégie discursive des *Mémoires* (voir Introduction, V, B).

(a) B, D, P : « j'attendais ».

parlerait jamais que soudain je ne l'en avertisse[63]. Mais je n'avançai rien. L'impression des paroles de mon frère lui avait tellement occupé l'esprit qu'il n'y avait plus lieu pour aucune raison ni vérité. Voyant cela, je lui dis que je ressentais moins le mal de la perte de mon bonheur, que j'avais senti le bien de son acquisition ; que mon frère me l'ôtait comme il me l'avait donné, car il me l'avait fait avoir sans mérite, m'avouant* lorsque je n'en étais pas digne, et qu'il m'en privait aussi sans l'avoir démérité, sur un sujet imaginaire qui n'avait nul être qu'en la fantaisie ; que je la suppliais de croire que je conserverais immortelle la souvenance du tort que mon frère me faisait. Elle s'en courrouça, me commandant de ne lui en montrer nulle apparence.

Depuis ce jour-là, elle alla toujours me diminuant sa faveur, faisant de son fils son idole, le voulant contenter en cela et en tout ce qu'il désirait d'elle. Cet ennui* me pressant le cœur et possédant toutes les facultés de mon âme, rendant mon corps plus propre à recevoir la contagion du mauvais air qui était lors en l'armée, je tombai à quelques jours de là extrêmement malade[64] d'une grande fièvre continue et du pourpre[65], maladie qui courait lors et qui avait en même temps emporté les deux premiers médecins du roi et de la reine, Chappelain et Castelan[66], comme se voulant prendre aux

---

63. Marguerite parle du duc de Guise. Il est probable en effet que le projet n'était pas déclaré. Quant au flirt entre lui et la princesse, qui sera attesté au printemps suivant, il ne peut guère en être alors qu'à ses premiers balbutiements : le duc, comme Anjou, a guerroyé tout l'été, puis tout l'automne, il est notamment resté enfermé dans Poitiers assiégé de début juillet à début septembre. Sa bravoure, qui se révèle à cette occasion (il a dix-neuf ans), est cependant ce qui attire l'attention sur lui, et ce qui renforce les prétentions de sa famille.

64. Marguerite dit plus loin qu'elle tomba malade à Saint-Jean-d'Angely, où l'entourage royal s'installa le 11 novembre, y demeurant jusqu'au 17 décembre (*LCM*, vol. 3, pp. 283-288). Elle était tirée d'affaire dix jours après cette dernière date, comme l'écrit la reine mère à Mme de Nemours : « Quant à ma fille, ayle m'a faiyst belle peur, luy voyent le pourpre, et que Chapeleyn et Castelan aystoyn mort, n'an conoysant ysi neul [*nul*], ni n'i ann avoyr que Milon [Miron], qui l'a guérie et bien seauveué, et, Dieu mersi, ayle se porte bien san fièvre et n'ay que foyble et bien mègre » (*ibid.*, p. 289, du 27/12/69).

65. Maladie caractérisée par l'apparition de plaques rouges et recouvrant certainement plusieurs affections.

66. Jean Chappelain, premier médecin du roi ; Honoré Castellan, médecin de Catherine de Médicis.

bergers pour avoir meilleur marché du troupeau. Aussi en échappa-t-il fort peu de ceux qui en furent atteints. Moi étant en cette extrémité, la reine ma mère, qui en savait une partie de la cause, n'omettait rien pour me faire secourir, prenant la peine, sans craindre le danger, d'y venir à toute heure, ce qui soulageait bien mon mal ; mais la dissimulation de mon frère me l'augmentait bien autant, qui, après m'avoir fait une si grande trahison et rendu un telle ingratitude, ne bougeait jour et nuit du chevet de mon lit, me servant aussi officieusement que si nous eussions été au temps de notre plus grande amitié. Moi, qui avais par commandement la bouche fermée, ne répondais que par soupirs à son hypocrisie, comme Burrus fit à Néron, lequel mourut par le poison que ce tyran lui avait fait donner[67], lui témoignant assez la principale cause de mon mal n'être que la contagion des mauvais offices, et non celle de l'air infecté. Dieu eut pitié de moi, et garantit de ce danger ; et après quinze jours passés, l'armée partant, l'on m'emporta dans des brancards, où tous les soirs, arrivant à la couchée, je trouvais le roi Charles, qui prenait la peine, avec tous les honnêtes gens de la Cour, de porter ma litière[68] jusques au chevet de mon lit.

[1570] En cet état, je vins de Saint-Jean-d'Angely à Angers[69], malade du corps, mais beaucoup plus malade de l'âme, où pour mon malheur je trouvai Monsieur de Guise et ses oncles arrivés[70] ; ce qui réjouit autant mon frère, pour donner couleur à son artifice, que [cela] me donna appréhension de croître ma peine. Lors mon frère, pour mieux ourdir sa trame, venait tous les jours à ma chambre, y menant Monsieur de Guise qu'il feignait d'aimer fort, et pour le lui faire penser[71], souvent en l'embrassant il lui disait : « Plût à Dieu que tu fusses mon frère ! » – à quoi Monsieur de

---

67. Référence à Tacite, *Annales*, livre XIV, ch. 51.

68. Sans doute faut-il entendre « ce qui me servait de litière », c'est-à-dire les brancards qu'elle vient d'évoquer.

69. Après s'être arrêtée plus d'une semaine à Coulonges-lès-Royaux (peut-être à cause de la gravité de la maladie de Marguerite), la Cour parvint à Angers au tout début de l'année 1570, et y séjourna jusqu'au début du mois de mars.

70. Charles de Lorraine (1524-1574), cardinal de Lorraine, et Claude de Lorraine (1526-1573), duc d'Aumale.

71. « et pour le lui prouver... ». Anjou pourrait être ici tout à fait sincère (voir n. 62) – ce qui ne rend pas la situation de Marguerite moins inconfortable.

Guise montrait ne point entendre. Mais moi, qui savais la malice, perdais patience de n'oser lui reprocher sa dissimulation[a].

Sur ce temps, il se parla pour moi du mariage du roi de Portugal[72], qui envoya des ambassadeurs pour me demander. La reine ma mère me commanda de me parer pour les recevoir, ce que je fis. Mais mon frère lui ayant fait accroire que je ne voulais point de ce mariage, elle m'en parla le soir, m'en demandant ma volonté, pensant bien en cela trouver un sujet pour se courroucer à moi. Je lui dis que ma volonté n'avait jamais dépendu que de la sienne, que tout ce qui lui serait agréable me le serait aussi. Elle me dit en colère, comme l'on l'y avait disposée, que ce que je disais je ne l'avais point dans le cœur, et qu'elle savait bien que le cardinal de Lorraine m'avait persuadée de vouloir plutôt son neveu. Je la suppliai de venir à l'effet* du mariage du roi de Portugal, lors elle verrait mon obéissance. Tous les jours, on lui disait quelque chose de nouveau sur ce sujet, pour l'aigrir contre moi et me tourmenter – inventions* de la boutique du Guast. De sorte que je n'avais un jour de repos ; car d'un côté le roi d'Espagne empêchait que mon mariage ne se fît, et de l'autre Monsieur de Guise, étant à la Cour, servait toujours de prétexte pour fournir de sujet à me faire persécuter[73], bien que lui ni nul de ses parents m'en eût jamais parlé, et qu'il y eût plus d'un an qu'il eût commencé la recherche* de la

---

(a) B, D, A, P donnent : « de n'oser la lui reprocher sa dissimulation. ».

72. Les négociations relatives à l'établissement de Marguerite duraient depuis longtemps. Promise tout d'abord au dauphin d'Espagne, Don Carlos, mort mystérieusement dans un cachot au début de l'année 1568, elle fut ensuite pressentie pour épouser le roi d'Espagne lui-même – en remplacement de sa propre sœur (Elisabeth était décédée à la fin de la même année). Philippe II cependant avait d'autres visées ; il fit traîner les pourparlers, et entrava également l'union envisagée par la Couronne avec Sébastien de Portugal (1554-1578).

73. La description de ces tracasseries correspond à la fin du printemps et à l'été 1570, durant lesquels l'idylle entre le duc et la princesse prit forme et suscita divers accrochages. L'Espagne s'émut des bruits courant sur une possible union de la Maison de France avec celle de Guise, et Catherine dut d'un côté démentir, de l'autre sévir pour stopper net le flirt. Du Guast n'est donc ici, une nouvelle fois, qu'un paravent – même s'il a pu servir d'espion. La Paix de Saint-Germain, en août, qui amena Coligny aux affaires et mit fin à l'alliance espagnole, sonna le glas des espérances du clan lorrain – qui se résolut à marier le duc de Guise.

princesse de Porcian[74]. Mais pour ce que ce mariage-là traînait, on en jetait toujours la cause sur ce qu'il aspirait au mien. Ce que voyant, je m'avisai d'écrire à ma sœur Madame de Lorraine, qui pouvait tout en cette Maison-là, pour la prier de faire que Monsieur de Guise s'en allât de la Cour et qu'il épousât promptement la princesse de Porcian sa maîtresse*, lui représentant que cette invention* avait été faite autant pour la ruine de Monsieur de Guise et de toute sa Maison que pour la mienne. Ce qu'elle reconnut très bien, et vint bientôt à la Cour, où elle fit faire ledit mariage, me délivrant par ce moyen de cette calomnie, et faisant connaître à la reine ma mère la vérité de ce que je lui avais toujours dit, ce qui ferma la bouche à tous mes ennemis et me donna repos. Cependant, le roi d'Espagne, qui ne veut que les siens s'allient hors de sa Maison, rompit tout le mariage du roi de Portugal, et ne s'en parla plus.

[1571] Quelques jours après il se parla du mariage du prince de Navarre, qui maintenant est notre brave et magnanime roi[75], et de moi. La reine ma mère, étant un jour à table, en parla fort longtemps avec Monsieur de Méru[76], parce que la Maison de Montmorency étaient ceux qui en avaient porté les premières paroles[77]. Sortant de table, il me dit qu'elle lui avait dit de m'en parler. Je lui dis que c'était chose superflue, n'ayant volonté que la sienne, qu'à la vérité je la supplierais d'avoir égard combien j'étais catholique, et qu'il me fâcherait fort d'épouser personne qui ne fût de ma

74. Catherine de Clèves (1548-1633), deuxième fille de François de Clèves, duc de Nevers, et de Marguerite de Bourbon ; elle était veuve d'Antoine de Croy, prince de Porcien. Elle épousa le duc en octobre 1570.

75. Henri de Bourbon (1553-1610), prince de Béarn, roi de Navarre (1572) et de France (1593), fils d'Antoine de Navarre et de Jeanne d'Albret, souverains de Navarre. Celui qui allait finalement devenir l'époux de Marguerite avait passé à la cour de France de nombreuses années (de 1561 à 1568), faisant notamment partie du « grand voyage ». Des projets de mariage entre les deux enfants avaient été envisagés dès leur plus jeune âge, puis abandonnés. Ils furent repris dans le cadre du changement de cap politique consécutif à la Paix de Saint-Germain.

76. Charles de Montmorency (1537-1612), seigneur de Méru, troisième fils du connétable Anne de Montmorency et de Madeleine de Savoie.

77. Le clan Montmorency était partisan d'une politique de conciliation entre les religions, que cette union devait incarner. Ces discussions eurent lieu au début de l'année 1571 (*NFT*, vol. 3, p. 633).

religion. Après, la reine allant en son cabinet m'appela, et me dit que Messieurs de Montmorency lui avaient proposé ce mariage, et qu'elle en voulait bien savoir ma volonté ; à quoi je répondis n'avoir ni volonté ni élection que la sienne, [mais] je la suppliai se souvenir que j'étais fort catholique[78].

[1572] Au bout de quelque temps, les propos s'en continuant toujours, la reine de Navarre sa mère[79] vint à la Cour, où le mariage fut du tout accordé avant sa mort, à laquelle il se passa un trait si plaisant qu'il mérite, non d'être mis en l'Histoire[80], mais de ne[(a)] le passer sous silence entre vous et moi. Madame de Nevers[81], de qui vous connaissiez l'humeur, étant venue avec Monsieur le cardinal de Bourbon, Madame de Guise[82], Madame la princesse de Condé[83], ses sœurs[84] et moi au logis de la feue reine de Navarre à Paris, pour nous acquitter du dernier devoir dû à sa dignité et à la proximité* que nous lui avions (non avec les pompes et cérémonies de notre religion, mais avec le petit appareil que permettait la huguenoterie, à savoir : elle dans son lit ordinaire, les rideaux ouverts, sans lumières, sans prêtres, sans croix et sans eau bénite, [et nous] nous

---

78. Contrairement à ce que veut une légende tenace, la religion du prince de Béarn était le seul motif empêchant Marguerite d'envisager ce mariage avec beaucoup de satisfaction.

79. Jeanne d'Albret (1528-1572), fille d'Henri d'Albret et de Marguerite d'Angoulême, veuve d'Antoine de Bourbon et dirigeante du parti huguenot depuis 1568, arriva au printemps 1572 à Tours pour discuter des derniers préparatifs du mariage ; aussi réservée que Marguerite sur ce projet, et pour les mêmes raisons, elle avait mis plus d'un an à se laisser convaincre par ses conseillers. Elle était épuisée par la tuberculose et mourut en juin.

80. Marguerite fait allusion à l'histoire de sa vie qu'elle a chargé Brantôme d'écrire (voir p. 72 et Introduction, II, C) : il devra passer cette anecdote sous silence, car elle ne la concerne pas directement.

(a) A. Les autres manuscrits omettent ce mot.

81. Henriette de Clèves (1542-1601), fille aînée de François de Clèves et Marguerite de Bourbon, héritière du duché de Nevers, épouse de Ludovic de Gonzague, de la Maison de Mantoue. Elle était et restera la grande amie de Marguerite.

82. Il doit s'agir de la douairière de Guise, Antoinette de Bourbon (1494-1582).

83. Françoise-Marie d'Orléans-Longueville (1544?-1601), seconde épouse et veuve de Louis Ier de Condé.

84. Les sœurs d'Henriette : Catherine, duchesse de Guise, et Marie (1553-1574), qui allait épouser Henri Ier de Condé quelques mois plus tard.

tenant à cinq ou six pas de son lit avec le reste de la compagnie, la regardant seulement), Madame de Nevers [donc], qu'en son vivant elle[85] avait haïe plus que toutes les personnes du monde, et elle lui ayant bien rendu, et de volonté et de parole, comme vous savez qu'elle en savait bien user à ceux qu'elle hayait*, part de notre troupe, et avec plusieurs belles, humbles et grandes révérences, s'approche de son lit, et lui prenant la main la lui baise ; puis, avec une grande révérence pleine de respect, se met auprès de nous. Nous, qui savions leur haine, estimant cela, [...][86].

Quelques mois après, ledit prince de Navarre, qui lors s'appelait roi de Navarre, portant le deuil de la reine sa mère, y vint accompagné de bien huit cents gentilshommes tout en deuil, qui fut reçu du roi et de toute la Cour avec beaucoup d'honneur[87]. Et nos noces se firent peu de jours après avec autant de triomphe et magnificence que de nulle autre de ma qualité, le roi de Navarre et sa troupe y ayant laissé et changé le deuil en habits très riches et beaux, et toute la Cour parée comme vous savez, et la saurez trop* mieux représenter ; moi habillée à la royale avec la couronne et couette d'hermine mouchetée qui se met au devant du corps, toute brillante de pierreries de la couronne, et le grand manteau bleu à quatre aunes de queue portée par trois princesses ; les échafauds dressés à la coutume des noces des filles de France, depuis l'évêché jusques à Notre-Dame, et parés de drap d'or ; le peuple s'étouffant en bas à regarder passer sur ces échafauds les noces et toute la Cour... Nous vînmes à la porte de l'église, où Monsieur le cardinal de Bourbon y faisait l'office ce jour-là, où nous ayant reçus pour dire les paroles accoutumées en tel cas, nous passâmes sur le même échafaud jusques à la tribune qui sépare la nef d'avec le chœur, où

85. La reine de Navarre.

86. Première lacune du texte, qui semble amputé de quelques lignes seulement (voir Introduction, VI, A).

87. Le roi de Navarre était arrivé à Paris début juillet avec beaucoup de huguenots venus de toute la France. En vertu du changement d'alliance de l'été 1570, la couronne française, à présent alliée à l'Angleterre, projetait en effet une expédition militaire en Flandre pour prêter main forte à leurs habitants révoltés contre la tutelle espagnole, parmi lesquels figuraient de nombreux protestants. Cette arrivée massive de huguenots dans la capitale très catholique et hostile à la politique de conciliation religieuse est l'une des causes indirectes du massacre de la Saint-Barthélemy.

il se trouva deux degrés*, l'un pour descendre audit chœur, l'autre pour sortir de la nef hors l'église. Le roi de Navarre s'en allant par celui de la nef hors de l'église[88], nous [...][89]

La Fortune, qui ne laisse jamais une félicité entière aux humains, changea bientôt cet heureux état de triomphe et de noces en un tout contraire, par cette blessure de l'amiral[90], qui offensa tellement tous ceux de la Religion[91], que cela les mit comme en un désespoir. De sorte que l'aîné Pardaillan[92] et quelques autres des chefs des huguenots en parlèrent si haut à la reine ma mère, qu'ils lui firent penser qu'ils avaient quelque mauvaise intention. Par l'avis de Monsieur de Guise et de mon frère le roi de Pologne[93], qui

88. Protestant, le roi de Navarre ne pouvait assister à la messe de son mariage, célébrée le 18 août 1572. La Couronne mit donc au point un protocole particulier : les fiancés furent unis par le cardinal de Bourbon à la porte de Notre-Dame, puis le marié accompagna son épouse jusque dans le chœur (où il laissa sa place au duc d'Anjou), quittant la cathédrale pour attendre dans le cloître jusqu'à la fin de la messe (*cf.* BNF, ms fr. 23935, f° 86 et 18529, f° 1 ; également Aubigné, *HU* vol. 3, p. 302, Haton, *Mémoires...*, vol. 2, p. 664). La papauté, opposée au mariage, avait refusé d'envoyer la dispense nécessaire (les époux étant cousins au second degré). En 1599, cette absence de dispense fournira l'un des motifs pour annuler le mariage. Un autre motif sera le non-consentement de la mariée : motif inventé, comme le prouve ce récit, mais qui donnera naissance à la légende de Charles poussant la tête de sa sœur pour lui faire dire *oui*.

89. Seconde lacune du texte. A va à la ligne et débute le paragraphe suivant par « Ainsi, la fortune... ». C fait de même, sans aller à la ligne. Les autres manuscrits vont à la ligne après *église*, et commencent le paragraphe suivant par « Nous ainsi, la fortune... »

90. Gaspard de Coligny (1519-1572), fils de Gaspard de Coligny et de Louise de Montmorency, époux de Charlotte de Laval, seigneur de Châtillon, amiral de France, aux affaires depuis l'été 1570. Le 22 août 1572 à onze heures du matin, près du Louvre, il fut victime d'un attentat qui ne fit que le blesser ; son assassin, Maurevert, appartenait aux Guises (au duc d'Aumale exactement). Les protestants demandèrent aussitôt réparation au roi.

91. L'expression consacrée pour désigner les protestants est alors « ceux de la religion prétendue réformée ». Les contemporains abrégeaient le plus souvent.

92. Vraisemblablement Blaise de Pardaillan, sieur de Lamothe-Gondrin, officier du roi de Navarre, qui sera massacré à la Saint-Barthélemy.

93. Anjou ne sera élu roi de Pologne qu'un an plus tard ; c'est par anticipation que Marguerite le nomme ainsi. On le voit ici revenir sur le devant de la scène avec son ami le duc de Guise. Opposés à la politique de cohabitation/réconciliation des religions inaugurée par la Couronne lors la Paix de Saint-Germain, et en retrait de la vie politique depuis ce moment, tous deux avaient intérêt à une rupture de la politique royale et devaient jouer un rôle dirigeant dans la crise majeure qui s'ouvre.

depuis a été roi de France, il fut pris résolution de les prévenir*[94] – conseil de quoi le roi Charles ne fut nullement, lequel affectionnait fort Monsieur l'amiral, Monsieur de La Rochefoucauld[95], Théligny[96], La Noue[97], et quelques autres des chefs de la Religion, desquels il se pensait servir en Flandre. Et, à ce que je lui ai depuis ouï dire à lui-même, il y eut beaucoup de peine à l'y faire consentir ; et sans ce qu'on lui fit entendre qu'il y allait de sa vie et de son État, il ne l'eût jamais fait[98].

Et ayant su l'attentat que Maurevert[99] avait fait à Monsieur l'amiral du coup de pistolet qu'il lui avait tiré par une fenêtre, d'où le pensant tuer il resta seulement blessé à l'épaule, le roi Charles, se doutant bien que ledit Maurevert avait fait ce coup à la suscitation de Monsieur de Guise (pour la vengeance de la mort de feu Monsieur de Guise son père, que ledit amiral avait fait tuer de même façon par Poltrot[100]), il en fut en si grande colère contre Monsieur

---

94. C'est-à-dire de liquider les chefs huguenots, qui menaçaient peut-être de se venger, mais surtout qui demandaient justice au roi (autrement dit la mort, ou tout au moins l'emprisonnement de Guise). Cette demande, que Charles semblait prêt à leur accorder, aurait certainement provoqué un soulèvement dans la capitale, très catholique, et où les Lorrains étaient très populaires. La liquidation des dirigeants huguenots fut décidée pour la nuit du 24 août.

95. François, comte de La Rochefoucauld (1524?-1572), fils de François de La Rochefoucauld et d'Anne de Polignac, époux de Charlotte de Roye, capitaine de gendarmerie.

96. Charles, seigneur de Théligny († 1572), époux de Louise de Coligny, fille de l'amiral, signataire de la Paix de Saint-Germain.

97. François de La Noue (1531-1591), fils de François de la Noue et de Bonaventure L'Espervier, époux de Marguerite de Théligny (sœur du précédent), chef renommé de l'armée huguenote. Il fut l'un des rares à réchapper du massacre.

98. Ici prend fin une sorte de résumé de la Saint-Barthélemy, commencé avec le paragraphe. La suite du récit va reprendre et développer ce résumé, et donc revenir en partie en arrière. Sur la valeur du témoignage de Marguerite concernant la Saint-Barthélemy, voir Introduction, IV, C.

99. Charles de Louviers, seigneur de Maurevert († 1583).

100. Le duc François de Guise avait été tué en janvier 1563 par Jean Poltrot, seigneur de Méré, un proche de Coligny. Dans les mois et les années suivants, les Guises avaient multiplié les actions pour faire poursuivre l'amiral en justice, et avaient même obtenu du Parlement de Paris sa condamnation à mort en 1569. Pour diverses raisons politiques, la Couronne avait toujours entravé ces poursuites, et la Paix de Saint-Germain était intervenue juste à temps pour ajourner l'arrêt du Parlement. Le désir de vengeance ne doit donc pas être écarté totalement des motifs qui poussèrent les Guises à perpétrer l'attentat, même s'il en est d'autres, plus

de Guise, qu'il jura qu'il en ferait justice. Et si Monsieur de Guise ne se fût tenu caché tout le jour, le roi l'eût fait prendre. Et la reine ma mère ne se vit jamais plus empêchée* qu'à faire entendre audit roi Charles que cela avait été fait pour le bien de son État[101], à cause de ce que j'ai dit ci-dessus de l'affection qu'il avait à Monsieur l'amiral, à La Noue et à Théligny, desquels il goûtait l'esprit et valeur, étant prince si généreux qu'il ne s'affectionnait qu'à ceux en qui il reconnaissait telles qualités. Et bien qu'ils eussent été très pernicieux à son État, les renards avaient su si bien feindre qu'ils avaient gagné le cœur de ce brave prince, pour l'espérance de se rendre utiles à l'accroissement de son État, et en lui proposant de belles et glorieuses entreprises en Flandre, seul attrait de cette âme grande et royale. De sorte que, bien que la reine ma mère lui représentât en cet accident* que l'assassinat que l'amiral avait fait faire à Monsieur de Guise rendait excusable son fils si, n'ayant pu avoir justice, il en avait voulu prendre même vengeance, qu'aussi l'assassinat qu'avait fait ledit amiral de Charry, maître de camp de la garde du roi[102], personne si valeureuse et qui l'avait si fidèlement assistée durant sa régence et la puérilité dudit roi Charles, le rendait bien digne de tel traitement, [bref,] bien que telles paroles pussent faire juger au roi Charles que la vengeance de la mort dudit Charry n'était pas sortie du cœur de la reine ma mère, son âme passionnée de douleur de la perte des personnes qui, comme j'ai dit, il pensait un jour lui être utiles, occupa tellement son jugement, qu'il ne put modérer ni changer ce passionné désir d'en faire justice, et com-

---

conjoncturels et plus politiques. Parmi ceux-ci, les liens idéologiques et pécuniers déjà forts entre l'Espagne et celui qui incarnait depuis deux ans l'opposition catholique intransigeante durent peser d'un poids décisif : c'est en effet l'Espagne qui était menacée au premier chef par l'expédition militaire projetée en Flandre pour les semaines suivant les noces.

101. Marguerite semble ici (et un peu plus loin) dire que sa mère approuvait l'attentat, voire qu'elle était associée au projet, mais la fin de son récit montre que tel n'est pas le cas (voir n. 126). Il est vraisemblable que la reine mère, devant l'entêtement de Charles à faire prendre les coupables, voulut avant tout le faire renoncer à sa décision – quitte à utiliser n'importe quel argument.

102. Charry, maître de camp de la garde du roi et fidèle de la reine mère, servait sous les ordres d'Andelot, frère de Coligny, lorsqu'il fut tué par l'un des serviteurs de celui-ci en janvier 1564. Cet argument est évidemment un prétexte. Si la reine mère avait réellement pensé que ce forfait justifiait l'assassinat de l'amiral, elle ne l'aurait pas protégé de la vindicte des Guises ni appelé à la direction de l'État.

manda toujours qu'on cherchât Monsieur de Guise, que l'on le prît, qu'il ne voulait point qu'un tel acte demeurât impuni.

Enfin comme Pardaillan découvrit par ses menaces au souper de la reine ma mère la mauvaise intention des huguenots, et que la reine vit que cet accident* avait mis les affaires en tels termes que, si l'on ne prévenait* leur dessein, la nuit même ils attenteraient contre le roi et elle[103], elle prit résolution de faire ouvertement entendre audit roi Charles la vérité de tout[104] et le danger où il était, par Monsieur le maréchal de Retz[105], de qui elle savait qu'il le prendrait mieux que de tout autre, comme celui qui lui était plus confident* et plus favorisé de lui. Lequel le vint trouver en son cabinet le soir sur les neuf ou dix heures, et lui dit que, comme son serviteur très fidèle, il ne lui pouvait celer le danger où il était s'il continuait en la résolution qu'il avait de faire justice de Monsieur de Guise : pour ce qu'il fallait qu'il sût que le coup qui avait été fait de l'amiral n'avait point été fait par Monsieur de Guise seul, mais que mon frère le roi de Pologne[106], depuis roi de France, et la reine ma mère avaient été de la partie[107] ; qu'il savait l'extrême déplaisir que la reine ma mère reçut à l'assassinat de Charry, comme elle en avait très grande raison, ayant lors peu de tels serviteurs qui ne dépendissent que d'elle, étant, comme il savait, du temps de sa puérilité, toute la France partie*, les catholiques pour Monsieur de

---

103. Cette éventualité n'existait pas, même si elle a souvent été alléguée par les contemporains. Les protestants, même les plus belliqueux, n'avaient aucune raison de s'attaquer au roi ni à aucun autre membre de la famille royale. Le danger venait de la révolte prévisible de la population parisienne si Charles mettait à exécution sa menace de faire arrêter Guise.

104. Voir n. 101.

105. Albert de Gondi (1522-1602), fils d'Antoine de Gondi et de Marie de Pierrevive, était un homme de Catherine, qui l'avait marié à Claude-Catherine de Clermont-Dampierre, baronne de Retz. Elle avait déjà érigé leur terre en comté ; elle allait le faire maréchal l'année suivante, puis duc en 1581. Les contemporains le désignent souvent comme l'un des principaux responsables du massacre ; Marguerite n'en fait que le plus apte à convaincre le roi.

106. Voir n. 93.

107. Voir n. 101.

Guise[108], et les huguenots pour le prince de Condé[109], tendant et les uns et les autres à lui ôter sa couronne, qui ne lui avait été conservée, après Dieu, que par la prudence et vigilance de la reine sa mère, qui en cette extrémité ne s'était trouvée plus fidèlement assistée que dudit Charry[110] ; que dès lors, il savait qu'elle avait juré se venger dudit assassinat ; qu'aussi voyait-il que ledit amiral ne serait jamais que très pernicieux en cet État, et que, quelque apparence qu'il fît de lui avoir de l'affection et vouloir servir Sa Majesté en Flandre, qu'il n'avait autre dessein que de troubler la France ; que son dessein d'elle n'avait été en cet effet* que d'ôter cette peste de ce royaume, l'amiral seul, mais que le malheur avait voulu que Maurevert avait failli* son coup, et que les huguenots en étaient entrés en tel désespoir que, ne s'en prenant pas seulement à Monsieur de Guise, mais à la reine sa mère et au roi de Pologne son frère, ils croyaient aussi que ledit roi Charles [lui-même] en fût consentant, et avaient résolu de recourir aux armes la nuit même ; de sorte qu'ils voyaient Sa Majesté en un très grand danger, fût ou des catholiques, à cause de Monsieur de Guise, ou des huguenots, pour les raisons susdites[111].

Le roi Charles, qui était très prudent, et qui avait été toujours très obéissant à la reine ma mère, et prince très catholique, voyant aussi de quoi il y allait, prit soudain résolution de se joindre à la reine sa mère, et se conformer à sa volonté, et garantir sa personne des huguenots par les catholiques, non sans toutefois extrême

---

108. François de Guise.

109. Louis Ier de Bourbon, prince de Condé (1530-1569), passé à la Réforme après son mariage (1551) avec Eléonore de Roye, une Châtillon, et chef de file du parti huguenot depuis la première guerre de religion (1562).

110. Le recours au souvenir de Charry, quoique tiré par les cheveux (voir n 102), prend ici tout son sens : il s'agit de rappeler à Charles qu'il doit son royaume à sa mère, qu'il doit se fier à elle.

111. Ce discours, soigneusement reconstitué par Marguerite, donne la liste des arguments assénés par Retz à Charles (le style indirect renforçant cette impression). Le comte reprend là l'essentiel de l'argumentation déjà soutenue (mais vainement) par sa mère. La mémorialiste entend montrer la difficulté qu'il y eut à convaincre le roi, et la nature des « révélations » accablantes qu'il fallut employer pour y parvenir. La dernière phrase du passage évoque en filigrane ce qu'elle a jusqu'ici soigneusement caché : la guerre civile imminente entre les deux communautés, qui, éclatant si près du Louvre, pouvait effectivement mettre en danger le régime.

regret de ne pouvoir sauver Théligny, La Noue, et Monsieur de La Rochefoucauld. Et lors allant trouver la reine sa mère, envoya quérir Monsieur de Guise et tous les autres princes et capitaines catholiques, où fut pris résolution de faire, la nuit même, le massacre de la Saint-Barthélemy[112]. Où mettant soudain la main à l'œuvre, toutes les chaînes tendues[113], le tocsin sonnant[114], chacun courut sus à son quartier, selon l'ordre donné, tant à l'amiral qu'à tous les huguenots. Monsieur de Guise donna au logis de l'amiral, à la chambre duquel Besme, gentilhomme allemand[115], étant monté, après l'avoir dagué le jeta par les fenêtres à son maître Monsieur de Guise[116].

Pour moi, l'on ne me disait rien de tout ceci. Je voyais tout le monde en action : les huguenots désespérés de cette blessure, Messieurs de Guise craignant qu'on en voulût faire justice, se chuchetant* tous à l'oreille. Les huguenots me tenaient suspecte parce que j'étais catholique, et les catholiques parce que j'avais épousé le roi de Navarre, qui était huguenot. De sorte que personne ne m'en disait rien, jusques au soir qu'étant au coucher de la reine ma mère, assise sur un coffre auprès de ma sœur de Lorraine, que je voyais fort triste, la reine ma mère parlant à quelques-uns m'aperçut, et me dit que je m'en allasse coucher. Comme je lui faisais la révérence,

---

112. Ce à quoi Charles vient de se résoudre est l'élimination de l'état-major du parti huguenot, et non le massacre lui-même. Celui-ci est un « dérapage » de cette opération, perpétré par la population parisienne qui se crut autorisée à poursuivre sur la masse des huguenots ce qu'elle voyait faire sur ses chefs – avant que la nouvelle ne se répande dans le reste du pays, entraînant des tueries similaires durant les semaines et les mois suivants. Les contemporains, qui avaient évidemment bien du mal à savoir qui avait fait quoi, ou à démêler ce qui avait été décidé de ce qui fut fait, appellent (comme Marguerite) l'ensemble de la tragédie le « massacre de la Saint-Barthélemy ».

113. Allusion aux chaînes barrant les rues principales des villes durant la nuit, qui empêchaient aussi bien l'accès que la fuite.

114. Le toxin fut le signal du début de l'opération.

115. Charles Dianowitz († 1575), dit Besme, ou Bême, parce qu'il venait de Bohême, appartenait à la Maison de Guise.

116. Ici prend fin le développement de Marguerite sur le déroulement de la Saint-Barthélemy, dont elle avait commencé par donner un résumé (voir n. 98). Ce qui suit est une relation strictement personnelle, qui revient une nouvelle fois en arrière mais porte essentiellement sur la veille, la nuit, et les premières heures du lendemain du massacre.

ma sœur me prend par le bras et m'arrête, en se prenant fort à pleurer, et me dit : « Mon Dieu, ma sœur, n'y allez pas. » – ce qui m'effraya extrêmement. La reine ma mère s'en aperçut, et appela ma sœur, et s'en courrouça fort à elle, lui défendant de me rien dire. Ma sœur lui dit qu'il n'y avait point d'apparence* de m'envoyer sacrifier comme cela, et que sans doute, s'ils découvraient quelque chose, qu'ils se vengeraient sur moi. La reine ma mère répond que, s'il plaisait à Dieu, je n'aurais point de mal ; mais quoi que ce fût il fallait que j'allasse, de peur de leur faire soupçonner quelque chose qui empêchât l'effet*. Je voyais bien qu'ils[117] se contestaient et n'entendais pas leurs paroles. Elle me commanda encore rudement que je m'en allasse coucher. Ma sœur fondant en larmes me dit bonsoir, sans m'oser dire autre chose ; et moi je m'en vais, toute transie et perdue, sans me pouvoir imaginer ce que j'avais à craindre.

Soudain que je fus en mon cabinet, je me mets à prier Dieu qu'il lui plût me prendre en sa protection, et qu'il me gardât, sans savoir de quoi ni de qui. Sur cela le roi mon mari, qui s'était mis au lit, me mande* que je m'allasse coucher, ce que je fis ; et trouvai son lit entouré de trente ou quarante huguenots que je ne connaissais point encore, car il y avait fort peu de temps que j'étais mariée. Toute la nuit ils ne firent que parler de l'accident* qui était advenu à Monsieur l'amiral, se résolvant, dès qu'il serait jour, de demander justice au roi de Monsieur de Guise, et que si l'on ne la leur faisait, qu'ils se la feraient eux-mêmes[118]. Moi, j'avais toujours dans le cœur les larmes de ma sœur, et ne pouvais dormir pour l'appréhension en laquelle elle m'avait mise sans savoir de quoi. La nuit se passa de cette façon sans fermer l'œil. Au point du jour, le roi mon

---

117. « elles », c'est-à-dire Claude et Catherine. L'usage n'est pas exceptionnel.

118. *Cf.* le témoignage de Mergey, secrétaire du comte de La Rochefoucauld : « Ledict sieur comte m'appella, et me commanda de retourner en la chambre du roy de Navarre, et luy dire qu'il venoit d'estre adverty que M. de Guise et M. de Nevers estoient par la ville et ne couchoient point au Louvre ; ce que je fis, et le trouve couché avec la Royne sa femme, et luy ayant dict à l'oreille ce que M. le comte luy mandoit, me commanda de luy dire qu'il le vint trouver de bon matin comme il luy avoit promis. [...] Le Roy avoit adverty ledict roy de Navarre de faire demeurer près de luy le plus de gentilshommes qu'il pourroit, et qu'il avoit peur que ceux de Guise voulussent faire quelque chose ; à l'occasion de quoy force gentilshommes estoient retirez en la garderobe dudict roy de Navarre » (*Mémoires...*, p. 575).

mari dit qu'il voulait aller jouer à la paume attendant que le roi Charles serait éveillé, se résolvant soudain de lui demander justice. Il sort de ma chambre, et tous ses gentilshommes aussi. Moi, voyant qu'il était jour, estimant que le danger que ma sœur m'avait dit fût passé, vaincue du sommeil, je dis à ma nourrice qu'elle fermât la porte pour pouvoir dormir à mon aise.

Une heure après, comme j'étais plus* endormie, voici un homme frappant des pieds et des mains à la porte, criant : « Navarre ! Navarre ! » Ma nourrice, pensant que ce fût le roi mon mari, court vitement* à la porte et lui ouvre. Ce fut un gentilhomme nommé Monsieur de Léran[(a)], neveu de Monsieur d'Audon[119], qui avait un coup d'épée dans le coude et un coup d'hallebarde dans le bras, et était encore poursuivi de quatre archers qui entrèrent tous après lui en ma chambre. Lui, se voulant garantir, se jeta sur mon lit. Moi, sentant cet homme qui me tenait, je me jette à la ruelle, et lui après moi, me tenant toujours au travers du corps. Je ne connaissais point cet homme, et ne savais s'il venait là pour m'offenser, ou si les archers en voulaient à lui ou à moi. Nous criions tous deux, et étions aussi effrayés l'un que l'autre. Enfin Dieu voulut que Monsieur de Nançay[120], capitaine des gardes, y vint, qui me trouvant en cet état-là, encore qu'il y eût de la compassion, il ne se put tenir de rire ; et se courrouçant fort aux archers de cette indiscrétion, il les fit sortir, et me donna la vie de ce pauvre homme qui me tenait, lequel je fis coucher et panser dans mon cabinet jusques à tant qu'il fût du tout guéri[121]. Et changeant[122] de chemise, parce qu'il m'avait toute couverte de sang, Monsieur de Nançay me conta ce qui se passait, et m'assura que le roi mon mari était dans la chambre du roi, et qu'il n'aurait point de mal. Et me faisant jeter un manteau de nuit sur moi, il m'emmena dans la chambre de ma sœur

---

(a) A est le seul à donner le nom correct ; les autres manuscrits lisent « Teian », ce que donnent aussi les premières éditions.

119. Gabriel de Lévis, vicomte de Léran, et Claude de Lévis, baron d'Audon et de Belesta.

120. Gaspard de la Chastre (1539-1576), sieur de Nançay, capitaine des gardes.

121. *Cf.* Aubigné (qui passe sous silence le rôle de Marguerite) : « Le vicomte de Leran, après les premiers coups, se relève et se va jetter sur le lict de la roine de Navarre. Les femmes de chambre le sauvèrent. » (*HU*, vol. 3, p. 338-339).

122. « Et pendant que je changeais... »

Madame de Lorraine, où j'arrivai plus morte que vive, où entrant dans l'antichambre, de laquelle les portes étaient toutes ouvertes, un gentilhomme nommé Bourse, se sauvant des archers qui le poursuivaient, fut percé d'un coup d'hallebarde à trois pas de moi. Je tombai de l'autre côté presque évanouie entre les bras de Monsieur de Nançay, et pensai que ce coup nous eût percés tous deux. Et étant quelque peu remise, entrant en la petite chambre où couchait ma sœur, comme j'étais là, Monsieur de Miossens, premier gentilhomme du roi mon mari[123], et Armagnac, son premier valet de chambre[124], m'y vinrent trouver pour me prier de leur sauver la vie. Je m'allai jeter à genoux devant le roi et la reine ma mère pour les leur demander – ce qu'en fin ils m'accordèrent.

Cinq ou six jours après, ceux qui avaient commencé cette partie, connaissant qu'ils avaient failli à leur principal dessein (n'en voulant point tant aux huguenots qu'aux princes du sang), portaient* impatiemment que le roi mon mari et le prince de Condé fussent demeurés[125], et connaissant qu'étant mon mari, que nul ne voudrait attenter contre lui, ils ourdissent une autre trame : ils vont persuader à la reine ma mère qu'il me fallait démarier[126]. En cette résolution étant allée un jour de fête à son lever, que nous devions faire nos pâques[127], elle me prend à serment de lui dire vérité, et me demande si le roi mon mari était homme, me disant que si cela n'était, elle aurait moyen de me démarier. Je la suppliai de croire

123. Henri d'Albret, baron de Miossens et de Coarraze (1536?-1599), fils de Jean d'Albret et de Suzanne de Bourbon, parent d'Henri de Navarre, alors premier gentilhomme de sa chambre, futur gouverneur de Béarn.

124. Jean d'Ysoré, seigneur d'Armagnac, premier valet de chambre du roi de Navarre.

125. Henri Ier de Condé (1552-1588), fils de Louis de Condé et d'Eléonore de Roye, est avec le roi de Navarre le seul à avoir été épargné, moyennant abjuration de la religion protestante.

126. Marguerite dissocie ici clairement sa mère de « ceux qui avaient commencé cette partie », formule qui vise, au-delà des Guises, leurs complices. Elle dénonce également leur utilisation des passions religieuses à des fins politiques, analyse qui reflète son adhésion aux thèses défendues par les Malcontents (voir n. 134 et *Mémoire justificatif*, Introduction, I, A).

127. C'est-à-dire communier. Le « jour de fête » exclut que l'épisode se déroule seulement « cinq ou six jours après » la Saint-Barthélemy. Le roi de Navarre n'ayant abjuré officiellement que le 26/9 (*cf.* Babelon, *Henri IV*..., p. 190), cette proposition dut avoir lieu dans l'intervalle – et décida peut-être le Béarnais.

que je ne me connaissais pas en ce qu'elle me demandait. Aussi pouvais-je dire lors à la vérité comme cette Romaine, à qui son mari se courrouçant de ce qu'elle ne l'avait averti qu'il avait l'haleine mauvaise, lui répondit qu'elle croyait que tous les autres hommes l'eussent semblable, ne s'étant jamais approchée d'autre homme que de lui...[128] Mais, quoi que ce fût, puisqu'elle m'y avait mise, j'y voulais demeurer, me doutant bien que ce l'on voulait m'en séparer était pour lui faire un mauvais tour[129].

[...][130]

[1573] Nous accompagnâmes le roi de Pologne jusques à Blamont[131], lequel, quelques mois avant que de partir de France, s'essaya par tous moyens de me faire oublier les mauvais offices de son ingratitude, et de remettre notre première amitié en la même perfection qu'elle avait été à nos premiers ans, m'y voulant obliger par serment et promesses en me disant adieu[132]. Sa sortie de France

---

128. Marguerite admet ici dans un sourire que si elle n'avait pas, « lors », d'éléments de comparaison pour juger de ce qu'« être homme » veut dire, elle en acquis depuis. L'aveu est unique.

129. L'idée de « démarier » Marguerite vient vraisemblablement de Catherine seule, qui comprend que l'union avec Navarre ne sert plus à rien – et que sa fille pourrait être plus utile dans une autre combinaison matrimoniale. Le refus de la reine est à mettre en parallèle : elle ne veut plus servir de pion. Toutefois l'argument qu'elle met ici en avant – la nécessité de protéger Navarre – n'est pas à analyser comme un pur prétexte : le sentiment qui le sous-tend s'exprimera d'autres fois sous sa plume (voir p. 202 et *COR*, p. 169, n. 2).

130. Une lacune (voir Introduction, VI, A) est ici identifiée par les manuscrits, qui d'ailleurs est évidente à la lecture. Plus importante que les précédentes, elle nous prive de plus d'un an de récit (sept. 1572-nov. 1573). Les événements qui occupèrent ce temps sont essentiellement : le siège de La Rochelle où se rendirent tous les princes et les principaux seigneurs de la Cour (janvier-juin 1573), l'élection d'Henri au trône de Pologne (juin) qui imposa une trêve avec les huguenots, la réception des ambassadeurs polonais à Paris (août). Le récit reprend lorsque la Cour accompagne le nouvel élu, en partance pour son royaume, sur la frontière lorraine.

131. Blamont (Meurthe-et-Moselle). La Cour y séjourna du 29 novembre au 2 décembre, jour où Henri partit pour la Pologne tandis que sa famille revenait en Champagne, où elle avait laissé Charles IX très malade.

132. Cheverny décrit à Blamont la « reine de Navarre, qui, en ma presence, luy promit beaucoup d'amitié, que je croy qu'elle luy eust continuée si bien tost après elle n'en eust esté divertie. » (*Mémoires*..., p. 472). Les lettres de juin 1573 de la reine à Henri prouvent également que la bonne entente régnait toujours entre le frère et la sœur. Mais la mémorialiste approche du moment où il lui faudra relater

et la maladie du roi Charles[133], qui commença presque en même temps, éveilla les esprits des deux partis de ce royaume, faisant divers projets sur cet État[134]. Les huguenots, ayant à la mort de l'amiral fait obliger par écrit signé le roi mon mari et mon frère d'Alençon à la vengeance de cette mort[135], [et] ayant gagné avant la Saint-Barthélemy mondit frère sous espérance de l'établir en Flandre[136], leur persuadant, comme le roi et la reine ma mère reviendraient en France, [de] se dérober, passant en Champagne, pour se joindre à certaines troupes qui les devaient venir prendre là, Monsieur de Miossens, gentilhomme catholique qui était auprès du roi mon mari, lequel m'avait de l'obligation de la vie[(a)], ayant avis de cette entreprise qui était pernicieuse au roi son maître, m'en avertit pour empêcher ce mauvais effet* qui eût apporté tant de maux à eux et à cet État[137]. Soudain, j'allai trouver le roi et la reine ma

---

son changement d'alliance, et elle prépare son lecteur en montrant de nouveau Henri manipulateur et fourbe (voir Introduction, V, B).

133. Charles commença à cracher du sang pendant l'été 1573, mais son état se dégrada soudainement en novembre (*cf.* Michel Simonin, *Charles IX*..., pp. 392, 397 et suiv.).

134. La fin de l'année 1573 et le début de la suivante furent en effet bien agitées, mais ce ne sont pas les « deux partis » habituels qui s'affrontèrent. La période est en effet caractérisée par la naissance d'un « troisième camp », celui des Malcontents, fait de protestants et de catholiques modérés, à la tête duquel se mit le duc d'Alençon, et auquel participait également le roi de Navarre (voir le *Mémoire justificatif*, Introduction, I, A). Les conjurés multiplièrent les tentatives de coup de force entre janvier et avril pour parvenir à imposer Alençon comme successeur de son frère Charles, c'est-à-dire pour évincer le roi de Pologne.

135. Marguerite tente ici de minorer les responsabilités de son frère et de son époux dans la conjuration. Même s'il est réel qu'ils étaient bien jeunes (respectivement 19 et 22 ans) et qu'il y avait parmi les principaux coalisés nombre d'hommes plus mûrs jouant leur propre partition, il n'en demeure pas moins qu'ils auraient été les premiers bénéficiaires du coup d'État préparé.

136. La carte Alençon est en effet l'une de celles qu'envisagent les Flamands, qui dans leur volonté de fonder un État indépendant cherchent un prince neutre (confessionnellement parlant) à mettre à sa tête. Dès avant la Saint-Barthélemy, le prince, fiancé à Elisabeth Ire d'Angleterre, semblait un bon candidat. S'il devient roi de France – ce qui semble alors possible –, les protestants du Nord le perdront comme souverain possible, mais gagneront un allié de poids. Ils soutiennent donc activement le projet.

(a) Le membre de phrase depuis *gentilhomme* n'est présent que dans A et C. *Lequel* renvoie à Miossans, et non à Navarre.

137. Il s'agit de l'« entreprise de Soissons » (voir *Mémoire justificatif*, n. 32).

mère, et leur dis que j'avais chose à leur communiquer qui leur importait fort, et que je ne la leur dirais jamais qu'il ne leur plût me promettre que cela ne porterait aucun préjudice à ceux que je leur nommerais, et qu'ils y remédieraient sans faire semblant de rien savoir. Lors je leur dis que mon frère et le roi mon mari s'en devaient le lendemain aller rendre à des troupes d'huguenots qui les venaient chercher à cause de l'obligation qu'ils avaient faite à la mort de l'amiral, qui était bien excusable pour* leur enfance, et que je les suppliais leur pardonner, et, sans leur en montrer nulle apparence, les empêcher de s'en aller. Ce qu'ils m'accordèrent, et fut conduit par telle prudence que, sans qu'ils pussent savoir d'où leur venait cet empêchement, ils n'eurent jamais moyen d'échapper[138].

[1574] Cela étant passé, nous arrivâmes à Saint-Germain, où nous fîmes un grand séjour à cause de la maladie du roi[139] ; durant lequel temps, mon frère d'Alençon employait toutes sortes de recherches et moyens pour se rendre agréable à moi, afin que je lui vouasse amitié, comme j'avais fait au roi Charles[140]. Car, jusques alors, pour ce qu'il avait toujours été nourri hors de la Cour, nous ne nous étions pas guère vus, et n'avions pas grande familiarité. Enfin, m'y voyant conviée par tant de submissions et de sujétion et d'affection qu'il me témoignait, je me résolus de l'aimer et embrasser ce qui lui concernerait, mais toutefois avec telle condition que ce serait sans préjudice de ce que je devais au roi Charles mon bon frère, que j'honorais sur toutes choses[141]. Il me continua cette bienveillance, me l'ayant témoignée jusques à sa fin.

---

138. Les cortèges des princes furent en effet mieux accompagnés que prévu ; la dénonciation de Marguerite est la preuve de sa fidélité toujours entière, en cette fin d'année 1573, à son frère Henri.

139. La Cour s'installa à Saint-Germain-en-Laye, où l'air était réputé pur, le 10 janvier 1574. Pour plus de détails, voir le *Mémoire justificatif*, p. 248.

140. « comme j'avais fait au roi de Pologne » serait plus juste, si l'on se souvient des entretiens de l'été 1569 entre Marguerite et Henri : nouveau leurre destiné à masquer la trahison que la reine se préparait à accomplir, mais que la mémorialiste se refuse à avouer (voir Introduction, V, B).

141. Marguerite décrit là – avec naïveté en apparence – les efforts de son jeune frère pour s'attacher une personne dont il a besoin dans son camp, et dont il a dû comprendre qu'elle était pour quelque chose dans la dénonciation de la mi-décembre. La reine, voyant Charles mourant et Henri à l'autre bout de l'Europe, fait alors,

Durant ce temps, la maladie du roi Charles augmentant toujours, les huguenots ne cessaient jamais de rechercher des nouvelletés, prétendant encore de retirer mon frère le duc d'Alençon et le roi mon mari de la Cour, ce qui ne vint à ma connaissance comme la première fois. Mais toutefois Dieu permit que La Mole[(a)] [142] le découvrit à la reine ma mère, si près de l'effet*, que les troupes des huguenots devaient arriver ce jour-là auprès de Saint-Germain[143]. Nous fûmes contraints de partir deux heures après minuit, et mettre le roi Charles dans une litière pour gagner Paris, la reine ma mère mettant dans son chariot mon frère et le roi mon mari, qui cette fois-là ne furent traités si doucement que de l'autre[(b)][144]. Car le roi s'en alla au bois de Vincennes, d'où il ne leur permit plus de sortir[145]. Et le temps, augmentant toujours l'aigreur de ce mal, produisait toujours nouveaux avis au roi pour accroître la méfiance et mécontentement qu'il avait d'eux ; en quoi les artifices de ceux qui avaient toujours désiré la ruine de notre Maison lui aidaient, que je crois, beaucoup.

---

comme une bonne partie des conjurés, un pari politique. Les « conditions » qu'elle dit mettre à son appui ne sont peut-être pas qu'une formule de rhétorique : des voix commencaient à s'élever pour dire que le régicide est permis dans certains cas (*cf.* A. Jouanna, *Le Devoir de révolte*..., p. 174).

(a) Le premier éditeur a lu : « que la mesche se découvrit » – leçon suivie par tous jusqu'à Guessard. Aucun des manuscrits ne se trompe.

142. Joseph de Boniface, seigneur de La Mole (1528?-1574) était le conseiller politique du duc d'Alençon. Faisait-il partie des « arguments » destinés à attirer la reine de son côté ? S'est-elle laissée convaincre par amour pour lui ? S'est-elle intéressée à lui en se rapprochant de son frère ? Leur liaison, attestée par peu de témoins, ne peut en tout cas être antérieure à l'« entreprise de Soissons », que Marguerite n'aurait pas dénoncée si elle avait été sa maîtresse dès ce moment-là. Il est en revanche peu vraisemblable qu'elle n'ait pas été au courant de cette seconde tentative. Lors du procès, Alençon donna une version légèrement différente du rôle de La Mole dans cet épisode : il lui aurait seulement conseillé d'avouer ce qui se passait à la reine mère (*cf.* la déposition du duc, dans Castelnau de La Mauvissière, *Mémoires*..., vol. 2, p. 359).

143. Plusieurs centaines de cavaliers dirigés par Chaumont-Quitry, avaient en effet été vus dans les environs immédiats de Saint-Germain (voir sur ce point le *Mémoire justificatif*, n. 43).

(b) A : « que l'autre ».

144. Voir le *Mémoire justificatif*, n. 43. Charles ne partit que le lendemain (28/2).

145. Ceci n'est pas non plus tout à fait exact ; les princes ne furent vraiment en état d'arrestation qu'après le 9 avril (voir le *Mémoire justificatif*, n. 47).

Ces défiances passèrent si avant que Messieurs les maréchaux de Montmorency et de Cossé[146] en furent retenus prisonniers au bois de Vincennes, et La Mole et le comte de Coconat[147] en pâtirent de leur vie[148]. Les choses en vinrent à tels termes que l'on députa[(a)] commissaires de la cour de Parlement pour ouïr mon frère et le roi mon mari, lequel n'ayant lors personne de conseil auprès de lui, me commanda de dresser par écrit ce qu'il aurait à répondre, afin que par ce qu'il dirait, il ne mît ni lui ni personne en peine. Dieu me fit la grâce de le dresser si bien qu'il en demeura satisfait, et les commissaires étonnés de le voir si bien préparé[149]. Et voyant que, par la mort de La Mole et du[(b)] comte de Coconat, ils se trouvaient chargés en sorte que l'on craignait [pour] leur vie, je me résolus, encore que je fusse bien auprès du roi Charles qui n'aimait rien au monde tant que moi, pour leur sauver la vie, de perdre ma fortune, ayant délibéré, comme je sortais et entrais librement en coche sans que les gardes regardassent dedans ni que l'on fît ôter le masque à mes femmes, d'en déguiser l'un d'eux en femme, et le sortir dans ma coche. Et pour ce qu'ils ne pouvaient tous deux ensemble à cause qu'ils[(c)] étaient trop éclairés des gardes, et[150] qu'il suffisait qu'il y en eût un dehors pour assurer la vie de l'autre, jamais ils ne se purent accorder lequel c'est qui sortirait, chacun voulant être celui-là, et nul ne voulant demeurer, de sorte

---

146. François, duc de Montmorency (1530-1579), fils aîné du connétable Anne de Montmorency et de Madeleine de Savoie, époux de Diane de Valois (la demi-sœur de Marguerite), maréchal depuis 1559, et Arthus de Cossé, sieur de Gonnort (1512-1582), fils de René de Cossé et de Charlotte Gouffier, maréchal depuis 1567, furent arrêtés à la suite des autres conjurés (voir le *Mémoire justificatif*, n. 47). Ils devaient être relâchés en octobre 1575 à la demande du duc d'Alençon. Sur leurs liens et leur rôle, voir Introduction au *Mémoire*, I, A, § 4.

147. Annibal de Coconat (1535-1574), gentilhomme piémontais au service du duc d'Alençon, était en 1574 l'amant de la duchesse de Nevers.

148. La Mole et Coconat furent arrêtés le 10 avril et décapités en place de Grève le 30 après un procès expéditif (*cf.* De Crue, *Le Parti des Politiques*...).

(a) A et P : « Voyant les choses en tels termes que l'on avait député... ». C : « Voyant ces choses... ». Plus loin, A omet *lequel*, C met à sa place « mais ».

149. Il s'agit du *Mémoire Justificatif*.

(b) B, D, C, P : « le ».

(c) Le passage depuis le premier *qu'ils* de la phrase est manquant dans B, D et P, ce qui la rend incompréhensible.

150. Il faut comprendre « alors que ».

que ce dessein ne se put exécuter[151]. Mais Dieu y remédia par un moyen bien misérable pour moi, car il me priva du roi Charles, tout l'appui et support de ma vie, un frère duquel je n'avais reçu que bien, et qui en toutes les persécutions que mon frère d'Anjou me fit à Angers m'avait toujours assistée, et avertie, et conseillée. Bref je perdais en lui tout ce que je pouvais perdre[152].

Après ce désastre, malheur pour la France et pour moi, nous allâmes à Lyon au devant du roi de Pologne[153], lequel, possédé encore par Le Guast, rendit de mêmes causes mêmes effets. Et croyant aux avis de ce pernicieux esprit[(a)] qu'il avait laissé en France pour maintenir son parti[154], conçut extrême jalousie contre mon frère d'Alençon, ayant pour suspecte et portant* impatiemment l'union de lui et du roi mon mari, estimant que j'en fusse le lien et seul moyen qui maintenait leur amitié, et que les plus propres expédients pour les diverser*[(b)] étaient, d'un côté, de me brouiller et mettre en mauvais ménage avec le roi mon mari, et d'autre, de faire que Madame de Sauve[155], qu'ils servaient* tous

---

151. La vie des princes n'était pas menacée, contrairement à celle des conjurés de moindre rang, ce qui explique peut-être leurs atermoiements.

152. Charles mourut à Vincennes le 30 mai 1574. Marguerite fait ici une analyse on ne peut plus juste : ce n'est pas sa place que convoitaient les conjurés, mais celle d'Henri – que Charles n'aimait guère, d'où la clémence du mourant pour son jeune frère, sa sœur et son beau-frère. À présent en revanche, c'est face à celui qu'ils ont trahi que ces derniers vont se retrouver : les malheurs commencent vraiment.

153. Averti par courrier exprès de la mort de Charles, Henri s'évada de manière rocambolesque de Pologne le 19 juin, puis rentra assez lentement en France, où sa mère, instituée régente par le mourant et ayant disloqué la conjuration, tenait à nouveau fermement les rênes du pouvoir. S'étant arrêté en Italie et en Savoie, il parvient à Lyon où la Cour le rejoignit le 6 septembre 1574.

(a) B, D, C, P : « croyant, par les avis de ce pernicieux esprit Le Guast... »

154. Du Guast avait accompagné Henri en Pologne, mais en était revenu dès le mois de mai, vraisemblablement pour étudier de plus près la situation française. Brantôme rapporte une entrevue orageuse qu'il eut à Lyon avec Marguerite (*DM*, pp. 143-144).

(b) B lit « divorcer », A modernise en : « diviser ».

155. Charlotte de Beaune (1547-1617), fille de Jacques, baron de Semblançay, et de Gabrielle de Sade, épouse de Simon Fizès, baron de Sauve, était au service de Catherine de Médicis. Elle fut probablement chargée par la reine mère de séduire son fils et son gendre au moment où leur alliance se déclara, c'est-à-dire au début de l'année 1574. Il est peu vraisemblable que Du Guast soit à l'origine de cette intrigue, mais il est clair qu'il était des intérêts de son maître d'y prêter la main.

deux, les ménagerait tous deux de telle façon qu'ils entrassent en extrême jalousie l'un de l'autre. Cet abominable dessein, source et origine de tant d'ennuis, de traverses* et de maux que mon frère et moi avons depuis soufferts, fut poursuivi avec autant d'animosité, de ruses et d'artifice qu'il avait été pernicieusement inventé[156].

Quelques-uns tiennent que Dieu a en particulière protection les grands*, et qu'aux esprits où il reluit quelque excellence non commune, il leur donne par des bons génies, quelques secrets avertissements des accidents* qui leur sont préparés, ou en bien ou en mal, comme à la reine ma mère, que justement l'on peut mettre de ce nombre, il s'en est vu plusieurs exemples[157]. Même la nuit devant la misérable course en lice, elle songea comme elle voyait le feu roi mon père blessé à l'œil, comme il fut[158] ; et étant éveillée, elle le supplia plusieurs fois de ne vouloir point courir ce jour, et vouloir se contenter de voir le plaisir du tournoi, sans en vouloir être. Mais l'inévitable destinée ne permit tant de bien à ce royaume qu'il pût recevoir cet utile conseil. Elle n'a aussi jamais perdu aucun de ses enfants qu'elle n'ait vu une fort grande flamme, à laquelle soudain elle s'écriait : « Dieu garde mes enfants ! » ; et incontinent* après, elle entendait la triste nouvelle qui par ce feu lui avait été augurée.

En sa maladie de Metz[159] où, par une fièvre pestilentielle et charbon, elle fut à l'extrémité (qu'elle avait prise allant visiter les religions* de femmes, comme il y en a beaucoup en cette ville-là, lesquelles avaient été depuis peu infectées de cette contagion), de quoi elle fut garantie miraculeusement, Dieu la redonnant à cet État qui en avait encore tant de besoin (par la diligence de Monsieur Castelan son médecin, qui, nouveau Esculape, fit lors une signalée preuve de l'excellence de son art), elle, rêvant* (et étant assistée autour de son lit du roi Charles mon frère, et de ma sœur et de mon

156. L'origine des ennuis de Marguerite et de son frère ne réside évidemment pas dans le « pernicieux dessein » de les diviser, mais dans l'échec de leur union contre Henri.

157. Ici commence une longue digression qui constitue à la fois la seule exception au déroulement chronologique des *Mémoires* (voir Introduction, II, B, V, B) et un développement de type ornemental typique du genre de l'Histoire (*ibid.*, II, C).

158. Allusion au tournoi qui coûta la vie à Henri II, en juillet 1559.

159. L'épisode se situe au printemps 1569 (voir n. 47).

frère de Lorraine, de plusieurs de Messieurs du conseil et de force dames et princesses, qui, la tenant hors d'espérance, ne l'abandonnaient point), s'écrie, continuant ses rêveries*, comme si elle eût vu donner la bataille de Jarnac : « Voyez comme ils fuient ! Mon fils a la victoire ! Hé, mon Dieu, relevez mon fils, il est par terre ! Voyez, voyez, dans cette haie, le prince de Condé mort ! »[a] Tous ceux qui étaient là croyaient qu'elle rêvait* et que, sachant que mon frère d'Anjou était en terme de donner la bataille, elle n'eût que cela en tête. Mais la nuit après, Monsieur de Losse[160] lui en apportant la nouvelle comme chose très désirée (en quoi il pensait beaucoup mériter) : « Vous êtes fâcheux, lui dit-elle, de m'avoir éveillée pour cela. Je le savais bien. Ne l'avais-je pas vu devant hier ? » Lors on reconnut que ce n'était point rêverie* de la fièvre, mais un avertissement particulier que Dieu donne aux personnes illustres et rares. L'Histoire nous en fournit tant d'exemples aux anciens païens, comme le fantôme de Brutus[161] et plusieurs autres, que je ne décrirai – n'étant mon intention d'orner ces Mémoires, ains* seulement narrer la vérité, et les avancer promptement, afin que plus tôt vous les receviez[162].

De ces divins avertissements je ne me veux estimer digne. Toutefois, pour ne me taire comme ingrate des grâces que j'ai eues de Dieu (que je dois et veux confesser toute ma vie pour lui en rendre grâces, et faire que chacun le loue aux merveilles des effets de sa puissance, bonté et miséricorde qu'il lui a plu faire en moi), j'avouerai n'avoir jamais été proche de quelques signalés accidents*, ou sinistres ou heureux, que je n'en aie eu quelque avertissement, ou en songe ou autrement. Et puis bien dire ce vers : *De*

(a) Les manuscrits varient tous sensiblement dans cette série d'exclamations, en rajoutant des pronoms (« voyez-vous » ou « vous voyez »).

160. Jean de Losse, sieur de Banes et Pierretaillade († 1586), capitaine de la garde écossaise. Cheverny confirme que la nouvelle leur parvint par Losse alors que la Cour était « sur les frontieres de Champagne » (*Mémoires*..., p. 469).

161. Plutarque raconte l'épisode dans la Vie de Jules César, LXXXVII, et dans la Vie de Marcus Brutus, XLIV (*VHI*, vol. 2, pp. 486 et 1048). Il s'agit d'un fantôme venant annoncer au Romain sa propre mort – ce qui ne semble pas approprié pour une comparaison avec les rêves de la reine mère, mais qui est en relation inconsciente avec le propos de Marguerite.

162. Marguerite sent que sa digression est longue et qu'elle est entraînée dans les méandres de l'ornementation ; elle ne veut plus différer le récit qu'elle appréhende.

mon bien ou mon mal mon esprit m'est oracle. Ce que j'éprouvai lors de l'arrivée du roi de Pologne : la reine ma mère étant allée au devant de lui, cependant qu'ils s'embrassaient et faisaient les réciproques bienvenues, bien que ce fût en un temps si chaud qu'en la presse où nous étions on s'étouffait, il me prit un frisson si grand, avec un tremblement si universel, que celui qui m'aidait s'en aperçut. J'eus beaucoup de peine à le cacher, quand, après avoir laissé la reine ma mère, le roi vint à me saluer.

Cet augure me toucha au cœur. Toutefois il se passa quelques jours sans que le roi découvrit la haine et le mauvais dessein que le malicieux Guast lui avait fait concevoir contre moi par les rapports qu'il lui avait faits : que depuis la mort du roi j'avais tenu le parti de mon frère d'Alençon en son absence, et l'avais fait affectionner au roi mon mari. Parquoi, épiant toujours une occasion pour parvenir à l'intention prédite de rompre l'amitié de mon frère d'Alençon et du roi mon mari, en nous mettant en mauvais ménage le roi mon mari et moi, et les brouillant tous deux sur le sujet de la jalousie de leur commun amour de Madame de Sauve, une après-dînée*, la reine ma mère étant entrée en son cabinet pour faire quelques longues dépêches, Madame de Nevers, votre cousine Madame de Retz, aussi votre cousine Bourdeille[163] et Surgères[164] me demandèrent si je me voulais aller promener à la ville. Sur cela Madamoiselle de Montigny[165], nièce de Madame d'Uzès[166], nous dit que l'abbaye de Saint-Pierre était une fort belle religion*. Nous résolûmes d'y aller. Elle nous pria qu'elle vînt avec nous, parce qu'elle y avait une tante, et que l'entrée n'y est pas libre sinon qu'avec les grandes*. Elle y vint. Et comme nous montions en chariot, encore qu'il fût tout plein de nous six et de Madame de

163. Jeanne de Bourdeille (1560?-1641?), fille d'André de Bourdeille et de Jacquette de Montbron, était nièce de Brantôme et fille d'honneur de Catherine de Médicis.

164. Hélène de Fonsèque, fille de René baron de Surgères, et d'Anne de Cossé-Brissac, fille d'honneur de Catherine de Médicis, l'« Hélène » de Ronsard.

165. Fille de Claude d'Amoncourt, sieur de Montigny, et de Charlotte de Clermont, petite-nièce de la suivante.

166. Louise de Clermont (1504-1596), fille de Bernardin vicomte de Tallard, et d'Anne Usson comtesse de Tonnerre, épouse d'Antoine, comte de Crussol et duc d'Uzès, amie de toute la famille royale (la « Sibylle » de Marguerite, *COR*).

Curton ma dame d'honneur (qui allait toujours avec moi) et de Thorigny[167], Liancourt, premier écuyer du roi[168], et Camille[169] s'y trouvèrent, qui se jetèrent sur les portières du chariot[(a)]. Eux néanmoins, tenant sur les portières comme ils purent, et gaussant, comme ils étaient d'humeur bouffonne, dirent qu'ils voulaient venir voir ces belles religieuses. La compagnie de Madamoiselle de Montigny, qui ne nous était aucunement familière, et d'eux deux qui étaient confidents* du roi, fut, que je crois, une providence de Dieu pour me garantir de la calomnie que l'on me voulait imputer.

Nous allâmes à cette religion*, et mon chariot, qui était assez reconnaissable pour* être doré [et] de velours jaune [garni] d'argent, nous attendit à la place, autour de laquelle y avait plusieurs gentilshommes logés. Pendant que nous étions dans Saint-Pierre, le roi ayant seulement avec lui le roi mon mari, d'O[170] et le gros Ruffé[171], s'en allant voir Caylus[172] qui était malade, passant par cette place [et] voyant mon chariot vide, il se tourne vers le roi mon mari et lui dit : « Voyez, voilà le chariot de votre femme, et voilà le logis de Bidé[173] », qui était lors malade (ainsi nommait-il aussi celui

---

167. Melchior de Thorigny, demoiselle puis dame d'honneur de Marguerite depuis son adolescence, devenue Mme de Vermont lors du premier séjour à Nérac et toujours à son service au moment où elle écrit ses *Mémoires*. Elle en sera chassée en 1606 (*COR*, lettres 385 et suiv.).

168. Charles du Plessis, seigneur de Liancourt.

169. Camille Fère, dit Camille, courrier du roi.

(a) Le membre de phrase « et de Thorigny », qui était peut-être dans la marge du manuscrit original, se trouve dans tous les manuscrits placé ici, rendant le passage confus. Il se pourrait que ce soit Thorigny elle-même qui, à la lecture de l'épisode, ait fait rajouter cette mention à la reine.

170. François, marquis d'O (1535-1594), favori d'Henri III.

171. Philippe de Volvire, baron puis marquis de Ruffec (1534-1585), époux d'Anne de Daillon.

172. Jacques de Lévis, comte de Caylus (1554-1578), favori d'Henri III ; il allait mourir lors du fameux duel des mignons.

173. Charles de Balzac d'Entragues (1545-1599), seigneur de Dunes, comte de Graville, dit « Entraguet » ou « Bidé », fils de Guillaume de Balzac et de Louise d'Humières, ami de Brantôme, grand favori d'Henri III et amant de la maréchale de Retz de 1575 à 1581 (au moins). On a cru voir dans ce passage la confirmation d'une liaison entre lui et Marguerite, mais celle-ci n'est attestée que par d'Aubigné (*Sa Vie*..., p. 123) et par le *Divorce satyrique* (pamphlet du début du XVIIe siècle, qui pourrait être de d'Aubigné), les deux allusions étant en outre contradictoires (l'autobiographie situe la liaison après 1581, le pamphlet avant 1572). La chose

qui a depuis servi* votre cousine). « Je gage, dit-il, qu'elle y est. » Et commanda au gros Ruffé, instrument propre de telle malice, pour* être ami du Guast, d'y aller voir ; lequel n'y ayant trouvé personne, et ne voulant toutefois que cette vérité empêchât le dessein du roi, lui dit tout haut devant le roi mon mari : « Les oiseaux y ont été, mais ils n'y sont plus. » Cela suffit assez pour donner sujet d'entretenir jusques au logis le roi mon mari, par tout ce qu'il pensait lui pouvoir donner de la jalousie, pour avoir mauvaise opinion de moi(a). Mais mon mari, témoignant en cela la bonté et l'entendement de quoi il s'est toujours montré accompagné, détestant en son cœur cette malice, jugea aisément à quelle fin il le faisait. Et le roi se hâtant de retourner avant moi pour persuader à la reine ma mère cette invention* et m'en faire recevoir un affront, j'arrivai [alors] qu'il avait eu tout loisir de faire ce mauvais effet*, et que même la reine ma mère en avait parlé fort étrangement devant des dames, partie pour créance*, partie pour plaire à ce fils qu'elle idolâtrait.

Moi revenant après, sans savoir rien de tout ceci, j'allai descendre en ma chambre avec toute la troupe susdite qui m'avait accompagnée à Saint-Pierre. J'y trouvai le roi mon mari, qui soudain qu'il me vit se prit à rire : « Allez chez la reine votre mère, que je m'assure que vous en reviendrez bien en colère. » Je lui demandai pourquoi, et ce qu'il y avait. Il me dit : « Je ne le vous dirai pas, mais suffise [à] vous que je n'en crois rien, et que ce sont inventions pour nous brouiller vous et moi, pensant par ce moyen me séparer de l'amitié de Monsieur votre frère. » Voyant que je n'en pouvais tirer autre chose, je m'en vais chez la reine ma mère. Entrant en la salle, je trouvai Monsieur de Guise, qui, prévoyant, n'était pas marri de la division qu'il voyait arriver en notre Maison, espérant bien que du vaisseau brisé il en recueillerait les pièces. Il

---

n'est pas plus probable durant l'été 1574, quatre mois après la mort de La Mole et dans la situation politique hautement délicate de la reine. Elle cadre mal, de plus, avec le fait qu'Entragues avait suivi Henri III en Pologne et faisait donc déjà partie de ses fidèles. Elle s'oppose enfin au témoignage de Brantôme, qui décrit alors Entragues en pleine querelle avec Crillon pour une affaire touchant deux dames de la suite de Catherine (*RD*, p. 51).

(a) B, D : « ...donner sujet de l'entretenir jusques au logis. Mais mon mari... ». P commence la phrase suivante par : « Le roi mon mari... »

me dit : « Je vous attendais ici pour vous avertir que le roi vous a prêté une dangereuse charité. » Et me fit tout le discours susdit[174], qu'il avait appris de d'O, qui, étant lors fort ami de votre cousine[175], l'avait dit à Monsieur de Guise pour nous en avertir. J'entrai en la chambre de la reine ma mère, où elle n'était pas. Je trouvai Madame de Nemours[176], et toutes les autres princesses et dames, qui me dirent : « Mon Dieu, Madame, la reine votre mère est en si grande colère contre vous, je ne vous conseille pas de vous présenter devant elle. — Non, ce dis-je, si j'avais fait ce que le roi lui a dit ; mais en étant du tout innocente, il faut que je lui parle pour l'en éclaircir. » J'entre dans son cabinet, qui n'était fait que d'une cloison de bois, de sorte que l'on pouvait aisément entendre de la chambre tout ce qui se disait. Soudain qu'elle me voit, elle commence à jeter feu, et à dire tout ce qu'une colère outrée et démesurée peut jeter dehors. Je lui représente la vérité, et que nous étions dix à douze, et la suppliai de les enquérir ; et ne croire pas celles qui m'étaient amies et familières, mais seulement Madamoiselle de Montigny, qui ne me hantait* point, et Liancourt et Camille, qui ne dépendaient que du roi. Elle n'a point d'oreilles pour la vérité ni pour la raison, elle n'en veut point recevoir (fût pour* être préoccupée du faux[177], ou pour complaire à ce fils que d'affection, de devoir, d'espérance et de crainte elle idolâtrait), et ne cesse de taxer, crier et menacer. Et [moi] lui disant que cette charité m'avait été prêtée par le roi, elle se met encore plus en colère, me voulant faire croire que c'était un sien valet de chambre qui, passant par là, m'y avait vue. Et voyant que cette couverture* était grossière, et que je ne la recevais, et restais infiniment offensée du roi, cela la tourmentait et aigrissait davantage – ce qui était ouï de sa chambre toute pleine de gens.

---

174. « me raconta toute l'intrigue que j'ai expliquée plus haut ».

175. Bourdeille ou Retz (voir p. 109) ?

176. Anne d'Este (1531-1607), fille de Renée de France et d'Ercole d'Este, veuve de François de Guise et remariée depuis à Jacques de Nemours. La sollicitude du clan Guise s'explique peut-être tout simplement par le fait que le roi parut très changé à tout le monde lors de son retour de Pologne (*cf.* L'Estoile, *RJ*, vol. 1, p. 78) : mûri par six mois d'exil (et de règne !), il avait réussi à souder autour de lui un petit noyau de compagnons valeureux qui le séparait de ses anciens alliés.

177. « préoccupée par cette histoire qui était fausse ».

Sortant de là avec le dépit que l'on peut penser, je trouve en ma chambre le roi mon mari. « Eh bien, n'avez-vous pas trouvé ce que je vous avais dit ? » Et me voyant si affligée : « Ne vous tourmentez pas de cela, dit-il. Liancourt et Camille se trouveront au coucher du roi, qui lui diront le tort qu'il vous a fait ; et m'assure que demain, la reine votre mère sera bien empêchée* à faire les accords. » Je lui dis : « Monsieur, j'ai reçu un affront trop public de cette calomnie pour pardonner à ceux qui me l'ont causé ; mais toutes les injures ne me sont rien au prix* du tort qu'on m'a voulu faire, me voulant procurer un si grand malheur de me vouloir mettre mal avec vous. » Il me répondit : « Il s'y est, Dieu merci, failli. » Je lui dis : « Oui, Dieu merci, et[(a)] votre bon naturel[178]. Mais de ce mal, si* faut-il que nous en tirions un bien. Que ceci nous serve d'avertissement à l'un et à l'autre pour avoir l'œil ouvert à tous les artifices que le roi pourra faire pour nous mettre mal ensemble. Car il faut croire, puisqu'il a ce dessein, qu'il ne s'arrêtera pas à cettui-ci, et ne cessera qu'il n'ait rompu l'amitié de mon frère et de vous. » Sur cela, mon frère arriva, et les fis par nouveaux serments obliger à la continuation de leur amitié. Mais quel serment peut valoir en amour ?

Le lendemain matin, un banquier italien qui était serviteur de mon frère pria mondit frère, le roi mon mari et moi, et plusieurs autres princesses et dames, d'aller dîner* en un beau jardin qu'il avait à la ville. Moi, ayant toujours gardé ce respect à la reine ma mère, tant que j'ai été auprès d'elle, fille ou mariée, de n'aller en un lieu sans lui en demander congé*, je l'allai trouver en la salle, revenant de la messe, pour avoir sa permission pour aller à ce festin. Elle, me faisant un refus public, me dit que j'allasse où je voudrais, qu'elle ne s'en souciait pas. Si cet affront fut ressenti d'un courage* comme le mien, je le laisse à juger à ceux qui, comme vous, ont connu mon humeur. Pendant que nous étions en ce festin, le roi, qui avait parlé à Liancourt et Camille, et à Madamoiselle de Montigny, connut l'erreur où la malice du gros Ruffé l'avait fait tomber ; et ne se trouvant moins en peine à la rhabiller* qu'il avait été prompt à la recevoir et à la publier*, venant trouver la reine ma

---

(a) Mot omis dans B, D et P.

178. C'est-à-dire : « il faut en remercier Dieu et votre bonté naturelle. »

mère, lui confessa le vrai, et la pria de rhabiller* cela en quelque façon que je ne lui demeurasse pas ennemie, craignant fort, parce qu'il me voyait avoir de l'entendement, que je ne m'en susse plus à propos revancher[a] qu'il ne m'avait su offenser[179]. Revenus que nous fûmes du festin, la prophétie du roi mon mari fut véritable. La reine ma mère m'envoya quérir en son cabinet de derrière, qui était proche de celui du roi, où elle me dit qu'elle avait su la vérité de tout, et que je lui avais dit vrai, qu'il n'était rien de tout ce que le valet de chambre qui lui avait fait ce rapport lui avait dit, que c'était un mauvais homme, qu'elle le chasserait. Et connaissant à ma mine que je ne recevais pas cette couverture*, elle s'efforça par tous moyens de m'ôter l'opinion que ce fût le roi qui m'eût prêté cette charité. Et voyant qu'elle n'y avançait rien, le roi entra dans le cabinet, qui m'en fit force excuses, disant qu'on le lui avait fait accroire, et me faisant toutes les satisfactions et démonstrations d'amitié qui se pouvaient faire.

Cela passé, après avoir demeuré quelque temps à Lyon, nous allâmes à Avignon[180]. Le Guast, n'osant plus inventer de telles impostures et voyant que je ne lui donnais aucune prise en mes actions par la jalousie, pour me mettre mal avec le roi mon mari et ébranler l'amitié de mon frère et de lui, il se servit de l'autre voie, qui était de Madame de Sauve, la gagnant tellement qu'elle se gouvernait du tout par lui, et usant de ses instructions non moins pernicieuses que celles de la Célestine[181]. En peu de temps, elle eût rendu l'amour de mon frère et du roi mon mari, auparavant tiède et

---

(a) B, A et P donnent « revenger », mot inconnu sous la plume de Marguerite alors que « revancher » est fréquent.

179. D'un naturel méfiant, impulsif et coléreux, mais sincèrement désireux de concorde, Henri III est tout entier dans ces voltes-faces dont les *Mémoires* nous offrent d'autres exemples. À cela s'ajoute, dès son retour de Pologne, une volonté nouvelle de faire respecter « l'ordre et police en sa maison » (*cf.* l'étude de Monique Chatenet). Cette exigence ne sera généralement pas comprise de ses sujets ; elle leur apparaîtra d'autant plus hypocrite que, parallèlement, le roi dépensera des fortunes pour s'attacher de jeunes fidèles – vite assimilés à des amants par ses ennemis.

180. La Cour parvint à Avignon le 16 novembre 1575.

181. Héroïne fourbe et amorale de la célèbre pièce espagnole de Fernando de Rojas (*Comedia de Calisto y Melibea*, 1499), traduite en français (*La Célestine*) dès les années 1520.

lente comme celle de[a] personnes si jeunes, en une telle extrémité, oubliant toute ambition, tout devoir et tout dessein, qu'ils n'avaient plus autre chose en l'esprit que la recherche* de cette femme. Et en viennent à une si grande et véhémente jalousie l'un de l'autre, qu'encore qu'elle fût recherchée de Monsieur de Guise, du Guast, de Souvray[182] et plusieurs autres, qui étaient tous plus aimés d'elle qu'eux, ils ne s'en souciaient pas, et ne craignaient ces deux beaux-frères que la recherche* de l'un et de l'autre ! Et cette femme, pour mieux jouer son jeu, persuade au roi mon mari que j'en étais jalouse, et que pour cette cause je tenais le parti de mon frère ! Nous croyons aisément ce qui nous est dit par personnes que nous aimons... Il prend cette créance*, il s'éloigne de moi, et s'en cache plus que de tout autre, ce que jusques alors il n'avait fait. Car, quoi qu'il en eût à la fantaisie, il m'en avait toujours parlé aussi librement qu'à une sœur, connaissant bien que je n'en étais aucunement jalouse, ne désirant que son contentement.

Moi, voyant ce que j'avais le plus craint être advenu, qui était l'éloignement de sa bonne grâce, pour* la privation de la franchise de quoi il avait usé jusques alors avec moi, et que la méfiance, qui prive de la familiarité, est le principe de la haine (soit entre parents ou amis), et connaissant d'ailleurs que, si je pouvais divertir mon frère de l'affection de Madame de Sauve, j'ôterais le fondement de l'artifice que Le Guast avait fabriqué à notre division et ruine susdite, à l'endroit de mon frère j'usai de tous les moyens que je pus pour l'en tirer – ce qui eût servi tout autre, qui n'eût eu l'âme fascinée par l'amour et la ruse de si fines personnes. Mon frère, qui en toutes choses ne croyait rien que moi, ne put jamais se regagner soi-même pour son salut et le mien, tant forts étaient les charmes de cette Circé[183], aidée de ce diabolique esprit du Guast ; de façon qu'au lieu de tirer profit de mes paroles, il les redisait toutes à cette femme. Que peut-on celer à celui[b] que l'on aime ? Elle s'en ani-

(a) B, D, P : « des ».

182. Gilles de Souvray, marquis de Courtenvaux (1540-1626), favori d'Henri III, grand maître de sa garde robe, futur maréchal de France.

183. Magicienne de L'*Odyssée*, qui retient Ulysse des années dans son île et transforme ses compagnons en pourceaux.

(b) C a corrigé : « à ce que l'on aime » ; Guessard l'a suivi.

mait contre moi et servait avec plus d'affection au dessein du Guast, et pour s'en venger disposait toujours davantage le roi mon mari à me haïr et s'étranger* de moi, de sorte qu'il ne me parlait presque plus. Il revenait de chez elle fort tard, et pour l'empêcher de me voir elle lui commandait de se trouver au lever de la reine, où elle était sujette d'aller ; et après, tout le jour, il ne bougeait plus d'avec elle. Mon frère ne rapportait moins de soin à la rechercher, elle leur faisant accroire à tous deux qu'ils étaient uniquement* aimés d'elle – ce qui n'avançait moins leur jalousie et leur division que ma ruine[184].

[1575] Nous fîmes un long séjour en Avignon, et un grand tour par la Bourgogne et la Champagne pour aller à Reims aux noces du roi[185], et de là venir à Paris, où les choses se comportèrent toujours de cette façon. La trame du Guast allait par ces moyens toujours s'avançant à notre division et ruine. Étant à Paris, mon frère approcha de lui Bussy[186], en faisant autant d'estime que sa valeur le méritait. Il était toujours auprès de mon frère, et par conséquent avec moi, mon frère et moi étant presque toujours ensemble, et ordonnant à tous ses serviteurs de ne m'honorer et rechercher moins que lui. Tous les honnêtes gens[(a)] de sa suite accomplissaient cet agréable commandement avec tant de sujétion,

---

184. La division entre les deux beaux-frères est alors en outre toujours attisée par la question de la lieutenance générale du royaume (commandement des armées), qu'Henri III et la reine mère promettent alternativement à l'un et à l'autre (voir *Mémoire justificatif*, n. 37.

185. Henri III épousa 14 janvier 1575 Louise de Lorraine (1553-1601), fille de Nicolas de Lorraine-Vaudémont et de Marguerite d'Egmont, qu'il avait rencontrée lors de son départ pour la Pologne. Le sacre du roi avait eu lieu la veille.

186. Louis de Clermont d'Amboise, seigneur de Bussy (1549-1579), fils de Jacques de Clermont d'Amboise et de Catherine de Beauvau, avait accompagné Henri durant une partie de son voyage en Pologne ; il venait de passer au service d'Alençon. Ami de Brantôme, fin lettré, grand bretteur, il va devenir l'amant de Marguerite et le restera sans doute jusqu'au départ de celle-ci pour la Gascogne, en 1578. Malgré les dénégations de leur auteur (voir Introduction, V, A), le texte des *Mémoires* trahit le plaisir que la reine conserve, vingt ans après les événements, à son évocation. Le portrait qu'elle en fait est d'ailleurs conforme à ce que dirent de lui ses contemporains : « Haut à la main, et le plus dédaigneux homme du monde », ayant « de la hardiesse à revendre » (Brantôme, *OC*, vol. 6, p. 347) ; « mignon superbe et audacieux » (L'Estoile, *RJ*, vol. 1, p. 206).

(a) B, D, P : « Tous les hommes et gens... »

qu'ils ne me rendaient moins de service qu'à lui. Votre tante, voyant cela, m'a souvent dit que cette belle union de mon frère et de moi lui faisait ressouvenir du temps de Monsieur d'Orléans mon oncle et de Madame de Savoie ma tante[187].

Le Guast, qui était un potiron[188] de ce temps, y donnant interprétation contraire, pense que la Fortune lui offrait un beau moyen pour se hâter à plus vite* pas d'arriver au but de son dessein, et par le moyen de Madame de Sauve s'étant introduit en la bonne grâce du roi mon mari, tâche par toute voie lui persuader que Bussy me servait*. Et voyant qu'il n'y avançait rien, [mon mari] étant assez averti par ses gens, qui étaient toujours avec moi, de mes déportements* qui ne tendaient à rien de semblable, il s'adressa au roi, qu'il trouva plus facile à persuader, tant pour le peu de bien qu'il voulait à mon frère et à moi, notre amitié lui étant suspecte et odieuse, que pour la haine qu'il avait à Bussy, qui, l'ayant autrefois suivi, l'avait quitté pour se dédier à mon frère – acquisition qui accroissait autant la gloire de mon frère que l'envie de nos ennemis, pour n'y avoir en ce siècle-là, de son sexe et de sa qualité, rien de semblable en valeur, réputation, grâce et esprit. En quoi quelques-uns disaient que, s'il fallait croire la transmutation des âmes, comme quelques philosophes ont tenu*, que sans doute celle de Ardelay, votre brave frère[189], animait le corps de Bussy. Par Le Guast le roi imbu de cela en parle à la reine ma mère, la conviant à en parler au roi mon mari, et tâchant de la mettre aux mêmes aigreurs qu'il l'avait mise à Lyon. Mais elle, voyant le peu d'apparence* qu'il y avait, l'en rejeta, lui disant : « Je ne sais qui sont les brouillons qui vous mettent telles opinions en la fantaisie. Ma fille est malheureuse d'être venue en un tel siècle. De notre temps, nous parlions librement à tout le monde, et tous les

---

187. Charles, duc d'Orléans (1522-1545), troisième fils de François Ier et de Claude de France, et Marguerite de France (1523-1574), duchesse de Berry puis de Savoie, sa sœur. Ce n'est pas à l'improviste que Marguerite cite cet exemple : le futur Henri II, leur frère, détestait Charles. Leur rivalité, source de nombreuses cabales dans la Cour, n'avait cessé qu'avec la mort de Charles – encore plus précoce que celle d'Alençon. « Votre tante » : Mme de Dampierre.

188. C'est-à-dire imbu de son importance.

189. Jean de Bourdeille, baron d'Ardelay († 1568), dernier frère de Brantôme, tué au siège de Chartres.

honnêtes gens qui suivaient le roi votre père, Monsieur le dauphin[190] et Monsieur d'Orléans vos oncles, étaient d'ordinaire à la chambre de Madame Marguerite votre tante, et de moi. Personne ne le trouvait étrange, comme aussi n'y avait-il pas de quoi. Bussy voit ma fille devant vous, devant son mari en sa chambre[(a)], devant tous les gens de son mari, et devant tout le monde ; ce n'est pas à cachette ni à porte fermée. Bussy est personne de qualité, et le premier auprès de votre frère. Qu'y a-t-il à penser ? En savez vous autre chose ? Par une calomnie, à Lyon, vous me lui avez fait faire un affront très grand, duquel je crains bien qu'elle ne s'en ressente toute sa vie. » Le roi demeurant étonné lui dit : « Madame, je n'en parle qu'après les autres. » Elle répondit : « Qui sont ces autres, mon fils ? Ce sont gens qui vous veulent mettre mal avec tous les vôtres. » Le roi s'en étant allé, elle me raconte le tout et me dit : « Vous êtes née d'un misérable temps. »[191] Et appelant votre tante Madame de Dampierre, elle se mit à discourir avec elle de l'honnête liberté et des plaisirs qu'ils avaient en ce temps-là, sans être sujets comme nous à la médisance.

Le Guast, voyant que sa mine était éventée et qu'elle n'avait pris feu de ce côté comme il désirait, s'adresse à certains gentilshommes qui suivaient lors le roi mon mari, qui jusques alors avaient été compagnons de Bussy en qualités et en charges, lesquels en particulier avaient quelque haine contre lui[(b)] pour la jalousie que leur apportaient son avancement et sa gloire. Ceux-ci, joignant à cette envieuse haine un zèle inconsidéré au service de leur maître,

---

190. François de Valois (1517-1536), fils aîné de François Ier et de Claude de France. Même si Catherine a pu voir ensemble ces personnages durant trois ans (elle était arrivée en France en 1533), il est peu probable qu'elle ait pu former avec eux le quatuor décrit ici ; les cadets du dauphin avaient alors : Henri entre 14 et 17 ans, Charles entre 11 et 14 ans, Marguerite entre 10 et 13 ; elle-même avait le même âge que son époux. Si la reine mère a prononcé ces paroles, elle faisait certainement allusion à l'époque postérieure à la mort du dauphin.

(a) B : « dans la chambre devant son mari ».

191. Ce discours n'est sans doute pas inventé de toute pièce pour appuyer la dénégation concernant Bussy. Catherine ressentit très vite, après le retour de son fils en France, que plusieurs membres de son entourage cherchaient à le désolidariser de sa famille, et d'elle-même en particulier.

(b) A. C répète « Bussy » à la place de *lui*. B, D, P : « ...compagnons de Bussy, et depuis devenus ses ennemis pour la... »

ou, pour mieux dire, couvrant leur envie de ce prétexte, se résolurent un soir, sortant tard du coucher de son maître pour se retirer en son logis, de l'assassiner. Et comme les honnêtes gens qui étaient auprès de mon frère avaient accoutumé de l'accompagner, ils savaient qu'ils ne le trouveraient avec moins de quinze ou vingt honnêtes hommes et que, bien que pour la blessure qu'il avait au bras droit (depuis peu de jours qu'il s'était battu contre Saint-Phal[192]), il ne portât point d'épée, que sa présence serait suffisante pour redoubler le courage à ceux qui étaient avec lui. Ce que redoutant, et voulant faire leur entreprise assurée, ils résolurent de l'attaquer avec deux ou trois cents hommes, le voile de la nuit couvrant la honte de tel assassinat[193].

Le Guast, qui commandait au régiment des gardes, leur fournit des soldats ; et se mettant en cinq ou six troupes en la plus prochaine rue de son logis, où il fallait qu'il passât, le chargent, éteignant les torches et flambeaux. Après une salve d'arquebusades et pistoletades qui eût suffit, non à attaquer une troupe de quinze ou vingt hommes, mais à défaire un régiment, ils viennent aux mains avec sa troupe, tâchant toujours, à l'obscurité de la nuit, à le remarquer pour ne le faillir*, et le connaissant* à une écharpe colombine* où il portait son bras droit blessé – bien à propos pour eux, qui en eussent senti la force ! Qui furent toutefois bien soute-

---

192. Georges de Vaudray, seigneur de Saint-Phal. Brantôme rapporte ce duel, qui semble indirectement relié à Marguerite : « J'estois avec luy [Bussy] lorsqu'il querella M. de Sainct-Fal à Paris ; nous estions chez les commédians, où il y avoit bonne trouppe de dames et gentilshommes. Ce fut sur un manchon de broderie de jayet [*jais*] où il y avoit des XX. M. de Bussi disoit que c'estoit des YY : des lors il vouloit passer plus outre que de parolles ; mais une dame que je sçay, sur qui elle avoit [*qui avait sur lui*] puissance grande, commanda de se taire et ne passer plus advant, craignant un scandale arriver si près d'elle, qui luy importeroit de beaucoup » (*OC*, vol. 6, p. 182). La broderie était vraisemblablement des mains de Marguerite. On peut en effet rapprocher ceci d'un autre propos de Brantôme : « J'ay cogneu une grande qui a été fort copieuse et libérale en [ses cadeaux], car la moindre de ses écharpes et faveurs qu'elle donnait à ses serviteurs était de cinq cents écus, de mille et de trois mille, où il y avait plus de broderies, plus de perles, plus d'enrichissements, *de chiffres, de lettres hiéroglyphiques* et belles inventions, que rien au monde n'était plus beau » (*RD*, p. 306 – c'est moi qui souligne).

193. *Cf.* Brantôme : « Il cuida [*crut*] être tué la nuit, sortant du Louvre et se retirant chez lui [...]. Il fut assailli de douze bons hommes » (*OC*, vol. 6. p. 185).

nus[194] de cette petite troupe d'honnêtes gens qui étaient avec lui, à qui l'inopiné rencontre* ni l'horreur de la nuit n'ôta le cœur ni le jugement, mais, faisant autant de preuve de leur valeur que de l'affection qu'ils avaient à leur ami, à force d'armes le passèrent jusques à son logis, sans perdre aucun de leur troupe qu'un gentilhomme qui avait été nourri* avec lui, qui, ayant été blessé paravant à un bras, portait une écharpe colombine comme lui (mais toutefois bien différente, pour* n'être enrichie comme celle de son maître[195]). Toutefois, en l'obscurité de la nuit, ou le transport ou l'animosité de ces assassins qui avaient le mot* de donner tous à l'écharpe colombine, fit que toute la troupe se jeta sur ce pauvre gentilhomme, pensant que ce fut Bussy, et le laissèrent pour mort en la rue.

Un gentilhomme italien qui était à mon frère y étant blessé, de premier abord l'effroi l'ayant pris, s'en recourt tout sanglant dans le Louvre, et jusques à la chambre de mon frère qui était couché, criant que l'on assassinait Bussy. Mon frère soudain y voulut aller. De bonne fortune, je n'étais point encore couchée, et étais logée si près de mon frère que j'ouïs cet homme effrayé crier par les degrés* cette épouvantable nouvelle, aussi tôt que lui. Soudain je cours en sa chambre pour l'empêcher de sortir, et envoyai supplier la reine ma mère d'y venir pour le retenir, voyant bien qu'en toutes autres occasions il me déférait beaucoup, mais[(a)] que la juste douleur qu'il sentait l'emportait tellement hors de lui-même que, sans considération, il se fût précipité à tous dangers pour courre* à la vengeance. Nous le retenons à toute peine, la reine ma mère lui représentant qu'il n'y avait nulle apparence* de sortir seul comme il était pendant la nuit, que l'obscurité couvre toute méchanceté, que Le Guast était peut-être assez méchant d'avoir fait cette partie expressément pour le faire sortir mal à propos, afin de le faire tomber en quelque accident*. Au désespoir qu'il était, ces paroles eussent eu peu de force ; mais elle, y usant de son autorité, l'arrêta

---

194. « occupés, tenus en haleine ».

195. L'insistance mise sur la différence entre les deux écharpes semble indiquer que l'« enrichie » est un autre cadeau de Marguerite.

(a) A et C, mais le premier modernise (« que dans toutes autres... »). B, D et P omettent le passage depuis « qu'en toutes autres... »

et commanda aux portes qu'on ne le laissât sortir, prenant la peine de demeurer avec lui jusques à ce qu'il sût la vérité de tout.

Bussy, que Dieu avait garanti miraculeusement de ce danger, ne s'étant troublé pour cet hasard, son âme n'étant pas susceptible de la peur, étant né pour être la terreur de ses ennemis, la gloire de son maître et l'espérance de ses amis, entré qu'il fut à son logis, soudain il se souvint de la peine en quoi serait son maître si la nouvelle de ce rencontre* était portée jusques à lui incertainement*. Et craignant que cela l'eût fait jeter dans les filets de ses ennemis, comme sans doute il eût fait si la reine ma mère ne l'en eût empêché, il envoie soudain un des siens, qui apporta la nouvelle à mon frère de la vérité de tout. Et le jour étant venu, Bussy, sans crainte de ses ennemis, revient dans le Louvre avec la façon aussi brave et aussi joyeuse que si cet attentat lui eût été un tournoi pour plaisir[196]. Mon frère, aussi aise de le revoir que plein de dépit et de vengeance, témoigne assez comme il ressent l'offense qui lui a été faite, de l'avoir voulu priver du plus digne et plus brave serviteur que prince de sa qualité eût jamais, connaissant bien que Le Guast s'attaquait à Bussy pour* ne s'oser prendre de premier abord à lui-même. La reine ma mère, la plus prudente et avisée princesse qui ait jamais été, connaissant de quel poids étaient tels effets*, et prévoyant qu'ils pourraient enfin mettre ses deux enfants mal ensemble, conseille à mon frère que, pour lever tel prétexte, il fît que pour un temps Bussy s'éloignât de la Cour. À quoi mon frère consentit par la prière que je lui en fis, voyant bien que, s'il demeurait, Le Guast le mettrait toujours en jeu et le ferait servir de couverture* à son pernicieux dessein, qui était de maintenir mon frère et le roi mon mari mal ensemble, comme il les y avait mis par les artifices susdits. Bussy, qui n'avait autre volonté que celle de son maître, partit accompagné de la plus grande[(a)] noblesse qui fût à la Cour, qui suivait mon frère[197].

---

196. *Cf.* Brantôme : « Lendemain, luy, ayant sceu d'où estoit venu le jeu, commança à braver, à menasser de fendre nazeaux, et qu'il tueroit tout... » (*OC*, vol. 6, p. 187).

(a) A semble embellir en proposant : « brave ».

197. *Cf.* Brantôme : « ... mais amprès il fut adverty de bon lieu qu'il fust sage, et fust muet et plus doux, autrement qu'on joueroit à la prime avecques luy, car de très-grands s'en mesloient ; et de bon lieu fut adverty de changer d'air et de s'absenter

Ce sujet étant ôté au Guast, et voyant que le roi mon mari ayant eu en ce même temps, en une nuit, une fort grande faiblesse, en laquelle il demeura évanoui l'espace d'une heure (qui lui venait, comme je crois, d'excès qu'il avait faits avec les femmes, car je ne l'y avais jamais vu sujet), en laquelle je l'avais servi et assisté comme le devoir me le commandait (de quoi il restait si content de moi qu'il s'en louait à tout le monde, disant que, sans que je m'en étais aperçue et avais soudain couru à le secourir et appeler mes femmes et ses gens, qu'il était mort ; qu'à cette cause il m'en faisait beaucoup meilleure chère ; et que depuis, l'amitié de lui et de mon frère commençait à se renouer, estimant toujours que j'en étais la cause et que je leur étais, comme l'on voit en toutes choses naturelles mais plus apparemment [encore] aux serpents coupés, un certain baume naturel qui réunit et rejoint les parties séparées), [Le Guast donc,] poursuivant toujours la pointe de son premier et pernicieux dessein, et recherchant de fabriquer quelque nouvelle invention* pour nous rebrouiller le roi mon mari et moi, met à la tête du roi, qui depuis peu de jours avait ôté (par le même artifice du Guast) à la reine, sa sacrée princesse, très vertueuse et bonne, une fille qu'elle aimait fort et qui avait été nourrie* avec elle, nommée Changy, qu'il devait faire que le roi mon mari m'en fît de même, m'ôtant celle que j'aimais le plus, nommée Thorigny – sans en amener autre raison, sinon qu'il ne fallait point laisser auprès des jeunes princesses des filles en qui elles eussent si particulière amitié.

Le roi, persuadé de ce mauvais homme, en parle plusieurs fois à mon mari, qui lui répond qu'il savait bien qu'il me ferait un cruel déplaisir : si j'aimais Thorigny, j'en avais occasion ; qu'outre ce qu'elle avait été nourrie* avec la reine d'Espagne ma sœur, et avec moi depuis mon enfance, qu'elle avait beaucoup d'entendement, et que même* elle l'avait fort servi en sa captivité du bois de Vincennes ; qu'il serait ingrat s'il ne s'en ressouvenait ; et qu'il avait autrefois vu que Sa Majesté en faisait grand état. Plusieurs fois, il s'en défendit de cette façon. Mais enfin, Le Guast persistant tou-

---

de la court, pour quelques jours, ce qu'il fit avec qu'un très-grand regret » (*OC*, vol. 6, p. 187). Le mémorialiste, qui faisait partie de cette « grande noblesse » accompagnant Bussy, ajoute que celui-ci lui demanda « de porter ses humbles recommandations à une dame de laquelle il portoit deux faveurs sur luy, l'une à son chappeau et l'autre à son col, car il portoit un bras en escharpe » (*ibid.*, p. 189).

jours à pousser le roi, et jusques à lui faire dire au roi mon mari qu'il ne l'aimerait jamais si dans le lendemain il ne m'avait fait ôter Thorigny, il fut contraint – à son grand regret, comme depuis il me l'a avoué – m'en prier et me le commander. Ce qui me fut si aigre, que je ne me pus empêcher lui témoigner par mes larmes combien j'en recevais de déplaisir, lui remontrant que ce qui m'en affligeait le plus n'était point l'éloignement de la présence d'une personne qui, depuis mon enfance, s'était toujours rendue sujette et utile auprès de moi, mais que, [chacun[a]] sachant comme je l'aimais, je n'ignorais pas combien son partement* si précipité porterait de préjudice à ma réputation[198]. Ne pouvant recevoir ces raisons, pour la promesse qu'il avait faite au roi de me faire ce déplaisir, elle partit le jour même, se retirant chez un sien cousin, nommé Monsieur Chastelas. Je restai si offensée de cette indignité – à la suite de tant d'autres – que, ne pouvant plus résister à la juste douleur que je ressentais (qui, bannissant toute prudence de moi, m'abandonnait à l'ennui*), je ne me pus plus forcer à rechercher le roi mon mari. De sorte que, Le Guast et Madame de Sauve d'un côté l'étrangeant* de moi, et moi m'éloignant aussi, nous ne couchions plus ni ne parlions plus ensemble.

Quelques jours après, quelques bons serviteurs du roi mon mari lui ayant fait connaître l'artifice [par le moyen] duquel on le menait à sa ruine (le mettant mal avec mon frère et moi pour le séparer de ceux de qui il devait espérer le plus d'appui, pour après le laisser là et ne tenir compte de lui – comme le roi commençait à n'en faire pas grand état et à le mépriser), ils le firent parler à mon frère, qui, depuis le partement* de Bussy, n'avait pas amendé sa condition. Car Le Guast, tous les jours, lui faisait recevoir quelques nouvelles indignités. Et connaissant qu'ils étaient tous deux en

---

(a) A ajoute ce mot.

198. L'insistance d'Henri III ne paraît pas sans cause. L'ambassadeur toscan écrit en effet : « la chère Thorigny, croit-on, tenait la main à l'amitié que Bussy avait avec sa maîtresse » (*NFT*, vol. 4, p. 38 ; c'est moi qui traduis). Une autre dépêche témoigne de la colère de Marguerite : « la Reine de Navarre prend parti pour son frère d'Alençon ; elle est outrée contre le Roi, qui a consenti à laisser chasser d'auprès d'elle par son mari la plus chère de ses dames [...]. La reine [Louise] a depuis, sur l'ordre de son époux, congédié d'autres dames » (*ibid.*, résumé de Desjardins).

même prédicament* à la Cour, aussi défavorisés l'un que l'autre, que Le Guast seul gouvernait le monde, qu'il fallait qu'ils mendiassent de lui ce qu'ils voulaient obtenir auprès du roi, que s'ils demandaient quelque chose ils étaient refusés avec mépris, [que] si quelqu'un se rendait leur serviteur il était aussitôt ruiné et attaqué de mille querelles que l'on lui suscitait, ils se résolurent, voyant que leur division était leur ruine, de se réunir et se retirer de la Cour, pour, ayant ensemble leurs serviteurs et amis, demander au roi une condition et un traitement digne de leur qualité – mon frère n'ayant eu jusques alors son apanage et s'entretenant seulement de certaines pensions mal assignées qui venaient seulement quand il plaisait au Guast, et le roi mon mari ne jouissait nullement de son gouvernement de Guyenne, ne lui étant permis d'y aller, ni en aucune de ses terres.

Cette résolution étant prise entre eux, mon frère m'en parla, me disant qu'à cette heure ils étaient bien ensemble, et qu'il désirait que nous fussions bien, le roi mon mari et moi, et qu'il me priait d'oublier tout ce qui s'était passé ; que le roi mon mari lui avait dit qu'il en avait un extrême regret, et qu'il connaissait bien que nos ennemis avaient été plus fins que nous, mais qu'il se résolvait de m'aimer et de me donner plus de contentement de lui. Il me priait aussi, de mon côté, de l'aimer et de l'assister en ses affaires en son absence (ayant pris résolution tous deux ensemble que mon frère partirait le premier, se dérobant dans un carrosse comme il pourrait, et qu'à quelques jours de là le roi mon mari, feignant d'aller à la chasse, le suivrait), regrettant beaucoup qu'ils ne me pussent emmener avec eux, toutefois s'assurant qu'on ne m'oserait faire déplaisir, les sachant dehors. Aussi, qu'ils feraient bientôt paraître que leur intention n'était point de troubler la France, mais seulement d'établir une condition digne de leur qualité et se mettre en sûreté. Car, parmi ces traverses*, ils n'étaient pas sans crainte de leur vie, fût ou que véritablement ils fussent en danger, ou que ceux qui désiraient la division et ruine de notre Maison pour s'en prévaloir leur fissent donner des alarmes par les continuels avertissements qu'ils en recevaient[199].

---

199. *Cf.* la lettre d'Henri de Navarre à Miossens, que Xivrey situe en janvier 1576 mais qui est sans doute antérieure de quelques mois : « Nous sommes tousjours

Le soir venu, peu avant le souper du roi, mon frère changeant de manteau et le mettant autour du nez, sort, seulement suivi d'un des siens, qui n'était pas reconnu, et s'en va à pied jusques à la porte de Saint-Honoré, où il trouve Simier[200] avec le carrosse d'une dame, qu'il avait emprunté pour cet effet, dans lequel il se mit, et va jusques à quelque maison à un quart de lieue de Paris, où il trouva des chevaux qui l'attendaient, sur lesquels montant, à quelques lieues de là il trouva deux ou trois cent chevaux de ses serviteurs, qui l'attendaient au rendez-vous qu'il leur avait donné[201]. L'on ne s'aperçoit point de son partement* que sur les neuf heures du soir. Le roi et la reine ma mère me demandèrent pourquoi il n'avait point soupé* avec eux, et s'il était malade. Je leur dis que je ne l'avais point vu depuis l'après-dînée*. Ils envoyèrent en sa chambre voir ce qu'il faisait. On leur vint dire qu'il n'y était pas. Ils disent qu'on le cherche par les chambres des dames où il avait accoutumé d'aller. On cherche par le château, on cherche par la ville, on ne le trouve point. À cette heure l'alarme s'échauffe. Le roi se met en colère, se courrouce, menace, envoie quérir tous les princes et seigneurs de la Cour leur commande de monter à cheval et le lui ramener vif ou mort, disant qu'il s'en va troubler son État pour lui

---

pretz à nous couper la gorge les uns aux aultres. Nous portons dagues, jaques de mailles, et bien souvent la cuirassine soubz la cape. [...] Toute la ligue que sçavez me veult mal à mort, pour l'amour de Monsieur [*Alençon*] ; et ont faict defendre, pour la troisiesme fois, à ma maistresse de parler à moy et la tiennent de si court qu'elle n'oseroit m'avoir regardé. » (*LH4*, vol. 1, p. 81)

200. Jean de Simier († 1588), baron de Saint-Marie, maître de la garde-robe du duc d'Alençon, qui négociera pour lui son mariage avec Elisabeth Ire d'Angleterre, et plaira à celle-ci.

201. *Cf.* L'Estoile : « Le jeudi 15e de septembre, François de France, Duc d'Alançon, frere unique du Roy, lequel, depuis dix huict mois, avoit tousjours esté exactement observé et gardé et tenu comme prisonnier, prattiqué sous main par les Huguenos et mal contents, sortist sur les six heures du soir de Paris en coche et en cachette, passa par Meudon, où il trouva Guiteri, l'attendant avec quarante ou cinquante chevaux, alla souper à Saint Leger, près Montfort Lammaurri, puis tira à Dreux, ville de son apannage, où il sejourna huict jours, pendant lesquels vinrent à lui plusieurs gentilshommes et autres gens de guerre de son parti et intelligence. De quoi, le Roy, toute la Cour et la ville de Paris furent merveilleusement* troublés. » (*RJ*, vol. 1, p. 201). Condé venait de conclure un accord avec le fils de l'Electeur Palatin, Jean-Casimir, qui devait arriver en France à la tête d'une armée de reîtres. La reine mère partit sur les traces de son fils le 24 septembre et la trêve de Champigny fut signée le 21 novembre.

faire la guerre, et qu'il lui fera connaître la folie qu'il faisait de s'attaquer à un roi si puissant que lui. Plusieurs de ces princes et seigneurs refusent cette commission, remontrant au roi de quelle importance elle était : qu'ils voudraient apporter leur vie en ce qui serait du service du roi, comme ils savaient être de leur devoir, mais d'aller contre Monsieur son frère, ils savaient bien que le roi leur en saurait un jour mauvais gré ; et qu'il s'assurât que mon frère n'entreprendrait rien qui pût déplaire à Sa Majesté, ni qui pût nuire à son État ; que peut-être c'était un mécontentement qui l'avait convié à s'éloigner de la Cour ; qu'il leur semblait que le roi devait envoyer devers lui pour s'informer de l'occasion qui l'avait mu à partir, avant [de] prendre résolution à toute rigueur comme celle-ci. Quelques autres acceptèrent et se préparèrent pour monter à cheval[202]. Ils ne purent faire telle diligence qu'ils pussent partir plus tôt que sur le point du jour, qui fut cause qu'ils ne trouvèrent point mon frère et furent contraints de revenir, pour* n'être pas en équipage de guerre.

Le roi, pour ce départ, ne montra pas meilleur visage au roi mon mari, mais, en faisant aussi peu d'état qu'à l'accoutumée, le tenait toujours de même façon ; ce qui le confirmait en la résolution qu'il avait prise avec mon frère. De sorte que peu de jours après il partit, feignant d'aller à la chasse[203]. Moi, le lendemain du département* de mon frère, les pleurs qui m'avaient accompagnée toute la nuit m'émurent un si grand rhume sur la moitié du visage, que j'en fus, avec une grosse fièvre, arrêtée dans le lit pour quelques jours, fort malade et avec beaucoup de douleurs. Durant laquelle maladie le roi mon mari, ou qu'il fût occupé à disposer de son partement*, ou qu'ayant à laisser bientôt la Cour il voulût donner ce peu de temps qu'il avait à y être à la seule volupté de jouir de la présence de sa maîtresse Madame de Sauve, ne put avoir le loisir de me venir voir en ma chambre ; et revenant pour se retirer, à l'accoutumée, à une ou deux heures après minuit, couchant en deux lits comme nous faisions toujours, je ne l'entendais point venir ; et se levant avant que je fusse éveillée pour se trouver,

---

202. Nevers, Du Guast et Matignon.

203. Navarre partit cinq mois après le duc, le 3 février 1576. Tout le passage qui suit est affecté de confusions temporelles.

comme j'ai dit ci-devant, au lever de la reine ma mère[a], où Madame de Sauve allait, il ne se souvenait point de parler à moi comme il avait promis à mon frère, et partit de cette façon sans me dire adieu.

Je ne laissai pas de demeurer soupçonnée du roi que j'étais la seule cause de ce partement*. Et jetant feu contre moi, s'il n'eût été retenu de la reine ma mère, sa colère, je crois, lui eût fait exécuter contre ma vie quelque cruauté. Mais, étant retenu par elle, et n'osant faire pis, soudain il dit à la reine ma mère que pour le moins il me fallait donner des gardes, pour empêcher que je ne suivisse le roi mon mari, et aussi pour engarder* que personne ne communiquât avec moi, afin que je ne les avertisse de ce qui se passait à la Cour. La reine ma mère, voulant faire toutes choses avec douceur, lui dit qu'elle le trouverait bon aussi – étant bien aise d'avoir pu rabattre jusque là la violence du premier mouvement de sa colère –, mais qu'elle me viendrait trouver pour me disposer à ne trouver si rude ce traitement-là ; que ces aigreurs ne demeureraient toujours en ces termes ; que toutes les choses du monde avaient deux faces, que cette première, qui était triste et affreuse, étant tournée, quand nous viendrons à voir la seconde, plus agréable et plus tranquille, à nouveaux événements on prendrait nouveau conseil ; que lors, peut-être, l'on aurait besoin de se servir de moi ; que, comme la prudence conseillait de vivre avec ses amis comme devant un jour être ses ennemis, pour ne leur confier rien de trop, qu'aussi l'amitié venant à se rompre et pouvant nuire, elle ordonnait d'user de ses ennemis comme pouvant être un jour amis[204].

Ces remontrances empêchèrent bien le roi de me faire, à moi, ce qu'il eût bien voulu. Mais Le Guast, lui donnant invention* de décharger ailleurs sa colère, fit que soudain, pour me faire le plus

---

(a) B, D, P : « au lever de Mme ma mère ». C : « au lever de ma mère ».

204. La reine mère dut avoir recours à ces préceptes – souvent cités comme preuve de son « machiavélisme » – en automne. C'est en effet peu après la fuite du duc que Marguerite fut arrêtée (*cf.* « La reine de Navarre et la princesse [douairière] de Condé ont l'interdiction de sortir du Louvre à cause de l'amitié dont on les soupçonne pour Monsieur », *CSP*, vol. 11, p. 144, du 28/11/75 ; c'est moi qui traduis). Après l'évasion de son mari, elle dut être surveillée avec encore plus de vigilence, le roi craignant cette fois qu'elle ne s'échappe. Marguerite ne se souvient apparemment pas que cette « premierre captivité » (*infra*) fut si longue.

cruel déplaisir qui se pouvait imaginer, il envoya des gens à la maison de Chastelas, cousin de Thorigny, pour, sous ombre de la prendre pour l'amener au roi, la noyer en une rivière qui était près de là[205]. Eux arrivés, Chastelas les laisse librement entrer dans la maison, ne se doutant de rien. Eux soudain se voyant dedans les plus forts, usant avec autant d'indiscrétion que d'impudence[(a)] de la ruineuse charge qui leur avait été donnée, prennent Thorigny, la lient, l'enferment dans une chambre, attendant de partir que leurs chevaux eussent repu, [et] cependant[206] usant à la française sans se garder de rien, se gorgeant jusques à crever de tout ce qui était de meilleur en cette maison (Chastellas, qui était homme avisé, n'étant pas marri qu'aux dépens de son bien on pût gagner ce temps pour retarder le partement* de sa cousine, espérant que *qui a temps a vie*, et que Dieu peut-être changerait le cœur du roi, qui contremanderait ces gens ici pour* ne me vouloir si aigrement offenser, n'osant ledit Chastellas entreprendre par autre voie de les empêcher, bien qu'il avait des amis assez pour le faire).

Mais Dieu, qui a toujours regardé mon affliction, pour me garantir du danger et déplaisir que mes ennemis me pourchassaient, plus à propos que moi-même ne lui eusse pu requérir quand j'eusse su cette entreprise que j'ignorais, prépara un inespéré secours pour délivrer Thorigny des mains de ces scélérats, qui fut tel que, quelques valets et chambrières s'en étant fuis, pour la crainte de ces satellites qui battaient et frappaient là-dedans comme en maison de pillage, étant à un quart de lieue de la maison, Dieu guida par là La Ferté et Avantigny[207] avec leurs troupes (qui étaient bien deux cents chevaux, qui s'en allaient joindre à l'armée de mon frère), et fait que La Ferté reconnut parmi cette troupe de paysans un homme éploré qui était à Chastellas ; et lui demande ce qu'il avait, s'il y avait là quelques gens d'armes qui leur eussent fait quelque tort. Le valet lui répond que non, et que la cause qui les

---

205. Cet épisode doit se situer peu après le départ du duc. Du Guast fut en effet assassiné fin octobre (voir n. 223).

(a) B, D, P : « imprudence ».

206. « pendant ce temps ».

207. Chambellans du duc d'Alençon. Le détail confirme que l'épisode se passe peu après la fuite de celui-ci – et que Thorigny sert toujours de liaison.

rendait ainsi tourmentés était l'extrémité en quoi il avait laissé son maître, pour la prise de sa cousine. Soudain, La Ferté et Avantigny se résolurent de me faire ce bon office de délivrer Thorigny, louant Dieu de leur avoir offert une si belle occasion de me pouvoir témoigner l'affection qu'ils m'avaient toujours eue. Et hâtant le pas, eux et toutes leurs troupes arrivent si à propos à la maison dudit Chastellas, qu'ils trouvent ces scélérats sur le point qu'ils voulaient mettre Thorigny sur un cheval pour l'emmener noyer, entrent tous à cheval, l'épée au poing, dans la court, criant : « Arrêtez-vous, bourreaux ! Si vous lui faites mal, vous êtes morts ! » Et commençant à les charger, [et] eux à fuir, ils laissèrent leur prisonnière aussi transportée de joie que transie de frayeur. Et après avoir rendu grâces à Dieu et à eux d'un si salutaire et nécessaire secours, faisant apprêter le chariot de sa cousine de Chastellas[208], elle s'en va, accompagnée de sondit cousin, avec l'escorte de ces honnêtes gens, trouver mon frère ; qui fut très aise, ne me pouvant avoir auprès de lui, d'y avoir personne que j'aimasse comme elle. Elle y fut tant que le danger dura, traitée et respectée comme si elle eût été auprès de moi.

Pendant que le roi faisait cette belle dépêche* pour sacrifier Thorigny à son ire, la reine ma mère, qui n'en savait rien, m'était venue trouver en ma chambre que je m'habillais encore, faisant état, bien que je fusse encore mal de mon rhume – mais plus malade en l'âme qu'au corps de l'ennui* qui me possédait – de sortir de ce jour-là de ma chambre pour voir un peu le cours du monde sur ces nouveaux accidents*, étant toujours en peine de ce qu'on entreprendrait contre mon frère et le roi mon mari. Elle me dit : « Ma fille, vous n'avez que faire de vous hâter de vous habiller. Ne vous fâchez point, je vous prie, de ce que j'ai à vous dire. Vous avez de l'entendement. Je m'assure que ne trouverez point étrange que le roi se sente offensé contre votre frère et votre mari, et que, sachant l'amitié qui est entre vous, il craint que vous sachiez[209] leur partement*, et est résolu de vous tenir pour otage de leurs déportements*. Il sait combien votre mari vous aime, et ne peut avoir un meilleur gage de lui que vous. Pour cette cause il a commandé que

208. Vraisemblablement l'épouse de Chastellas.

209. « que vous ne connaissiez les tenants et les aboutissants de... »

l'on vous mît des gardes, pour empêcher que vous ne sortiez de votre chambre. Aussi, que ceux de son conseil lui ont représenté que si vous étiez libre parmi nous, vous découvririez tout ce qui se délibérerait contre votre frère et contre votre mari et les en avertiriez. Je vous prie ne le trouver mauvais ; ceci, si Dieu plaît, ne durera guère. Ne vous fâchez point aussi si je n'ose si souvent vous venir voir, car je craindrais d'en donner soupçon au roi ; mais assurez-vous que je ne permettrai point qu'il vous soit fait aucun déplaisir, et que je ferai tout ce que je pourrai pour mettre la paix entre vos frères. » Je lui représentai combien était grande l'indignité qu'on me faisait en cela. Je ne voulais pas désavouer que mon frère m'avait toujours librement communiqué tous ses justes mécontentements ; mais pour le roi mon mari, depuis qu'il m'avait ôté Thorigny, nous n'avions point parlé ensemble ; que même il ne m'avait point vue en ma maladie, et ne m'avait point dit adieu. Elle me répond : « Ce sont petites querelles de mari à femme ; mais on sait bien qu'avec douces lettres il vous regagnera le cœur, et que, s'il vous mande* l'aller trouver, vous y irez, ce que le roi mon fils ne veut pas. »[210]

[1576] Elle s'en retournant, je demeure en cet état quelques mois, sans que personne, ni [même] mes plus privés amis, m'osassent venir voir, craignant de se ruiner. À la Cour, l'adversité est toujours seule, comme la prospérité est accompagnée ; et la persécution est la coupelle[(a)] des vrais et entiers amis. Le seul brave Grillon[211] est celui qui, méprisant toutes défenses et toutes défaveurs, vint cinq ou six fois en ma chambre, étonnant tellement de crainte les cerbères que l'on avait mis à ma porte, qu'ils n'osèrent jamais le dire, ni lui refuser le passage. Durant ce temps-là, le roi

---

210. Cette dernière partie de la discussion semble correspondre, comme la suite, au début de l'année 1576, sans doute au moment où la surveillance de Marguerite redoubla (voir n. 204).

(a) Seul A donne ce terme d'alchimie (récipient où sont réalisés les alliages de métaux) qui n'a pas été compris des autres copistes. C saute l'expression (« et la persécution des vrais... »), rendant le passage incompréhensible. Les autres manuscrits ajoutent : « et la persécution *assistée* des vrais... ». Marguerite était férue d'hermétisme.

211. Louis de Balbe de Berton, seigneur de Crillon (1543-1615), dit Grillon, futur maître de camp de la garde et fidèle d'Henri IV.

mon mari étant arrivé en son gouvernement et ayant joint ses serviteurs et amis, chacun lui remontra le tort qu'il avait d'être parti sans me dire adieu, lui représentant que j'avais de l'entendement pour le pouvoir servir, et qu'il fallait qu'il me regagnât, qu'il retirerait beaucoup d'utilité de mon amitié et de ma présence lorsque, les choses étant pacifiées, il me pourrait avoir auprès de lui. Il fut aisé à persuader en cela, étant éloigné de sa Circé, Madame de Sauve, ses charmes ayant perdu par l'absence leur force, ce qui lui rendait sa raison pour reconnaître clairement les artifices de nos ennemis, et que la division qu'ils avaient trouvée entre nous ne lui procurait moins de ruine qu'à moi. Il m'écrivit une très honnête lettre, où il me priait d'oublier tout ce qui s'était passé entre nous, et croire qu'il me voulait aimer, et me le faire paraître plus qu'il n'avait jamais fait, me commandant aussi le tenir averti de l'état des affaires qui se passaient où j'étais, de mon état, et de celui de mon frère – car ils étaient éloignés, bien qu'unis d'intelligence, mon frère étant vers la Champagne[212] et le roi mon mari en Gascogne. Je reçus cette lettre étant encore captive, qui m'apporta beaucoup de consolation et soulagement, et ne manquai depuis, bien que les gardes eussent charge de ne me laisser écrire, aidée de la nécessité, mère de l'invention, de lui faire souvent tenir de mes lettres.

Quelques jours après que je fus arrêtée[213], mon frère sut ma captivité, qui l'aigrit tellement que, s'il n'eût eu l'affection de sa patrie dans le cœur autant enracinée comme il avait de part et d'intérêt à cet État, il eût fait une si cruelle guerre (comme il en avait le moyen, ayant lors une belle armée), que le peuple eût porté* la peine des effets* de leur prince. Mais retenu, pour le devoir, de cette naturelle affection, il écrivit à la reine ma mère que si l'on me traitait ainsi, que l'on le mettrait au dernier désespoir. Elle, craignant de voir venir les aigreurs de cette guerre à cette extrémité qu'elle n'eût le moyen de la pacifier, remontre au roi de quelle

212. La paix définitive devait être signée près de Sens.

213. Ce passage pourrait à nouveau mélanger deux époques. Catherine envisageait en effet d'utiliser la médiation de sa fille dès les jours qui suivirent la fuite du duc (*LCM*, vol. 10, p. 385). Le roi s'y opposa avec la fermetée qu'on a vue (n. 204). Sa mère revint à la charge au printemps. La situation politique s'étant modifiée, comme il est expliqué ici, elle trouva alors son fils mieux « disposé ».

importance cette guerre lui était, [et] trouva[(a)] lors le roi disposé à recevoir ses raisons, son ire étant modérée par la connaissance du péril où il se voyait, étant attaqué en Gascogne, Dauphiné, Languedoc, Poitou, et du roi mon mari, et des huguenots qui tenaient plusieurs belles places, et de mon frère en Champagne qui avait une grosse armée, composée de la plus brave et gaillarde noblesse qui fût en France ; et n'ayant pu, depuis le départ de mon frère, par prières, commandements ni menaces, faire monter personne à cheval contre mon frère, tous les princes et seigneurs de France redoutant sagement de mettre le doigt entre deux pierres. Tout ce considéré, le roi prête l'oreille aux remontrances de la reine ma mère, et se rend non moins qu'elle désireux de faire une paix, la priant de s'y employer et d'en trouver le moyen. Elle soudain se dispose d'aller trouver mon frère, représentant au roi qu'il était nécessaire qu'elle m'y menât ; mais le roi n'y voulut consentir, estimant que je lui servirais d'un grand otage. Elle donc s'en va sans moi et sans m'en parler. Et mon frère, voyant que je n'y étais pas, lui représenta le juste mécontentement qu'il avait, et les indignités et mauvais traitements qu'il avait reçus à la Cour, y joignant celui de l'injure qu'on m'avait faite, m'ayant retenue captive, et de la cruauté que, pour m'offenser, on avait voulu faire à Thorigny, disant qu'il n'écouterait jamais nulle ouverture de paix que le tort que l'on m'avait fait ne fût réparé, et qu'il ne me vît satisfaite et en liberté[214].

La reine ma mère, voyant cette réponse, revint et représenta au roi la réponse de mon frère ; qu'il était nécessaire, s'il voulait une paix, qu'elle y retournât, mais que d'y aller sans moi, son voyage serait encore inutile et croîtrait plutôt le mal que de le diminuer ; qu'aussi, de m'y mener sans m'avoir premier* contentée, que j'y nuirais plutôt que d'y servir, et que même* il serait à craindre qu'elle eût peine à me ramener, et que je voulusse aller trouver mon mari ; il fallait m'ôter les gardes, et trouver moyen de me faire oublier le traitement qu'on m'avait fait. Ce que le roi trouve bon, et s'y affectionne autant qu'elle. Soudain elle m'envoie quérir, me

---

(a) A, C : « trouve ».

214. Il n'est pas vraisemblable qu'Alençon ait voulu déclencher une guerre pour ce motif. En revanche, ce fut un des points d'achoppement dans la négociation avec la Couronne, et sur lequel cette dernière dut céder.

disant qu'elle avait tant fait qu'elle avait disposé les choses à la voie d'une paix ; que c'était le bien de cet État ; qu'elle savait que mon frère et moi avions toujours désiré qu'il se pût faire une paix si avantageuse pour mon frère, qu'il aurait occasion de rester content et hors de la tyrannie du Guast (et de tous autres tels malicieux qui pourraient posséder le roi) ; qu'outre, tenant la main* à faire un bon accord entre le roi et mon frère, je la délivrerais d'un mortel ennui* qui la posséderait, se trouvant[215] en tel état qu'elle ne pouvait, sans mortelle offense, recevoir la nouvelle de la victoire de l'un ou de l'autre de ses fils ; qu'elle me priait que l'injure que j'avais reçue ne me fît désirer plutôt la vengeance que la paix ; que le roi en était marri, qu'elle l'en avait vu pleurer, et qu'il m'en ferait telle satisfaction que j'en resterais contente. Je lui répondis que je ne préférerais jamais mon bien particulier au bien de mes frères et de cet État, pour le repos et contentement duquel je me voudrais sacrifier, que je ne souhaitais rien tant qu'une bonne paix, et que j'y voudrais servir de tout mon pouvoir.

Le roi entre sur cela en son cabinet, qui avec une infinité de belles paroles tâche à me rendre satisfaite, me conviant à une amitié, voyant que mes façons ni mes paroles ne démontraient aucun ressentiment de l'injure que j'avais reçue ; ce que je faisais plus pour le mépris de l'offense que pour satisfaction, ayant passé le temps de ma captivité au plaisir de la lecture, où je commençai lors à me plaire, n'ayant cette obligation à la Fortune, mais plutôt à la Providence divine, qui dès lors commença à me produire un si bon remède pour le soulagement des ennuis* qui m'étaient préparés à l'avenir. Ce qui m'était aussi un acheminement à la dévotion, lisant en ce beau livre universel de la Nature tant de merveilles de son Créateur, que toute âme bien née, faisant de cette connaissance une échelle de laquelle Dieu est le dernier et le plus haut échelon, ravie, se dresse à l'adoration de cette merveilleuse lumière, splendeur de cette incompréhensible essence, et faisant un cercle parfait ne se plaît plus à autre chose qu'à suivre cette chaîne d'Homère, cette agréable encyclopédie, qui part de Dieu, [et] retourne à Dieu même, principe et fin de toutes choses. Et la tristesse, contraire à la joie qui emporte hors de nous les pensées de nos actions, réveille

215. « si elle se trouvait ».

notre âme en soi-même, qui, rassemblant toutes ses forces pour rejeter le Mal et chercher le Bien, pense et repense sans cesse pour choisir ce souverain bien, auquel pour assurance elle puisse trouver quelque tranquillité. Qui sont de belles dispositions pour venir à la connaissance et amour de Dieu. Je reçus ces deux biens de la tristesse et de la solitude à ma première captivité, de me plaire à l'étude et m'adonner à la dévotion, biens[(a)] que je n'eusse jamais goûtés entre les vanités et magnificences de ma prospère fortune[216]. Le roi, comme j'ai dit, ne voyant en moi nulle apparence de mécontentement, me dit que la reine ma mère s'en allait trouver mon frère en Champagne pour traiter une paix, qu'il me priait de l'accompagner et y apporter tous les bons offices que je pourrais, et qu'il savait que mon frère avait plus de créance* en moi que[(b)] [en] tout autre ; que de ce qui viendrait de bien en cela, il m'en donnerait l'honneur et m'en resterait obligé. Je lui promis ce que je voulais faire (car c'était le bien de mon frère et celui de l'État), qui était de m'y employer en sorte qu'il en resterait content.

La reine ma mère part, et moi avec elle, pour aller à Sens, la conférence se devant faire en la maison d'un gentilhomme à une lieue de là. Le lendemain, nous allâmes au lieu de la conférence. Mon frère s'y trouva, accompagné de quelqu'une de ses troupes, et des principaux seigneurs et princes catholiques et huguenots de son armée, entre lesquels étaient le duc Casimir[217] et le colonel Poné[218], qui lui avaient amené six mille reîtres par le moyen de ceux de la Religion qui s'étaient joints avec mon frère, à cause du roi mon mari. L'on traita là par plusieurs jours les conditions de la

---

(a) C met *bien* au singulier, ce qui est évidemment une erreur. B, D et P ne comprennent pas la phrase et donnent : « bien que je ne les eusse... »

216. Il semble que Marguerite ait découvert les classiques du néoplatonisme à l'occasion de cette « première captivité » (celle-ci renvoyant évidemment à la seconde : la réclusion à Usson, que la reine occupa également surtout par des lectures). Elle dut également lire, dans la traduction que venait d'en donner Montaigne, la *Théologie naturelle* de Raimond Sebond, dont ce passage semble redevable (*cf.* l'étude de Joseph Coppin).

(b) C : « qu'en », A : « qu'à ».

217. Jean Casimir (1543-1592), fils de Frédéric III, duc de Bavière-Simmeren, et de Marie de Brandebourg-Anspach, avait levé des troupes pour le compte de Condé.

218. Ou *Poué* (A). Guessard donne *Poux* ; je n'ai pu retrouver ce personnage.

paix, y ayant plusieurs disputes sur les articles, principalement sur ceux qui concernaient ceux de la Religion, auxquels on accorda des conditions plus avantageuses qu'on n'avait envie de leur tenir, comme il parut bien depuis – le faisant la reine ma mère seulement pour avoir la paix, renvoyer les reîtres, et retirer mon frère d'avec eux (qui n'avait moins de désir de s'en séparer, pour* avoir toujours été très catholique et ne s'être servi des huguenots que par nécessité)[219]. En cette paix, il fut donné partage à mon frère selon sa qualité, à quoi mon frère voulait que je fusse comprise, me faisant lors établir l'assignat de mon dot en terres[220] ; et Monsieur de Beauvais[221], qui était député pour son parti, y insistait fort pour moi. Mais la reine ma mère me pria que je ne le permisse, et qu'elle m'assurait que j'aurais du roi ce que je lui demanderais ; ce qui me fit les prier de ne m'y comprendre, et que j'aimais mieux avoir de gré ce que j'aurais du roi et de la reine ma mère, estimant qu'il me serait plus assuré.

La paix étant conclue, les assurances prises d'une part et d'autre, la reine ma mère se disposant à s'en retourner, je reçus lettres du roi mon mari par lesquelles il me faisait paraître qu'il avait beaucoup de désir de me voir, me priant, soudain que je verrais la paix faite, de demander mon congé* pour le venir trouver. J'en suppliai la reine ma mère. Elle me rejette cela et par toutes sortes de persuasions tâche de m'en divertir, me disant que, lorsqu'après la Saint-Barthélemy je ne voulus recevoir la proposition qu'elle me fit de me séparer de notre mariage, qu'elle loua lors mon

---

219. La Paix d'Étigny, signée le 7 mai 1576 en présence de la reine (après l'édit de Beaulieu-lès-Loches, du 5) fut très vite surnommée « Paix de Monsieur », tant étaient grands les avantages accordés au duc d'Alençon, qui reçut alors également l'apanage d'Anjou. Elle fut également l'une des plus favorables aux protestants, dont les représentants s'étaient joints au duc d'Alençon après la fuite de Navarre. Marguerite la désigne toujours sous le nom de « Paix de Sens », ville dans laquelle avaient eu lieu les tractations.

220. Une bonne partie de la dot de Marguerite était constituée de rentes assignées sur des recettes de l'Hôtel de Ville de Paris, qui rentraient mal ; la reine demandait qu'elle soit transformée en terres, dont les revenus étaient plus réguliers. La transaction aura lieu en 1578 (voir n. 373).

221. Jean de La Fin, seigneur de Beauvoir [ou Beauvais] († après 1596), qui avait participé au complot des Malcontents. Il sera ambassadeur en Angleterre de 1590 à 1595. Marguerite était en relation avec lui au moment où elle écrivait ses *Mémoires* (*COR*, lettres à Jacques de La Fin).

intention parce qu'il s'était fait catholique ; mais qu'à cette heure qu'il avait quitté la religion catholique et qu'il s'était fait huguenot, elle ne pouvait permettre que j'y allasse[222]. Et voyant que j'insistais toujours pour avoir mon congé*, elle, avec la larme à l'œil, me dit que si je ne revenais avec elle, que je la ruinerais ; que le roi croirait qu'elle me l'eût fait faire, et qu'elle lui avait promis de me ramener, et qu'elle ferait que j'y demeurerais jusques à ce que mon frère y fût ; qu'il y viendrait bientôt, et que soudain après, elle me ferait donner mon congé*.

Nous nous en retournâmes à Paris trouver le roi, qui nous reçut avec beaucoup de contentement d'avoir la paix, mais toutefois agréant peu les avantageuses conditions des huguenots, se délibérant bien, soudain qu'il aurait mon frère à la Cour, de trouver une invention* pour rentrer en la guerre contre lesdits huguenots, pour ne les laisser jouir de ce qu'à regret et par force on leur avait accordé, seulement pour en retirer mon frère. Lequel demeura [sur place] un mois ou deux, pour donner ordre à renvoyer les reîtres et licencier le reste de son armée. Il arrive après à la Cour, avec toute la noblesse catholique qui l'avait assisté. Le roi le reçut avec honneur, montrant avoir beaucoup de contentement de le revoir, et fit bonne chère à Bussy, qui y était. Car Le Guast lors était mort, ayant été tué par un jugement de Dieu pendant qu'il suait à une diète – comme aussi c'était un corps gâté de toutes sortes de vilenies, qui fut donné à la pourriture qui dès longtemps le possédait, et son âme aux démons, à qui il avait fait hommage par magie et toutes sortes de méchancetés[223]. Ce fusil de haine et de division étant ôté

---

222. *Cf.* la dépêche de l'ambassadeur toscan : « Le roi de Navarre a envoyé ici M. de Fervaques pour supplier le roi qu'il lui envoie sa femme » (*NFT*, vol. 4, p. 68, du 20/5/75 ; c'est moi qui traduis). Les demandes du Béarnais, qui seront renouvelées, sont davantage motivées par le désir d'avoir les coudées franches que par l'affection conjugale. On disait à Paris qu'il avait renoué avec le protestantisme dès février ; il ne devait le faire officiellement que le 13 juin (*cf.* Babelon, *Henri IV...*, p. 219).

223. Du Guast avait été assassiné à Paris le 31 octobre 1575, dans une maison située en face de celle de sa maîtresse, Françoise d'Estrées. *Cf.* L'Estoile : « Jugement de Dieu sur le Gast. Ce capitaine avoit respandu beaucoup de sang innocent à la S. Barthélemi, dont il ne se faut estonner si, suivant la parole de Dieu, le sien fust aussi respandu ; et comme il en avoit pris quelques-uns dans le lit (dont il se vantoit), aussi y fust-il lui-mesme pris et tué. » (*RJ*, vol. 1, p. 206). Brantôme rapporte la réaction de la reine : « lorsqu'on l'eust tué et qu'on

du monde, et le roi n'ayant son esprit bandé qu'à la ruine des huguenots, se voulant servir de mon frère contre eux pour rendre mon frère et eux irréconciliables, et craignant qu'à cette raison j'allasse trouver le roi mon mari, [il] nous faisait à l'un et à l'autre toutes sortes de caresses* et de bonne chère pour nous faire plaire à la Cour. Et voyant qu'en ce même temps Monsieur de Duras[224] était arrivé de la part du roi mon mari pour me venir quérir, et que je pressais fort de me laisser aller, qu'il n'y avait plus lieu de me refuser, il me dit (montrant que c'était l'amitié qu'il me portait et la connaissance qu'il avait de l'ornement que je donnais à la Cour qui faisait qu'il ne pouvait permettre que je m'en éloignasse que le plus tard qu'il pourrait) qu'il me voulait conduire jusques à Poitiers, et renvoya Monsieur de Duras avec cette assurance[225].

[Cependant[(a)]] il demeure quelques jours à partir de Paris, retardant à[226] me refuser ouvertement mon congé* qu'il eût toutes choses prêtes pour pouvoir déclarer la guerre (comme il l'avait desseigné*[(b)]) aux huguenots, et par conséquent au roi mon mari. Et pour y trouver un prétexte, on fait courir le bruit que les catholiques se plaignent des avantageuses conditions que l'on avait accordées aux huguenots à la Paix de Sens. Ce murmure et mécontentement des catholiques passe si avant qu'ils viennent à se liguer, à la Cour, par les provinces et par les villes, s'enrôlant et signant, et faisant grand bruit – tacitement du su du roi –, montrant vouloir élire Messieurs de Guise[227]. Il ne se parle d'autre chose à la Cour

luy vint annoncer, elle estant mallade, elle dist seullement: "Je suis bien marrye que je suis bien guérie [*suffisamment rétablie*] pour de joye sollempniser [*fêter*] sa mort" » (*DM*, p. 153).

224. Jean de Durfort, vicomte de Duras (après 1538-1587), fils de Symphorien de Durfort et de Barbe Cauchon de Maupas, époux de Marguerite de Gramont, qui deviendra l'amie de Marguerite durant son premier séjour à Nérac.

225. Duras était arrivé le 20 septembre (*RJ*, vol. 2, p. 57). Henri III écrit alors : « la reine mère part demain pour le Plessis-lès-Tours, où elle doit rencontrer le duc d'Anjou et d'Alençon ; elle ira ensuite auprès du roi de Navarre en Guyenne. » (*Lettres*..., vol. 3, p. 47, du 7/10/76, résumé de l'éditeur).

(a) A semble avoir ajouté ce mot, qui n'est pas dans les autres manuscrits.

226. « attendant de ».

(b) B, D et P lisent par erreur « désignée ».

227. Depuis la signature du traité de paix, des catholiques mécontents adhéraient en grand nombre à la Ligue de Peronne (Somme), association qui se donnait pour

depuis Paris jusques à Blois, où le roi avait fait convoquer les États[228], pendant l'ouverture desquels le roi appela mon frère en son cabinet, avec la reine ma mère et quelques-uns de Messieurs de son conseil. Il lui représente de quelle importance était pour son État et pour son autorité la Ligue que les catholiques commençaient, même* s'ils venaient à se faire des chefs, et qu'ils élussent ceux de Guise ; qu'il y allait du leur plus que de tout autre, entendant de mon frère et de lui ; que les catholiques avaient raison de se plaindre, et que son devoir et sa conscience l'obligeaient à mécontenter plutôt les huguenots que les catholiques ; qu'il priait et conjurait mon frère, comme fils de France et bon catholique qu'il était, de le vouloir conseiller et assister en cette affaire, où il y allait du hasard de sa couronne et de la religion catholique. Ajoutant à cela qu'il lui semblait que, pour couper chemin à cette dangereuse Ligue, que lui-même s'en devait faire le chef, et pour montrer combien il avait de zèle à sa religion et les empêcher d'élire d'autres chefs, la signer le premier comme chef, et la faire signer à mon frère, et à tous les princes et seigneurs, gouverneurs et autres ayants charges en son royaume[229]. Mon frère ne put lors que lui offrir le service qu'il devait à Sa Majesté et à la conservation de la religion catholique. Le roi, ayant pris assurance de l'assistance de mon frère en cette occasion – qui était la principale fin où tendait l'artifice de cette Ligue[230] –, soudain fait appeler tous les princes et seigneurs

but le rétablissement du catholicisme dans tout le royaume. L'ambition des Guises de prendre la tête de cette Ligue était dénoncée depuis la fin octobre (*RJ*, vol. 2, p. 60). L'affaire dépassait infiniment le cas de Marguerite, mais il ne pouvait plus être question de la laisser partir.

228. Les États généraux se tinrent à Blois à partir du 6 décembre 1576 jusqu'à la fin février 1577.

229. Henri III décida en effet, devant la menace que représentaient les Guises, de se faire élire chef de la Ligue, ce qui précipita la réouverture des hostilités avec les huguenots.

230. Cette analyse outrée témoigne de la colère de Marguerite contre cette Ligue qui obligea son frère, ligoté par les avantages qui venaient de lui être concédés, et dépendant de l'aide du roi pour son « entreprise de Flandre », à entrer en guerre contre ses anciens alliés, et notamment son mari. Opposée à cette politique, elle ne cessa d'insister pour qu'il s'engage au plus vite en Flandre, offrant de vendre ses bijoux pour l'aider (*NFT*, vol. 4, p. 92). Henri III poussa son avantage en offrant à son frère le commandement d'une armée, que ce dernier accepta, mettant Marguerite dans une situation intenable. Tombée sérieusement malade dès

de sa Cour, se fait apporter le rôle* de ladite Ligue, s'y signe le premier comme chef, et y fait signer mon frère et tous les autres qui n'y avaient encore signé.

Le lendemain ils ouvrent les États, ayant pris l'avis de Messieurs les évêques de Lyon, d'Ambrun et de Vienne[231], et des autres prélats qui étaient à la Cour ; qui lui persuadèrent qu'après le serment qu'il avait fait à son sacre, nul serment qu'il pût faire aux hérétiques ne pouvait être valable, ledit serment de son sacre l'affranchissant de toutes les promesses qu'il avait pu faire aux huguenots. Ce qu'ayant prononcé à l'ouverture des États, et ayant déclaré la guerre aux huguenots, il renvoya Génissac[232], le huguenot qui depuis peu de jours était là de la part du roi mon mari pour avancer mon partement*, avec paroles rudes, pleines de menaces, lui disant qu'il avait donné sa sœur à un catholique, non à un huguenot, que si le roi mon mari avait envie de m'avoir, qu'il se fît catholique.

[1577] Toutes sortes de préparatifs à la guerre se font, et ne se parle à la Cour que de guerre ; et pour rendre mon frère plus irréconciliable avec les huguenots, le roi le fait chef d'une de ses armées. Génissac m'étant venu dire le rude congé* que le roi lui avait donné, je m'en vais droit au cabinet de la reine ma mère, où le roi était, pour me plaindre de ce qu'il m'avait jusques alors abusée, m'ayant toujours empêchée d'aller trouver le roi mon mari, et ayant feint de partir de Paris pour me conduire à Poitiers pour faire un effet* si contraire. Je lui représentai que je ne m'étais pas mariée pour plaisir ni de ma volonté, que ç'avait été de la volonté et autorité du roi Charles mon frère, de la reine ma mère et de lui ; que, puisqu'ils me l'avaient donné, qu'ils ne me pouvaient point empêcher de courre* sa fortune ; que j'y voulais aller, que s'ils ne me le permettaient, je me déroberais, et irais de quelque façon que ce fût, au hasard de ma vie. Le roi me répondit : « Il n'est plus temps, ma sœur, de m'importuner de ce congé*. J'avoue ce que vous dites,

---

l'ouverture des États (*ibid.*, pp. 95 et suiv.), elle continua de s'opposer à la politique belliqueuse d'Henri III : « la Reine pleura en son cabinet avec la Reine sa fille, de [ceux] qui avaient conseillé au Roi de faire la guerre » (Nevers, *Mémoires*..., vol. 1, p. 169, du 19/1/77).

231. Pierre d'Espinac, Guy d'Avançon de Saint-Marcel, et Vespasien Grimaldi.

232. Bertrand de Pierre-Buffière, seigneur de Génissac.

que j'ai retardé exprès pour vous le refuser du tout ; car depuis que le roi de Navarre s'est refait huguenot, je n'ai jamais trouvé bon que vous y allassiez. Ce que nous en faisons, la reine ma mère et moi, c'est pour votre bien. Je veux faire la guerre aux huguenots et exterminer cette misérable religion qui nous a fait tant de mal ; et que vous, qui êtes catholique, et qui êtes ma sœur, fussiez entre leurs mains comme otage de moi, il n'y a point d'apparence*. Et qui sait, si pour me faire une indignité irréparable, ils voudraient se venger sur votre vie du mal que je leur ferai ? Non, non, vous n'irez point. Et si vous tâchez* à vous dérober, comme vous dites, faites état que vous aurez et moi et la reine ma mère pour cruels ennemis ; et que nous vous ferons ressentir notre inimitié autant que nous en avons de pouvoir, en quoi vous empirerez la condition du roi votre mari plutôt que de l'amender. »

Je me retirai avec beaucoup de déplaisir de cette cruelle sentence, et prenant avis des principaux* de la Cour, de mes amis et amies, ils me représentent qu'il me serait mal séant de demeurer en une Cour si ennemie du roi mon mari et d'où l'on lui faisait si ouvertement la guerre ; et qu'ils me conseillaient, pendant que cette guerre durerait, de me tenir hors de la Cour, même qu'il me serait plus honorable de trouver, s'il était possible, quelque prétexte pour sortir du royaume, ou sous couleur de pèlerinage, ou pour visiter quelqu'un de mes parents. Madame la princesse de La Roche-sur-Yon[233] était de ceux que j'avais assemblés pour prendre leur avis, qui était sur son partement* pour aller aux eaux de Spa. Mon frère aussi y était présent, qui avait amené avec lui Mondoucet[234], qui avait été agent du roi en Flandre, et, en étant depuis peu revenu, avait représenté au roi combien les Flamands souffraient à regret l'usurpation que l'Espagnol faisait sur les lois de France[235] de la domination et souveraineté de Flandre, que plusieurs seigneurs et communautés de villes l'avaient chargé de lui faire entendre com-

233. Philippe de Montespedon († 1578), épouse de René de Montejean, maréchal de France, puis de Charles de Bourbon, prince de La Roche-sur-Yon et duc de Beaupréau. L'Estoile dit que Marguerite l'« aimoit fort » (*RJ*, vol. 2, p. 181).

234. Claude de Mondoucet, ancien ambassadeur de France à Bruxelles.

235. C'est-à-dire « contrairement aux lois françaises » : le comté de Flandre avait été fief du roi de France dès le IXe siècle, avant de passer sous domination bourguignonne (XVe siècle), puis espagnole (1526).

bien ils avaient le cœur français, et que tous lui tendaient les bras. Mondoucet voyant que le roi méprisait cet avis, n'ayant rien en la tête que les huguenots, à qui il voulait faire ressentir le déplaisir qu'ils lui avaient fait d'avoir assisté mon frère, ne lui en parle plus, et s'adresse à mon frère, qui, du vrai naturel de Pyrrus[(a)], n'aimait qu'à entreprendre choses grandes et hasardeuses, étant plus né à conquérir qu'à conserver, lequel embrasse soudain cette entreprise, qui lui plaît d'autant plus qu'il voit qu'il ne fait rien d'injuste, voulant seulement r'acquérir à la France ce qui lui était usurpé par l'Espagnol[236]. Mondoucet pour cette cause s'était mis au service de mon frère, qui le renvoyait en Flandre sous couleur d'accompagner Madame la princesse de La Roche-sur-Yon aux eaux de Spa ; lequel, voyant que chacun cherchait quelque prétexte apparent* pour me pouvoir tirer hors de France durant cette guerre – qui disait en Savoie, qui disait en Lorraine, qui à Saint-Claude, qui à Notre-Dame-de-Lorette –, dit tous bas à mon frère : « Monsieur, si la reine de Navarre pouvait feindre avoir quelque mal, à quoi les eaux de Spa, où va Madame la princesse de La Roche-sur-Yon, pussent servir, cela viendrait bien à propos pour votre entreprise de Flandre, où elle pourrait faire un beau coup. » Mon frère le trouva fort bon, et fut fort aise de cette ouverture, et s'écria soudain : « O reine, ne cherchez plus ! il faut que vous alliez aux eaux de Spa, où va Madame la princesse. Je vous ai vu quelquefois une érésipèle[237] au bras : il faut que vous disiez que lors les médecins vous l'avaient ordonné, mais que la saison n'y était pas propre, qu'à cette heure c'est leur saison, que vous suppliez le roi vous permettre d'y aller. »

(a) C : « de P. ». B, D, A et P semblent avoir rempli le blanc (« du vrai naturel de prince »), et les premières éditions ont emboité le pas. Cette leçon est une initiative de Guessard (*MMV*, p. 85), plutôt heureuse : Pyrrhus (319?-272), roi d'Epire, passa sa vie à conquérir des territoires, avec plus ou moins de fortune.

236. Les provinces catholiques du sud et les provinces protestantes du nord venaient de conclure la Pacification de Gand (novembre 1576), et cherchaient activement un souverain fédérateur. Le roi de France était évidemment hors jeu, mais son frère semblait toujours un bon candidat (voir n. 136), surtout aux yeux des catholiques, opposés à la candidature du chef protestant des provinces du nord, Guillaume de Nassau. Tous n'étaient pourtant pas convaincus, d'où l'importance que pouvait avoir sur la décision finale une visite de Marguerite (sur les affaires de Flandre et le rôle qu'y joua le duc d'Anjou, voir l'étude de M.P. Holt).

237. Maladie de peau infectieuse caractérisée par une plaque rouge douloureuse.

Mon frère ne s'ouvrit pas davantage devant cette compagnie pourquoi il le désirait, à cause que Monsieur le cardinal de Bourbon y était, qui tenait pour le Guisard et l'Espagnol ; mais moi, je l'entendis soudain, me doutant bien que c'était pour l'entreprise de Flandre, de quoi Mondoucet nous avait parlé à tous deux. Toute la compagnie fut de cet avis, et Madame la princesse de La Roche-sur-Yon, qui devait y aller, et qui m'aimait fort, en reçut fort grand plaisir, et me promit de m'y accompagner, et de se trouver avec moi quand j'en parlerais à la reine ma mère pour le lui faire trouver bon.

Lendemain, je trouvai la reine seule, et lui représentai le mal et déplaisir que ce m'était de voir le roi mon mari en guerre contre le roi, et de me voir éloignée de lui ; que, pendant que cette guerre durerait, il ne m'était honorable ni bienséant de demeurer à la Cour, que si j'y demeurais je ne pourrais éviter de ces deux malheurs l'un : ou que le roi mon mari penserait que j'y fusse pour mon plaisir et que je lui servirais pas comme je devais, ou que le roi prendrait soupçon de moi et croirait que j'avertirais toujours le roi mon mari ; que l'un et l'autre me produiraient beaucoup de mal ; que je la suppliais de trouver bon que je m'éloignasse de la Cour pour les éviter ; qu'il y avait quelque temps que les médecins m'avaient ordonné les eaux de Spa pour l'érésipèle que j'avais au bras, à quoi depuis si longtemps j'étais sujette, que la saison à cette heure y étant propre, il me semblait que si elle le trouvait bon, que ce voyage était bien à propos pour m'éloigner en cette saison, non seulement de la Cour, mais de France, pour faire connaître au roi mon mari que, ne pouvant être avec lui pour* la défiance du roi, je ne voulais point être au lieu où on lui faisait la guerre ; que j'espérais qu'elle, par sa prudence, disposerait les choses avec le temps de telle façon que le roi mon mari obtiendrait une paix du roi et rentrerait en sa bonne grâce ; que j'attendrais cette heureuse nouvelle pour, lors, venir prendre congé d'eux pour aller trouver le roi mon mari ; et qu'en ce voyage de Spa, Madame la princesse de La Roche-sur-Yon, qui était là présente, me faisait cet honneur de m'accompagner. Elle approuva cette condition, et me dit qu'elle était fort aise que j'eusse pris cet avis ; que le mauvais conseil que les évêques avaient donné au roi de ne tenir ses promesses et rompre tout ce qu'elle avait promis et contracté pour lui, lui avait, pour plusieurs considérations, apporté beaucoup de déplaisir (même* voyant que cet impétueux torrent entraînait avec soi et ruinait les plus capables et meilleurs serviteurs que le roi eût en son conseil, car le roi en éloigna quatre ou cinq des plus apparents* et plus anciens[238]), mais qu'entre tout cela, ce qui lui travaillait tant l'esprit était de voir ce que je lui représentais : que je ne pouvais éviter, demeurant à la Cour, l'un de ces deux malheurs, ou que le roi mon mari ne l'aurait agréable et s'en prendrait à moi, ou que le roi entrerait en défiance de moi, pensant que j'avertirais le roi mon mari ; qu'elle persuaderait au roi de trouver bon ce voyage – ce qu'elle fit[239]. Et le roi m'en parla sans montrer d'en être en colère, étant assez content de m'avoir pu empêcher d'aller trouver le roi mon mari, qu'il hayait* lors plus que toute chose du monde. Et commande que l'on dépêchât un courrier à don Juan d'Autriche[240], qui commandait pour le roi d'Espagne en Flandre, pour le prier de me bailler les passeports nécessaires pour passer librement aux pays de son autorité, parce qu'il fallait bien avant passer dans la Flandre pour aller aux eaux de Spa, qui étaient aux terres de l'évêché de Liège.

Cela résolu, nous nous séparâmes tous à peu de jours de là (lesquels mon frère employa à m'instruire des offices qu'il désirait de moi pour son entreprise de Flandre), le roi et la reine ma mère s'en allant à Poitiers, pour être plus près de l'armée de Monsieur de

238. Il est difficile de savoir de qui parle Marguerite, car Henri III se mit à dos beaucoup de ses proches durant les quelques mois où il prôna la guerre totale ; le duc de Montpensier en fait partie, ainsi peut-être que Bellièvre.

239. Catherine et Henri III ne voyaient pas d'un mauvais œil le retour des Flandres dans la zone d'influence française, et donc la candidature d'Anjou à leur direction, à condition de ne pas provoquer de guerre avec l'Espagne – au reste bien en peine, alors, de riposter. Mais ils ne lui donnèrent pas tous les moyens nécessaires à sa conquête, la Couronne manquant elle-même cruellement d'argent. Le voyage diplomatique de Marguerite se fait donc, si ce n'est avec leur soutien, du moins avec leur assentiment.

240. Don Juan d'Autriche (1545-1578), fils naturel de Charles Quint et de Barbe Blomberg, gouverneur des Pays-Bas depuis 1576. Henri III écrit alors au gouverneur de Péronne : « Monsieur de Humières, ma seur la royne de Navarre est conseillée par les medecins pour ayder à sa santé user en ceste saison de l'eaue de la fontaine et prendre les beins de Spa, pais du Liege, ou delibere s'acheminer dedans peu de jours. » (*Lettres*..., vol. 3, p. 260, du 21/5/77). Marguerite écrit également à ce dernier des propos similaires (*COR*, lettre 20, du 24).

Mayenne[241] qui assiégeait Brouage, et qui de là devait passer en Gascogne pour faire la guerre au roi mon mari ; mon frère s'en allant avec l'autre armée, de quoi il était chef, assiéger Issoire et les autres villes qu'il prit en ce temps-là[242] ; moi en Flandre, accompagnée de Madame la princesse de La Roche-sur-Yon, de Madame de Tournon ma dame d'honneur[243], de Madame de Mouy de Picardie[244], de Madame la castellane de Milan[245], de Madamoiselle d'Atrie[246], de Madamoiselle de Tournon[247], et de sept ou huit autres filles ; et d'hommes, [de] Monsieur le cardinal de Lenoncourt[248], de Monsieur l'évêque de Langres[249], de Monsieur de Mouy, seigneur de Picardie[250], maintenant beau-père d'un frère de la reine Louise nommé le comte de Chaligny[251], et de mes premiers maîtres d'hôtel et de mes premiers écuyers, et autres gentilshommes de ma Maison. Cette compagnie plut tant aux étrangers qui la virent, et la trouvèrent si leste*, qu'ils en eurent en beaucoup plus d'admiration la France. J'allais en une litière faite à piliers, doublée de velours incarnadin* d'Espagne, faite en broderie d'or et de soie nuée*, à devise (cette litière toute vitrée et les vitres toutes faites à devises y ayant, ou à la doublure ou aux vitres, quarante devises toutes différentes, avec les mots en espagnol et italien, sur le soleil et ses effets),

---

241. Charles de Lorraine, duc du Maine, puis de Mayenne (1554-1611), frère cadet d'Henri de Guise. Il mit le siège le 22 juin devant Brouage (Charente-Maritime), qui se rendit le 21 août.

242. François d'Anjou prit La Charité le 2 mai et Issoire le 11 juin.

243. Claude de La Tour-Turenne, épouse de Just II de Tournon, comte de Roussillon, gouvernante des filles d'honneur de la reine.

244. Catherine de Suzannes, comtesse de Cerny, épouse de Charles, marquis de Mouy.

245. Dona Helena Commena, de la suite de Catherine de Médicis.

246. Anne d'Aquaviva, demoiselle d'Atri, fille de Jean-François d'Aquaviva, duc d'Atri, et de Camilla Carracioli, demoiselle d'honneur de Catherine de Médicis.

247. Hélène de Tournon, fille de Claude de la Tour et de Just II de Tournon, demoiselle d'honneur de Marguerite.

248. Philippe de Lenoncourt, alors évêque d'Auxerre, futur cardinal (1586).

249. Charles Des Cars [d'Escars].

250. Charles, marquis de Mouy, gouverneur de Saint-Quentin, époux de Catherine de Suzannes.

251. Henri de Lorraine, comte de Chaligny, frère de Louise de Lorraine ; leur mère était une Egmont, et leur père avait épousé en deuxièmes noces Catherine de Lalain.

laquelle était suivie de la litière de Madame de La Roche-sur-Yon et de celle de Madame de Tournon ma dame d'honneur, et de dix filles à cheval avec leur gouvernante, et de six carrosses ou chariots où allait le reste des dames et filles d'elles et de moi.

Je passai par la Picardie, où les villes avaient commandement du roi de me recevoir selon [ce] que j'avais cet honneur de lui être, qui, en passant, me firent tout l'honneur que j'eusse pu désirer. Étant arrivée au Catelet[252], qui est un fort à trois lieues de la frontière de Cambrésis, l'évêque de Cambrai[253] (qui était lors terre de l'Église et pays souverain), qui ne reconnaissait le roi d'Espagne que pour protecteur, m'envoya un gentilhomme pour savoir l'heure à laquelle je partirais, pour venir au devant de moi jusques à l'entrée de ses terres, où je le trouvai très bien accompagné, mais de gens qui avaient les habits et l'apparence de vrais Flamands, comme ils sont fort grossiers* en ce quartier-là. L'évêque était de la Maison de Barlemont, une des principales de Flandre, mais qui avait le cœur espagnol, comme ils ont montré, ayant été ceux qui ont le plus assisté don Juan. Il ne laissa de me recevoir avec beaucoup d'honneur, et non moins de cérémonies espagnoles. Je trouvai cette ville de Cambrai, bien qu'elle ne fût bâtie de si bonne étoffe que les nôtres de France, beaucoup plus agréable, pour* y être les rues et places beaucoup mieux proportionnées et disposées comme elles sont, et les églises très grandes et belles, ornement commun à toutes les villes de Flandre. Ce que je reconnus en cette ville [digne] d'estime et de remarque fut la citadelle, des plus belles et des mieux achevées de la chrétienté – ce que depuis elle fit bien éprouver aux Espagnols, étant sous l'obéissance de mon frère[254]. Un honnête homme, nommé Monsieur d'Inchy[255], en était lors gouverneur, lequel en grâce, en apparence*, et en toutes belles parties requises à

252. Marguerite quitta Paris le 3 juillet pour Chantilly, demeure du duc de Montmorency, qu'elle quitta le 6, puis passa par Verberie, Noyon, Chauny, La Fère, et Saint-Quentin avant d'arriver au Catelet (Aisne) le 10.

253. Louis de Berlaimont, archevêque de Cambrai.

254. Livrée en 1579 au duc d'Anjou (par Inchy), la citadelle de Cambrai lui resta fidèle jusqu'à sa mort, et ne fut prise par les Espagnols qu'en 1595.

255. Baudouin de Gavre, seigneur d'Inchy, venait de s'emparer de Cambrai, jusque là gouvernée pour les Espagnols par le baron de Licques. On lit, dans la marge de B : « fils du comte de Frezin ».

un parfait cavalier, n'en devait rien à nos plus parfaits courtisans, ne participant nullement de cette naturelle rusticité qui semble être propre aux Flamands. L'évêque nous fit festin et nous donnant[a] après souper* le plaisir du bal, où il fit venir toutes les dames de la ville ; auquel ne se trouvant (s'étant retiré soudain après souper*, pour* être, comme j'ai dit, d'humeur cérémonieuse espagnole),, Monsieur d'Inchy étant le plus apparent* de sa troupe, il le laissa pour m'entretenir durant le bal, et pour après me mener à la collation de confitures – imprudemment, ce me semble, vu qu'il avait la charge de sa citadelle. J'en parle trop savante à mes dépens, pour* avoir plus appris que je n'en désirais comme il se faut comporter à la garde d'une place forte[256].

La souvenance de mon frère ne me partant jamais de l'esprit, pour* n'affectionner rien tant, je me ressouvins lors des instructions qu'il m'avait données. Et voyant la belle occasion qui m'était offerte pour lui faire un bon service en son entreprise de Flandre, cette ville de Cambrai et cette citadelle en étant comme la clef, je ne la laissai perdre, et employai tout ce que Dieu m'avait donné d'esprit à rendre Monsieur d'Inchy affectionné à la France, et particulièrement à mon frère. Dieu permit qu'il me réussît si bien que, se plaisant à mon discours, il délibéra de me voir le plus longtemps qu'il pourrait, et de m'accompagner tant que je serais en Flandre. Et pour cet effet, demanda congé* à son maître de venir avec moi jusques à Namur, où don Juan d'Autriche m'attendait, disant qu'il désirait de voir les triomphes de cette réception. Ce Flamand espagnolisé fut néanmoins si mal avisé de le lui permettre...[257] Pendant ce voyage, qui dura dix ou douze jours, il me parla le plus souvent qu'il pouvait, montrant ouvertement qu'il avait le cœur tout français, et qu'il ne respirait que l'heur d'avoir un si brave prince que mon

---

(a) Les premières éditions ont rectifié (« et nous donna »). Sur cette construction, voir n. 30.

256. Marguerite fut plusieurs fois en position de commander une place forte : à Agen, dont elle prit le commandement au printemps 1585 et dont elle dut s'enfuir en septembre devant les troupes de Matignon, et surtout à Usson, dont elle fut la châtelaine vingt ans et dont elle faillit perdre le contrôle en 1591-1592 (voir son récit, *COR*, lettre 454).

257. Autrement dit : « bien qu'il fût pro-Espagnols, il eut l'imprudence de laisser Inchy délibérer plusieurs jours avec moi. »

frère pour maître et seigneur, méprisant la sujétion et domination de son évêque, qui, bien qu'il fût son souverain, n'était que gentilhomme comme lui (mais beaucoup son inférieur aux qualités et grâces de l'esprit et du corps).

Partant de Cambrai, j'allai coucher à Valenciennes[258], terre de Flandre, où Monsieur le comte de Lalain[259], Monsieur de Montigny[260] son frère, et plusieurs autres seigneurs et gentilshommes jusques au nombre de deux ou trois cents, vinrent au devant de moi pour me recevoir au sortir des terres de Cambrésis, jusques où l'évêque de Cambrai m'avait conduite. Étant arrivée à Valenciennes, ville qui cède en force à Cambrai, et non en l'ornement des belles places et belles églises (où les fontaines et les horloges, avec industrie propre aux Allemands, ne donnaient peu de merveille* à nos Français, ne leur étant commun de voir des horloges représenter une agréable musique de voix, avec autant de sortes de personnages que le petit château que l'on allait voir pour chose rare au faubourg Saint-Germain), Monsieur le comte de Lalain, cette ville étant de son gouvernement, fit festin aux seigneurs et gentilshommes de ma troupe, remettant à Mons à traiter les dames ; où sa femme, sa belle-sœur Madame d'Havrec[261], et toutes les plus apparentes* et galantes dames m'attendaient pour me recevoir, [et] où le comte et toute sa troupe me conduisit le lendemain. Il se disait parent du roi mon mari, et était personne de grande autorité et de grands moyens, auquel la domination d'Espagne avait toujours été odieuse, en étant très offensé depuis la mort du comte d'Egmont, qui lui était proche parent[262]. Et bien qu'il eût maintenu son

---

258. Marguerite y parvint le 12 juillet. Elle en partit le lendemain pour Mons (Hainaut).

259. Philippe, comte de Lalain [ou Lalaing], époux de Marguerite de Ligne, sénéchal de Flandre, grand bailli du Hainaut.

260. Emmanuel de Lalain, baron de Montigny, époux d'Anne de Croy.

261. Diane de Dompmartin, épouse de Charles-Philippe de Croy, marquis d'Havrec [d'Havré), comte de Fontenoy.

262. Lamoral, comte d'Egmont (1522-1568) avait été exécuté à Bruxelles en même temps que son ami le comte de Hornes. Les frères Lalain étaient neveux du premier, ainsi que d'un autre héros de l'opposition anti-espagnole, Floris de Montmorency, baron de Montigny, garrotté à Simanca en 1570.

gouvernement sans être entré en la ligue du prince d'Orange[263] ni des huguenots, étant seigneur très catholique, il n'avait néanmoins jamais voulu voir don Juan, ni permettre que lui ni aucun de la part de l'Espagnol entrât en son gouvernement – don Juan ne l'ayant osé forcer de faire au contraire, craignant, s'il l'attaquait, de faire joindre la ligue des catholiques de Flandre (que l'on nomme la ligue des États), à celle du prince d'Orange et des huguenots, prévoyant bien que cela lui donnerait autant de peine comme*, depuis, ceux qui ont été pour le roi d'Espagne l'ont éprouvé.

Le comte de Lalain, étant tel, ne pouvait assez faire de démonstration du plaisir qu'il avait de me voir là ; et quand son prince naturel y eut été[264], il ne l'eût pu recevoir avec plus d'honneur et de démonstration de bienveillance et d'affection. Arrivant à Mons à la maison du comte de Lalain, où il me fit loger, je trouvai à la Cour la comtesse de Lalain sa femme, avec bien quatre-vingts ou cent dames du pays ou de la ville, de qui je fus reçue non comme une princesse étrangère, mais comme si j'eusse été leur naturelle dame, le naturel des Flamandes étant d'être privées*, familières et joyeuses, [et] la comtesse de Lalain tenant ce naturel, [mais[(a)]] ayant davantage un esprit grand et élevé, de quoi elle ne ressemblait moins à votre cousine[265] que du visage et de la façon[266]. Ce que [qui] soudain me donna soudain assurance qu'il me serait aisé de faire amitié avec elle, qui pourrait apporter de l'utilité à l'avancement du dessein de mon frère en Flandre, cette honnête femme possédant du tout son mari. Passant cette journée à entretenir toutes ces dames, je me rends principalement familière de la comtesse de Lalain, et le jour même nous contractons une étroite amitié[(b)].

---

263. Guillaume de Nassau (1533-1584), de la famille d'Orange-Nassau, chef de l'opposition anti-espagnole depuis 1572, stathouder des dix-sept Provinces-Unies depuis 1576.

264. C'est-à-dire le duc d'Anjou.

(a) A. Les autres manuscrits omettent ce mot.

265. Bourdeille, ou la duchesse de Retz (voir p. 109) ?

266. « du visage que de la façon ».

(b) B, D et P ne donnent pas ces dernières lignes, terminant la précédente phrase par « aisé de faire amitié étroite avec elle. »

L'heure du souper* venue, nous allons au festin et au bal, que le comte de Lalain continua tant que je fus à Mons ; qui fut plus que je ne pensais, estimant devoir partir dès le lendemain, mais cette honnête femme me contraignit de passer une semaine avec eux, ce que je ne voulais faire, craignant de les incommoder, mais il ne me fut possible de le persuader à son mari ni à elle, qui encore à toute force me laissèrent partir au bout de huit jours[267]. Vivant avec telle privauté avec elle, elle demeura à mon coucher fort tard, et y eût demeuré davantage, mais elle faisait chose peu commune à personne de telle qualité, ce qui toutefois témoigne une nature accompagnée d'une grande bonté : elle nourrissait son petit fils de son lait. De sorte qu'étant le lendemain au festin, assise tout auprès de moi à la table, qui est le lieu où tous ceux de ce pays-là se communiquent avec plus* de franchise, [moi] n'ayant l'esprit bandé qu'à mon but, qui n'était que d'avancer le dessein de mon frère, elle, parée et toute couverte de pierreries et de broderies, avec une robille* à l'espagnole de toile d'or noire avec des bandes de broderie de canetille* d'or et d'argent, et un pourpoint de toile d'argent blanche en broderie d'or avec des gros boutons de diamants, habit approprié à l'office de nourrice, l'on lui apporta à la table son petit fils, emmailloté aussi richement qu'était vêtue la nourrice, pour lui donner à téter. Elle le met entre nous deux sur la table, et librement se déboutonne, baillant son tétin à son petit, ce qui eût été tenu à incivilité à quelque autre ; mais elle le faisait avec tant[(a)] de grâce et de naïveté (comme toutes ses actions en étaient accompagnées) qu'elle en reçut autant de louanges que la compagnie de plaisir.

Les tables levées, le bal commença à la salle même où nous étions, qui était grande et belle, où étant assises l'une auprès de l'autre, je lui dis [qu']encore que le contentement que je recevais lors en cette compagnie se pût mettre au nombre de ceux qui m'en avaient plus* fait ressentir, que je souhaitais presque ne l'avoir

---

267. Les livres de comptes de la reine indiquent qu'elle ne resta en fait que deux jours à Mons (*cf.* Janine Garrisson, *Marguerite de Valois*..., p. 130), ce qui est assez contradictoire avec ce récit et celui qui suit.

(a) B, D, P : « autant ».

point reçu, pour le déplaisir que je recevrais[(a)], partant d'avec elle, de voir que la Fortune nous tiendrait pour jamais privées du plaisir de nous voir ensemble ; que je tenais pour un des malheurs de ma vie que le ciel ne nous eût fait naître, elle et moi, d'une même patrie. Ce que je disais pour la faire entrer aux discours qui pouvaient servir au dessein de mon frère. Elle me répondit : « Ce pays a été autrefois de France, et à cette cause l'on y plaide encore en français[268] ; et cette affection naturelle n'est pas encore sortie du cœur de la plupart de nous. Pour moi, je n'ai plus autre chose en l'âme, depuis avoir eu cet honneur de vous voir. Ce pays a été autrefois très affectionné à la Maison d'Autriche[269], mais cette affection nous a été arrachée en la mort du comte d'Egmont, de Monsieur d'Hornes, de Monsieur de Montigny, et des autres seigneurs qui furent lors défaits, qui étaient nos proches parents et appartenant à la plupart de la noblesse de ce pays[270]. Nous n'avons rien de plus odieux que la domination de ces Espagnols, et ne souhaitons rien tant que de nous délivrer de leur tyrannie ; et ne savons toutefois comme y procéder, pour ce que ce pays est divisé à cause des différentes religions. Si nous étions tous unis, nous aurions bientôt jeté l'Espagnol dehors ; mais cette division nous rend trop faibles. Plût à Dieu qu'il prît envie au roi de France, votre frère, de r'acquérir ce pays, qui est sien d'ancienneté ! Nous lui tendrions tous les bras. »

Elle ne me disait ceci à l'improviste, mais préméditément, pour trouver [par mon moyen[(b)]] du côté de la France, quelque remède à leurs maux. Moi, me voyant le chemin ouvert à ce que je désirais, je lui répondis : « Le roi de France mon frère n'est d'humeur pour entreprendre des guerres étrangères, même* ayant en son royaume le parti des huguenots, qui est si fort que cela l'empêchera toujours de rien entreprendre dehors. Mais mon frère,

---

(a) B, D et P répètent ici « lors en cette compagnie ».

268. La coutume, distendue sous les ducs de Bourgogne, avait été abolie par Charles Quint.

269. Les possessions flamandes des ducs de Bourgogne étaient passées sous le contrôle de l'Empire par le mariage de Marie de Bourgogne avec Maximilien d'Autriche en 1477.

270. Pour la tournure, voir n. 30.

(b) A semble avoir ajouté ce complément que les autres manuscrits omettent.

Monsieur d'Alençon, qui ne doit rien en valeur, prudence et bonté, aux rois mes père et frères, entendrait bien à cette entreprise, et n'aurait moins de moyens que le roi de France mon frère de vous y secourir. Il est nourri aux armes et estimé un des meilleurs capitaines de notre temps, étant même à cette heure commandant l'armée du roi contre les huguenots, avec laquelle il a pris, depuis que je suis partie, sur eux, une très forte ville nommée Issoire, et quelques autres[271]. Vous ne sauriez appeler prince de qui le secours vous soit plus utile, pour* vous être si voisin, et avoir si grand royaume que celui de France à sa dévotion, duquel il peut tirer et moyens et toutes commodités nécessaires à cette guerre. Et s'il recevait ce bon office de Monsieur le comte votre mari, vous vous pouvez assurer qu'il aurait telle part à sa fortune qu'il voudrait, mon frère étant d'un naturel doux, non ingrat, qui ne se plaît qu'à reconnaître un service ou un bon office reçu. Il honore et chérit les gens d'honneur et de valeur, aussi est-il suivi de tout ce qui est de meilleur en France. Je crois que l'on traitera bientôt d'une paix en France avec les huguenots, et qu'à mon retour en France je la pourrai trouver faite[272]. Si Monsieur le comte votre mari est en ceci de même opinion que vous et de même volonté, qu'il avise s'il veut que j'y dispose mon frère, et je m'assure que ce pays, et votre Maison en particulier, en recevra toute félicité. Si mon frère s'établissait par votre moyen ici, vous pourriez croire que vous m'y trouveriez souvent, étant notre amitié telle qu'il n'y en eût jamais, de frère à sœur, si parfaite. » Elle reçoit avec beaucoup de contentement cette ouverture, et me dit qu'elle ne m'avait pas parlé de cette façon à l'aventure, mais, voyant l'honneur que je lui faisais de l'aimer, elle avait bien résolu de ne me laisser partir de là qu'elle ne me découvrît l'état auquel ils étaient, et qu'ils ne me requissent de leur apporter du côté de France quelque remède pour les affranchir de la crainte où ils vivaient, de se voir en une perpétuelle guerre ou réduits sous la tyrannie espagnole ; me priant que je trouvasse bon qu'elle découvrît à son mari tous les propos que nous

271. Voir n. 242.

272. La paix devait être signée deux mois après la présente conversation. Il se peut que la mémorialiste se fasse ici prophète rétrospectivement, mais il ne faut pas oublier que tout le monde avait l'habitude de ces prises d'armes qui ne duraient que quelques mois. La fin des hostilités était en outre son souhait le plus cher.

avions eus, et qu'ils m'en pussent parler le lendemain tous deux ensemble – ce que je trouvai très bon. Nous passâmes cette après-dînée* en tels discours, et en tous autres que je pensais servir à ce dessein, à quoi je voyais qu'elle prenait un grand plaisir.

Le bal étant fini, nous allâmes ouïr vêpres aux chanoinesses[(a)], qui est un ordre[(b)] de quoi nous n'avons point en France. Ce sont toutes damoiselles que l'on y met petites pour faire profiter leur mariage[273] jusques à ce qu'elles soient en âge de se marier. Elle ne logent pas en dortoir, mais en maisons séparées, toutefois toutes dans un enclos, comme les chanoines ; et en chaque maison il y en a trois ou quatre, [ou] cinq ou six jeunes avec une vieille, desquelles vieilles il y en a quelque nombre qui ne se marient point, ni aussi l'abbesse. Elles portent seulement l'habit de religion le matin au service de l'église, et l'après-dînée* à vêpres ; et soudain que le service est fait, elles quittent l'habit, et s'habillent comme les autres filles à marier, allant par les festins et par les bals librement comme les autres – de sorte qu'elles s'habillent quatre fois le jour. Elle se trouvèrent tous les jours au festin et au bal, et y dansèrent d'ordinaire.

Il tardait à la comtesse de Lalain que le soir ne fût venu pour faire entendre à son mari le bon commencement qu'elle avait donné à leurs affaires. Ce qu'ayant fait la nuit suivante, le lendemain elle m'amène son mari, qui, me faisant un grand discours des justes occasions qu'il avait de s'affranchir de la tyrannie de l'Espagnol (en quoi il ne pensait point entreprendre contre son prince naturel, sachant que la souveraineté de la Flandre appartenait au roi de France), me représente les moyens qu'il y avait d'établir mon frère en Flandre, ayant tout le Hainaut à sa dévotion, qui s'étendait jusques bien près de Bruxelles. Il n'était en peine que du Cambrésis, qui était entre la Flandre et le Hainaut, me disant qu'il serait bon de gagner Monsieur d'Inchy, qui était encore là avec moi. Je ne lui voulais découvrir la parole que j'avais de Monsieur d'Inchy, mais lui dis que je le priais lui-même de s'y employer, ce

---

(a) Ajouté en marge de B, par une autre main : « en leur eglise appelée Sainte Vaudrud ».

(b) *Idem* : « de filles de bonne maison ».

273. « leur dot ».

qu'il pourrait mieux faire que moi, étant son voisin et ami. Et lui ayant assuré de l'état qu'il pouvait faire de l'amitié et bienveillance de mon frère, à la fortune duquel il participerait [avec] autant de grandeur et d'autorité que méritait un si grand et si signalé service reçu de personne de sa qualité, nous résolûmes qu'à mon retour je m'arrêterais chez moi à La Fère[274], où mon frère viendrait, et que là, Monsieur de Montigny, frère du comte de Lalain, viendrait traiter avec mon frère de cet affaire.

Pendant que je fus là, je le confirmai et fortifiai toujours en cette volonté, à quoi sa femme apportait non moins d'affection que moi. Le jour venu qu'il me fallait partir de cette belle compagnie de Mons, ce ne fut sans réciproque regret, et de toutes les dames flamandes et de moi, et surtout de la comtesse de Lalain, pour l'amitié très grande qu'elle m'avait vouée. Et me faisant promettre qu'à mon retour je passerais par là, je lui donnai un carcan de pierreries, et à son mari un cordon et enseigne de pierreries, qui furent estimés de grande valeur, mais beaucoup chéris d'eux pour* partir de la main d'une personne qu'ils aimaient comme moi. Toutes les dames demeurèrent là, fors Madame d'Havrec qui vint à Namur, où j'allais coucher ce jour-là ; où son mari[275] et son beau-frère Monsieur le duc d'Arschot[276] étaient, y ayant toujours demeuré depuis la paix entre le roi d'Espagne et les États de Flandre. Car bien qu'ils fussent du parti des états, le duc d'Arschot, en vieil courtisan des plus galants qui fussent de la Cour du roi Philippe[277] du temps qu'il était en Flandre et en Angleterre, se plaisait toujours à la Cour auprès des grands*. Le comte de Lalain avec toute la noblesse me conduisit le plus avant qu'il pût, bien deux lieues hors de son gouvernement, et jusques à tant que l'on vît paraître la troupe de don Juan. Lors il prit congé de moi, pour ce, comme j'ai dit, qu'ils ne se voyaient point. Monsieur d'Inchy seulement vint avec moi, pour* être son maître l'évêque de Cambrai du parti d'Espagne.

274. La Fère (Aisne) faisait partie des seigneuries données à Marguerite par le roi de Navarre lors de leur mariage.

275. Charles-Philippe de Croy, marquis d'Havrec, comte de Fontenoy, fils de Philippe II de Croy, duc d'Arschot, et d'Anne de Lorraine.

276. Philippe III de Croy, duc d'Arschot, prince de Chimay (1526-1595), frère aîné du précédent.

277. Philippe II d'Espagne (1527-1598).

Cette belle et grande troupe s'en étant retournée, ayant fait peu de chemin, je trouvai don Juan d'Autriche accompagné de force estafiers, mais seulement de vingt ou trente chevaux, ayant avec lui de seigneurs le duc d'Arschot, Monsieur d'Havrec, le marquis de Varembon[278] et le jeune Balençon[279], gouverneur pour le roi d'Espagne du comté de Bourgogne, qui, galants et honnêtes hommes, étaient venus en poste* pour se trouver là à mon passage. Des domestiques de don Juan, n'y en avait de nom ni d'apparence* qu'un Ludovic de Gonzague, qui se disait parent du duc de Mantoue[280]. Le reste était de petites gens de mauvaise mine, n'y ayant nulle noblesse de Flandre. Il mit pied à terre pour me saluer dans ma litière, qui était relevée et toute ouverte. Je le saluai à la française, lui, le duc d'Arschot et Monsieur d'Havrec. Après quelques honnêtes paroles, il remonta à cheval, parlant toujours à moi jusques à la ville, où nous ne pûmes arriver qu'il ne fût soir, pour* ne m'avoir les dames de Mons permis partir que le plus tard qu'ils[281] purent, même* m'ayant amusée dans ma litière plus d'une heure à la considérer, prenant un extrême plaisir à se faire donner l'intelligence des devises. L'ordre toutefois fut si beau à Namur (comme les Espagnols sont excellents en cela), et la ville se trouva si éclaircie, que les fenêtres et boutiques étant pleines de lumière, l'on voyait luire un nouveau jour.

Ce soir[-là], don Juan fit servir et moi et mes gens dans les logis et les chambres, estimant qu'après une longue journée il n'était raisonnable de nous incommoder d'aller à un festin. La maison où il me logea était accommodée pour me recevoir, où l'on avait trouvé moyen d'y faire une belle et grande salle, et un appartement pour moi de chambres et de cabinets, le tout tendu des plus beaux, riches et superbes meubles* que je pense jamais avoir vus,

---

278. Marc de Rye, marquis de Varembon, gouverneur de Gueldre.

279. Philibert de Rye, comte de Varaix, baron de Balençon, frère cadet du précédent ; la mention « le jeune » le différencie de « Monsieur de Balençon », dont Marguerite parlera plus loin, aîné des trois, qui avait épousé la fille aînée de Madame de Tournon, et dont le cadet avait repris la charge.

280. Cazaux suggère que Marguerite se trompe de prénom : un certain Octavio de Gonzaga, effectivement apparenté au duc de Mantoue, faisait alors partie de l'entourage de don Juan d'Autriche (*Mémoires de Marguerite de Valois*..., p. 312).

281. « elles » (voir n. 117).

étant toutes les tapisseries de velours ou de satin, avec de grosses colonnes faites de toile d'argent, couvertes de broderies, de gros cordons et de godrons de broderies d'or, élevés de la plus riche et belle façon qui se pût voir ; et au milieu de ces colonnes, des grands personnages habillés à l'antique et faits de la même broderie. Monsieur le cardinal de Lenoncourt, qui avait l'esprit curieux et délicat, s'étant rendu familier du duc d'Arschot (vieil courtisan, comme j'ai dit, d'humeur galante et belle, tout l'honneur certes de la troupe de don Juan), considérant un jour que nous fûmes là ces magnificences et superbes meubles*, lui dit : « Ces meubles* me semblent plutôt être d'un grand roi que d'un jeune prince à marier, tel qu'est le seigneur don Juan. » Le duc d'Arschot lui répondit : « Ils ont été faits, aussi, de fortune, et non de prévoyance ni d'abondance, les étoffes lui en ayant été envoyées par un pacha du Grand Seigneur, duquel, en la notable victoire qu'il eût contre le Turc[282], il avait eu pour prisonniers les enfants ; et le seigneur don Juan lui ayant fait courtoisie de les lui renvoyer sans rançon, le pacha, pour revanche[(a)], lui fit présent d'un grand nombre d'étoffes de soie, d'or et d'argent, qui, lui arrivant étant[283] à Milan où l'on approprie mieux telles choses, il en fit faire les tapisseries que vous voyez ; où, pour la souvenance de la glorieuse façon de quoi il les avait acquises, il fit faire le lit* et la tente de la chambre de la reine en broderies représentant la glorieuse victoire de la bataille navale qu'il avait gagnée sur les Turcs. »[(b)]

Le matin étant venu, don Juan nous fit ouïr une messe à la façon d'Espagne, avec musique, violons et cornets. Et allant de là au festin de la grande salle, nous dînâmes* lui et moi seuls en une table, la table du festin où étaient les dames et seigneurs éloignée trois pas de la nôtre, où Madame d'Havrec faisait l'honneur de la maison pour don Juan, lui se faisant donner à boire à genoux par Ludovic de Gonzague. Les tables levées, le bal commença, qui dura

---

282. Allusion à la bataille de Lépante, gagnée en 1571 par don Juan d'Autriche sur les Turcs.

(a) B, D, P : « revenge » (voir p. 114, n. a).

283. « comme il était ».

(b) Ce passage est confus dans tous les manuscrits : « en broderie des batailles navalles representant la glorieuse victoire de la bataille qu'il avait... » ; par ailleurs, A et C proposent « le lit de la tente » et « le Turc ».

toute l'après-dînée*. Le soir se passe de cette façon, don Juan parlant toujours à moi, et me disant souvent qu'il voyait en moi la ressemblance de la reine sa *signora*, qui était la feue reine ma sœur, qu'il avait beaucoup honorée, me témoignant, par tout l'honneur et courtoisie qu'il pouvait faire à moi et à toute ma troupe, qu'il recevait très grand plaisir de me voir là[284]. Les bateaux où je devais aller par la rivière de Meuse jusques au Liège ne pouvant être si tôt prêts, je fus contrainte de séjourner le lendemain ; où ayant passé toute la matinée comme le jour devant, l'après-dînée*, nous mettant dans un très beau bateau sur la rivière, environné d'autres bateaux pleins de hautbois, cornets et violons, nous abordâmes en une île où don Juan avait fait apprêter le festin dans une salle* faite exprès de lierre, accommodée de cabinets autour, remplis de musique et hautbois et [autres] instruments, qui dura tout le long du souper*. Les tables levées, le bal ayant duré quelques heures, nous nous en retournâmes dans le même bateau qui nous avait conduits jusques là, et lequel don Juan m'avait fait préparer pour mon voyage.

Le matin, [moi] voulant partir, don Juan m'accompagne jusques dans le bateau, et après un honnête et courtois adieu, il me baille pour m'accompagner jusques à Huy[285] où j'allais coucher, première ville de l'évêque du Liège, Monsieur et Madame d'Havrec. Don Juan sorti, Monsieur d'Inchy demeure là le dernier dans le bateau, qui, n'ayant congé* de son maître de me conduire plus loin, prend congé de moi avec autant de regrets que de protestations d'être à jamais serviteur de mon frère et de moi. La Fortune envieuse et traître ne pouvant supporter la gloire d'une si heureuse fortune qui m'avait accompagnée jusques là en ce voyage, me donne [alors] deux sinistres augures des traverses* que, pour contenter son envie, elle me préparait à mon retour. Dont le premier fut que, soudain que le bateau commença à s'éloigner du bord, Madamoiselle de Tournon, fille de Madame de Tournon ma dame d'honneur, damoiselle très vertueuse, et accompagnée des

284. Selon Brantôme, don Juan avait vu Marguerite l'année précédente lors d'un bal à la cour de France, où il s'était rendu *incognito* durant son voyage d'Espagne en Flandre ; il y aurait déclaré « combien que ceste beauté de Reyne soit plus divine qu'humaine, elle est plus pour perdre et dampner les hommes que les sauver » (*DM*, p. 121).

285. Ville de Belgique, province de Liège.

grâces que j'aimais fort, prend un mal si étrange que tout soudain il la met aux hauts cris pour la violente douleur qu'elle ressentait, qui provenait d'un serrement de cœur qui fut tel, que les médecins n'eurent jamais moyen d'empêcher que, peu de jours après que je fus arrivée au Liège, la mort ne la ravît ; j'en dirai la funeste histoire en son lieu, pour* être remarquable. L'autre est qu'arrivant à Huy, ville située sur le pendant d'une montagne dont les plus bas logis mouillaient le pied dans l'eau[(a)], il s'émut un torrent si impétueux, descendant des ravages d'eau de la montagne en la rivière, que, la grossissant tout d'un coup comme notre bateau arrivait, nous n'eûmes presque loisir de sauter à terre, et courant tant que nous pûmes pour gagner le haut de la montagne, que la rivière fut aussi tôt que nous à la plus haute rue, auprès de mon logis qui était le plus haut. Où il nous fallut contenter ce soir[-là] de ce que le maître de la maison pouvait avoir, n'ayant moyen de pouvoir tirer des bateaux ni mes gens ni mes hardes, ni moins d'aller par la ville, qui était comme submergée dans ce déluge, [et] duquel elle ne fut avec moins de merveille* délivrée que saisie ; car au point du jour, l'eau était toute retirée et remise en son lieu naturel.

Partant*, Monsieur et Madame d'Havrec s'en retournèrent à Namur trouver don Juan, et moi je me remis dans mon bateau pour aller ce jour-là coucher au Liège[286], où l'évêque qui en est seigneur[287] me reçut avec tout l'honneur et démonstration de bonne volonté qu'une personne courtoise et bien affectionnée peut témoigner. C'était un seigneur accompagné de beaucoup de vertus, de prudence, de bonté, et qui parlait bien français, agréable de sa personne, honorable, magnifique* et de compagnie fort agréable, accompagné d'un chapitre et plusieurs chanoines, tous fils de ducs, comtes, et grands seigneurs d'Allemagne (pour ce que cet évêché, qui est un État souverain de grand revenu, d'assez grande étendue, rempli de beaucoup de bonnes villes, s'obtient par élection, et faut qu'ils demeurent un an résidants et qu'ils soient nobles pour* y être

(a) Cette relative est présente seulement dans A et C, ce dernier ajoutant : « douze des plus hauts sont assis sur le sommet de la montagne ». Était-ce une annotation en marge ?

286. Étant demeurée à Namur du 20 juillet 1577 au 23 au matin, la reine arriva à Liège le 24 juillet.

287. Gérard de Groesbeck.

reçus chanoines). La ville est plus grande que Lyon, et est presque en même assiette (la rivière de Meuse passant au milieu), très bien bâtie, n'y ayant maison de chanoine qui ne paraisse un beau palais, les rues grandes et larges, les places belles, accompagnées de très belles fontaines, les églises ornées de tant de marbre (qui se tire près de là) qu'elles en paraissent toutes [construites], les horloges (faites avec l'industrie d'Allemagne) chantant et représentant toutes sortes de musique et de personnages. L'évêque, m'ayant reçue sortant de mon bateau, me conduisit en son plus beau palais, d'où il s'était délogé pour me loger, qui est, pour une maison de ville, le plus beau et le plus commode palais qui se puisse voir, ayant plusieurs galeries, jardins, fontaines[a] – le tout tant peint, tant doré, accommodé avec tant de marbre, qu'il n'y a rien de plus magnifique ni plus délicieux.

Les eaux de Spa n'étant qu'à trois ou quatre lieues de là, n'y ayant auprès qu'un petit village de trois ou quatre méchantes petites maisons, Madame la princesse de La Roche-sur-Yon fut conseillée par les médecins de demeurer au Liège et d'y faire apporter son eau, l'assurant qu'elle aurait autant de force et de vertu étant portée la nuit, avant que le soleil fût levé ; de quoi je fus fort aise, pour faire notre séjour en lieu plus commode et en si bonne compagnie[288]. Car outre celle de Sa Grâce (ainsi appelle-t-on l'évêque de Liège, comme on appelle un roi Sa Majesté et un prince Son Altesse), le bruit ayant couru que je passais par là, plusieurs seigneurs et dames d'Allemagne y étaient venus pour me voir, et entre autres Madame la comtesse d'Arenberg[289], qui est celle qui avait eu l'honneur de conduire la reine Élisabeth[290] à ses noces à Mézières

---

(a) B, D, P donnent une version plus courte : « ...très magnifique, accompagné de très belles fontaines et de plusieurs jardins et galeries, le tout... ». C donne la version longue, mais supprime *très magnifique*, peut-être pour éviter la répétition.

288. La liste de visiteurs qui suit montre que l'agrément n'est pas seul en cause : Marguerite continue là son travail diplomatique.

289. Marguerite de La Marck, veuve de Jean de Ligne, comtesse souveraine d'Arenberg.

290. Elisabeth d'Autriche (1554-1592), fille de Maximilien II et de Marie d'Autriche. Son mariage avec Charles IX (1570) avait eu lieu en Lorraine, où la Cour s'était rendue à sa rencontre.

lorsqu'elle vint épouser le roi Charles mon frère, et sa sœur aînée[291] au roi d'Espagne son mari, femme qui était tenue en grande estime de l'impératrice[292], de l'empereur[293] et de tous les princes chrétiens ; sa sœur Madame la Landgrave[294], Madame d'Arenberg sa fillc[295], Monsieur d'Arenberg son fils[296], très honnête et galant homme, vive image de son père, qui amenant le secours d'Espagne au roi Charles mon frère, s'en retourna avec beaucoup d'honneur et de réputation[297].

Cette arrivée, toute pleine d'honneur et de joie, eût été encore plus agréable sans le malheur de la mort qui arriva à Madamoiselle de Tournon, de qui l'histoire étant si remarquable, je ne puis omettre à la raconter, faisant cette digression à mon discours. Madame de Tournon, qui était lors ma dame d'honneur, avait plusieurs filles, desquelles l'aînée avait épousé Monsieur de Balençon, gouverneur pour le roi d'Espagne au comté de Bourgogne ; et s'en allant à son ménage, [celle-ci] pria sa mère Madame de Tournon de lui bailler sa sœur Madamoiselle de Tournon, pour la nourrir* avec elle et lui tenir compagnie en ce pays où elle était éloignée de tous ses parents. Sa mère lui accorde. Et y ayant demeuré quelques années en se faisant agréable et aimable (car elle était plus que belle, sa principale beauté étant la vertu et la grâce), Monsieur le marquis de Varembon, de quoi j'ai parlé ci-devant, lequel était lors destiné à être d'Église, demeurant avec son frère Monsieur de Balençon en même maison, devint, par l'ordinaire fréquentation qu'il avait avec Madamoiselle de Tournon, fort amoureux d'elle ; et n'étant point obligé à l'Église, il désire l'épouser. Il en parle aux parents d'elle et de lui. Ceux du côté d'elle le trouvent bon ; mais son frère Monsieur de Balençon, estimant lui être plus utile qu'il fût d'Église, fait tant qu'il empêche cela, s'opiniâtrant à lui faire

291. Anne-Marie d'Autriche, sœur aînée de la précédente et dernière épouse de Philippe II.

292. Sans doute Marie d'Autriche, mère du suivant (qui ne se maria jamais).

293. Rodolphe II de Habsbourg (1552-1612), empereur d'Allemagne.

294. Mahaud de La Marck, épouse de Louis-Henri, landgrave de Leuchtemberg.

295. Peut-être Anne de Croy, épouse du suivant.

296. Charles de Ligne († 1616) comte d'Arenberg.

297. Jean de Ligne, comte d'Arenberg († 1568).

prendre la robe longue. Madame de Tournon, très sage et très prudente femme, s'offensant de cela, ôte sa fille Madamoiselle de Tournon d'avec sa sœur Madame de Balençon, et la reprend avec elle. Et comme elle était femme un peu terrible et rude, sans avoir égard que cette fille était grande et méritait un plus doux traitement, elle la gourmande et la crie sans cesse, ne lui laissant presque jamais l'œil sec, bien qu'elle ne fît nulle action qui ne fût très louable – mais c'était la sévérité naturelle de sa mère.

Elle, ne souhaitant que de se voir hors de cette tyrannie, reçut une extrême joie quand elle vit que j'allais en Flandre, pensant bien que le marquis de Varembon s'y trouverait, comme il fit, et qu'étant lors en état de se marier, ayant du tout quitté la robe longue, il la demanderait à sa mère, et que par le moyen de ce mariage elle se trouverait délivrée des rigueurs de sa mère. À Namur, le marquis de Varembon et le jeune Balençon son frère s'y trouvèrent, comme j'ai dit. Le jeune de Balençon, qui n'était pas (de beaucoup) si agréable que l'autre, accoste cette fille, la recherche* ; et le marquis de Varembon, tant que nous fûmes à Namur, ne fait pas seulement semblant de la connaître... Le dépit, le regret, l'ennui* lui serrent tellement le cœur – elle s'étant contrainte de faire bonne mine tant qu'il fut présent, sans montrer de s'en soucier – soudain qu'ils furent hors du bateau où ils nous dirent adieu, qu'elle se trouve tellement saisie qu'elle ne pût plus respirer qu'en criant, et avec des douleurs mortelles. N'ayant nulle autre cause de son mal, la jeunesse combat huit ou dix jours la Mort, qui, armée du dépit, se rend enfin victorieuse, la ravissant à sa mère et à moi, qui n'en fîmes moins de deuil l'une que l'autre. Car sa mère, bien qu'elle fût fort rude, l'aimait uniquement*.

Ses funérailles étant commandées, les plus honorables qu'il se pouvait faire – pour* être de grande maison comme elle était, même* appartenant à la reine ma mère –, le jour venu de son enterrement, l'on ordonne quatre gentilshommes des miens pour porter le corps, l'un desquels était La Bussière, qui l'avait durant sa vie passionnément adorée sans le lui avoir osé découvrir, pour la vertu qu'il connaissait en elle et pour l'inégalité[298], qui lors allait

298. On trouve dans les manuscrits des hésitations sur ce nom, les éditions ayant opté, dès l'*erratum* de la première édition, pour La Boëssière. Seul A donne La

portant ce mortel faix et mourant autant de fois de sa mort qu'il était mort de son amour. Ce funeste convoi étant au milieu de la rue qui allait à la grande église, le marquis de Varembon, coupable de ce triste accident, quelques jours après mon partement* de Namur s'étant repenti de sa cruauté, et son ancienne flamme s'étant de nouveau rallumée (ô étrange fait !) par l'absence, qui par la présence n'avait pu[(a)] être émue, se résout de la venir demander à sa mère, se confiant peut-être à la bonne fortune qui l'accompagne d'être aimé de toutes celles qu'il recherche* – comme il lui a paru depuis peu en une grande*, qu'il a épousée contre la volonté de ses parents[299]. Et se promettant que la faute lui serait[(b)] aisément pardonnée de sa maîtresse*, répétant souvent ces mots italiens[(c)] *che la forza d'amore non risguarda al delitto*, prie don Juan lui donner une commission* vers moi ; et venant en diligence*, il arrive justement sur le point que ce corps, aussi malheureux qu'innocent et glorieux en sa virginité, était au milieu de cette rue. La presse de cette pompe l'empêche de passer. Il regarde que c'est. Il avise de loin, au milieu d'une grande et triste troupe de personnes en deuil, un drap blanc couvert[(d)] de chapeaux de fleurs[300]. Il demande que c'est. Quelqu'un de la ville lui répond que c'était un enterrement. Lui, trop* curieux s'avance jusques au premier du convoi et importunément presse de lui dire de qui c'est. Ô mortelle réponse ! L'Amour ainsi vengeur de l'ingrate inconstance veut faire éprouver à son âme ce que, par son dédaigneux oubli, il a fait souffrir au corps de sa maîtresse* : les traits de la Mort. Cet ignorant qu'il

---

Bussière, et s'avère exact : un officier de ce nom, échanson, apparaît dans les comptes de la reine jusqu'en 1578, dont l'« inégalité » de rang avec la jeune fille ne permettait effectivement aucun espoir.

(a) B, D, P : « ne pouvait ».

299. Dorothée († 1587), fille de François, duc de Lorraine, épouse d'Eric, duc de Brunswick, puis (après 1584) de Varembon.

(b) A, C, P : « Il se promet que la faute lui sera... ».

(c) C ajoute : « en soi-même ».

(d) Leçon A. B et D : « au milieu d'une grande et triste troupe des personnes en deuil et un drap blanc couvert... ». C : « au milieu d'une grande et triste troupe de personnes en deuil et drap blanc couvert... ». P : « au milieu d'une grande et triste troupe de personnes en deuil et drap blanc couvertes... ».

300. Les chapeaux de fleurs, notamment de roses, étaient utilisés lors des enterrements.

pressait lui répond que c'était Mademoiselle de Tournon. À ce mot, il se pâme et tombe de cheval, il le faut emporter en un logis comme mort. Voulant plus justement, en cette extrémité, lui rendre l'union en la mort que trop tard en la vie il lui avait accordée, son âme, que je crois, allant dans le tombeau requérir pardon à celle que son dédaigneux oubli y avait mise, le laissa quelque temps sans aucune apparence de vie ; d'où étant revenu, l'anima de nouveau pour lui faire éprouver la Mort qui, d'une seule fois, n'eût assez puni son ingratitude[301].

Ce triste office étant achevé, me voyant en une compagnie étrangère, je ne voulais l'ennuyer de la tristesse que je ressentais de la perte d'une si honnête fille. Et étant conviée ou par l'évêque (dit Sa Grâce), ou par ses chanoines, d'aller en festins en diverses maisons et divers jardins, comme il y en a dans la ville et dehors de très beaux, j'y allai tous les jours, accompagnée de l'évêque et [des] dames et seigneurs étrangers, comme j'ai dit, lesquels venaient tous les matins en ma chambre pour m'accompagner au jardin où j'allais pour prendre mon eau. Car il faut la prendre en pourmenant*. Et bien que le médecin qui me l'avait ordonnée était mon frère, elle ne laissa toutefois de me faire [du] bien, ayant depuis demeuré six ou sept ans sans me sentir de l'érésipèle de mon bras... Partant de là, nous passions la journée ensemble, allant dîner* à quelque festin, où après le bal nous allions à vêpres en quelque religion*, et après souper* se passait de même, au bal ou dessus l'eau avec la musique.

Six semaines s'écoulèrent de la façon, qui est le temps ordinaire que l'on a accoutumé de prendre des eaux, et qui était ordonné à Madame la princesse de La Roche-sur-Yon. Voulant partir pour revenir en France, Madame d'Havrec arriva, qui s'en allait retrouver son mari en Lorraine, qui nous dit l'étrange changement qui était arrivé à Namur et en tout ce pays-là depuis mon passage : que le jour même que je partis de Namur, don Juan sortant de son bateau, montant à cheval, prenant prétexte de vouloir aller à la chasse, passa devant la porte du château de Namur, lequel il ne

301. Autrement dit : « le ranima pour pouvoir lui faire éprouver à nouveau, le jour de sa vraie mort, ce sentiment atroce, car une seule fois n'eût pas suffi à le punir. »

tenait encore, et feignant par occasion, s'étant trouvé devant la porte, de vouloir entrer pour le voir, s'en était saisi, et en avait tiré le capitaine que les États y tenaient (contre la convention qu'il avait avec les États), et outre ce s'était saisi du duc d'Arschot, de Monsieur d'Havrec et d'elle ; toutefois, qu'après plusieurs remontrances et prières, avait laissé aller son beau-frère et son mari, la retenant, elle, jusques alors, pour lui servir d'otage de leurs déportements* ; que tout le pays était en feu et en armes[302].

Il y avait trois partis : celui des États, qui était des catholiques de Flandre ; celui du prince d'Orange et des huguenots, qui n'étaient qu'un ; et celui d'Espagne, où commandait don Juan. Me voyant tellement embarquée qu'il fallait que je passasse entre les mains des uns et des autres, et mon frère m'ayant envoyé un gentilhomme nommé Lescar, par lequel il m'écrivait que, depuis mon partement* de la Cour, Dieu lui avait fait la grâce de si bien servir le roi en la charge de l'armée qui lui avait été commise, qu'il avait pris toutes les villes qu'il lui avait commandé d'attaquer, et chassé tous les huguenots de toutes les provinces pour lesquelles son armée était destinée ; qu'il était revenu à la Cour à Poitiers, où le roi était pendant le siège de Brouage[303] pour être plus près pour secourir l'armée de Monsieur de Mayenne de ce qui lui serait nécessaire ; [mais] que, comme la Cour est un Protée qui change de forme à toute heure, y arrivant toujours des nouvelletés, qu'il l'avait trouvée toute changée ; que l'on n'avait fait [aus]si peu d'état de lui que s'il n'eût rien fait pour le service du roi ; [que] Bussy, à qui le roi faisait bonne chère avant que partir, et qui avait servi le roi en cette guerre de sa personne et de ses amis (jusques à y avoir perdu son frère à l'assaut d'Issoire[304]), était aussi défavorisé et persécuté de l'envie qu'il avait été du temps du Guast ; que l'on leur faisait à

302. La prise de la citadelle de Namur est du 24 juillet 1577. Marguerite était certainement au courant avant l'époque de son retour, comme toute la noblesse qui lui a rendu visite. Elle n'a pas bougé, espérant sans doute que les choses se calmeraient. De fait, don Juan inaugure là une tentative de reconquête des Pays-Bas, d'où la dégradation rapide de la situation dans les semaines qui suivent, et l'affolement de la reine de ne pouvoir retraverser la zone en guerre.

303. Brouage (Charentes-maritimes).

304. L'Estoile rapporte le fait (*RJ*, vol. 2, p. 14).

l'un et à l'autre tous les jours des indignités ; que les mignons[305] qui étaient auprès du roi avaient fait pratiquer* quatre ou cinq des plus honnêtes hommes qu'il eût, qui étaient Maugiron[306], La Valette[307], Mauléon[308], Livarot[309] et quelques autres, pour quitter son service et se mettre à celui du roi ; qu'il se repentait fort de m'avoir permis de faire ce voyage de Flandre, et que l'on tâchait, à mon retour, de me faire faire quelque mauvais tour en haine de lui, ou par les Espagnols, les ayant avertis de ce que je traitais en Flandre pour lui, ou par les huguenots, pour se venger du mal qu'ils avaient reçu de lui, leur ayant fait la guerre après l'avoir assisté[310], tout ce que dessus considéré ne me donnait peu à penser, voyant que non pas seulement il fallait que je passasse ou entre les uns ou entre les autres, mais que même les principaux* de ma compagnie étaient affectionnés ou aux Espagnols ou aux huguenots – Monsieur de

305. Le terme *mignon* désignait, depuis plusieurs générations déjà, le favori d'un roi, d'une reine, ou d'un très grand. Il devint toutefois très célèbre à l'époque dont parle ici Marguerite (*cf.* le sonnet « Les Mignons de l'an 1577 » dans *RJ*, vol. 2, p. 146, ainsi que le jugement de L'Estoile : « Le dimanche 20e [octobre], le Roy arriva à Olinville, en poste, aveq la trouppe de ses jeunes Mignons, faisés et frizés aveq les crestes levées, les ratepennades en leurs testes, un maintien fardé, avec l'ostentation de mesmes, pignés, diaprés et pulverizés de pouldres violettes et senteurs odoriferantes, qui aromatizoient les rues, places et maisons où ils frequentoient. » *ibid.*, p. 145). Sur cette « institution », *cf.* A. Jouanna, « Faveur et favoris… ».

306. Louis de Maugiron (1560-1578), qui devait mourir au cours du célèbre duel des mignons.

307. Jean-Louis de Nogaret, seigneur de La Valette (1554-1642), fils de Jean de Nogaret et de Jeanne de Saint-Lary, époux de Marguerite de Foix. Futur duc d'Epernon (1581), il n'allait être écarté du pouvoir que sous Richelieu.

308. Giraud de Mauléon, seigneur de Gourdan († 1593).

309. Guy Darcès, dit Livarot († 1581).

310. Ce résumé des nouvelles transmises à sa sœur par le duc reflète la nouvelle situation politique. La paix qui vient d'être conclue avec les huguenots (*cf.*n. 326) remet à l'ordre du jour les projets du duc en Flandre. Or la prise de Namur par don Juan et la reprise des hostilités dans la contrée mettent Henri III dans une position délicate. Sa correspondance de l'été le montre avant tout désireux de rester neutre. Dès les lendemains de la prise d'Issoire, il a donc déssaisi son frère du commandement de son armée ; du coup, ses jeunes fidèles ont recommencé de harceler le duc. S'il est vraisemblable, toutefois, qu'il ait souhaité le retour rapide de sa sœur, il est peu probable qu'il ait pensé à la faire arrêter par l'intermédiaire des Espagnols ou des huguenots. Sans doute ce bruit faisait-il partie des rumeurs courant dans l'entourage persécuté du duc.

cardinal de Lenoncourt ayant autrefois été soupçonné de favoriser le parti des huguenots, et Monsieur Des Cars[311], duquel Monsieur l'évêque était frère, ayant aussi été quelquefois suspect d'avoir le cœur espagnol.

En ces doutes pleins de contrariétés, je ne m'en puis communiquer qu'à Madame la princesse de La Roche-sur-Yon et à Madame de Tournon, qui, connaissant le danger où nous étions et voyant qu'il nous fallait cinq ou six journées jusques à La Fère, passant toujours à la miséricorde des uns ou des autres, me répondent la larme à l'œil que Dieu seul nous pouvait sauver de ce danger, que je me recommandasse bien à lui, et puis que je fisse ce qu'il m'inspirerait ; que pour elles, qu'encore que l'une fût malade et l'autre vieille, que je ne craignisse à faire de longues traites, elles s'accommoderaient à tout pour me tirer de ce hasard. J'en parlai à l'évêque du Liège, qui me servit certes de père, et me bailla son grand maître avec ses chevaux pour me conduire si loin que je voudrais. Et comme il nous était nécessaire d'avoir un passeport du prince d'Orange, j'y envoyai Mondoucet, qui lui était confident* et ressentait un peu de cette religion. Il ne revient point. Je l'attends deux ou trois jours – et crois que si je l'eusse attendu j'y fusse encore, étant toujours conseillée de Monsieur le cardinal de Lenoncourt et du chevalier Salviati[312] mon premier écuyer, qui étaient d'une même cabale, de ne partir point sans avoir passeport. Je me doutai qu'au lieu de passeport, on me dresserait quelque autre chose de bien contraire. Je me résolus de partir le lendemain matin. Eux voyant que sur ce prétexte ils ne me pouvaient plus arrêter, le chevalier Salviati, intelligent* avec mon trésorier (qui était aussi couvertement* huguenot), lui fait dire qu'il n'y avait point d'argent pour payer les hôtes – chose qui était fausse ; car étant arrivée à La Fère, je voulus voir le compte, et se trouva de l'argent que l'on avait

311. Les éditeurs ont hésité sur ce personnage, et du coup sur le suivant. Celui-ci est très vraisemblablement Jean de Peyrusse, seigneur Des Cars, comte de la Vauguyon, prince de Carency (après 1517-1595), grand ami de la duchesse d'Uzès. La reine devait le fréquenter lors de son séjour à Nérac et l'évoquer souvent dans ses lettres à sa vieille amie. Il ne faisait pas partie du voyage, mais c'est à lui qu'elle pense, en supposant à son frère l'évêque de Langres les mêmes opinions que lui.

312. François Salviati, grand maître de l'ordre des Hospitaliers de Saint-Lazare, premier écuyer de la reine.

pris pour faire le voyage de reste encore pour faire aller ma Maison plus de six semaines ! Il fait que l'on retient mes chevaux, me faisant avec le danger cet affront public. Madame la princesse de La Roche-sur-Yon ne pouvant supporter cette indignité, et voyant le hasard où l'on me mettait, prête l'argent qui était nécessaire. Et eux demeurant confus, je passe, après avoir fait présent à Monsieur l'évêque du Liège d'un diamant de trois mille écus, et à tous ses serviteurs des chaînes d'or ou des bagues*, et je vins coucher à Huy, n'ayant pour passeport que l'espérance que j'avais en Dieu[313].

Cette ville était, comme j'ai dit, des terres de l'évêque du Liège ; mais toutefois, tumultueuse et mutine comme tous ces peuples-là, se sentait de la révolte générale des Pays-Bas, ne reconnaissait plus son évêque à cause qu'il vivait neutre, et elle tenait le parti des États. De sorte que, sans reconnaître le grand maître de l'évêque du Liège qui était avec moi, ayant l'alarme que don Juan s'était saisi du château de Namur sur mon passage, soudain que nous fûmes logés sonnent le tocsin et traînent l'artillerie par les rues, et la braquent[(a)] contre mon logis, tendant les chaînes afin que nous ne puissions joindre ensemble[314], nous tenant toute la nuit en ces altères* sans avoir moyen de parler à aucun d'eux, étant tout petit peuple, gens brutaux et sans raison. Le matin ils nous laissèrent sortir, ayant bordé toute la rue de gens armés.

Nous allâmes de là coucher à Dinant[315], où par malheur ce jour même ils avaient fait[316] les bourgmestres, qui sont comme consuls en Gascogne et échevins en France : tout y était ce jour-là en débauche, tout le monde ivre, point de magistrats connus, bref un vrai chaos de confusion. Et pour y empirer davantage notre condition, le grand maître de l'évêque du Liège leur avait fait autre-

---

313. Marguerite quitta Liège le 8 septembre. Après Huy, elle ne put reprendre le même chemin qu'à l'aller à cause des hostilités.

(a) A est le seul à donner la bonne leçon. B, D et P donnent ici : « et les barriques », erreur reprise par les premières éditions. C : « logés, commencent à sonner le toxin et traîner l'artillerie contre mon logis… »

314. Voir n. 113.

315. Ville de Belgique, province de Namur.

316. « élu ».

fois la guerre, et est[(a)] tenu d'eux pour mortel ennemi. Cette ville-là, quand ils sont en leur sens rassis, tenait pour les États. Mais lors, Bacchus y dominant, ils ne tenaient pas seulement pour eux-mêmes et ne reconnaissaient personne. Soudain qu'ils nous voient approcher les faubourgs avec une troupe grande comme était la mienne, les voilà alarmés. Ils quittent les verres pour courir aux armes, et tout en tumulte, au lieu de nous ouvrir, ils ferment la barrière. J'avais envoyé un gentilhomme devant avec les fourriers et maréchal des logis, pour les prier de nous donner passage, mais je les trouvai tous arrêtés là, qui criaient sans être entendus. Enfin, je me lève debout dans la litière, ôtant mon masque[317], je fais signe au plus apparent* que je veux parler à lui, et étant venu à moi, je le priai de faire faire silence, afin que je pusse être entendue. Ce qu'étant fait avec toute peine, je leur représente qui j'étais, et l'occasion de mon voyage : tant s'en faut que je leur voulusse apporter du mal par ma venue, que je ne leur voudrais pas seulement donner le soupçon, que je les priais de me laisser entrer, moi et mes femmes et si peu de mes gens dans la ville qu'ils voudraient pour cette nuit, et que le reste ils le laissassent dans le faubourg. Ils se contentèrent de cette proposition, et me l'accordèrent.

Ainsi j'entrai dans leur ville avec les plus apparents* de ma troupe, du nombre desquels fut le grand maître de l'évêque du Liège, qui par malheur fut reconnu comme j'entrais en mon logis, accompagnée de tout ce peuple ivre et armé. Lors commencent à lui crier injures et à vouloir charger ce bonhomme, qui était un vieillard vénérable de quatre-vingts ans, ayant la barbe blanche jusques à la ceinture. Je le fis entrer dans mon logis, où ces ivrognes faisaient pleuvoir les arquebusades contre les murailles – qui n'étaient que de terre. Voyant ce tumulte, je demande si l'hôte de la maison n'était point là-dedans. Il s'y trouve de bonne fortune. Je le prie qu'il se mette à la fenêtre, et qu'il me fasse parler aux plus apparents* – ce qu'à toute peine il veut faire. Enfin, [moi] ayant assez crié par la fenêtre, les bourgmestres viennent parler à moi, si saouls qu'ils ne savaient ce qu'ils disaient. Enfin, leur assurant que je n'avais point su que ce grand maître leur fût ennemi, leur remon-

(a) A, C : « était ».

317. Les femmes nobles voyageaient masquées, pour préserver leur teint du hâle.

trant de quelle importance leur était d'offenser une personne de ma qualité qui était amie de tous les principaux seigneurs des États, et que je m'assurais que Monsieur le comte de Lalain et tous les autres chefs trouveraient fort mauvaise la réception qu'ils m'avaient faite, [eux] oyant nommer Monsieur de Lalain, ils se changèrent tous. Et lui portant tous plus de respect qu'à tous les rois à qui j'appartenais, le plus vieil d'entre eux me demande en se souriant et bégayant si j'étais donc amie de Monsieur le comte de Lalain. Voyant que sa parenté me servait plus que celle de tous les potentats de la chrétienté, je lui réponds : « Oui, je suis son amie, et sa parente aussi[(a)]. » Lors ils me font la révérence et me baillent la main, et m'offrent autant de courtoisie comme* ils m'avaient fait d'insolence, me priant de les excuser et me promettant qu'ils ne demanderaient rien à ce bonhomme le grand maître, et qu'ils le laisseraient sortir avec moi.

Le matin venu, comme je voulais aller à la messe, l'agent que le roi tenait auprès de don Juan, nommé Du Bois[318], lequel était fort Espagnol, arrive, me disant qu'il avait lettres du roi pour me venir trouver et me conduire sûrement* à mon retour ; à cette cause il avait prié don Juan de lui bailler Barlemont[319] avec troupe de cavalerie, pour me faire escorte et me mener sûrement* à Namur, et qu'il fallait que je priasse ceux de la ville de laisser entrer Monsieur de Barlemont (qui était seigneur du pays) et sa troupe, afin qu'il me pût conduire – ce qu'ils faisaient à double fin, l'une pour se saisir de la ville, et l'autre pour me faire tomber entre les mains de l'Espagnol. Je me trouvai lors en fort grande peine. Le communiquant à Monsieur le cardinal de Lenoncourt, qui n'avait pas envie de tomber entre les mains de l'Espagnol non plus que moi, nous avisâmes qu'il fallait savoir de ceux de la ville s'il y avait quelque chemin par lequel je pusse éviter cette troupe de Monsieur de Barlemont. Et baillant ce petit agent nommé Du Bois à amuser à Monsieur de Lenoncourt, je passe en une autre chambre, où je fais

(a) C. Les autres manuscrits donnent : « ainsi », que certains rattachent à la phrase suivante.

318. Du Bois, procureur général du Grand Conseil de Malines, institution judiciaire bourguignonne, était dévoué à don Juan.

319. Charles de Berlaimont, gouverneur de Namur, qui avait aidé don Juan à s'emparer de la citadelle.

venir ceux de la ville, où je leur fais connaître que s'ils laissaient entrer la troupe de Monsieur de Barlemont ils étaient perdus, qu'ils se saisiraient de la ville pour don Juan ; que je les conseillais de s'armer et se tenir prêts à leur porte, montrant contenance de gens avertis et qui ne se veulent laisser surprendre ; qu'ils laissassent entrer seulement Monsieur de Barlemont, et rien davantage.

Leur vin du jour précédent étant passé[a], ils prirent bien mes raisons et me crurent, m'offrant d'employer leurs vies pour mon service, et me baillant un guide pour me mener par un chemin auquel je mettrais la rivière entre les troupes de don Juan et moi, et les laisserais de si loin qu'ils ne me pourraient plus atteindre, allant toujours par maisons ou villes tenant le parti des États. Ayant pris cette résolution avec eux, je les envoie faire entrer Monsieur de Barlemont tout seul, lequel étant entré leur veut persuader de laisser entrer sa troupe. Mais voyant cela ils se mutinent, de sorte que peu s'en fallût qu'ils ne le massacrassent, lui disant que s'il ne la faisait retirer hors de la vue de leur ville, qu'ils y feraient tirer l'artillerie – ce qu'ils faisaient afin de me donner temps de passer l'eau avant que cette troupe me pût atteindre. Monsieur de Barlemont étant entré, lui et l'agent Du Bois font ce qu'ils peuvent pour me persuader d'aller à Namur où don Juan m'attendait. Je montre de vouloir faire ce qu'on me conseillerait, et, après avoir ouï la messe et fait un dîner* court, je sors de mon logis accompagnée de deux ou trois cents de la ville en armes, et, parlant toujours à Monsieur de Barlemont et à l'agent Du Bois, je prends mon chemin droit à la porte de la rivière, qui était au contraire du chemin de Namur sur lequel était la troupe de Monsieur de Barlemont. Eux, s'en avisant, me dirent que je n'allais pas bien ; et moi, les menant toujours de paroles, j'arrivai à la porte de la ville. De laquelle sortant accompagnée d'une bonne partie de ceux de la ville, je double le pas vers la rivière et monte dans le bateau, y faisant promptement entrer tous les miens, Monsieur de Barlemont et l'agent Du Bois me criant toujours du bord de l'eau que je ne faisais pas bien, que ce n'était point l'intention du roi, qui voulait que je passasse par Namur. Nonobstant leurs crieries nous passons promptement l'eau, et pen-

(a) A. B, D et P omettent cette participiale. C en fait une phrase : « Leur vin du jour précédent était passé. »

dant que l'on passait à deux ou trois voyages nos litières et nos chevaux, ceux de la ville, exprès pour me donner temps, amusent par mille crieries et mille plaintes Monsieur de Barlemont et l'agent Du Bois, les arraisonnant en leur patois sur le tort que don Juan avait d'avoir faussé sa foi aux États et rompu la paix, et sur les vieilles querelles de la mort du comte d'Egmont, et le menaçant toujours que si sa troupe paraissait auprès de la ville, qu'ils feraient tirer l'artillerie. Il me donnèrent temps de m'éloigner en telle sorte que je n'avais plus à craindre cette troupe, guidée de Dieu et de l'homme qu'ils m'avaient baillé.

Je logeai ce soir-là en un château fort nommé Fleurines[320], qui était à un gentilhomme qui tenait le parti des États, et lequel j'avais vu avec le comte de Lalain. Le malheur fut tel que ledit gentilhomme ne s'y trouva point, et n'y avait que sa femme. Et comme nous fûmes entrés dans la basse-cour, la trouvant ouverte, elle prit l'alarme et s'enfuit dans son donjon, levant le pont, résolue, quoi que nous lui pussions dire, de ne nous point laisser entrer. Cependant une compagnie de trois cents hommes de pieds que don Juan avait envoyée pour nous couper chemin et pour se saisir dudit château de Fleurines, sachant que j'y allais loger, paraît[(a)] sur un petit haut* à mille pas de là. Et estimant que nous fussions entrés dans le donjon, ayant pu connaître de là que nous étions tous entrés dans la cour, firent halte, et se logèrent à un village là auprès, espérant de m'attraper le lendemain matin. Comme nous estions en ces altères*, pour* ne nous voir que dedans la cour (qui n'était fermée que d'une méchante muraille et d'une méchante porte qui eût été bien aisée à forcer), disputant toujours avec la dame du château inexorable à nos prières, Dieu nous fit cette grâce que son mari Monsieur de Fleurines y arriva à nuit fermante, lequel soudain nous fit entrer dans son château, se courrouçant fort à sa femme de l'indiscrète* incivilité qu'elle avait montrée. Ledit sieur de Fleurines nous venait trouver de la part du comte de Lalain pour me faire

---

320. Florennes, localité de la seigneurie de Liège, près de Dinant.

(a) B, D : « Cependant, trois cents gentilshommes que don Juan avait envoyés pour nous couper chemin et pour se saisir dudit château de Fleurines, sachant que j'y allais loger, paraissent ». P reproduit l'erreur, mais écrit *paraissant*.

sûrement* passer par les villes des États, ne pouvant quitter l'armée des États, de laquelle il était chef, pour me venir accompagner.

Ce bon rencontre* fut si heureux que, le maître de la maison s'offrant de m'accompagner jusques en France, nous ne passâmes plus par aucunes villes où je ne fusse honorablement et paisiblement reçue, pour ce que c'était pays des États, y recevant ce seul déplaisir que je ne pouvais repasser à Mons comme j'avais promis à la comtesse de Lalain ; et n'en approchai pas plus près que de Nivelles (qui était à sept grandes lieues de là), qui fut cause, la guerre étant si forte comme elle était, que nous ne nous pûmes voir elle et moi, ni aussi peu Monsieur le comte de Lalain qui était, comme j'ai dit, en l'armée des États vers Anvers. Je lui écrivis seulement de là par un homme de ce gentilhomme qui me conduisait. Elle soudain, me sachant là, m'envoie deux des gentilshommes plus* apparents* qui fussent demeurés là, pour me conduire jusques à la frontière de France (car j'avais à passer tout le Cambrésis, qui était mi-parti* pour l'Espagnol et pour les États), avec lesquels j'allai loger au Château-Cambrésis[321]. D'où eux s'en retournant, je lui envoyai pour se souvenir de moi une robe des miennes que je lui avais ouï fort estimer quand je la portais à Mons, qui était de satin noir toute couverte de broderie de canon*, qui avait coûté huit ou neuf cents écus[322].

Arrivant au Château-Cambrésis, j'eus avis que quelques troupes huguenotes avaient dessein de m'attaquer entre la frontière de Flandre et de France ; ce que n'ayant communiqué qu'à peu de personnes, une heure avant le jour je fus prête, envoyant quérir nos litières et chevaux pour partir. Le chevalier Salviati faisait le long[323], comme il avait fait au Liège ; ce que connaissant qu'il faisait à dessein, je laisse là ma litière, et montant à cheval, ceux qui furent les premiers prêts me suivirent, de sorte que je fus au Catelet à dix heures du matin, ayant par la seule grâce de Dieu échappé toutes les embûches et aguets de mes ennemis. De là allant chez

321. Le Cateau-Cambrésis (Nord).

322. Marguerite devait rester en contact avec la comtesse de Lalain (*CSP*, vol. 12, pp. 679-681, vol. 13, p. 6).

323. « faisait traîner ».

moi à La Fère[324] pour y séjourner jusques à tant que je saurais la paix être faite, j'y trouvai, arrivé devant moi, un courrier de mon frère qui avait charge de m'attendre là pour, soudain que je serais arrivée, retourner en poste* et l'en avertir. Il écrivait par lui que la paix était faite[325], et que le roi s'en retournait à Paris ; que pour lui, sa condition allait toujours en empirant, n'y ayant sorte de défaveurs et indignités que l'on ne fît tous les jours éprouver et à lui et aux siens, et que ce n'était tous les jours que querelles nouvelles que l'on suscitait à Bussy et aux honnêtes gens qui étaient avec lui. Ce qui lui faisait attendre avec extrême impatience mon retour à La Fère pour m'y venir trouver. Je lui redépêche soudain son homme, par lequel averti de mon retour, il envoya soudain Bussy avec toute sa Maison à Angers[326], et prenant seulement quinze ou vingt hommes des siens, s'en vint en poste* me trouver chez moi à La Fère[327] ; qui fut un des grands contentements que j'aie jamais reçus, de voir personne chez moi que j'aimais et honorais tant. Où je me mis peine de lui donner tous les plaisirs que je pensais lui pouvoir rendre[328] ce séjour agréable, ce qui était si bien reçu de lui qu'il eût volontiers dit, comme saint Pierre, « Faisons ici nos tabernacles* »[329], si le courage tout royal qu'il avait, et la générosité de son âme ne l'eussent appelé à choses plus grandes. La tranquillité de notre Cour, au prix* de l'agitation de l'autre d'où il partait, lui rendait tous les plaisirs qu'il y recevait si doux qu'à toute heure il ne se pouvait empêcher de me dire : « O ma reine, qu'il fait bon

324. Marguerite y parvint entre le 11 et le 13 septembre.

325. Le traité de Bergerac, qui mit fin à la sixième guerre de religion, fut signé le 17 septembre, soit après l'arrivée de Marguerite à La Fère. Le courrier du duc d'Anjou devait plutôt en annoncer la signature imminente.

326. Vraisemblablement pour accélérer les préparatifs relatifs à l'entreprise de Flandre. Bussy était gouverneur d'Anjou.

327. L'Estoile signale que le duc quitta Paris le 12 octobre (*RJ*, vol. 2, p. 145).

328. « les plaisirs dont je pensais qu'ils pourraient lui rendre... ».

329. Allusion à l'épisode de la Transfiguration : « Et voici que deux hommes parlaient avec lui [*Jésus*] : c'étaient Moïse et Élie, qui, apparus en gloire, parlaient de son départ qu'il allait accomplir à Jérusalem. Pierre et ceux qui étaient avec lui [...] s'étant réveillés, ils virent sa gloire et les deux hommes qui se tenaient avec lui. Or, comme ceux-ci se séparaient de lui, Pierre dit à Jésus : "Chef, il est bon que nous soyons ici ; faisons donc trois tentes, une pour toi, une pour Moïse, et une pour Élie. » (Luc, IX, 30-33). Aussi Matthieu, XVII, 4 et Marc IX, 5.

avec vous ! Mon Dieu, cette compagnie est un paradis comblé de toutes sortes de délices, et celle d'où je suis parti un enfer rempli de toutes sortes de furies et tourments. »

Nous passâmes près de deux mois, qui ne nous furent que deux petits jours, en cet heureux état[330]. Durant lequel, lui ayant rendu compte de ce que j'avais fait pour lui en mon voyage de Flandre et des termes où j'avais mis ses affaires, il trouva fort bon que Monsieur le comte de Montigny, frère du comte de Lalain, vînt résoudre avec lui des moyens qu'il y fallait tenir, et pour prendre aussi assurance de leur volonté, et eux de la sienne. Il y vint accompagné de quatre ou cinq des plus principaux* du Hainaut, l'un desquels avait lettre et charge de Monsieur d'Inchy d'offrir son service à mon frère, et l'assurer de la citadelle de Cambrai. Monsieur de Montigny, lui, portait parole de la part de son frère le comte de Lalain de lui remettre entre ses mains tout le Hainaut et l'Artois, où il y a plusieurs bonnes villes. Ces offres très assurées reçues de mon frère, il les renvoya avec présents de médailles d'or où la figure de lui et de moi y était, et assurant[331] les accroissements et bienfaits qu'ils pourraient espérer de lui. De sorte que, s'en retournant, ils préparèrent toutes choses pour la venue de mon frère qui, se délibérant d'avoir ses forces prêtes dans peu de temps pour y aller, s'en retourne à la Cour pour tâcher de tirer des commodités du roi pour fournir à cette entreprise.

Moi, voulant faire mon voyage de Gascogne et ayant préparé toutes choses pour cet effet, je m'en retournai à Paris, où arrivant, mon frère me vint trouver à une journée de Paris. Et le roi et la reine ma mère, et la reine Louise, avec toute la Cour, me firent cet honneur de venir au devant de moi jusques à Saint-Denis, qui était ma dînée*, où il me reçurent avec beaucoup d'honneur et de bonne chère, se plaisant à me faire raconter les honneurs et magnificences de mon voyage et séjour du Liège, et les aventures de mon retour. En ces agréables entretiens, étant tous dans le chariot de la reine ma mère, nous arrivâmes à Paris, où après avoir soupé* et le

---

330. Marguerite était le 12 novembre à Paris ; elle passa donc bien deux mois à La Fère, mais moins d'un seul avec son frère, celui-ci étant reparti à la Cour début octobre.

331. « et confirma ». Voir n. 30.

bal étant fini, le roi et la reine ma mère étant ensemble, je m'approche d'eux, et leur dis que je les suppliais ne trouver mauvais si je les requérais avoir agréable que j'allasse trouver le roi mon mari ; que la paix étant faite, c'était chose qui ne lui pouvait être suspecte, et qu'à moi me serait préjudiciable et malséant si je demeurais davantage à y aller. Ils montrent tous deux de le trouver très bon, et de louer la volonté que j'en avais. Et la reine ma mère me dit qu'elle voulait m'y accompagner, étant aussi son voyage nécessaire en ce pays-là pour le service du roi, auquel elle dit aussi qu'il fallait qu'il me baillât des moyens pour mon voyage ; ce que le roi librement m'accorda. Et moi, ne voulant rien laisser en arrière qui me pût faire revenir à la Cour (ne m'y pouvant plus plaire lorsque que mon frère en serait dehors, que je voyais qu'il se préparait pour s'en aller bientôt en son entreprise de Flandre), je suppliai la reine ma mère de se souvenir de ce qu'elle m'avait promis à la paix avec mon frère : qu'advenant que je partisse pour m'en aller en Gascogne, elle me ferait bailler des terres pour l'assignat de mon dot[332]. Elle s'en ressouvint, et le roi le trouve très raisonnable, et me promet qu'il serait fait. Je le supplie que ce soit promptement, pour ce que je désirais partir, s'il lui plaisait, dans le commencement du mois prochain. Ce qui fut ainsi arrêté, mais à la façon de la Cour ; car au lieu de me dépêcher*, et [bien[a]] que tous les jours je les en sollicitasse, ils me firent traîner cinq ou six mois ; et mon frère de même, qui pressait aussi son voyage de Flandre, représentant au roi que c'était l'honneur et l'accroissement de la France, que ce serait une invention* pour empêcher la guerre civile (tous les esprits remuants et désireux de nouveautés ayant moyen d'aller en Flandre passer leur fumée et se saouler de la guerre), que cette entreprise servirait aussi, comme le Piémont, d'école à la noblesse de France, pour s'exercer aux armes et y faire revivre des Monluc et Brissac, des Termes et des Bellegarde[333], tels que ces grands maréchaux qui,

---

332. Voir n. 373.

(a) A et C ont suppléé ce mot.

333. Blaise de Lasseran, seigneur de Monluc (1500-1577), maréchal en 1574, auteur des célèbres *Commentaires* ; Charles Ier de Cossé, comte de Brissac (1505-1564), maréchal en 1550 ; Paul de La Barthe, seigneur de Termes (1482-1562), maréchal en 1528 ; Pierre de Saint-Lary, seigneur de Bellegarde (1534-1579),

s'étant façonnés aux guerres du Piémont, avaient depuis si glorieusement et heureusement servi leur roi et leur patrie[334]...

[1578] Ces remontrances étaient belles et véritables ; mais elles n'avaient tant de poids qu'elles pussent emporter à la balance l'envie que l'on portait à l'accroissement de la fortune de mon frère, auquel l'on donna tous les jours nouveaux empêchements pour le retarder d'assembler ses forces et les moyens qui lui étaient nécessaires pour aller en Flandre, lui faisant cependant, à lui, à Bussy, et à ses autres serviteurs, mille indignités, et faisant attaquer plusieurs querelles à Bussy, tantôt par Caylus, tantôt par Gramont[335], de jour, de nuit, et à toutes heures, estimant qu'à quelqu'une de ces alarmes mon frère s'y précipiterait. Ce qui se faisait sans le su du roi[336]. Mais Maugiron, qui le possédait lors et qui, ayant quitté le service de mon frère, croyait qu'il s'en dût ressentir (ainsi qu'il est ordinaire que *qui offense ne pardonne jamais*), hayait* mon frère d'une telle haine qu'il conjurait sa ruine en toutes façons, le bravant et méprisant sans respect, comme l'imprudence d'une folle jeunesse, enflée de la faveur du roi, le poussait à faire toutes insolences, s'étant ligué avec Caylus, Saint-Luc[337], Saint-Mégrin[338], Gramont, Mauléon, Livarot, et quelques autres jeunes gens que le roi favorisait [et] qui, suivis de toute la Cour (à la façon des courtisans qui ne suivent que la faveur), entreprenaient toutes choses qui leur venaient en fantaisie, quelles qu'elles fussent. De sorte qu'il ne se passait jour qu'il n'y eut nouvelle querelle entre eux et Bussy, de qui le courage ne pouvait céder à nul.

---

maréchal en 1574. Tous s'étaient illustrés pendant la longue période des guerres d'Italie.

334. Les arguments résumés ici étaient régulièrement utilisés à l'époque, et comptèrent pour beaucoup dans la popularité de l'« entreprise de Flandre », à laquelle adhérèrent de nombreux Français, tant huguenots que catholiques – d'où l'aide qu'Henri III fut contraint d'apporter à son frère (*cf.* J. Boucher, « Un parti d'opposition... », pp. 125 et suiv.).

335. Philibert de Gramont, comte de Guiche (1552-1580).

336. Les duels furent incessants à la Cour dès le début de l'année 1578, malgré les interventions du roi, entre ses partisans, ceux de son frère et ceux des Guises. Bussy fut notamment, en janvier, à l'origine de deux altercations majeures avec Gramont et Caylus (*RJ*, vol. 2, pp. 171 et suiv.).

337. François d'Epinay, seigneur de Saint-Luc (1554-1595).

338. Paul Estuaire [ou Stuer] de Caussade, comte de Saint-Mégrin († 1578).

Mon frère, considérant que ces choses n'étaient pas pour avancer son voyage de Flandre, désirant plutôt adoucir le roi que l'aigrir (pour l'avoir favorable en son entreprise), estimant aussi que Bussy, étant dehors, avancerait davantage de dresser les troupes nécessaires pour son armée, il l'envoie par ses terres pour y donner ordre[339]. Mais Bussy étant parti, la persécution de mon frère ne cessa pour cela. Et connut-on alors qu'encore que les belles qualités qu'il avait apportassent beaucoup de jalousie à Maugiron et à ces autres jeunes gens qui étaient près du roi, que la principale cause de leur haine contre Bussy était qu'il était serviteur de mon frère. Car depuis qu'il fut parti, ils bravent et morguent mon frère avec autant de mépris, et si apparemment* que tout le monde le connaissait, encore que mon frère fût fort prudent et très patient de son naturel, et qu'il eût résolu de souffrir toutes choses pour faire ses affaires en son entreprise de Flandre, espérant par ce moyen en sortir bientôt et ne s'y revoir jamais plus sujet[340]. Cette persécution et ces indignités lui furent toutefois fort ennuyeuses et honteuses, même* voyant qu'en haine de lui l'on tâchait de nuire en toutes façons à ses serviteurs : ayant depuis peu de jours fait perdre un grand procès à Monsieur de La Chastre[341], pour ce que depuis peu il s'était rendu serviteur de mon frère – le roi s'étant tellement laissé emporter aux persuasions de Maugiron et de Saint-Luc, qui étaient amis de Madame de Senneterre[342], qu'il avait lui-même été solliciter ce procès pour elle contre Monsieur de La Chastre, qui s'en sentant offensé (comme l'on peut penser), faisait participer mon frère à sa juste douleur.

En ces jours-là, le mariage de Saint-Luc se fit[343], auquel mon frère ne voulant assister, me pria aussi d'en faire de même. Et la reine ma mère, qui ne se plaisait guère à la débordée outrecuidance de ces jeunes gens, craignant aussi que tout ce jour serait en joie et

339. De fait, Bussy était à Saint-Cloud, attendant que soit réglé son différend avec Caylus (*cf.* Chevallier, *Henri III*..., pp. 460-461).

340. « en » et « y » représentent la Cour.

341. Claude de La Chastre (1536-1614).

342. Jeanne de Laval (1553-1586), épouse de François, comte de Saint-Nectaire, qu'Henri III semble avoir aimée.

343. Saint-Luc épousa le 9 février 1578 Jeanne de Cossé, fille de Charles Ier de Cossé-Brissac et de Charlotte d'Esquetot.

en débauche, et que, mon frère n'ayant voulu être de la partie, l'on lui en dressât quelqu'une qui lui fût préjudiciable, elle fit trouver bon au roi qu'elle allât le jour des noces dîner* à Saint-Maur[344], et nous y mena mon frère et moi. C'était le lundi gras[345]. Nous revînmes le soir, la reine ma mère ayant tellement prêché mon frère qu'elle le fît consentir de paraître et se trouver au bal, pour complaire au roi. Mais au lieu que cela amendât ses affaires, elles s'en empirèrent. Car y étant, Maugiron et autres de sa cabale commencèrent à le gausser avec des paroles si piquantes qu'un moindre que lui s'en fût offensé, lui disant qu'il avait bien perdu sa peine de s'être rhabillé, que l'on ne l'avait point trouvé à dire* l'après-dînée*, qu'il était venu à l'heure des ténèbres parce qu'elles lui étaient propres, et l'attaquant de sa laideur [et] de sa petite taille[346] ; tout cela se disant à la nouvelle mariée qui était auprès de lui, si haut qu'il se pouvait entendre. Mon frère, connaissant que cela se faisait exprès pour le faire répondre et le brouiller par ce moyen avec le roi, s'ôte de là, si plein de dépit et de colère qu'il n'en pouvait plus. Lequel, après en avoir conféré avec Monsieur de La Chastre, se résolut de s'en aller pour quelques jours à la chasse, pensant par son absence attiédir l'animosité de ces jeunes gens contre lui, et en faire plus aisément ses affaires avec le roi pour la préparation de l'armée qui lui était nécessaire pour aller en Flandre. Il s'en va trouver la reine ma mère qui se déshabillait, lui dit ce qui s'était passé[(a)] au bal, de quoi elle fut très marrie, et lui fait entendre la résolution que là dessus il avait prise, qu'elle trouve très bonne ; et lui promet de la faire agréer au roi, et en son absence de le solliciter de lui fournir promptement ce qu'il lui avait promis pour son

---

344. Saint-Maur-des-Fossés (Val-de-Marne), l'une des résidences préférées de Catherine.

345. *Cf.* L'Estoile: « Dimanche gras 9 febvrier, Monsieur, frère du Roy, accompagné de la Roine, sa mère, et de la Roine de Navarre, sa sœur, s'en alla dès le matin proumener au bois de Vincennes et à Saint-Maur-lès-Fossés, tout exprès, afin de n'assister aux nopces qui ce jour furent faites au Louvre en grandes pompes de Saint-Luc et de la damoiselle de Brissac » (*RJ*, vol. 2, p. 175).

346. Le duc d'Anjou avait eu la petite vérole en 1569. Son visage en était resté marqué. Tous les ambassadeurs l'ont dit petit.

(a) B, D, P : « ...s'en va trouver ma mère au bal... »

entreprise de Flandre. Et Monsieur de Villequier[347] étant là, elle lui commande d'aller faire entendre au roi le désir que mon frère avait d'aller pour quelques jours à la chasse, ce qui lui semblait qu'il ne serait que bon, pour apaiser toutes les brouilleries qui étaient entre lui et ces jeunes gens, Maugiron, Saint-Luc, Caylus et les autres.

Mon frère se retirant en sa chambre, tenant son congé* pour obtenu, commande à tous ses gens d'être le lendemain prêts pour aller à la chasse à Saint-Germain, où il voulait demeurer quelques jours à courre* le cerf, ordonne à son grand veneur d'y faire trouver les chiens, et se couche en cette intention de se lever lendemain matin pour aller à la chasse soulager et divertir un peu son esprit des brouilleries de la Cour. Monsieur de Villequier cependant était allé, par le commandement de la reine ma mère, demander son congé* au roi, qui d'abord lui accorda. Mais demeuré seul en son cabinet avec le conseil de Jéroboam[348] de cinq à six jeunes hommes, ils lui rendent ce partement* fort suspect, et le mettent en telle appréhension qu'ils lui font faire une des plus grandes folies qui se soit faite en notre temps, qui fut de prendre mon frère et tous ses principaux serviteurs prisonniers. S'il fut imprudemment délibéré, il fut encore plus indiscrètement exécuté. Car le roi, soudain prenant sa robe de nuit, s'en alla trouver la reine ma mère tout ému, comme en une alarme publique où l'ennemi eût été à la porte, lui disant : « Comment, Madame, que pensez-vous m'avoir demandé, de laisser aller mon frère ? Ne voyez-vous pas, s'il s'en va, le danger où vous mettez mon État ? Sans doute, sous cette chasse, il y a quelque dangereuse entreprise. Je m'en vais me saisir de lui et de tous ses gens, et ferai chercher dans ses coffres. Je m'assure que nous découvrirons de grandes choses. » – et à même temps ayant avec lui le sieur de Losse, capitaine des gardes, et quelques archers écossais.

La reine ma mère, craignant qu'en cette précipitation il fît quelque tort à la vie de mon frère, le prie qu'elle aille avec lui, et

347. René de Villequier (1519?-1590), baron de Clairvaux.

348. Marguerite se trompe : elle pense à Roboam, héros de la *Bible*, fils de Salomon et de Naama l'Ammonite, célèbre pour sa morgue et sa maladresse, qui devant le danger de schisme où Jéroboam avait mis le royaume d'Israël, repoussa les avis des vieux conseillers et n'écouta que les jeunes courtisans, qui l'incitèrent à la sévérité. Il précipita ainsi le schisme (II Chroniques, X, 13-16).

toute déshabillée comme elle était, s'accommodant comme elle put avec son manteau de nuit, le suit, montant à la chambre de mon frère, où le roi frappe rudement, criant que l'on lui ouvrît, que c'était lui. Mon frère se réveille en sursaut, et sachant bien qu'il n'avait rien fait qui lui dût donner crainte, dit à Cangé son valet de chambre qu'il lui ouvrît la porte. Le roi, entrant en cette furie, commença à le gourmander, et lui dire qu'il ne cesserait jamais d'entreprendre contre son État, et qu'il lui apprendrait que c'est que de s'attaquer à son roi. Sur cela, il commande à ses archers d'emporter ses coffres hors de là, et de tirer ses valets de chambre hors de la chambre. Il fouille lui-même le lit de son frère pour voir s'il y trouverait quelques papiers. Mon frère ayant une lettre de Madame de Sauve qu'il avait reçue ce soir là, laquelle il prend à la main pour empêcher que l'on ne la vît, le roi s'efforce de la lui ôter. Lui y résistant, et le priant à mains jointes de ne la voir point, cela en donne plus d'envie au roi, croyant que ce papier serait assez suffisant pour faire le procès à mon frère... Enfin, l'ayant ouverte en la présence de la reine ma mère, ils restèrent aussi confus que Caton, quand, ayant contraint César dans le sénat de montrer le papier qui lui avait été apporté, disant que c'était chose qui importait au bien de la république, il lui fit voir que c'était une lettre d'amour de la sœur du même Caton[349] adressante à César[350].

La honte de cette tromperie augmentant plutôt par le dépit la colère du roi que la diminuant, sans vouloir écouter mon frère (lequel demandait sans cesse de quoi on l'accusait et pourquoi l'on le traitait ainsi), [il] le commet à la garde de Monsieur de Losse et des Écossais, leur commandant de ne le laisser parler à personne.

---

349. « de Caton lui-même ».

350. L'épisode vient de la Vie de Caton d'Utique, XXXV, où il est traité de manière beaucoup moins drôle : « ce jour-là y ayant grand débat et fort véhémente contention de lui à l'encontre de César, tellement que tout le sénat était attentif à les regarder et ouïr, on apporta de dehors un petit papier à César. Ce que Caton tira incontinent en suspicion et l'en calomnia tant, que plusieurs des sénateurs s'en émurent, et commandèrent que ce qui était écrit en ce papier fût lu tout haut et clair ; par quoi César tendit la lettre à Caton, qui ne séait [*siégeait*] pas guères loin de lui. Caton, l'ayant lue, trouva que c'était une lettre d'amour que sa sœur Servilia écrivait à César, dont elle était amoureuse, ayant été par lui corrompue ; si* la rejeta à César en lui disant : « Tiens, ivrogne » ; et cela fait, se remit à continuer le propos qu'il avait auparavant commencé. » (*VHI*, vol. 2, pp. 550-551).

Cela se fit une heure après minuit. Mon frère demeure en cette façon, étant plus en peine de moi que de lui, croyant bien que l'on m'en avait fait autant, et ne croyant pas qu'un si violent et si injuste commencement ne pût avoir qu'une sinistre fin[351]. Et voyant que Monsieur de Losse avait la larme à l'œil de regret de voir passer les choses en cette sorte, et que toutefois à cause des archers qui étaient là il ne lui osait parler librement, il lui demande seulement ce qui était de moi. Monsieur de Losse répond que l'on ne m'avait encore rien demandé. Mon frère lui répond : « Cela soulage beaucoup ma peine de savoir ma sœur libre ; mais encore qu'elle soit en cet état, je m'assure qu'elle m'aime tant qu'elle aimera mieux se captiver avec moi que de vivre libre sans moi. » Et le pria d'aller supplier la reine ma mère qu'elle obtînt du roi que je demeurasse à sa captivité avec lui, ce qui lui fut accordé. Cette ferme créance* qu'il eut de la grandeur et fermeté de mon amitié me fut une obligation si particulière, bien que par ses bons offices il en eût acquis plusieurs grandes sur moi, que j'ai toujours mis celle-là au premier rang.

Soudain qu'il eut cette permission, qui fut sur le point du jour, il pria Monsieur de Losse de m'envoyer un archer écossais qui était là, pour m'annoncer cette triste nouvelle et me faire venir en sa chambre. Cet archer, entrant en la mienne, trouve que je dormais encore sans avoir rien su de tout ce qui s'était passé. Il ouvre mon rideau, et, en langage propre aux Écossais, me dit : « Bonjour, Madame, Monsieur votre frère vous prie de le venir voir. » Je regarde cet homme, presque toute endormie, pensant rêver, et le reconnaissant je lui demande s'il n'était pas un Écossais de la garde. Il me dit que oui, et je lui répliquai : « Et qu'est-ce donc ? Mon frère n'a-t-il point d'autre messager que vous pour m'envoyer ? » Il me dit que non, que ses gens lui avaient été ôtés. Et me conta en son langage ce qui lui était advenu la nuit, et que mon frère avait obtenu permission pour moi de demeurer avec lui pendant sa captivité. Et voyant que je m'affligeais fort, il s'approcha de moi et me dit tout bas : « Ne vous fâchez point : j'ai moyen de sauver Monsieur votre frère, et le ferai, n'en doutez point ; mais il faudra que je m'en aille avec lui. » Je l'assurai de toute la récompense qu'il pouvait espérer de nous, et me hâtant de m'habiller je m'en allai avec

351. « autre fin que sinistre ».

lui toute seule à la chambre de mon frère. Il me fallait traverser toute la Cour, toute pleine de gens qui avaient accoutumé de courir pour me voir et honorer ; lors, chacun voyant (comme courtisans) comme la Fortune me tournait visage, eux aussi ne firent pas semblant de m'apercevoir.

Entrant en la chambre de mon frère, je le trouve avec une si grande constance qu'il n'avait rien changé de sa façon ni de sa tranquillité ordinaire. Me voyant, il me dit, m'embrassant avec un visage plus joyeux que triste : « Ma reine, cessez, je vous prie, vos larmes. En la condition que je suis, votre ennui* est la seule chose qui me pourrait affliger. Car mon innocence et la droite intention que j'ai eue m'empêchent de craindre toutes les accusations de mes ennemis. Si[a] injustement l'on veut faire tort à ma vie, ceux qui feront cette cruauté se feront plus de tort qu'à moi, qui ai assez de courage et de résolution pour mépriser une injuste mort. Aussi n'est-ce ce que je redoute le plus, ma vie ayant été jusques ici accompagnée de tant de traverses* et de peines, que, ne sachant que c'est des félicités de ce monde, je ne dois avoir regret de les abandonner. La seule appréhension que j'ai est que, ne me pouvant faire justement mourir, l'on me veuille faire languir en la solitude d'une longue prison, où encore je mépriserai leur tyrannie – pourvu que vous me vouliez tant obliger de m'assister de votre présence. » Ces paroles, au lieu d'arrêter mes larmes, me pensèrent faire verser toute l'humeur de ma vue[b]. Je lui réponds en sanglotant que ma vie et ma fortune étaient attachées à la sienne, qu'il n'était en la puissance que de Dieu seul d'empêcher que je l'assistasse en quelque condition qu'il pût être, que si on l'emmenait de là et que l'on ne me permît d'être avec lui, je me tuerais en sa présence.

Passant [le temps] en ces discours, et recherchant ensemble l'occasion qui avait convié le roi de prendre une si cruelle et injuste aigreur contre lui, et ne nous la pouvant imaginer, l'heure vint de l'ouverture de la porte du château, où un jeune homme indiscret* qui était à Bussy, étant reconnu par les gardes et arrêté, [ils] lui

---

(a) Cette phrase commence par « Que si » dans tous les manuscrits.

(b) Tous les manuscrits lisent « vie ». C'est Guessard qui rectifie (*MMV*, p. 140, n.).

demandèrent où il allait. Lui, étonné et surpris, leur répondit qu'il allait trouver son maître. Cette parole rapportée au roi, l'on soupçonne qu'il est dans le Louvre, où, l'après-dînée*, revenant[352] de Saint-Germain, mon frère l'avait fait entrer parmi la troupe pour conférer avec lui des affaires de l'armée qu'il faisait pour Flandre, ne pensant pas lors devoir partir si tôt de la Cour, comme depuis inopinément il résolut[353]. Le soir, sur les occasions que j'ai dites, L'Archant[354], capitaine des gardes, ayant commandement du roi de le chercher et de se saisir de lui et de Simier s'il les trouvait (faisant cette commission à regret, pour* être ami intime à Bussy, duquel il était appelé par alliance son père, et lui le nommait son fils[355]), il monte à la chambre de Simier, où il se saisit de lui ; et se doutant bien que Bussy y était caché, il fait une légère recherche, étant bien aise de ne le trouver pas. Mais Bussy, qui était sur le lit et qui voyait qu'il demeurait seul en cette chambre, craignant que la commission fût donnée à quelqu'autre avec lequel il ne serait en telle sûreté, désirant plutôt d'être en la garde de L'Archant qui était honnête homme et son ami, comme il était d'une humeur gaillarde et bouffonne à qui les dangers et hasards n'avaient jamais pu faire ressentir la peur, [et] comme L'Archant passait la porte pour s'en aller emmenant Simier, il sort la tête du rideau et lui dit : « Hé quoi, mon père ! vous en voulez aller ainsi sans moi ? N'estimez-vous pas ma conduite plus honorable que celle de ce pendard de Simier ? » L'Archant se tourna et lui dit : « Ah, mon fils, plût à Dieu qu'il m'eût coûté un bras, et que vous ne fussiez pas ici ! » Il lui répond : « Mon père, c'est signe que mes affaires se portent bien »[356], allant toujours se gaussant de Simier pour la tremblante peur où il le

---

352. L'agent de ce participe présent est Bussy, qui s'était retiré huit jours plus tôt dans l'ouest de Paris.

353. Marguerite justifie, par cet argument, que son frère n'avait pas l'intention de se sauver de la Cour avant cette série d'humiliations.

354. Nicolas de Grémonville, seigneur de L'Archant [ou Larchant] († 1592) capitaine des gardes.

355. Les liens d'alliance désignaient des affections durables et fortes entre personnes du même sexe ou non, du même âge ou non, affections fondées sur l'élection mutuelle et non la parenté. Brantôme se disait ainsi le « frère d'alliance » de Viteaux (l'assassin de Du Guast).

356. Ces affaires-là pourraient bien être une vantardise désignant les faveurs de Marguerite, complaisamment rapportée par elle.

voyait. L'Archant les mit en une chambre avec gardes, et s'en alla prendre Monsieur de La Chastre et le mener à la Bastille[357].

Pendant que toutes ces choses se faisaient, Monsieur de Losse, bon homme vieil qui avait été gouverneur du roi mon père[(a)], et qui m'aimait comme sa fille, ayant la garde de mon frère, connaissant l'injustice que l'on lui faisait, et détestant le mauvais conseil par lequel le roi se gouvernait, ayant envie de nous obliger tous deux, se résout de sauver mon frère. Et pour me découvrir son intention, commande aux archers écossais de se tenir sur le degré* au dehors de la porte de mon frère, n'en retenant que deux avec soi, de qui il se fiait. Et me tirant à part, me dit : « Il n'y a bon Français à qui le cœur ne saigne de voir ce que nous voyons. J'ai été trop serviteur du roi votre père pour ne sacrifier ma vie pour ses enfants. Je crois que j'aurai la garde de Monsieur votre frère en quel[que[(b)]] lieu que l'on le tienne : assurez-le qu'au hasard de ma vie je le sauverai. Mais afin que l'on ne s'aperçoive de mon intention, ne parlons plus ensemble ; mais soyez-en certaine. » Cette espérance me consolait un peu. Et reprenant mon esprit, je dis à mon frère que nous ne devions point demeurer en cette forme d'inquisition sans savoir ce que nous avions fait, que c'était à faire à des faquins d'être tenus ainsi. Je priai Monsieur de Losse, puisque le roi ne voulait permettre que la reine ma mère montât, qu'il lui plût nous faire savoir par quelqu'un des siens la cause de notre rétention. Monsieur de Combaud, qui était chef du conseil des jeunes gens[358], nous fut envoyé, qui avec sa gravité naturelle nous dit qu'il était envoyé là pour savoir ce que nous voulions faire

---

357. *Cf.* L'Estoile : « Or estoit Monsr le Duc resolu de partir le lendemain matin jour du Mardi gras, pour se retirer à Angers, et avoit commandé à ses gens de tenir son train et cariage tout prest pour deloger. De quoi le Roy et la Roine, sa mere, advertis, entrerent en quelques soubçons et desfiances, de mode [*de sorte*] que la nuit sortans du bal, ils l'allerent voir en sa chambre, où, montés en hauts propos, s'asseurerent de la personne dudit Seingneur Duc, lui laissans garde en sa chambre, et le matin firent saisir la Chastre, Cimier, de La Rochepot et autres des plus pres approchans la personne dudit Seingneur Duc, qu'ils firent mettre à la Bastille... » (*RJ*, vol. 2, p. 176).

(a) Tous les manuscrits donnent : « du roi mon mari », ce qui est une erreur.

(b) A a rectifié.

358. Robert de Combaud, seigneur d'Arcis-sur-Aube, premier maître d'hôtel du roi.

entendre au roi. Nous lui dîmes que nous désirions de parler à quelqu'un du roi pour savoir l'occasion de notre rétention, que nous ne la pouvions imaginer. Il nous répond gravement qu'il ne fallait demander aux dieux et aux rois raison de leurs effets*, qu'ils faisaient tout à bonne et juste cause. Nous lui répondîmes que nous n'étions pas personnes pour être tenues[359] comme ceux que l'on met à l'inquisition, et que l'on leur fait deviner ce qu'ils ont fait. Nous n'en pûmes tirer autre chose, sinon qu'il s'emploierait pour nous, et qu'il nous y ferait tous les meilleurs offices qu'il pourrait. Mon frère se prend à rire. Mais moi, qui étais convertie en douleurs, pour* voir en danger mon frère que je chérissais plus que moi-même, j'eus beaucoup de peine à m'empêcher de lui parler comme il méritait.

Pendant qu'il faisait son rapport au roi, la reine ma mère étant en sa chambre avec l'affliction que l'on peut penser (qui, comme princesse très prudente, prévoyait bien que cet excès fait sans sujet ni raison pourrait, si mon frère n'avait le naturel bon, apporter beaucoup de malheur en ce royaume), envoya quérir tous les vieux du conseil, Monsieur le chancelier[360], les princes, seigneurs et maréchaux de France, qui étaient tous merveilleusement* scandalisés du mauvais conseil que l'on avait donné au roi, disant tous à la reine ma mère qu'elle s'y devait opposer et remontrer au roi le tort qu'il se faisait, [qu']on ne pouvait empêcher que ce qui avait été fait jusques alors ne fût, mais qu'il fallait rhabiller* cela le mieux que l'on pourrait. La reine ma mère va soudain trouver le roi avec tous ces Messieurs, qui lui remontrent de quelle importance étaient ces effets*. Le roi, ayant les yeux dessillés du pernicieux conseil de ces jeunes gens, trouve bon que ces vieux seigneurs et conseillers le lui représentent, et priant[361] la reine ma mère de rhabiller* cela, et faire que mon frère oubliât tout ce qui s'était passé, et qu'il n'en sût point mauvais gré à ces jeunes gens, et que par même moyen l'accord de Bussy et de Caylus fût fait.

Cela résolu, toutes les gardes furent soudain ôtées à mon frère. Et la reine ma mère, le trouvant en sa chambre, lui dit qu'il

359. « qui puissent être tenues ».

360. René de Birague (1510-1583), cardinal et chancelier de France.

361. « et prie » (voir n. 30).

devait louer Dieu de la grâce qu'il lui avait faite de le délivrer d'un si grand danger, qu'elle avait vu l'heure qu'elle ne savait qu'espérer de sa vie ; que, puisqu'il connaissait par cela que le roi était de telle humeur qu'il s'offensait non seulement des effets* mais des imaginations, et qu'étant résolu en ses opinions, sans s'arrêter à aucun avis ni d'elle ni d'autre, il exécutait tout ce qui lui venait en fantaisie, pour ne le jeter plus en ces aigreurs, cela le devait faire résoudre à s'accommoder du tout à sa volonté, et de venir trouver le roi, montrant ne se ressentir point de ce qui s'était passé contre sa personne, et ne s'en souvenir point. Nous lui répondîmes que nous avions grandement à louer Dieu de la grâce qu'il nous avait faite de nous garantir de l'injustice que l'on nous préparait, à quoi, après Dieu, nous reconnaissions lui en avoir à elle toute l'obligation ; mais que la qualité de mon frère ne permettait pas que l'on le pût mettre en prison sans sujet, et l'en tirer sans formalité de justification et satisfaction. La reine répond [que], les choses faites, Dieu même ne pouvait faire qu'elle ne fussent, mais que l'on rhabillerait* le désordre qui avait été à sa prise en faisant sa délivrance avec tout l'honneur et satisfaction qu'il pourrait désirer ; qu'aussi, qu'il fallait qu'il contentât le roi en tout, lui parlant avec tel respect et de telle affection à son service qu'il en demeurât content ; et qu'il fît, outre cela, que Bussy et Caylus s'accordassent, de sorte qu'il ne restât rien qui les pût brouiller – avouant bien que le principal motif qui avait produit ce mauvais conseil et ces mauvais effets* avait été la crainte que l'on avait eue du combat que le vieil Bussy[362], digne père d'un si digne fils, avait demandé, suppliant le roi trouver bon qu'il secondât son fils le brave Bussy, et que Monsieur de Caylus fût secondé du sien : qu'eux quatre finiraient cette querelle, sans brouiller la Cour comme elle avait été pour cette querelle ni mettre tant de gens en peine. Mon frère lui promit que Bussy, voyant qu'il n'y avait point d'espérance de se battre, ferait pour sortir de prison ce qu'elle lui commanderait.

La reine ma mère redescendant, elle fit trouver bon au roi de faire sa délivrance avec honneur. Et pour cet effet, il vint en la chambre de la reine ma mère avec tous les princes, seigneurs, et autres conseillers de son conseil, et nous envoyant quérir mon frère

362. Jacques de Clermont d'Amboise, seigneur de Bussy, capitaine protestant.

et moi par Monsieur de Villequier. Où, comme nous allions trouver Sa Majesté, passant par les salles et chambres, nous les trouvâmes toutes pleines de gens qui nous regardaient la larme à l'œil, louant Dieu de nous voir hors de danger. Entrant dans la chambre de la reine ma mère, nous trouvâmes le roi avec cette compagnie que j'ai dit, qui, voyant mon frère, lui dit qu'il le priait de ne point trouver étrange et ne s'offenser point de ce qu'il avait fait, poussé du zèle qu'il avait au repos de son État, et qu'il crût que ce n'avait point été avec intention de lui faire nul déplaisir. Mon frère lui répond qu'il devait et avait voué tant de service à Sa Majesté qu'il trouverait toujours bon tout ce qu'il lui plairait, mais qu'il le suppliait très humblement considérer que la dévotion et fidélité qu'il lui avait témoignée ne méritait pas un tel traitement ; toutefois, qu'il n'en accusait que son malheur, et restait assez satisfait si le roi reconnaissait son innocence. Le roi lui répondit que oui, qu'il n'en était point en doute, et qu'il le priait de faire autant d'état de son amitié qu'il avait jamais fait. Sur cela, la reine ma mère les prit tous deux et les fit embrasser. Soudain, le roi commanda que l'on fît venir Bussy pour l'accorder avec Caylus, et que l'on mît en liberté Simier et Monsieur de La Chastre. Bussy entrant en la chambre avec cette belle façon qui lui était naturelle, le roi lui dit qu'il voulait qu'il s'accordât avec Caylus, et qu'il ne se parlât plus de leur querelle, et lui commandant d'embrasser Caylus. Bussy lui répond : « Sire, s'il vous plaît que je le baise, j'y suis tout disposé. » Et accommodant les gestes à la parole, lui fit une embrassade à la Pantalonne[363]. De quoi toute la compagnie, bien qu'encore étonnée et saisie de ce qui s'était passé, ne se put empêcher de rire, les plus avisés jugeant que cette légère satisfaction que recevait mon frère n'était appareil suffisant à si grand mal. Cela fait, le roi et la reine ma mère, s'appro-

---

363. Pantalon : personnage bouffon de la comédie italienne. L'Estoile est une fois de plus très proche de la reine : « Et tendoient les affaires à grand trouble, quand sur le midi, par l'intervention de Monsieur de Lorraine, le Roy et Monsieur, son frere, furent réconciliés, s'embrasserent avec larmes et promirent de demeurer bons freres et bons amis, et furent les prisonniers delivrés. Jurerent pareillement Bussi et les autres favoris de Monsr le Duc, comme aussi firent Quelus, Saint-Luc et les autres Mignons du Roy, de vivre des lors en avant fraternellement, sans haine ne [*ni*] sans querelle, s'entr'embrasserent plusieurs fois, en signe de reconciliation, faisans à la courtizane la meilleure pippée du monde. » (*RJ*, vol. 2, p. 176).

chant de moi, me dirent qu'il fallait que je tinsse la main* à ce que mon frère ne conservât nulle souvenance qui le pût éloigner de l'obéissance et affection qu'il devait au roi. Je lui[364] répondis que mon frère était si prudent et avait tant de dévotion à son service, qu'il n'avait besoin d'y être sollicité ni par moi ni par autre ; mais qu'il n'avait reçu et ne recevrait jamais autre conseil de moi que ce qui serait conforme à leur volonté et son devoir.

Étant lors trois heures après midi, que personne n'avait encore dîné*, la reine ma mère voulut que nous dînassions* tous ensemble, puis commanda à mon frère et à moi d'aller changer nos habits (qui étaient convenables à la triste condition d'où nous étions présentement sortis) et nous aller parer pour nous trouver au souper* du roi et au bal. Elle y fut obéie pour les choses qui se pouvaient dévêtir ou remettre ; mais pour le visage, qui est la vive image de l'âme, la passion du juste mécontentement que nous avions s'y lisait aussi apparente qu'elle y avait été imprimée, avec la force et violence du dépit et juste dédain que nous ressentions par l'effet de tous les actes de cette tragi-comédie. Laquelle étant finie de cette façon, le chevalier de Seurre[365] (que la reine ma mère avait baillé à mon frère pour coucher en sa chambre, et qu'elle prenait plaisir d'ouïr quelquefois causer, pour* être d'humeur libre, et qui disait de bonne grâce ce qu'il voulait[366], tenant un peu de l'humeur d'un philosophe cynique) se trouvant devant elle, elle lui demande : « Eh bien, Monsieur de Seurre, que dites-vous de tout ceci ? — C'est trop peu, dit-il, pour faire à bon escient, et trop pour se jouer. »[367] Et se tournant vers moi sans qu'elle le pût entendre, me dit : « Je ne crois pas que ce soit ici le dernier acte de ce jeu ; notre homme (voulant parler de mon frère) me tromperait bien s'il en demeurait là. »

---

364. On attendrait « leur », mais tous les manuscrits s'accordent sur cette leçon. C'est généralement la reine mère qui sollicitait l'intercession de sa fille.

365. Michel de Seurre, grand prieur de Champagne, futur ambassadeur de France en Angleterre.

366. « qui parvenait à exprimer élégamment ce qu'il voulait dire ».

367. Autrement dit : « si le but est vraiment de les réconcilier, c'est trop peu ; s'il ne s'agit que de donner le change, c'est trop ».

Cette journée étant passée de cette façon, le mal ayant seulement été adouci par le dehors et non par le dedans, les jeunes gens qui possédaient le roi jugeant le naturel de mon frère par le leur peu expérimenté (ne permettant pas qu'ils pussent juger ce que peut le devoir et l'amour de la patrie sur un prince si grand et si bien né qu'il était), persuadent au roi, pour toujours joindre leur cause à la sienne, que mon frère n'oublierait jamais l'affront public qu'il avait reçu et s'en voudrait venger. Le roi, sans se souvenir de l'erreur que lui avaient fait commettre ces jeunes gens, reçoit soudain cette seconde impression, et commande aux capitaines des gardes que l'on prît soigneusement garde aux portes que mon frère ne sortît point, et que tous les soirs l'on fît sortir tous les gens de mon frère hors du Louvre, lui laissant seulement ce qui couchait d'ordinaire dans sa chambre ou dans sa garde-robe.

Mon frère se voyant de cette façon être à la miséricorde de ces jeunes cervelles, qui sans respect ni jugement faisaient disposer de lui au roi comme il leur venait en fantaisie, craignant qu'il ne lui advint pis (ayant l'exemple trop récent de ce qui, sans occasion ni raison, lui avait été fait), ayant supporté trois jours l'appréhension de ce danger, il se résolut de s'ôter de là pour se retirer chez lui et ne revenir plus à la Cour, mais avancer ses affaires le plus promptement qu'il pourrait pour s'en aller en Flandre. Il me communique cette volonté. Voyant que c'était sa sûreté, et que le roi ni cet État n'y pouvaient recevoir de préjudice, je l'approuvai. Et en cherchant les moyens, voyant qu'il ne pouvait sortir par les portes du Louvre (étant si curieusement* gardées que même l'on regardait tous ceux qui passaient au visage), il ne s'en trouve point d'autres que de sortir par la fenêtre de ma chambre, qui regardait dans le fossé, et était au second étage. Il me prie pour cet effet faire provision d'un câble fort et de la longueur nécessaire, à quoi je pourvois soudain, faisant emporter le jour même par un garçon qui m'était fidèle une malle de luth qui était rompue, comme pour la faire raccoutrer ; et à quelques heures de là, la rapportant, il y mit le câble qui nous était nécessaire.

L'heure du souper* étant venue, qui était un jour maigre, que le roi ne soupait point, la reine ma mère soupa seule à sa petite salle, et moi avec elle. Mon frère, bien qu'il fût assez patient et discret en toutes ses actions, sollicité de la souvenance de l'affront qu'il avait reçu et du danger qui le menaçait, impatientant de sortir, s'y trouve comme je me lève de table, et me dit à l'oreille qu'il me priait de me hâter et de venir tôt à ma chambre, où il se trouverait. Monsieur de Matignon[368], qui n'était encore maréchal, un dangereux et fin Normand qui n'aimait point mon frère, en étant averti[369] par quelqu'un qui peut-être n'avait pas bien tenu sa langue, ou le conjecturant sur la façon de quoi me parla mon frère, dit à la reine ma mère, comme elle entrait en sa chambre (ce que j'entr'ouïs presque, étant assez près d'elle et y prenant garde, observant curieusement* tout ce qui se passait comme font ceux qui se trouvent en pareil état, et sur le point de leur délivrance sont agités de crainte et d'espérance), que sans doute mon frère s'en voulait aller, que demain il ne serait plus là, qu'il le savait très bien, qu'elle y mît ordre. Je vis qu'elle se troubla à cette nouvelle, ce qui me donna encore plus d'appréhension que nous fussions découverts. Nous entrant en son cabinet, elle me tira à part et me dit : « Avez-vous vu ce que Matignon m'a dit ? » Je lui dis : « Je ne l'ai pas entendu, Madame, mais j'ai vu que c'était chose qui vous donnait peine. — Oui, ce dit-elle, bien fort ; car vous savez que j'ai répondu au roi que votre frère ne s'en irait point ; et Matignon me vient de dire qu'il savait très bien qu'il ne sera demain ici. » Lors me trouvant entre ces deux extrémités, ou de manquer à la fidélité que je devais à mon frère, et mettre sa vie en danger, ou de jurer contre la vérité, chose que je n'eusse voulue pour éviter mille morts, je me trouvai en si grande perplexité que, si Dieu ne m'eût assistée, ma façon eût assez témoigné, sans parler, ce que je craignais qui fût découvert. Mais comme Dieu assiste les bonnes intentions (et sa divine bonté opérait en cette œuvre pour sauver mon frère), je composai tellement mon visage et mes paroles, qu'elle ne put rien connaître que ce que je voulais, et que je n'offensai mon âme ni ma conscience par aucun faux serment. Je lui dis si elle ne connaissait pas bien la haine que Monsieur de Matignon portait à mon frère ; que c'était

368. Jacques de Goyon, comte de Matignon (1525-1597), maréchal en 1579. C'est lui qui chassera Marguerite d'Agen, en septembre 1585, mais il la laissera s'enfuir.

369. « étant averti du projet ».

un brouillon malicieux qui avait regret de nous voir tous d'accord ; que lors que mon frère s'en irait, que j'en voulais répondre de ma vie ; que je m'assurais bien que, ne m'ayant jamais rien celé, qu'il m'eût communiqué son dessein s'il eût eu cette volonté[(a)] ; que, quand cela serait, je lui abandonnerais ma vie. Ce que je disais m'assurant bien que, mon frère étant sauvé, l'on ne m'eût osé faire déplaisir ; et au pis aller, quand nous eussions été découverts, j'aimais trop mieux engager ma vie que d'offenser mon âme par un faux serment, et mettre la vie de mon frère en hasard. Elle, ne recherchant pas de près le sens de mes paroles, me dit : « Pensez bien à ce que vous dites. Vous m'en serez caution. Vous m'en répondrez de votre vie. » Je lui dis en souriant que c'était ce que je voulais. Et lui donnant le bonsoir, je m'en allai en ma chambre. Où me déshabillant en diligence*, et me mettant au lit pour me défaire de mes dames et filles, étant restée seule avec mes femmes de chambre, mon frère vient avec Simier et Cangé. Et me relevant, nous accommodâmes la corde avec un bâton ; et ayant regardé dans le fossé s'il y avait personne, étant seulement aidée de trois de mes femmes qui couchaient en ma chambre et du garçon de la chambre qui m'avait apporté la corde, nous descendons premièrement mon frère, qui riait et gaussait sans avoir aucune appréhension, bien qu'il y eût une très grande hauteur, puis Simier, qui, pâle et tremblant, ne se pouvait presque tenir de peur, puis Cangé, son valet de chambre. Dieu conduisit si heureusement mon frère sans être découvert, qu'il se rendit à Sainte-Geneviève ; où Bussy l'attendait, qui, du consentement de l'abbé, avait fait un trou à la muraille de la ville, par lequel il sortit. Et trouvant là des chevaux tout prêts, il se retira à Angers sans aucune infortune[370].

Comme nous descendions Cangé le dernier, il se lève un homme du fond du fossé, qui commence à courir vers le logis qui est auprès du Jeu de paume, qui est le chemin où l'on va vers le corps de garde. Moi, qui en tout ce hasard n'avais jamais appréhendé ce qui était de mon particulier, mais seulement la sûreté ou

---

(a) La fin de la phrase à partir de ce mot est absente de B, D, C et P.

370. L'Estoile donne la date de l'évasion, qui eut lieu le 14 février (*RJ*, vol. 2, p. 177). Les murs méridionaux de l'abbaye de Sainte-Geneviève marquaient la limite de la ville, de la porte Saint-Jacques à la porte Saint-Marcel.

le danger de mon frère, demeure demi pâmée de peur, croyant que ce fût quelqu'un qui, suivant l'avis de Monsieur de Matignon, eût été mis là pour nous guetter. Estimant que mon frère fût pris, j'entrai en un désespoir qui ne se peut représenter que par l'essai* de choses semblables. Étant en ces altères*, mes femmes, plus curieuses* que moi de ma sûreté et de la leur, prennent la corde et la mettent au feu, afin qu'elle ne fût trouvée si le malheur était si grand que cet homme qui s'était levé du fossé y eût été mis pour guetter. Cette corde, étant fort longue, fait une si grande flamme que le feu se met dans la cheminée, de façon que sortant par dessus le couvert et étant aperçu des archers qui étaient cette nuit-là de garde, ils viennent frapper effroyablement à ma porte, disant que l'on ouvrît promptement. Lors, bien que je pensasse à ce coup-là que mon frère fût pris et que nous fussions tous deux perdus, ayant néanmoins toujours espéré en Dieu qui me conservait le jugement entier (grâce qu'il a plu à Sa divine Majesté me faire en tous les dangers que je me suis trouvée), voyant que la corde n'était pas que demi brûlée, je dis à mes femmes qu'elles allassent à la porte tout bellement demander ce qu'ils voulaient, parlant bas comme si j'eusse dormi – ce qu'elles font. Les archers leur dirent que c'était le feu qui était à ma cheminée, et qu'ils venaient pour l'éteindre. Mes femmes leur dirent que ce n'était rien, et qu'elles l'éteindraient bien, et qu'ils se gardassent bien de m'éveiller... Il s'en revont.

Cette alarme passée, à deux heures de là voici Monsieur de Losse, qui me venait quérir pour aller trouver le roi et la reine ma mère, pour leur rendre raison de la sortie de mon frère, en ayant été avertis par l'abbé de Sainte-Geneviève, qui, pour n'en être embrouillé, et du consentement même de mon frère, lorsqu'il vit qu'il était assez loin pour ne pouvoir être attrapé, vint avertir le roi, disant qu'il l'avait surpris en sa maison, et que l'ayant tenu enfermé jusques à ce qu'ils eussent fait leur trou, il n'avait plus tôt pu en venir avertir le roi. Il me trouva au lit, car c'était la nuit. Et me levant soudain avec mon manteau de nuit, une de mes femmes, indiscrète*, effrayée, se prend à mon manteau en criant et pleurant, disant que je n'en reviendrais jamais. Monsieur de Losse, la repoussant, me dit tout bas : « Si cette femme avait fait ce trait devant une personne qui ne vous fût serviteur comme je suis, cela vous mettrait en peine ; mais ne craignez rien, et louez Dieu, car Monsieur votre frère est sauvé. » Ces paroles me furent un secours bien nécessaire pour me fortifier contre les menaces et intimidations que j'avais à souffrir du roi, que je trouvai assis au chevet du lit de la reine ma mère en une telle colère, que je crois qu'il me l'eût[(a)] fait ressentir, si la crainte de l'absence de mon frère et la présence de la reine ma mère ne l'en eussent empêché. Ils me dirent tous deux ensemble que [il était convenu que] mon frère ne s'en irait point et que je leur en avais répondu. Je leur dis que oui, mais qu'il m'avait trompée en cela comme eux ; toutefois, je leur répondais à peine de ma vie[371] que son partement* n'apporterait nulle altération au service du roi, et qu'il s'en allait seulement chez lui pour donner ordre à ce qui lui était nécessaire pour son entreprise de Flandre. Cela l'adoucit un peu, et me laissa retourner en ma chambre. Il eut bientôt nouvelles de mon frère, qui les assuraient de sa volonté, telle comme* je leur avais dit. Ce qui fit cesser la plainte, non le mécontentement – montrant en apparence d'y vouloir aider, mais en effet* le traversant* sous main aux apprêts de son armée pour Flandre[372].

Le temps s'étant passé de cette façon, moi pressant à toute heure le roi de me vouloir permettre d'aller trouver le roi mon mari, voyant qu'il ne me le pouvait plus refuser et ne voulant que je partisse mal satisfaite de lui, désirant infiniment me séparer de l'amitié de mon frère, il m'oblige par toute sorte de bienfaits, me donnant – suivant la promesse que la reine ma mère m'en avait faite à la Paix de Sens –, l'assignat de mon dot en terres, et outre cela la nomination des offices et bénéfices[373]. Et outre la pension

---

(a) B, D, P : « qu'il m'eût fait ».

371. c'est-à-dire « sur ma vie ».

372. La reine mère quitta Paris dès le lendemain pour connaître les intentions de son fils. Rassurée, elle était rentrée deux semaines plus tard. L'Estoile signale qu'on avait du reste laissé librement partir de la capitale tous ses gentilshommes et ses affaires « en sorte qu'il ne pust prendre juste ou apparente occasion de rien remuer. » (*RJ*, vol. 2, p. 177).

373. Par lettres patentes du 18 mars 1578, Henri III accorda à sa sœur l'Agenais, le Rouergue, les quatre jugeries de Verdun-sur-Garonne, Rieux, Rivière et Albigeois, plus les comtés de Quercy et de Gaure (capitale Fleurance), tous pays sur lesquels le roi abandonnait ses droits de justice (BNF, ms fr. 18586). Les rentrées d'argent devaient cependant demeurer difficiles (*COR*, premières lettres à Bellièvre, en 1579).

qu'il me donnait, telle que les filles de France ont accoutumé d'avoir, il m'en donna encore une de l'argent de ses coffres, prenant la peine de me venir voir tous les matins, me représentant combien son amitié me pouvait être utile, que celle de mon frère me causerait en fin ma ruine, et que la sienne me pouvait faire vivre bienheureuse, et mille autres raisons tendantes à cette fin. À quoi jamais il ne put ébranler la fidélité que j'avais vouée à mon frère, ne pouvant tirer autre chose de moi, sinon que mon plus grand désir était de voir mon frère en sa bonne grâce, qu'il me semblait qu'il n'avait pas mérité d'en être éloigné, et que je m'assurais qu'il s'efforcerait de s'en rendre digne par toute sorte d'obéissance et de très humble service ; que pour moi, je me ressentais d'être obligée à lui de tant d'honneurs et de biens qu'il me faisait ; qu'il se pouvait bien assurer qu'étant auprès du roi mon mari, je ne manquerais nullement aux commandements qu'il lui plairait me faire, et que je ne travaillerais à autre chose qu'à maintenir le roi mon mari en son obéissance[374]. Mon frère était lors sur son partement* de Flandre. La reine ma mère le voulut aller voir à Alençon avant qu'il partît. Je suppliai le roi de trouver bon que je l'accompagnasse pour lui dire adieu, ce qu'il me permit, bien qu'à regret[375].

Revenues que nous fûmes d'Alençon, ayant toutes choses prêtes pour mon partement*, je suppliai encore le roi de me laisser aller[376]. Lors la reine ma mère, qui avait aussi un voyage à faire en

---

374. La Couronne avait besoin de Marguerite dans la négociation qu'elle comptait mener avec le roi de Navarre pour l'application du traité de Bergerac. Henri III cependant redoutait qu'elle ne se fasse à nouveau l'agent de l'alliance Anjou-Navarre, au moment où le duc s'engageait dans une partie qui intéréssait les huguenots de France (Duplessis-Mornay, futur bras droit d'Henri de Navarre, était alors en ambassade auprès de Guillaume d'Orange).

375. Marguerite et sa mère arrivèrent le 22 juin à Alençon. Le nonce du pape espère alors qu'elle fera beaucoup pour la paix entre les deux frères (*cf.* Anselmo Dandino, *Correspondance du nonce*..., p. 173) ; l'ambassadeur anglais, lui, compte bien passer par elle pour ses relations avec le duc (*CSP* vol. 13, pp. 16, 61).

376. L'Estoile dit au contraire que la reine partit « à son grand regret et corps defendant, selon le bruit tout commun » (*RJ*, vol. 2, p. 208), ce que pense aussi l'ambassadeur anglais. Comme l'a remarqué J.-P. Babelon, « le bruit a tort » (*Henri IV*..., p. 245). Il est probable qu'il reflète le mécontentement des proches de la reine (rapporté par divers contemporains). Celle-ci en revanche n'avait aucun intérêt à demeurer dans une cour hostile après le départ de son frère et de Bussy,

Gascogne pour le service du roi, ce pays-là ayant besoin de lui ou d'elle, elle se résolut que je n'irais pas sans elle. Et partant de Paris, le roi nous mena à son Dollainville[377], où, après nous avoir traitées quelques jours, nous prîmes congé de lui. Et dans peu de temps nous fûmes en Guyenne, où, dès que nous entrâmes dans le gouvernement du roi mon mari, l'on me fît entrée partout[378]. Il vint au devant de la reine ma mère jusques à La Réole[379], ville que ceux de la Religion tenaient, pour les défiances qui étaient encore alors, la paix n'étant encore bien établie, ne lui ayant pu permettre venir plus outre. Il y était très bien accompagné de tous les seigneurs et gentilshommes de la Religion de Gascogne, et de quelques catholiques.

La reine ma mère pensait y demeurer peu de temps. Mais il survint tant d'accidents, et du côté des huguenots, et des catholiques, qu'elle fût contrainte d'y demeurer quinze mois[380]. Et en étant fâchée, elle voulait quelquefois attribuer que cela se faisait artificieusement, pour voir plus longtemps de ses filles, pour ce que le roi mon mari était devenu fort amoureux de Dayelle[381], et

---

d'autant qu'elle allait renouer, en Gascogne, avec un rôle de négociatrice prestigieux.

377. Ollainville (Essonne), où Henri III avait acheté une propriété en juillet 1576, et que les reines quittèrent le 2 août 1578, accompagnées d'un énorme cortège.

378. Brantôme, qui était du voyage, en avait laissé un récit nourri dans son *Discours* sur la reine – d'où, vraisemblablement, le fait qu'elle ne s'y attarde pas.

379. La jonction des deux cortèges se fit en effet le 2 octobre à La Réole (Gironde). Chaque partie redoutait ces retrouvailles, et fut soulagée de la bonne entente qui s'en dégagea.

380. Catherine resta avec son gendre et sa fille jusqu'en mai 1579, mais elle poursuivit son voyage politique et diplomatique dans le sud et le sud-est de la France avant de rejoindre la capitale juste avant la fin de l'année.

381. Victoire d'Ayala, dite Dayelle, jeune beauté espagnole, fille d'honneur de Catherine.

Monsieur de Turenne[382] de La Vergne[383]. Ce qui n'empêchait pas que je ne reçusse beaucoup d'honneur et d'amitié du roi, qui m'en témoignait autant que j'en eusse pu désirer, m'ayant dès le premier jour que nous arrivâmes conté tous les artifices qu'on lui avait faits pendant qu'il était à la Cour pour nous mettre mal ensemble (ce qu'il reconnaissait bien avoir été fait seulement pour rompre l'amitié de mon frère et de lui, et pour nous ruiner tous trois), montrant avoir beaucoup de contentement que nous fussions ensemble.

[1579] Nous demeurâmes en cette heureuse condition tant que la reine ma mère fut en Gascogne. Laquelle, après avoir établi la paix, changé de lieutenant de roi à la prière du roi mon mari (ôtant Monsieur de marquis de Villars[384] pour y mettre Monsieur le maréchal de Biron), elle passant en Languedoc, nous la conduisîmes jusques à Castelnau[385], où prenant congé d'elle, nous nous en revînmes à Pau en Béarn[386]. Où n'ayant nul exercice de la religion catholique, l'on me permit seulement de faire dire la messe en une petite chapelle qui n'a que trois ou quatre pas de long, qui, étant fort étroite, était pleine quand nous y étions sept ou huit. À l'heure que l'on voulait dire la messe, l'on levait le pont du château de peur que les catholiques du pays, qui n'avaient aucun exercice de religion, l'ouïssent, car ils étaient infiniment désireux de pouvoir assis-

---

382. Henri de La Tour, vicomte de Turenne (1555-1623), fils de François de La Tour (parent de Catherine de Médicis) et d'Eléonore de Montmorency. Elevé à Chantilly, chez les Montmorency, longtemps proche de François de Valois, il avait participé aux complots des Malcontents, puis était passé au protestantisme (1576) et s'était voué au roi de Navarre. Celui-ci, devenu Henri IV, devait le récompenser en le faisant duc de Bouillon (1591) et maréchal (1592).

383. Sans doute l'une des femmes de la reine mère, dont Marguerite reparlera dans une lettre de 1582. Elle ne doit pas être confondue avec Mademoiselle de La Vernay, gouvernante des filles de la reine depuis 1572.

384. Honorat de Savoie, marquis de Villars, comte de Tende et de Sommerive (1520-1580), maréchal en 1571, lieutenant du roi au gouvernement de Guyenne depuis 1570.

385. Marguerite passe curieusement sous silence toute la conférence de Nérac (4-28 février 1579), dans la préparation puis dans le déroulement de laquelle elle joua un rôle non négligeable. Les souverains de Navarre quittèrent la reine mère à Castelnaudary (Aude) le 7 mai.

386. Capitale des souverains de Navarre, Pau était aussi une ville protestante, Jeanne d'Albret ayant imposé le culte réformé dans ses Etats en 1570. Ils y parvinrent le 26 mai.

ter au saint sacrifice, de quoi ils étaient depuis plusieurs années privés. Et poussés de ce saint et juste désir, les habitants de Pau trouvèrent moyen, le jour de la Pentecôte, avant que l'on levât le pont, d'entrer dans le château, se glissant dans la chapelle ; où ils n'avaient point été découverts jusques sur la fin de la messe, qu'en trouvant la porte ouverte pour laisser entrer quelqu'un de mes gens, quelque huguenot[a] épiant à la porte les aperçut et l'alla dire au Pin, secrétaire du roi mon mari[387], lequel possédait infiniment son maître et avait grande autorité en sa Maison, menant toutes les affaires de ceux de la Religion. Lequel y envoya des gardes du roi mon mari, qui, les tirant dehors et les battant en ma présence, les menèrent en prison, où ils furent longtemps, et payèrent une grosse amende[388].

Cette indignité fut ressentie infiniment de moi, qui n'attendais rien de semblable. Je m'en allai plaindre au roi mon mari, le suppliant faire lâcher ces pauvres catholiques, qui n'avaient point mérité un tel châtiment pour avoir voulu, après avoir été si longtemps privés de l'exercice de notre religion, se prévaloir de ma venue pour rechercher, le jour d'une si bonne fête, d'ouïr la messe. Le Pin se met en tiers sans y être appelé, et, sans porter ce respect à son maître de le laisser répondre, prend la parole et me dit que je ne rompisse point la tête au roi mon mari de cela ; que, quoi que j'en puisse dire, il n'en serait fait autre chose ; qu'ils avaient bien mérité ce que l'on leur faisait, et que, pour mes paroles, il n'en serait ni plus ni moins ; que je me contentasse que l'on me permettait de faire dire une messe pour moi et pour ceux de mes gens que j'y voudrais mener. Ces paroles m'offensèrent beaucoup d'un homme de telle qualité, et [je] suppliai le roi mon mari, si j'étais si heureuse d'avoir quelque part en sa bonne grâce, de me faire connaître qu'il ressentait l'indignité qu'il me voyait recevoir par ce petit homme, et qu'il m'en fît raison. Le roi mon mari, voyant que je m'en passionnais justement, le fit sortir et ôter de devant moi, me disant qu'il

(a) B : « quelque seigneur ».

387. Jacques Lallier, seigneur Du Pin, secrétaire de la main du roi de Navarre.

388. Cet incident, dont Marguerite avertit aussitôt son frère et sa mère, intervint le 7 juin 1579. La Couronne fit pression sur le roi de Navarre pour qu'il relâche les prisonniers, mais celui-ci laissa trainer l'affaire jusqu'après la cession des Etats de Béarn, qui devaient se réunir quelques semaines plus tard.

était fort marri de l'indiscrétion du Pin, et que c'était le zèle de sa religion qui l'avait transporté à cela, et qu'il m'en ferait telle raison que je voudrais ; que pour les prisonniers catholiques, qu'il aviserait avec ses conseillers du parlement de Pau ce qui se pourrait faire pour me contenter.

M'ayant ainsi parlé, il alla après en son cabinet, où il trouva Le Pin, qui, après avoir parlé à lui, le changea tout ; de sorte que, craignant que je le requisse de lui donner congé*, il me fuit et me fait la mine[389]. Enfin, voyant que je m'opiniâtrais à vouloir qu'il choisisse, du Pin ou de moi, celui qui lui serait plus agréable, tous les vieils[(a)] qui étaient là, et qui hayaient* l'arrogance du Pin, lui dirent qu'il ne me devait malcontenter pour un tel homme qui m'avait tant offensée, que si cela venait à la connaissance du roi et de la reine ma mère, ils trouveraient fort mauvais qu'il l'eût souffert et tenu auprès de lui. Ce qui le contraignit enfin de lui donner congé[390]. Mais il ne laissa à continuer de me faire du mal et de m'en faire la mine, y étant, à ce qu'il m'a dit depuis, persuadé par Monsieur de Pibrac[391], qui jouait au double, me disant à moi que je ne devais souffrir d'être bravée d'un homme de peu comme cettui-là, et quoi que ce fût, il fallait que je le fisse chasser ; et disant au roi mon mari qu'il n'y avait apparence* que je le privasse du ser-

---

389. Marguerite parle de son époux.

(a) A. C : *idem*, sans *les*. B, D et P : « tous *ceux* qui étaient là ».

390. Brantôme, qui n'y était pas, rapportait l'affaire en termes fort proches. Marguerite disait pourtant qu'il se trompait (voir *supra* p. 71). Deux choses dans son récit pouvaient avoir donné à la reine l'envie de le rectifier : une réflexion sur le caractère du Béarnais (« [Le roi] en fist une bonne reprimande [à Du Pin] et le chassa ; *car il sçayt bien aymer et respecter ce qu'il doyt* »), qui allait à l'inverse de la réalité ; ou la conclusion de l'épisode (« La Reyne s'en santant picquée, Dieu sçait commant, jura et protesta qu'elle ne mettroict [plus] jamais le pied en ce pais-là, d'autant qu'elle vouloit estre libre en l'exercice de sa Religion ; *et par ainsin elle en partist* »), qui supposait à Marguerite des marges de liberté qu'elle n'avait pas (*DM*, p. 142-143 ; c'est moi qui souligne). Il faut ajouter que Du Pin ne fut pas chassé...

391. Guy Du Faur, seigneur de Pibrac (1529-1584), avocat général au Parlement de Paris et poète à ses heures. Il avait accompagné Henri III en Pologne et faisait partie de son Conseil privé. Nommé chancelier de Marguerite depuis le départ de Paris, il était tombé amoureux d'elle ; sans doute chercha-t-il à se mettre en valeur en s'interposant entre les deux époux, mais la rancœur de la reine à son égard vient de disputes ultérieures (*COR*, lettres de l'automne 1581).

vice d'un homme qui lui était si nécessaire. Ce que Monsieur de Pibrac faisait pour me convier, à force de déplaisirs, de retourner en France, où il était attaché à son état de président et de conseiller au conseil du roi. Et pour empirer encore ma condition, depuis que Dayelle s'était éloignée, le roi mon mari s'était mis à rechercher Rebours[392], qui était une fille malicieuse, qui ne m'aimait point, et qui me faisait tous les plus mauvais offices qu'elle pouvait en son endroit.

À[(a)] ces traverses* ayant toujours mon recours à Dieu, il eut enfin pitié de mes larmes et permit que nous partissions de ce petit Genève de Pau[393] ; où, de bonne fortune pour moi, Rebours y demeura malade, laquelle le roi mon mari perdant des yeux, perdit aussi d'affection, et commença à s'embarquer avec Fosseuse[394], qui était plus belle, et pour lors toute enfant et toute bonne. Dressant notre chemin vers Montauban, nous passâmes par une petite ville nommé Eauze, où, la nuit que nous y arrivâmes, le roi mon mari tomba malade d'une grande fièvre continue, avec une extrême douleur de tête, qui lui dura dix-sept jours, durant lesquels il n'avait repos ni jour ni nuit, et le fallait perpétuellement changer de lit à autre[395]. Je me rendis si sujette à le servir (ne me partant jamais d'auprès de lui, sans me déshabiller) qu'il commença d'avoir agréable mon service et à s'en louer à tout le monde, et particulièrement à mon cousin Monsieur de Turenne, qui, me rendant office de bon parent, me remit aussi bien auprès de lui que jamais j'avais été[396].

---

392. Fille d'un président à la Cour des aides. Brantôme dit qu'elle mourut à Chenonceaux en 1582, lors du voyage de retour de la reine en France : « ainsin qu'elle vouleust rendre l'âme, [la reine] l'admonesta, et puis dist : "Ceste pauvre fille endure beaucoup, mais aussi elle a bien faict du mal. Dieu luy pardoint comme je luy pardonne !". Voilà la vengeance et le mal qu'elle luy fist » (*DM*, p. 154).

(a) Les premières éditions ont changé pour « En ». Guessard les a suivies.

393. Comparaison avec la grande cité protestante. Les souverains quittèrent Pau le 12 juin 1579.

394. Françoise de Montmorency (1566-après 1585), fille de Pierre de Thury, baron de Fosseux, et de Jacqueline d'Avaugour.

395. Le séjour forcé à Eauze (Gers) dura du 16 juin au 1er juillet. Une assemblée des églises protestantes devait avoir lieu à Montauban, où la petite cour demeura du 10 juillet à la fin du mois.

396. Beaucoup de commentateurs ont voulu voir ici l'aveu dissimulé d'une liaison de Marguerite avec Turenne, dont la rumeur devait circuler au printemps suivant à

Félicité qui me dura l'espace de quatre ou cinq ans que je fus en Gascogne avec lui[397], faisant la plupart de ce temps-là notre séjour à Nérac, où notre Cour était si belle et si plaisante que nous n'enviions point celle de France : y ayant Madame la princesse de Navarre sa sœur[398], qui depuis a été mariée à Monsieur le duc de Bar mon neveu, et moi [ayant] bon nombre de dames et filles, et le roi mon mari étant suivi d'une belle troupe de seigneurs et gentilshommes, aussi honnêtes gens que les plus galants que j'aie vus à la Cour ; et n'y avait rien à regretter en eux, sinon qu'ils étaient huguenots. Mais de cette diversité de religion il ne s'en oyait point parler, le roi mon mari et Madame la princesse sa sœur allant d'un côté au prêche, et moi et mon train à la messe en une chapelle qui est dans le parc ; d'où comme je sortais, nous nous rassemblions pour nous aller promener ensemble, ou en un très beau jardin qui a des allées de lauriers et de cyprès fort longues, ou dans le parc que j'avais fait faire, en des allées de trois mille pas qui sont au long de la rivière. Et le reste de la journée se passait en toute sorte d'honnêtes plaisirs, le bal se tenant d'ordinaire l'après-dînée* et le soir[399].

---

la cour de France. L'examen des pièces du dossier laisse penser que le vicomte, qui avait courtisé Catherine de Bourbon avant de s'intéresser aux filles de la reine mère, puis à celles de Marguerite, tenta vraisemblablement aussi sa chance auprès d'elle – mais qu'il n'y eut guère autre chose entre eux (*Cf.* sur ce point *COR*, lettres 79, 254 et notes). La mémorialiste semble plutôt évoquer ici sa sollicitude et le rôle d'intermédiaire qu'il dut jouer entre les deux groupes, en tant qu'ancien catholique et ancien « parisien ».

397. Ces « quatre ou cinq ans » sont problématiques, puisque Marguerite s'installa durablement à Nérac en août 1579 et qu'elle en partit en janvier 1582, ce qui fait deux ans et demi. Il est exclu, par ailleurs, qu'elle comprenne dans ce décompte le second séjour qu'elle fit en Gascogne (avril 1584-mars 1585), où elle aperçut à peine son époux, et qui ne fut pas du tout un temps de « félicité ». Peut-être englobe-t-elle ici l'ensemble du premier séjour – qui dura un peu plus de trois ans (10/78-1/82). Peut-être le temps lui parut-il long…

398. Catherine de Bourbon, princesse de Navarre (1559-1604), sœur du roi, alors gouvernante de Béarn. Elle épousa Henri de Lorraine, duc de Bar, fils de sa sœur Claude, en 1599. Cette notation, si elle est de Marguerite, indique que la reine travailla à son manuscrit après cette date.

399. Les proches de Navarre qui ont laissé des souvenirs (Sully, Aubigné, Turenne) ont parlé de cette époque avec enthousiasme – y compris quand ils la condamnent. La renommée de la cour de Nérac devait parvenir jusqu'en Angleterre et inspirer *Les Peines d'amour perdues* de Shakespeare.

Durant tout ce temps-là le roi servait Fosseuse, qui, dépendant du tout de moi, se maintenait avec tant d'honneur et de vertu que, si elle eût toujours continué de cette façon, elle ne fût tombée au malheur qui depuis lui en a tant apporté, et à moi aussi[400]. Mais la Fortune, envieuse d'une si heureuse vie (qui semblait, en la tranquillité et union où nous nous maintenions, mépriser sa puissance[(a)], comme si nous n'eussions été sujets à sa mutabilité), excita[(b)] pour nous troubler nouveaux sujets de guerre entre le roi mon mari et les catholiques, rendant le roi mon mari et Monsieur de maréchal de Biron (qui avait été mis en cette charge de lieutenant de roi en Guyenne à la requête des huguenots) tant ennemis, que, quoi que je pusse faire pour les maintenir bien ensemble le roi mon mari et lui, je ne pus empêcher qu'ils ne vinssent en une extrême défiance et haine, commençant à se plaindre l'un de l'autre au roi – le roi mon mari demandant que l'on lui ôtât Monsieur le maréchal de Biron de Guyenne, et Monsieur le maréchal taxant mon mari et ceux de la Religion prétendue d'entreprendre plusieurs choses contre le traité de la paix[401].

[1580] Ce commencement de désunion allant toujours s'accroissant à mon grand regret, sans que j'y pusse remédier, Monsieur le maréchal de Biron conseille au roi de venir en Guyenne, disant que sa présence y apporterait un ordre, de quoi les huguenots, étant avertis, crurent que le roi venait seulement pour les désemparer de leurs villes et s'en saisir. Ce qui les fit résoudre à

400. Marguerite annonce là un malheur encore lointain, qui a bien un rapport avec ce qui suit (la guerre), mais sans en expliciter le lien. Celui-ci n'est pas la cause (Fosseuse n'est pour rien dans le déclenchement des hostilités, contrairement à ce qui s'est dit, voir n. 402), mais la conséquence : la venue du duc d'Anjou, pour signer la paix, précipita la liaison de Fosseuse avec Navarre (voir *infra*, pp. 208-209).

(a) La suite de la réflexion (jusqu'à la fin de la parenthèse), est manquante dans les B, D et P.

(b) A et C ont changé ce verbe pour « suscita ; ils sont les seuls à donner les trois mots suivants.

401. Les violations du traité de Nérac n'avaient quasiment jamais cessé, de part et d'autre, dans le sud-ouest. Les hostilités reprirent ouvertement, en Picardie à l'automne, puis un peu partout. Le conflit entre le gouverneur de Guyenne (Navarre), et le lieutenant du roi dans la même région (Villars, puis Biron, puis Matignon) était structurel, l'un défendant ses intérêts de grand féodal, les autres ceux de la monarchie : les changements d'homme n'y faisaient rien.

prendre les armes, qui était tout ce que je craignais de voir, moi étant embarquée à courre* la fortune du roi mon mari, et par conséquent me voir en un parti contraire à celui du roi et à celui de ma religion. J'en parlai au roi mon mari pour l'en empêcher, et à tous ceux de son conseil, leur remontrant combien peu avantageuse leur pourrait être cette guerre, où ils avaient un chef contraire tel que Monsieur le maréchal de Biron, grand capitaine et fort animé contre eux, qui ne les feindrait pas ni ne les épargnerait pas comme avaient fait d'autres ; que si la puissance du roi était employée contre eux avec intention de les exterminer tous, ils n'étaient pas pour y résister. Mais la crainte qu'ils avaient de la venue du roi en Guyenne, et l'espérance de plusieurs entreprises qu'ils avaient sur la plupart des villes de Gascogne et de Languedoc, les y poussaient tellement, qu'encore que le roi [mon mari] me fît cet honneur d'avoir beaucoup plus de créance* et de fiance en moi, et que les principaux* de la Religion m'estimassent avoir quelque jugement, je ne pus pour lors leur persuader ce que bientôt après ils reconnurent à leurs dépens être vrai. Il fallut laisser passer ce torrent, qui allentit bientôt son cours quand ils vinrent à l'expérience de ce que je leur avais prédit[402].

Longtemps devant que l'on vînt à ces termes, voyant que les choses s'y disposaient, j'en avais souvent averti le roi et la reine ma mère, pour y remédier en donnant quelque contentement au roi mon mari. Mais ils n'en avaient tenu compte, et semblait qu'ils fussent bien aises que les choses en vinssent là, étant persuadés par le

---

402. Ce passage des *Mémoires*, qui constitue une excellente analyse de la situation ambiguë de cette période, a longtemps été mis en doute par les commentateurs, sur la base des propos de Sully et d'Aubigné, qui, pour dédouaner le parti protestant de sa responsabilité dans l'inutile septième guerre de religion, accusèrent Marguerite de l'avoir fomentée. Furieuse contre Henri III et la reine mère, à cause des rumeurs qu'ils laissaient courir sur son compte à propos de Turenne et d'elle [voir n. 396), elle aurait poussé ses suivantes (dont les chefs huguenots étaient amoureux) à les convaincre de reprendre la guerre – d'où le nom qui lui est resté de « guerre des amoureux ». Les lettres contemporaines de Marguerite montrent que, comme elle le dit ici, elle craignait une nouvelle rupture entre ses proches et tentait d'œuvrer pour un apaisement. Sa seule erreur fut d'avoir surestimé son autorité sur son mari et l'entourage de celui-ci, puisque, jusqu'à la prise de Cahors (voir n. 405), elle assura la Couronne qu'il n'y aurait pas la guerre. Aussi crut-on à Paris après cet événement qu'elle avait joué double jeu, alors qu'en réalité elle s'était fait manipuler par les protestants (*COR*, lettres 77 et suiv.).

feu maréchal de Biron qu'il avait moyen de réduire les huguenots aussi bas qu'il voudrait. Mes avis négligés, peu à peu ces aigreurs s'en vont augmentant, de sorte qu'ils en viennent aux armes. Mais ceux de la Religion prétendue s'étant de beaucoup mécomptés[403] aux forces qu'ils faisaient état de mettre ensemble, le roi mon mari se trouve plus faible que le maréchal de Biron – même* toutes leurs entreprises étant faillies*, fors celle de Cahors (qu'ils prirent par pétards* avec perte de beaucoup de gens, pour* y avoir Monsieur de Vezins[404] combattu l'espace de deux ou trois jours, leur ayant disputé rue après rue et maison), où le roi mon mari fit paraître sa prudence et valeur, non comme prince de sa qualité, mais en prudent et hasardeux capitaine. Cette prise les affaiblit plus qu'elle ne les fortifia : le maréchal de Biron, prenant son temps, tint la campagne, attaquant et emportant toutes les petites villes qui tenaient pour les huguenots, mettant tout au fil de l'épée[405].

Dès le commencement de cette guerre, voyant que l'honneur que le roi mon mari me faisait de m'aimer me commandait de ne l'abandonner, je me résolus de courre* sa fortune, non sans extrême regret de voir que le motif de cette guerre fut tel, que je ne pouvais souhaiter l'avantage de l'un ou de l'autre [parti] que je ne souhaitasse mon dommage. Car si les huguenots avaient du meilleur, c'était à la ruine de la religion catholique, de quoi j'affectionnais la conservation plus que ma propre vie ; si aussi les catholiques avaient l'avantage sur les huguenots, je voyais la ruine du roi mon mari. Retenue néanmoins auprès de lui par mon devoir, et par l'amitié et fiance qu'il lui plaisait me montrer[406], j'écrivis au roi et à la reine ma mère l'état en quoi je voyais les affaires de ce pays-là, pour en avoir été les avis que je leur en avais donnés négligés ; que

403. « s'étant trompé de beaucoup dans leurs comptes ».

404. Jean de Levezou de Luzençon, seigneur de Vezins († 1581), sénéchal du Quercy.

405. Navarre créa effectivement la surprise en prenant Cahors le 31 mai 1580, après trois jours de combat acharné. Cette première victoire militaire de sa carrière ne changea toutefois rien au rapport des forces. L'analyse de Marguerite est remarquable de justesse.

406. Cette dernière incidente est capitale. Dans une situation aussi conflictuelle, la « fiance » de Navarre (toute relative pourtant) fait toute la différence avec la situation de 1585, quand Marguerite choisira – une unique fois dans sa vie – de l'« abandonner ».

je les suppliais, si en ma considération ils ne me voulaient tant obliger [que] de faire éteindre ce feu au milieu duquel je me voyais exposée, qu'au moins il leur plût commander à feu Monsieur le maréchal de Biron que la ville où je faisais mon séjour fût tenue en neutralité, et qu'à trois lieues près de là il ne s'y fît point la guerre ; et que j'en obtiendrais autant du roi mon mari pour le parti de ceux de la Religion. Cela me fut accordé du roi, pourvu que le roi mon mari ne fût point dans Nérac ; mais que lorsqu'il y serait, la neutralité n'aurait point de lieu. Cette condition fut observée de l'un et de l'autre parti avec autant de respect que j'eusse pu désirer. Mais elle n'empêcha pas que le roi mon mari ne vînt souvent [seul] à Nérac, où nous étions Madame sa sœur et moi, étant son naturel de se plaire parmi les dames – même* étant lors fort amoureux de Fosseuse (qu'il avait toujours servie depuis qu'il quitta Rebours), de laquelle je ne recevais nul mauvais office ; et pour cela, le roi mon mari ne laissait de vivre avec moi en pareille privauté et amitié que si j'eusse été sa sœur[a], voyant que je ne désirais que le contenter en toutes choses.

Toutes ces considérations l'ayant un jour amené à Nérac avec ses troupes, il y séjourna trois jours, ne pouvant se départir d'une compagnie et d'un séjour si agréables. Le maréchal de Biron, qui n'épiait qu'une telle occasion, en étant averti, feint de venir avec son armée près de là pour joindre à un passage de rivière Monsieur de Cornusson, sénéchal de Toulouse[407], qui lui amenait des troupes, et au lieu d'aller là, tourne vers Nérac, et sur les neuf heures du matin s'y présente avec toute son armée en bataille, prêt et à la volée du canon. Le roi mon mari, qui avait eu avis dès le soir de la venue de Monsieur de Cornusson, voulant les empêcher de se joindre et les combattre séparés (ayant forces suffisantes pour ce faire, car il avait lors Monsieur de La Rochefoucauld[408] avec toute la noblesse de Saintonge, et bien huit cents arquebusiers à cheval qu'il lui avait amenés), était parti le matin au point du jour, pensant les rencontrer

(a) *que si j'eusse été sa sœur* est manquant dans B, D et P.

407. Jean III de la Valette, sieur de Parisot, baron de Cornusson (1536-1586), sénéchal de Toulouse depuis 1575.

408. François IV, comte de La Rochefoucauld († 1591), fils du comte de La Rochefaucauld tué à la Saint-Barthélemy.

sur le passage de la rivière. Mais les ayant failli*, pour n'avoir été bien averti (Monsieur de Cornusson ayant dès le soir devant passé la rivière), il s'en revint à Nérac, où[(a)] comme il entrait par une porte, il sut le maréchal de Biron être en bataille devant l'autre. Il faisait ce jour un fort mauvais temps, et une si grande pluie que l'arquebuserie ne pouvait servir. Néanmoins, le roi mon mari jette quelques troupes des siennes dans les vignes pour empêcher que le maréchal de Biron n'approchât plus près, n'y ayant moyen à cause de l'extrême pluie qu'il faisait ce jour-là de faire autre effet*. Le maréchal de Biron, demeurant cependant en bataille à notre vue (laissant seulement débander deux ou trois des siens qui vinrent demander des coups de lance pour l'amour des dames), se tenait ferme, couvrant* son artillerie jusques à ce qu'elle fût prête à tirer. Puis, faisant soudain fendre sa troupe, fait tirer sept ou huit volées de canon dans la ville, dont l'une donna jusques au château[409]. Et ayant fait cela, part de là et se retire, m'envoyant un trompette pour s'excuser à moi, me mandant* que si j'eusse été seule il n'eût pour rien au monde entrepris cela ; mais je savais qu'il était dit, en la neutralité qui avait été accordée par le roi, que si le roi mon mari était à Nérac, la neutralité n'aurait point de lieu, et qu'il avait commandement du roi de l'attaquer en quelque lieu qu'il fût.

En toutes autres occasions, Monsieur le maréchal de Biron m'avait rendu beaucoup de respect et témoigné de m'être ami (car lui étant tombé de mes lettres entre ses mains durant la guerre, il me les avait renvoyées toutes fermées), et tous ceux qui se disaient à moi ne recevaient de lui qu'honneur et bon traitement. Je répondis à son trompette que je savais bien que Monsieur le maréchal ne faisait en cela que ce qui était du devoir de la guerre et du commandement du roi, mais qu'un homme prudent comme il était pouvait bien satisfaire à l'un et à l'autre sans offenser ses amis ; qu'il me pouvait bien laisser jouir ces trois jours du contentement de voir le roi mon mari à Nérac ; qu'il ne pouvait l'attaquer en ma présence sans s'attaquer aussi à moi ; que j'en étais fort offensée, et que je m'en plaindrais au roi. Cette guerre dura encore quelque temps,

---

(a) B, D, P : « et ».

409. Sully et Aubigné font un récit similaire de cette escarmouche, qui eut lieu le 12 septembre.

ceux de la Religion ayant toujours du pire – ce qui m'aidait à disposer le roi mon mari à une paix. J'en écrivis souvent au roi et à la reine ma mère, mais ils n'y voulaient point entendre, se fiant en la bonne fortune qui, jusques alors, avait accompagné Monsieur le maréchal de Biron.

En même temps que cette guerre commença, la ville de Cambrai, qui s'était depuis mon partement* de France mise en l'obéissance de mon frère par le moyen de Monsieur d'Inchy, duquel j'ai parlé ci-devant, fut assiégée des forces espagnoles. De quoi mon frère, qui était chez lui au Plessis-lès-Tours, fut averti, lequel était depuis peu revenu de son voyage de Flandre, où il avait reçu les villes de Mons, Valenciennes et autres qui étaient du gouvernement du comte de Lalain, qui avait pris le parti de mon frère, le faisant reconnaître pour seigneur en tous les pays de son autorité. Mon frère, le voulant secourir, fait soudain levée de gens pour mettre sus une armée, pour s'y acheminer. Et pour ce qu'elle ne pouvait être si tôt prête, il [y] fait en attendant jeter Monsieur de Balagny[410] pour soutenir le siège, attendant qu'avec son armée il le pût faire lever. Comme il était sur ces apprêts et qu'il commençait d'avoir une partie des forces qui lui étaient nécessaires, cette guerre des huguenots intervint, qui fit débander tous ses soldats pour se mettre aux compagnies de l'armée du roi qui venait en Gascogne. Ce qui ôta à mon frère toute espérance de secourir Cambrai, laquelle ne se pouvait perdre qu'il ne perdît tout le reste du pays qu'il avait conquis, et, ce qu'il regrettait le plus, Monsieur de Balagny et tous ces honnêtes gens qui s'étaient jetés dans Cambrai.

Ce déplaisir lui fut extrême. Et comme il avait un grand jugement et qu'il ne manquait jamais d'expédients en ses adversités, voyant que le seul remède eût été de pacifier la France, lui qui avait un courage qui ne trouvait rien de difficile entreprend de faire la paix, et dépêche soudain un gentilhomme au roi pour le lui persuader et le supplier de lui donner la charge de la traiter (ce qu'il faisait craignant que ceux qui y eussent été commis ne l'eussent fait tirer en telle longueur, qu'il n'y eût plus eu moyen de secourir

---

410. Jean de Balagny (1545-1604), fils naturel de l'évêque Jean de Monluc, époux de la sœur de Bussy d'Amboise. Il sera nommé gouverneur de Cambrai par François d'Anjou en août 1581.

Cambrai ; où Monsieur de Balagny s'étant jeté, comme j'ai dit, manda* à mon frère qu'il lui donnerait le temps de six mois pour les secourir, mais que si, dans ce temps-là, l'on ne faisait lever le siège, la nécessité de vivres y serait telle qu'il n'y aurait moyen de contenir le peuple de la ville et de l'empêcher de se rendre). Dieu ayant assisté mon frère au dessein qu'il avait de persuader le roi à la paix, [celui-ci] agrée l'offre que lui faisait mon frère de s'employer à la traiter (estimant par ce moyen de le détourner de son entreprise de Flandre, qu'il n'avait jamais eue agréable), [et] donne à mon frère la commission* de traiter et faire cette paix, lui mandant* qu'il lui envoierait, pour l'assister en cette négociation, Messieurs de Villeroy[411] et de Bellièvre[412]. Cette commission* réussit si heureusement à mon frère, que venant en Gascogne, où il demeura sept mois pour cet effet (qui lui durèrent[(a)] beaucoup plus, pour l'envie qu'il avait d'aller secourir Cambrai, encore que le contentement qu'il avait que nous fussions ensemble lui adoucît l'aigreur de ce soin), il fit la paix au contentement du roi et de tous les catholiques, laissant le roi mon mari et les huguenots de son parti non moins satisfaits, y ayant procédé avec telle prudence qu'il en demeura loué et aimé de tous, ayant en ce voyage acquis ce grand capitaine Monsieur le maréchal de Biron, qui se voua à lui pour prendre la charge de son armée de Flandre, et lequel il retirait de Gascogne pour faire plaisir au roi mon mari, qui eut en son lieu Monsieur le maréchal de Matignon[413].

---

411. Nicolas de Neufville, seigneur de Villeroy (1542-1617), secrétaire d'Etat.

412. Pomponne de Bellièvre (1529-1607), ambassadeur en Suisse sous Charles IX, puis fidèle d'Henri III qu'il avait accompagné en Pologne. Surintendant des finances en 1575, il mena plusieurs missions diplomatiques importantes pour le compte de la Couronne, dont le délicat retour de Marguerite auprès de son mari, en 1583-1584. Exilé en 1588, il rentra en grâce sous Henri IV et devint chancelier en 1599. *Cf.*, pour la négociation évoquée ici, *COR*, automne et hiver 1580.

(a) C. Les autres manuscrits donnent « duraient ».

413. La Paix de Fleix (près de Sainte-Foy-la-Grande, en Dordogne) fut signée par les négociateurs évoqués par Marguerite le 26 novembre 1580. Ici encore, la mémorialiste passe sous silence sa propre contribution aux pourparlers, dont la reine mère devait se féliciter (*LCM*, vol. 7, p. 319). Le duc demeura en Gascogne jusqu'en mai 1581.

[1581] Avant que mon frère partît, il désira faire l'accord du roi mon mari et de Monsieur le maréchal de Biron, mais cela fut impossible, étant les offenses passées trop avant. Il obtint seulement du roi mon mari qu'il me permettait de voir Monsieur le maréchal de Biron[(a)], pourvu qu'à la première vue il me fît satisfaction par une honnête excuse de ce qui s'était passé à Nérac ; et me commanda[414] de le braver avec toutes les rudes et dédaigneuses paroles que je pourrais. J'usai de ce commandement passionné avec le conseil de mon frère et la discrétion requise en telles choses, sachant bien qu'un jour il en aurait regret, pouvant espérer beaucoup d'assistance d'un tel cavalier[415]. Mon frère s'en retournant en France (accompagné de Monsieur le maréchal de Biron[416]) avec non moins d'honneur et de gloire d'avoir pacifié un si grand trouble au contentement de tous, que de toutes les victoires que par armes il avait eues, en fit son armée encore plus grande et plus belle. Mais comme la gloire et l'honneur sont[(b)] toujours suivis d'envie, le roi, n'y prenant point plaisir (et en ayant eu aussi peu des sept mois que mon frère et moi avions demeuré ensemble en Gascogne traitant la paix), pour trouver un objet à son ire, s'imagine que j'avais fait naître cette guerre, y ayant poussé le roi mon mari – qui peut bien témoigner le contraire – pour donner l'honneur à mon frère de faire la paix[417]... Laquelle, si elle eût dépendu

---

(a) Le passage depuis « mais cela fut impossible » n'est présent que dans A.

414. C'est Navarre qui donne cet ordre.

415. Dans ces lignes résident la rectification que Marguerite voulait apporter au récit de Brantôme, à propos « de feu Monsieur le maréchal de Biron » (voir p. 71 et n. 11). Le mémorialiste, après avoir rapporté l'escarmouche de Nérac, avait écrit : « elle en conceut une telle collère et innimittié contre le Mareschal qu'elle songea fort de s'en ressentir et s'en venger » (*DM*, p. 153), ajoutant que la reine ne lui avait pardonné que près de deux ans plus tard (*ibid.*, p. 154). Or Marguerite se réconcilia avec Biron, comme elle le dit ici, dès le printemps 1581, ce que confirme une dépêche de l'ambassadeur anglais, du 12/3/81, qui précise que l'accommodement se fit à sa demande (*CSP*, vol. 15, p. 85).

416. Ceci n'est pas tout à fait exact : Biron demeura jusqu'à la fin de l'été dans la région, alors que son successeur n'y était pas arrivé.

(b) Tous les manuscrits (et toutes les éditions) écrivent : « bonheur ». Il s'agit bien de l'honneur, Marguerite reprenant les deux substantifs utilisés dans la phrase précédente. Les manuscrits mettent également le verbe au singulier.

417. L'« imagination » d'Henri III quant à la participation de Marguerite à la guerre date du printemps précédent (voir n. 402). Si le roi de France est furieux au

de moi, il l'eût eue avec moins de temps et de peine ! Car ses affaires de Flandre et de Cambrai recevaient un grand préjudice de son retardement. Mais quoi ! l'envie et la haine fascinent les yeux, et font qu'ils ne voient jamais les choses telles qu'elles sont.

Le roi, bâtissant sur ce faux fondement une haine mortelle contre moi, et faisant revivre en sa mémoire la souvenance du passé (comme, durant qu'il était en Pologne, et depuis qu'il en était revenu, j'avais toujours embrassé les affaires et le contentement de mon frère plus que le sien), joignant tout cela ensemble, il jura ma ruine et celle de mon frère ; en quoi la Fortune favorisa son animosité, faisant que durant les sept mois que mon frère fut en Gascogne, le malheur fut tel pour moi qu'il devint amoureux de Fosseuse, que servait* le roi mon mari, comme j'ai dit, depuis qu'il eut quitté Rebours[418]. Cela pensa convier le roi mon mari à me vouloir mal, estimant que j'y fisse de bons offices pour mon frère contre lui ; ce qu'ayant reconnu[419], je priai tant mon frère (lui remontrant la peine où il me mettait par cette recherche*), que lui, qui affectionnait plus mon contentement que le sien, força sa passion et ne parla plus à elle. Ayant remédié de ce côté-là, la Fortune (laquelle, quand elle commence à poursuivre une personne, ne se rebute point pour le premier coup que l'on lui fait tête) me dresse une autre embûche bien plus dangereuse que cette-ci, faisant que Fosseuse, qui aimait extrêmement le roi mon mari, et qui toutefois jusques alors ne lui avait permis que les privautés que l'honnêteté peut permettre, pour lui ôter la jalousie qu'il avait de mon frère et

---

printemps 1581, c'est surtout parce que l'alliance entre son frère et les huguenots repart de plus belle à l'occasion de ces pourparlers, comme en témoigne le fait que certains lieutenants de Navarre (La Noue, Turenne, Sully...) repartent avec lui en Flandre. Le Béarnais lui-même est alors à deux doigts de se joindre à eux. Comment ne pas penser que Marguerite est à nouveau derrière cette alliance ?

418. Marguerite associe curieusement ici l'acharnement d'Henri III et le malencontreux béguin d'Alençon pour la femme que courtisait son époux... Le lien caché (mais qui se dévoile, comme souvent sous la plume de Marguerite, par cette étrangeté même) est une autre histoire d'amour : celle qui se noue alors entre la reine et Jacques de Harlay, seigneur de Champvallon, grand chambellan du duc, passion qui, s'ajoutant à l'aide qu'elle politique qu'elle apporte à son frère, va lui valoir de très sérieux ennuis à son retour en France de la part du roi. En attendant, c'est bien l'affaire Fosseuse qui empoisonne son existence, mais Henri III n'y est évidemment pour rien.

419. « compris ».

lui faire connaître qu'elle n'aimait que lui, s'abandonne tellement à le contenter en tout ce qu'il voulait d'elle, que le malheur fut si grand qu'elle devint grosse. Lors, se sentant en cet état, elle change toute de procédé avec moi, et au lieu qu'elle avait accoutumé d'y être libre et de me rendre à l'endroit du roi mon mari tous les bons offices qu'elle pouvait, elle commence à se cacher de moi, et à me rendre autant de mauvais offices qu'elle m'en avait fait de bons, de sorte qu'elle possédait le roi mon mari[420]. En peu de temps, je le connus tout changé. Il s'étrangeait* de moi, il se cachait, et n'avait plus ma présence si agréable qu'il avait eue les quatre ou cinq heureuses années que j'avais passées avec lui en Gascogne[421], pendant que Fosseuse s'y gouvernait avec honneur.

La paix faite, comme j'ai dit, mon frère s'en retournant en France pour faire son armée, le roi mon mari et moi nous nous en retournâmes à Nérac, où, soudain que nous fûmes arrivés, Fosseuse lui met en tête, pour trouver une couverture* à sa grossesse ou bien pour se défaire de ce qu'elle avait, d'aller aux eaux de Aigues-Caudes qui sont en Béarn[422]. Je suppliai le roi mon mari de m'excuser si je ne l'accompagnais aux Aigues-Caudes, qu'il savait que, depuis l'indignité que j'avais reçue à Pau, j'avais fait un serment de n'entrer jamais en Béarn que la religion catholique n'y fût[423]. Il me pressa fort d'y aller, jusques à s'en courroucer. Enfin, je m'en excuse. Il me dit alors que sa fille (car il appelait ainsi Fosseuse) avait besoin d'en prendre, pour le mal d'estomac qu'elle avait. Je lui dis que je voulais bien qu'elle y allât. Il me répond qu'il n'y avait point d'apparence* qu'elle y allât sans moi, que ce serait faire penser mal où il n'y en avait point, et se fâche fort contre moi de ce que je ne la lui voulais point mener. Enfin, je fis tant qu'il se contenta qu'il allât avec elle, deux de ses compagnes (qui furent

420. « de sorte qu'elle faisait ce qu'elle voulait du roi ». Tous les manuscrits s'accordent sur cette leçon. Certains éditeurs ont pensé qu'il s'agissait d'une erreur et modifié ce passage, en terminant la phrase après *fait* et en commençant ainsi la suivante : « Elle possédait de sorte le roi mon mari qu'en peu de temps... »

421. Voir n. 397.

422. Eaux-Chaudes (Pyrénées-Atlantiques).

423. Sous-entendu « restaurée ». Marguerite n'a pas évoqué ce serment dans ses Mémoires, mais Brantôme en parlait (voir n. 390).

Rebours et Villesavin[424]), et la gouvernante. Elles s'en allèrent avec lui, et moi j'attendis à Bagnères[425]. J'avais tous les jours avis de Rebours (qui était celle qu'il avait aimée, qui était une fille corrompue et double, qui ne désirait que de mettre Fosseuse dehors, pensant tenir sa place en la bonne grâce du roi mon mari) que Fosseuse me faisait tous les plus mauvais offices du monde, médisant ordinairement de moi, et qu'elle se persuadait, si elle avait un fils et qu'elle se pût défaire de moi, d'épouser le roi mon mari[426] ; qu'en cette intention, elle me voulait faire aller à Pau, et qu'elle avait fait résoudre le roi mon mari, étant de retour à Bagnères, de m'y mener de gré ou de force. Ces avis me mettaient en la peine que l'on peut penser. Toutefois, ayant toujours fiance en la bonté de Dieu et en celle du roi mon mari, je passai le temps de ce séjour de Bagnères en l'attendant, versant autant de larmes qu'eux buvaient de gouttes d'eau où ils étaient, bien que j'y fusse accompagnée de toute la noblesse catholique de ce quartier-là, qui mettaient toute la peine qu'ils pouvaient de me faire oublier mes ennuis*[427].

Au bout d'un mois ou cinq semaines, le roi mon mari revenant avec Fosseuse et ses autres compagnes, il sut de quelqu'un de ces seigneurs qui étaient avec moi l'ennui* où j'étais pour la crainte que j'avais d'aller à Pau, qui fut cause qu'il ne me pressa pas tant d'y aller, et me dit seulement qu'il eût bien désiré que je l'eusse voulu. Mais voyant que mes larmes et mes paroles lui disaient ensemble que j'élirais plutôt la mort, il changea de dessein, et retournâmes à Nérac ; où voyant que tout le monde parlait de la grossesse de Fosseuse, et que non seulement en notre Cour, mais par tout le pays, cela était commun, je voulus tâcher de faire perdre ce bruit, et me résolus de lui en parler. Et la prenant en mon cabinet, je lui dis : « Encore que depuis quelque temps vous vous soyez étrangée* de moi et que l'on m'ait voulu faire croire que vous me faites

---

424. Mademoiselle de Villesavin, entrée en 1580 dans la maison de Marguerite.

425. Bagnères-de-Bigorre (Hautes-Pyrénées).

426. Le roi de Navarre inaugure là une fâcheuse habitude (promettre le mariage) qu'il conservera jusqu'à la fin de sa vie, au risque de susciter des complots (notamment autour d'Henriette d'Entragues, au début du XVIIe siècle).

427. Marguerite, dans ses lettres de cette période, explique à son époux comment elle passe son temps, et à Champvallon combien elle s'ennuie (*COR*, lettres 114 et suiv.).

de mauvais offices auprès du roi mon mari, l'amitié que je vous ai portée, et celle que j'ai vouée aux personnes d'honneur à qui vous appartenez, ne me peut permettre que je ne m'offre de vous secourir au malheur où vous vous trouvez, que je vous prie ne me celer ; et ne vouloir nous ruiner d'honneur, et vous, et moi, qui ai autant[(a)] d'intérêt au vôtre, étant à moi comme vous-même[428]. Et croyez que je vous ferai office de mère. J'ai moyen de m'en aller, sous couleur de la peste que vous voyez qui est en ce pays et même* en cette ville, au Mas d'Agenais, qui est une maison du roi mon mari fort écartée. Je ne mènerai avec moi que le train que vous voudrez. Cependant, le roi mon mari ira à la chasse de l'autre côté, et ne bougerai de là que vous ne soyez délivrée ; et ferons par ce moyen cesser ce bruit, qui ne m'importe moins qu'à vous. » Elle, au lieu de m'en savoir gré, avec une arrogance extrême me dit qu'elle ferait mentir tous ceux qui en avaient parlé, qu'elle connaissait bien qu'il y avait quelque temps que je l'aimais point et que je cherchais prétexte pour la ruiner. Et parlant aussi haut que je lui avais parlé bas, elle sort toute en colère de mon cabinet et y va mettre le roi mon mari[429] ; en sorte qu'il se courrouça fort à moi de ce que j'avais dit à sa fille, disant qu'elle ferait mentir tous ceux qui l'en taxaient, et m'en fit mine fort longtemps, et jusques à tant que, s'étant passés quelques mois, [elle] vint à l'heure de son temps[(b)].

Le mal lui prenant au matin au point du jour, étant couchée en la chambre des filles, elle envoya quérir mon médecin et le pria d'aller avertir le roi mon mari, ce qu'il fit. Nous étions couchés en une même chambre, en divers lits, comme nous avions accoutumé. Comme le médecin lui dit cette nouvelle, il se trouva fort en peine, ne sachant que faire, craignant d'un côté qu'elle fût découverte, et d'autre qu'elle fût mal secourue, car il l'aimait fort. Il se résolut enfin de m'avouer tout, et me prier de l'aller faire secourir, sachant bien que, quoi qui se fût passé, il me trouverait toujours prête de le servir en ce qui lui plairait. Il ouvre mon rideau et me dit : « M'amie, je vous ai celé une chose qu'il faut que je vous avoue. Je

(a) C. Les autres manuscrits donnent : « que j'ai autant... ».

428. « puisque vous m'appartenez autant qu'à vous-même. »

429. « et va mettre en colère le roi... »

(b) Guessard a changé ce mot pour « terme ».

vous prie de m'en excuser, et de ne vous point souvenir de tout ce que je vous ai dit pour ce sujet ; mais obligez-moi tant de vous lever tout à cette heure et aller secourir Fosseuse, qui est fort mal. Je m'assure que vous ne voudriez, la voyant en cet état, vous ressentir de ce qui s'est passé. Vous savez de combien je l'aime ; je vous prie, obligez-moi en cela. » Je lui dis que je l'honorais trop pour m'offenser de chose qui vînt de lui, que je m'y en allais et y ferais comme si c'était ma fille ; que cependant, il s'en allât à la chasse et emmenât tout le monde, afin qu'il n'en fût point ouï parler.

Je la fis promptement ôter de la chambre des filles et la mis en une chambre écartée, avec mon médecin et des femmes pour la servir, et la fis très bien secourir. Dieu voulut qu'elle ne fît qu'une fille, qui encore était morte. Étant délivrée, on la porta en la chambre des filles, où, bien que l'on apportât toute discrétion que l'on pouvait, on ne put empêcher que ce bruit ne fût semé par tout le château. Le roi mon mari étant revenu de la chasse, il la va voir comme il avait accoutumé. Elle le prie de faire que je l'allasse voir, comme j'avais accoutumé d'aller voir toutes mes filles quand elles étaient malades, pensant par ce moyen ôter le bruit qui courait. Le roi mon mari, venant en la chambre, me trouve [alors] que je m'étais remise dans le lit, étant lasse de m'être levée si matin, et de la peine que j'avais eue à la faire secourir. Il me prie que je me lève et que je l'aille voir. Je lui dis que je l'avais fait lorsqu'elle avait eu besoin de mon secours, mais qu'à cette heure elle n'en avait plus affaire ; que si j'y allais, je découvrirais plutôt que de couvrir ce qui était, et que tout le monde me montrerait au doigt. Il se fâcha fort contre moi, ce qui me déplut beaucoup : il me sembla que je ne méritais pas cette récompense de ce que j'avais fait le matin. Elle le mit souvent en des humeurs pareilles contre moi[430].

Pendant que nous étions de cette façon, le roi (qui n'ignorait rien de tout ce qui se passait en la maison de tous les plus grands de son royaume, et qui était particulièrement curieux de savoir les déportements* de notre Cour), ayant été averti de tout ceci, et conservant encore le désir de vengeance qu'il avait conçu contre

430. On trouvera quelques échos très déplaisants des suites de l'« affaire Fosseuse » dans la correspondance de Marguerite (lettre 156).

moi pour l'occasion que j'ai dite (de l'honneur que mon frère avait acquis à la paix qu'il avait faite), pense que c'était un beau moyen pour me rendre aussi misérable qu'il désirait : me tirant hors d'auprès du roi mon mari, espérant que l'éloignement serait comme les ouvertures du bataillon macédonien[431]. À quoi pour parvenir, il me fit écrire par la reine ma mère qu'elle désirait me voir, que c'était trop d'avoir été cinq ou six ans[432] éloignée d'elle, qu'il était temps que je fisse un voyage à la Cour, que cela servirait aux affaires du roi mon mari et de moi, qu'elle connaissait que le roi était désireux de me voir, que si je n'avais des commodités pour faire ce voyage, que le roi m'en ferait bailler. Le roi m'écrivit le semblable ; et m'envoyant Maniquet, qui était mon[(a)] maître d'hôtel[433], pour me le persuader (pour ce que, depuis cinq ou six ans que j'étais en Gascogne, je n'avais jamais pu me donner cette volonté de retourner à la Cour), il me trouva lors plus aisée à recevoir ce conseil, pour le mécontentement que j'avais à cause de Fosseuse, lui en ayant donné avis à la Cour[434]. Le roi et la reine ma mère m'écrivent encore deux ou trois fois coup sur coup, et me font délivrer quinze mille écus[435], afin que l'incommodité ne me retardât. Et la reine ma mère me mande* qu'elle viendrait jusques en Saintonge, que si le roi mon mari me menait jusques là, qu'elle communiquerait avec lui pour lui donner assurance de la volonté

431. Allusion aux célèbres phalanges mises au point par Philippe II de Macédoine et réputées imprenables tant qu'elles n'étaient pas « ouvertes ». La référence est empruntée à Plutarque, Vie de T. Q. Flaminius, XIII (« car la bataille macédonienne a cela, que, tant qu'elle se maintient en son ordonnance jointe et serrée, il semble que ce ne soit [...] qu'un corps d'une bête de force invincible... », *VHI* vol. 1, p. 841). Elle symbolise l'indispensable solidarité des alliés face à l'adversaire (*cf.* également *COR*, lettre 462). Marguerite prépare ici son lecteur au récit de ses mésaventures de l'année 1583-1584. Dans l'immédiat cependant, le roi ne désirait pas la séparation des deux époux, et la mémorialiste donne dans les phrases suivantes ses véritables motifs pour vouloir la faire revenir en France.

432. Voir n. 397.

(a) Tous les manuscrits donnent « son », ce qui est à l'époque erroné.

433. Hector de Maniquet, seigneur du Fayet, maître d'hôtel de la Maison de Marguerite jusqu'en 1583. Chargé de régler le voyage de la reine et se déplaça lui-même en Gascogne au début de janvier 1582 (*COR*, lettres 128 et suiv.)

434. L'argument Fosseuse fut en effet employé dans la discussion (voir les dernières lignes du texte). L'agent du participe présent est Maniquet.

435. *Cf.*, pour ces différents échanges, *COR*, automne 1581.

du roi. Car il désirait fort de le tirer de Gascogne, pour le remettre à la Cour en la même condition qu'ils y avaient été autrefois, mon frère et lui[436]. Et le maréchal de Matignon poussait le roi à cela, pour l'envie qu'il avait de demeurer tout seul en Gascogne.

Toutes[(a)] ces belles apparences de bienveillance ne me faisaient point tromper aux fruits que l'on doit espérer[(b)] de la Cour, en ayant eu par le passé trop d'expériences[437]. Mais je me résolus de tirer profit de ses coffres[(c)], et y faire un voyage seulement de quelques mois pour y accommoder mes affaires et celles du roi mon mari, estimant qu'il servirait aussi comme pour diversion pour l'amour de Fosseuse, que j'emmenais avec moi ; que, le roi mon mari ne la voyant plus, il s'embarquerait possible* avec quelque autre qui ne me serait pas si ennemie. J'eus assez de peine à faire consentir le roi mon mari à me permettre ce voyage, pour ce qu'il se fâchait d'éloigner Fosseuse, et qu'il en fût parlé. Il m'en fit meilleure chère, désirant extrêmement de m'ôter cette volonté d'aller en France. Mais, l'ayant déjà promis par mes lettres au roi et à la reine ma mère, même* ayant touché la somme susdite pour mon voyage, le malheur qui m'y tirait l'emporta sur le peu d'envie que j'avais lors d'y aller, voyant que le roi mon mari recommençait à me montrer plus d'amitié[438].

[...][439]

---

436. La Couronne cherche en effet à attirer Navarre à la cour de France, pour le séparer du parti huguenot sur lequel il a repris autorité, et pour avoir l'œil sur lui (*cf.* Babelon, *Henri IV...*, pp. 278 et suiv.). Marguerite n'est dans ce plan qu'un appât. C'est pour avoir failli dans ce rôle (le Béarnais demeurant obstinément chez lui) qu'Henri III la renverra brutalement à son époux, un an et demi plus tard.

(a) A fait précéder ce mot par « Le temps que j'avais demeuré en Gascogne, ni... », qui semble une confusion avec la phrase précédente.

(b) B, D, A : « espérait ». C, P : « espérerait ». Cette leçon est celle des premières éditions.

437. L'enthousiasme très mitigé de Marguerite pour ce qui l'attend à son retour en France se lit également dans un billet à la duchesse d'Uzès (*COR*, lettre 143).

(c) Leçon de tous les manuscrits excepté A, qui lit « offres ». Les premières éditions ont également opté pour cet euphémisme.

438. Preuve (?) de ce rapprochement entre les époux, l'espoir d'une grossesse de Marguerite en décembre (*CSP*, vol. 15, p. 397 et *LCM*, vol. 7, p. 420).

439. Pour l'interruption finale du texte, voir Introduction, VI, A.

Partie II

MÉMOIRE JUSTIFICATIF POUR HENRI DE BOURBON

1574

Le duc d'Anjou,
futur Henri III, vers 1570.
Bibliothèque nationale de
France, Cabinet des estampes.

François de Valois, duc
d'Alençon, d'Anjou et de
Brabant, en 1582, le visage
marqué par la petite vérole.
Bibliothèque nationale de
France, Cabinet des estampes.

INTRODUCTION

Le *Mémoire justificatif pour Henri de Bourbon* est, dans l'état actuel des connaissances, le premier texte que nous ayons de Marguerite de Valois. C'est un discours d'une quinzaine de minutes environ, un plaidoyer rédigé en quelques jours pour le compte du roi de Navarre son mari, alors compromis dans la conjuration des Malcontents et sommé de s'en expliquer. Marguerite le mentionne brièvement dans ses *Mémoires* : « l'on députa commissaires de la cour de Parlement pour ouïr mon frère et le roi mon mari, lequel, n'ayant lors personne de conseil auprès de lui, me commanda de dresser par écrit ce qu'il aurait à répondre, afin que, par ce qu'il dirait, il ne mît ni lui ni personne en peine[1]. »

Ce discours, jamais étudié quoique publié depuis longtemps avec les *Mémoires*, présente de nombreux intérêts. À l'histoire du mouvement des Malcontents, elle-même fort mal connue, il apporte des informations concernant le déroulement des événements et l'implication de certains acteurs. À celle des mœurs politiques de l'aristocratie princière, il est d'un prix beaucoup plus considérable, en ce qu'il témoigne – bien en amont de la Fronde où le phénomène est mieux connu –, du mode d'implication des dirigeants des grandes Maisons, et notamment des femmes, dans les luttes nobiliaires d'opposition à l'État. Enfin, considéré dans l'histoire de Marguerite elle-même, il est évidemment d'un intérêt majeur. Écrit alors que la reine venait de passer du camp de son frère aîné à celui de son frère cadet, il offre sur cette période charnière de sa vie un autre éclairage que celui des *Mémoires*, rédigés vingt ans plus tard.

1. *Mémoires*, p. 105.

Il permet également de mesurer l'entente qui existait alors entre elle et son mari, fondée pour une part sur des intérêts et une histoire commune, mais aussi sur une illusion puissante qui allait perdurer longtemps, Navarre la laissant s'exprimer en son nom, remplir sa défense de ses propres griefs, et produire ainsi un discours qui lui valut l'admiration générale – ce dont il ne devait savoir aucun gré à son épouse. Mais surtout, l'habileté du plaidoyer, qui traduit l'investissement de Marguerite dans l'entreprise, laisse voir à quel point le talent de celle-ci est déjà entier, avec quelle intelligence elle manie les arguments qu'elle sait propres à toucher juste, et avec quelle aisance elle recourt déjà à un genre, à une posture, à un ton, à des tactiques discursives que l'on retrouvera ensuite dans la plupart de ses écrits.

I - LES CIRCONSTANCES DE LA RÉDACTION DU *MÉMOIRE*.

Les tentatives de prise du pouvoir que les Malcontents et leurs alliés multiplièrent entre le mois de décembre 1574 et le mois de mars suivant sont mal connues. Longtemps condamnées de manière péremptoire, voire sarcastique, par des historiens qui ne voyaient là que folies, elles n'ont guère suscité d'intérêt jusqu'à une date récente. Seul Francis De Crue, à la fin du siècle dernier, leur a consacré une monographie qui demeure incontournable, et inimitée. Si des recherches récentes ont mis en évidence des facteurs essentiels à la compréhension de ce courant (comme l'aspect structurel des révoltes nobiliaires en cette période de progression de l'absolutisme, et le mécanisme des « clientèles » permettant aux plus puissants d'entraîner derrière eux des fractions significatives de la population[2]), nous ne disposons toujours pas d'analyse d'ensemble de ce mouvement, et son importance dans l'histoire politique reste sous-estimée[3]. Le groupe dirigeant, notamment, n'a pas été étudié en tant que tel. La présence en son sein de plusieurs femmes

2. *Cf.* notamment les travaux d'A. Jouanna et les bibliographiques qu'ils présentent.

3. En témoigne, par exemple, l'absence d'entrée à ce mot dans le *Petit Robert* (nom propres et noms communs) et dans le thésaurus de l'*Encyclopædia Universalis*. Littré dit, après avoir évoqué le mot dans son sens d'opposant à un gouvernement : « À la malcontent : s'est dit d'une espèce de coiffure qui consistait à porter les cheveux presque ras, ainsi que les portaient les malcontents du XVIe siècle, parti qui se forma un peu après la Saint-Barthélemy et se groupa autour du duc d'Alençon. »

demeure pour la plupart des historiens une sorte d'excentricité, et son chef de file, le duc d'Alençon, dont le rôle dans la vie la politique française et européenne de la décennie 1574-1584 fut pourtant central, reste à leurs yeux un énergumène indigne d'intérêt[4]. Ces lacunes pèsent évidemment lourd sur la compréhension que l'on peut avoir du *Mémoire* et du geste de son auteur.

A. Le contexte politique.

La conjuration des Malcontents est d'abord le produit d'une situation politique tout à fait inédite. En amont, celle-ci est déterminée par le massacre de la Saint-Barthélemy et les tueries qui l'ont suivi durant de longues semaines dans toute la France, au fur et à mesure que se propageait la nouvelle. L'événement, sans précédent, a autorisé des exactions de tous ordres, rempli les populations de terreur et de haine, provoqué le repli des huguenots survivants dans La Rochelle, et répandu partout l'angoisse d'une escalade de la violence. De ce traumatisme naît chez bien des gens l'idée que les conflits religieux ne peuvent sans doute pas être réglés par la force – contrairement à ce qu'on pensait jusqu'alors –, et que l'ampleur de la conflagration est liée à l'arbitrage des querelles confessionnelles par l'État, qui donne raison tantôt aux uns, tantôt aux autres ; mieux vaudrait qu'il s'en dégage et mette ses soins à assurer la paix civile. L'idée, qui donnera un jour naissance à l'Édit de Nantes, est encore embryonnaire, mais elle commence à prendre consistance. Elle se nourrit en outre d'une suspicion plus ancienne : les guerres civiles ne sont-elles pas délibérément entretenues par les gouvernants et leurs « créatures » (des étrangers, des gens de petite naissance), pour évincer du pouvoir ceux qui en sont les administrateurs naturels, en raison de leur naissance (les princes du sang) ou de leur compétence (les parlementaires) ? La mort discutée du roi de Navarre en 1562, l'assassinat du prince de Condé en 1569, le décès subit de la reine de Navarre en 1572, le rôle joué dans le massacre par Guise (un Lorrain), Nevers (un Gonzague) et Retz (un Gondi) semblent autant d'éléments qui appuient cette thèse. Si l'on ne trouve pas le moyen de gérer autrement les conflits reli-

4. Il est significatif à cet égard que la seule étude qui lui a été consacrée soit celle de l'historien américain Mack P. Holt. Dans son ensemble, l'historiographie anglo-saxonne prend le personnage beaucoup plus au sérieux que son homologue française, qui a toujours du mal à se dégager de la condamnation des Valois-Médicis construite au XVIIe siècle et devenue partie intégrante de l'héritage national.

gieux, non seulement les massacres se poursuivront, mais le royaume tombera dans la tyrannie.

En aval de la conjuration se profile dramatiquement la mort du monarque, dont l'état de santé décline rapidement, et la perspective de voir monter sur le trône l'ancien duc d'Anjou, son frère cadet, qui concentre alors toutes les appréhensions. Fils préféré de sa mère, l'Italienne, avec laquelle il s'entend mieux qu'aucun autre de ses enfants, il appliquera la même politique de division ; de longue date lié avec Guise, et notamment à ses côtés lors du massacre, il attisera les haines religieuses ; responsable de la mort de Condé, il poursuivra l'élimination des grands...

Entre les horreurs passées et celles qu'on redoute pour l'avenir, un cas d'école : le successeur redouté n'est pas là ; il est même roi ailleurs. Peut-il être à la fois roi de Pologne et roi de France ? N'a-t-il pas perdu sa place en acceptant une autre couronne ? En revanche son jeune frère, François d'Alençon, est sur place, en âge de régner, et connu pour sa neutralité religieuse. Celui-ci ne pourrait-il avantageusement remplacer celui-là ? Là encore, on est face à l'inédit : pas de tradition, pas de règle établie pour fixer les priorités. Et en contrepoint de cette conjoncture à la fois insolite et lourde de menaces, la floraison des théories monarchomaques durant l'année 1573, selon lesquelles si un souverain n'est pas bon, il est juste de s'en débarrasser... Même si ces idées extrêmes – auxquelles Marguerite fait une brève allusion dans ses *Mémoires*[5] – demeurent tout à fait minoritaires, elles renforcent l'idée que le « bien public », comme ont dit, est un objectif supérieur à tous les autres, et qu'en tout cas une légère modification de l'ordre de succession pourrait être moins dramatique pour le royaume que son respect aveugle.

Ces différents éléments expliquent la formation d'une coalition hétéroclite – jamais vue, elle non plus – qui se fixe comme but l'établissement d'un gouvernement de concorde civile, dans le respect des « anciennes coutumes », et comme moyen l'installation sur le trône du duc d'Alençon[6]. Le clan Montmorency, de longue date opposé aux Guises, bien que catholique, est au cœur de ce regroupement : le duc François, beau-frère du roi par son mariage avec

5. *Mémoires*, n. 140.

6. Pour les différences entre les différentes composantes du mouvement de 1574, *cf.* A. Jouanna, *Le Devoir de révolte...*, pp. 161 et suiv.

Diane, qui a pris le risque de faire enterrer les restes mutilés de Coligny après le massacre, et depuis se terre chez lui ; Henri de Montmorency-Danville, son cadet, gouverneur du Languedoc, où il pratique la tolérance religieuse ; Méru et Thoré, leurs autres frères ; Turenne, leur neveu ; La Marck, duc de Bouillon, leur beau-frère ; Cossé, beau-père de Méru... Avec eux, quoiqu'ayant des intérêts partiellement différents, les jeunes princes : Alençon, Navarre, Condé. Derrière eux, tout un groupe de nobles de rang plus modeste : les frères La Fin, La Mole, Coconat, La Noue, Montgomery... Alliés à eux, des membres de la haute bourgeoisie d'office, des intellectuels...[7]

Reste à réaliser le petit tour de passe-passe dynastique, à mettre les principaux acteurs d'accord, à faire converger des armées le même jour sur le même endroit, bref à mettre en place, en quelques mois (la progression de la maladie de Charles imposant le « calendrier »), une opposition nationale cohérente, dotée d'un plan de campagne efficace, alors qu'il n'en existe aucun modèle, qu'il faut un mois pour parcourir le royaume d'un bout à l'autre, et que la reine mère a des espions un peu partout... Les historiens ont ironisé sur l'impréparation, la confusion, le manque de coordination des coalisés, sans voir que les buts qu'ils se fixaient étaient sans doute impossibles à atteindre avec les moyens dont ils disposaient. À mieux y regarder, c'est plutôt l'originalité de leur projet et leur énergie à le mettre en œuvre, ratage après ratage, jusqu'à la mise en place par Catherine d'une riposte d'ensemble, qui devraient retenir l'attention.

B. La participation des femmes.

Si l'historiographie s'est attachée à vider ces complots de leur sens politique et à les effacer de la mémoire collective, la légende s'en est emparée dès la fin du XVIIe siècle en mettant en relief la double romance entre Marguerite et La Mole d'une part, Henriette de Nevers et Coconat de l'autre, qui comme chacun sait se termina tragiquement par le double enterrement des têtes bien aimées[8]. Les deux phénomènes relèvent d'ailleurs d'un seul et même principe, qui veut que l'Histoire ne soit vraiment sérieuse que si les femmes

7. *Ibid.*, notamment pp. 172 et suiv.

8. Ce motif, inventé par l'auteur du *Divorce Satyrique* (écrit en 1607, inconnu avant sa publication en 1660), fut en effet repris par Stendhal dans *Le Rouge et le noir* (1830), et bien sûr par Alexandre Dumas dans *La Reine Margot* (1845).

– le Sexe – en sont absentes. Cette vision réductrice entrave tout particulièrement la compréhension des modes d'exercice du pouvoir de l'aristocratie princière d'Ancien Régime, dont les politiques impliquent la collaboration des deux sexes.

La conjuration des Malcontents, comme les frondes du XVIIe siècle avec lesquelles elle entretient de très nombreux rapports, rassemble en effet des gens liés par des relations familiales et des liens personnels, où les femmes jouent un rôle tout aussi décisif que les hommes, par la place qu'elles occupent dans les alliances entre familles et aussi par leurs propres liens avec le pouvoir[9]. Ainsi, de même que Marguerite est à la fois l'épouse de Navarre (qu'elle sert), la sœur d'Alençon (dont elle embrasse le parti), et la fille de la reine (à qui elle dénonce leur entreprise), Antoinette de La Marck est l'épouse de Montmorency-Damville, la sœur du duc de Bouillon, mais aussi une suivante de la reine mère, et elle passe beaucoup de temps à la Cour alors que son mari n'y met quasiment pas les pieds.

Cette multiplicité des liens qu'entretiennent les femmes de manière privilégiée explique qu'elles soient étroitement mêlées au jeu politique, où elles apparaissent tantôt aux côtés de leurs époux, tantôt dans un camp opposé – à moins qu'il ne s'agisse d'une certaine répartition des rôles – comme la duchesse de Nevers et la maréchale de Retz, toutes deux engagées dans la coalition tandis que leurs maris servent toujours étroitement la reine mère. Il est évidemment facile de soupçonner ici les affaires de cœur, chacune étant à l'époque la maîtresse d'un des coalisés. Mais les convergences de vue ne peuvent pas être écartés a priori. Contrairement à leurs époux, par exemple, les duchesses de Nevers et de Retz sont issues de très vieilles familles nobilaires françaises. La première fut en outre une véritable partisane du projet des Malcontents, auquel elle devait gagner son mari. Qui peut dire si elle a été attirée dans la coalition par Coconat, si c'est elle qui l'y a attiré, où s'ils se sont retrouvés là sur la base d'un accord ? Personne, à l'heure actuelle, le phénomène n'ayant jamais été étudié, ni même considéré.

Quant à la participation de Marguerite à la rédaction du *Mémoire*, si elle paraît insolite, c'est qu'on omet de la replacer dans une histoire pourtant fournie, qui voit Jeanne d'Albret rédiger et publier l'*Ample Déclaration sur la jonction de ses armes à celles*

9. Sur ce point, on peut consulter notamment l'étude de Sharon Kettering.

des réformées de l'année 1568, la comtesse de Carcès adresser à Henri III un mémoire pour appuyer l'action militaire de son époux, les duchesses de la Maison de Guise faire publier des textes de propagande en faveur de leur clan[10], etc.

C. Marguerite et les Malcontents.

Les *Mémoires* de la reine constituent (avec quelques-unes de ses lettres) l'une des rares sources permettant de reconstituer son lien avec les Malcontents. Bien que marqués par son désir de minimiser la responsabilité de son frère et de son mari dans la coalition, ainsi que le sens politique de son propre ralliement à celle-ci[11], ils évoquent assez précisément les événements et les intrigues de l'hiver 1573-1574. Tout d'abord, Marguerite est laissée en marge des projets des coalisés car ils la savent attachée aux intérêts du roi de Pologne. Puis elle est mise au courant, par des gentilshommes de la suite de Navarre (à qui elle a sauvé la vie lors de la Saint-Barthélemy et qui sont à l'évidence en désaccord avec leur maître) du projet resté dans l'Histoire sous le nom d'entreprise de Soissons – qui échoue suite à sa dénonciation. Les coalisés semblent alors tirer les leçons de leur échec : Alençon lui demande de lui « vouer amitié ». La reine accepte. Non seulement elle ne dénonce pas les entreprises suivantes, mais elle rédige le plaidoyer pour la défense de son époux, et elle met sur pied une tentative d'évasion des deux princes.

Nous ne savons rien de plus, en ce qui concerne Marguerite, sur ces semaines qui changèrent le cours de sa vie en la faisant passer du parti de son frère aîné à celui de son frère cadet, du futur gagnant au futur perdant. Nous savons en revanche qu'elle se fit à partir de ce moment-là la cheville ouvrière de l'alliance entre le duc d'Alençon et le roi de Navarre, et que son parcours politique fut désormais celui de la plupart des Malcontents (fidélité au duc jusqu'à la mort de celui-ci, puis alliance conjoncturelle avec les Ligueurs, puis retour à la neutralité en attendant le ralliement à Henri IV). S'il apparaît donc que la reine fut gagnée tardivement à la coalition, elle en est devenue, comme son amie Henriette, une véritable partisane. Son adhésion aux idées défendues par les coalisés est d'ailleurs repérable dans ses *Mémoires*, notamment dans

---

10. Pour la comtesse, *cf.* J. Boucher, *Société et mentalités*..., p. 1271. Pour les Guises, voir mon étude sur les veuves.

11. Voir Introduction aux *Mémoires*, V, B.

l'évocation de la Saint-Barthélemy, où nous la voyons affirmer que les responsables du massacre « n'en voula[ie]nt point tant aux huguenots qu'aux princes du sang[12] ».

Au soir de sa vie cependant, face aux frondes des princes de la génération suivante – et notamment du fils d'Henriette –, elle devait revenir sur cette histoire que l'actualité lui rappelait si fort. Située cette fois-ci du côté du pouvoir, soutenant le régime fragile de Marie de Médicis, elle intervint en effet auprès des nouveaux malcontents pour leur expliquer qu'ils se leurraient sur la situation politique : que Louis XIII n'était pas du tout prêt de mourir, et qu'une fois son pouvoir raffermi, ils paieraient cher leur insoumission. Elle ajoutait aussi : « pour avoir veu mon frere et le feu roi an mesme estast que vous estes, avec tant dafaires et de paines [...] je ne conselleré james personne que jaime et honore comme vous de se mestre en parelle condition[13]. »

II - LES CHOIX DE LA DÉFENSE.

Destiné à être prononcé devant une cour où siégeaient les plus hautes autorités de l'État[14], ce discours devait convaincre, si ce n'est de l'innocence du roi de Navarre, du moins de la droiture de ses intentions. Les marges de manœuvre de la défense semblaient donc étroites. Toutefois, la ligne adoptée témoigne d'une volonté manifeste d'utiliser toutes les ressources laissées à l'inculpé pour détourner à son profit l'exercice attendu : le plaidoyer, en effet, se transforme en cours de route en réquisitoire. Sans doute cette stratégie fut-elle arrêtée en commun par les deux époux. Pourtant, c'est avant tout Marguerite qu'on retrouve dans ce texte, notamment à travers les postures énonciatives qui se déploient là, et avec lesquelles elle renouera plus d'une fois.

A. La preuve par l'autobiographie.

Le premier aspect notable du *Mémoire*, pour qui connaît Marguerite, réside évidemment dans son appartenance au genre autobiographique. Aucune mention, ici, des accusations formulées contre les princes, et Navarre en particulier ; aucune analyse de la situation où se trouve la France ; aucun débat d'ordre théorique ou

12. *Mémoires*, n. 126.

13. *COR*, lettre 455.

14. *Cf.* De Crue, *Le Parti des Politiques*..., pp. 161 et suiv.

confessionnel. Face à l'adversité, le prévenu s'avance, dit *je*, affirme qu'il dit la vérité, et montre « [s]a vie et [s]es effets* passés », qui témoignent pour lui. Remontant à son enfance, à cet âge de sept ans où il vint à la Cour (pendant quasi exact du « premier point où je me puisse ressouvenir y avoir eu quelque chose remarquable à ma vie » des *Mémoires*), le locuteur déroule ensuite le fil de son existence, sans qu'aucun développement relevant d'un autre statut ne vienne rompre le récit autobiographique. Parvenu au temps présent, comme on arrive au bout de son compte, il conclut « Voilà tout ce que je sais », comme s'il ne « savait » que sa vie, comme si c'était cela qu'on lui avait demandé d'expliquer.

L'analyse du texte montre en outre que la « liaison des choses » y est encore mieux assurée que dans les *Mémoires*[15] – ce qui n'est guère étonnant, car le texte est plus bref, son objectif plus précis, sa motivation plus grave ; Marguerite montre là ce qu'elle est capable de faire quand rien ne vient entraver sa volonté. D'une part, cette progression inexorable de l'histoire personnelle depuis l'origine jusqu'au temps présent est savamment accélérée pour augmenter l'illusion de l'enchaînement des faits. Le locuteur consacre en effet un tiers de son récit aux douze années qui précèdent la Saint-Barthélemy, un tiers aux dix-huit mois suivants (période de gestation de l'opposition malcontente), et un tiers aux trois premiers mois de l'année 1574 – une mise en perspective qui, sans allonger le texte, accroît le poids du passé et donne l'impression que le présent ne fait qu'en découler. D'autre part, l'unité du discours (et donc la lisibilité du parcours politique de Navarre) est assurée par l'opposition récurrente de deux motifs qui le structurent et le saturent tout à la fois : d'un côté celui du serviteur fidèle (lui), de l'autre celui du mauvais maître (la reine). Si le premier se retrouve sur la sellette, ce n'est pas la preuve de sa culpabilité, mais celle de l'acharnement du second ; ce n'est qu'un nouvel épisode du combat inégal qui se poursuit depuis toujours.

B. L'instauration d'un dialogue avec l'accusation.

Le roi de Navarre était, comme le duc d'Alençon, convoqué pour s'expliquer devant une assemblée : c'est à elle qu'ils devaient exposer leurs motivations, leurs actes, leurs intentions. Dès la première phrase, pourtant, « cette compagnie » est évoquée pour être repoussée dans ses prétentions à juger un prince du sang : certes, le

---

15. Voir Introduction aux *Mémoires*, II, B.

prévenu accepte de parler devant elle, par politesse, mais il la nie du même mouvement en s'adressant dès lors exclusivement à « vos majestés » (en réalité à la reine mère seule, Charles étant trop affaibli pour assister à la déposition). En témoignent les nombreuses apostrophes (« Madame ») qui ponctuent le discours, mais aussi le maillage extraordinairement serré des indices de la première et de la seconde personne[16]. Une sorte de tête-à-tête privilégié s'instaure ainsi entre le locuteur et son auditrice, comme si elle seule l'écoutait, et comme si sa réponse était passionnément attendue.

Ce choix est d'autant plus habile que cette réponse n'est pas au programme, qu'il n'est pas prévu – dans un premier temps du moins – qu'on dialogue avec le prévenu ou qu'on lui coupe la parole, alors qu'il transforme sa justification en véhémente prise à partie de Catherine, et se fait, d'accusé, accusateur. Les juges, mis hors course dès la première phrase, ne peuvent qu'assister à l'« échange », spectateurs de la mise en difficulté de la reine mère, condamnés à attendre qu'elle intervienne, ou qu'il se taise.

C. Une affaire de famille.

L'atmosphère intimiste créée par ce tête-à-tête favorise en outre un rétrécissement de focale qui apparaît ici – contrairement à ce qui se passe dans les *Mémoires* – délibéré[17]. Loin de trahir une perte de lucidité, il traduit la volonté de Marguerite/Henri de réduire les engagements du roi à un drame familial, de présenter les choses sous le seul angle affectif. J'ai toujours voulu vous aimer, dit en substance Navarre, et vous ne manifestez à mon endroit que méfiance, méchanceté et ingratitude... Ce qui devrait être un rapport circonstancié de faits et d'intentions politiques se mue en une liste de griefs nés des mauvais traitements subits, fiction qui fait de l'accusé un enfant sans défense, orphelin naïf qui croyait avoir retrouvé une famille et s'en réjouissait, puis un jeune homme crédule, sans cesse abusé par des manipulateurs pervers. L'entreprise de Soissons, l'effroi de Saint-Germain, la poursuite des agissements

---

16. Respectivement 168 et 78 occurrences (59 *je/j'*, 73 *me/m'* , 11 *moi*, 15 *mon*, 10 *mes* ; 51 *vous*, 12 *votre*, 15 *vos*), soit 246 mots sur un ensemble de 2423.

17. On pourrait suggérer, cependant, en observant ici son utilisation délibérée, et là son surgissement fortuit, que ce rétrécissement traduit aussi une certaine vision du monde, issue de la culture et de la classe sociale de Marguerite, dans lesquelles les luttes de pouvoir demeurent toujours des affaires de familles (contemporaines, historiques, mythologiques...), et que seuls comptent les combats des chefs.

des comploteurs après le retour à Paris, se réduisent ainsi dans sa bouche à des accès de frayeur et au désir de fuir un cauchemar.

En outre, laissant l'agitation des complices (Condé, Montmorency-Damville, Thoré...) à l'arrière-plan de son récit, le locuteur se concentre sur la famille royale et les menaces pesant spécifiquement sur ses membres, comme le projet d'assassinat du roi à Vitry et les divers dangers encourus par Alençon, qui ne peuvent que toucher la destinataire du discours. Aucun de ces périls, toutefois, ne vise uniquement un enfant de la reine : Navarre fait toujours partie des cibles, même si ce n'est qu'en seconde ou troisième position, ce qui renforce et son appartenance à la famille royale, et, corrélativement, son « droit » à la pitié maternelle. Enfin, habileté suprême, la défense s'appuie systématiquement sur les dires du fils préféré, innocenté quant à sa responsabilité générale dans les événements (condition *sine qua non* pour plaire à Catherine), coupable seulement d'être d'accord avec sa mère (ce qui ne peut que la flatter), mais surtout absent, pour l'heure, et bien incapable de corroborer les allégations de Marguerite/Henri.

Le rétrécissement de la focale sur les seules relations conflictuelles au sein de la famille royale, et la charge affective dégagée par cette protestation pathétique adressée par le plus faible de la fratrie à la mère mal-aimante, présentent, outre l'avantage de déstabiliser l'accusation et de jeter l'assistance en pleine « scène », celui de mettre le discours constamment hors-sujet, en laissant dans l'ombre la conjuration et les conjurés. Aucun mot n'est ici prononcé, aucune accusation formulée, sur les principaux responsables (Ruggieri, Grandtrye, La Mole, Coconat) alors emprisonnés. Ceux qui ont pu s'enfuir (Turenne, Thoré) ne sont évoqués que pour souligner les légitimes raisons de leurs soupçons. Le duc lui-même est blanchi par la mise en parallèle systématique avec le locuteur dont il fait l'objet.

III - LES SIGNATURES DE MARGUERITE.

La reine trouve donc ses marques dès ce premier écrit, en recourant à un genre et à un type d'argumentation que l'on retrouvera dans plusieurs autres, notamment dans ses *Mémoires*, ce qui permet de mesurer la part qui lui revient dans les différents choix arrêtés en avril 1574. Bien d'autres fils, cependant, relient à l'ensemble de l'œuvre ce petit manifeste, qui pour être signé *Henri* n'en porte pas moins davantage les marques de son auteur que de son locuteur.

A. L'attaque comme mode de défense.

Le retournement de situation opéré ici par le locuteur est l'une des premières manifestations de ce qui deviendra chez Marguerite une tactique efficace. Navarre, sa correspondance comme sa vie le montrent, est plus conciliateur, il obtempère plus facilement, son tempérament le pousse à admettre ses erreurs, à biaiser. Marguerite, au contraire, fait face à la difficulté en transformant le débat en combat, en dramatisant la situation, en plaçant soudainement la barre plus haut que ne s'y attend l'interlocuteur, en montrant sa détermination à affronter l'« adversaire ». Cette tactique d'intimidation, bien repérable ici, fait souvent merveille dans sa correspondance tardive avec Henri IV – qui a dû se souvenir plus d'une fois, en recevant des lettres de son épouse, de leur collaboration passée. Mais elle est également repérable dans ses *Mémoires* (bien que son destinataire n'y soit pas l'« objet de son ire »), à travers les attaques formulées contre les favoris du roi, parmi lesquels on retrouve tout naturellement l'infâme Du Guast.

Cette combativité prend sa source dans la conscience de Marguerite de sa propre valeur – non pas tant comme individu que comme membre d'une caste –, conscience que ses contemporains n'ont guère vue chez le roi de Navarre. L'invalidation immédiate de la cour de justice, le mépris exprimé dans l'équivalence entre « cette compagnie » et « toutes autres personnes que vous trouverez bon », la volonté d'instaurer un dialogue avec la seule reine mère, traduisent une sorte de refus absolu d'un traitement qui ne prendrait pas en compte la « parenté » du locuteur avec les « potentats de la chrétienté[18] ». Aussi le texte se termine-t-il non par un appel à la clémence, comme on attendrait (et comme devaient attendre les juges), mais par un rappel à l'ordre : tâchez donc un peu de vous rappeler à qui vous avez affaire, dit en substance Navarre, et « me traiter comme étant ce que je vous suis ». C'est l'argument, c'est la formule même parfois, auquel Marguerite revient – comme à une sorte de raison ultime, éthique – chaque fois qu'elle est en grande difficulté face à son frère, à sa mère, à son époux[19].

---

18. *Mémoires*, p. 168.
19. Voir *Mémoire*, n. 48.

B. Le rapport à la mère.

L'accusation lancinante du manque d'amour adressée à Catherine, l'insistance mise sur la répétition des efforts désespérés du locuteur pour capter son attention et sa reconnaissance, durent surprendre dans la bouche du jeune roi de Navarre et contribuer à sa réputation (à venir) d'individu déroutant. Elles sont loin de surprendre, en revanche, les lecteurs de Marguerite, même si elles frappent encore davantage que dans ses autres écrits – la reine étant ici d'autant plus libre de s'exprimer qu'elle ne parle pas en son nom. Toute la rancune accumulée depuis Montcontour semble ressortir là, contre cette mère qui fait bloc avec « le roi [son] fils et le roi de Pologne », voire avec « ceux de Guise » comme lors de la Saint-Barthélemy, cette mère qui refuse obstinément sa porte à ce qui devrait lui être le plus cher, et pour l'amour de laquelle il faut incessamment « retourn[er] encore », en s'obligeant à ne se « rebuter de rien ».

Le motif de la porte close – si caractéristique, d'un point de vue psychanalytique, d'un échec dans la relation mère-enfant – est d'ailleurs le seul où l'on observe une sorte de patinage du texte, qui par ailleurs va si vite et si droit au but. Induit par l'unique passage du discours où il soit question de *lit*, de *dormir*, de *coucher*, de *chambre* où l'on cherche à *entrer*, de *porte* où l'on *choque*, et ponctué par les mentions de l'*extrême ennui* et de l'*extrême peine* qu'il provoque, il rappelle la fugace évocation du temps où Marguerite était « nourrie* avec telle crainte auprès de la reine [s]a mère », mais aussi l'épisode traumatisant de la nuit de massacre, durant laquelle Catherine envoya sa fille se coucher, sans se préoccuper outre mesure de ce qui pouvait advenir d'elle[20]. Comme dans les *Mémoires*, cependant, nous voyons Marguerite reculer ici devant la formulation d'une accusation directe, et rejeter la responsabilité de la faute maternelle sur son frère d'Anjou, qui « ne se souvint de vous supplier, Madame, que vous m'eussiez en votre protection ».

C. Marguerite et les deux Henri.

Nous avons vu que l'autobiographie révélait l'osmose très forte existant depuis l'enfance entre Marguerite et son frère Henri, ainsi que la violente rivalité qu'engendra la rupture de cet état fusionnel, suite aux préférences marquées de Catherine pour son

---

20. *Mémoires*, p. 82 et p. 98.

fils[21]. La rédaction du *Mémoire* se situe dans l'une des phases décisives de cette évolution, alors que le roi de Pologne est pour sa sœur toujours une idole, et déjà un ennemi. La première mention du prince entraîne ainsi une évocation quasi paradisiaque de l'enfance, où le bonheur consistait à être « dans la compagnie » de Charles et d'Henri, « le lieu du monde où je me plaisais le plus ». La suite du texte l'évoque de même de manière extrêmement prestigieuse, tantôt associé au pouvoir, tantôt seul et dominant de très haut les intrigues, toujours doté de son royal titre – y compris lorsque le locuteur évoque des temps où il n'était que duc d'Orléans ou d'Anjou. Son statut est d'autant plus remarquable que Marguerite le met en scène comme seul dépositaire et dispensateur de l'autorité maternelle au sein du groupe des princes : faute de relation directe avec la reine mère, c'est vers lui que Navarre ne cesse de se tourner, c'est à lui qu'il fait des promesses de fidélité, c'est de lui qu'il attend l'intercession apaisante.

Ce rôle d'intermédiaire montre toutefois qu'à l'heure où la reine rédige ce texte, son frère a cessé d'être pour elle le dieu que les *Mémoires* nommeront. Dans une occurrence sur deux, il apparaît directement associé à la reine mère, du côté des accusateurs, alors que Marguerite/Henri est du côté des accusés ; il est en outre explicitement englobé dans l'un des griefs formulés contre la Couronne, lorsque le locuteur stigmatise « l'honneur et bonne chère que vous, Madame, et le roi votre fils, et le roi de Pologne, faisiez à ceux de Guise ». Dans sa rivalité avec son frère, c'est donc à son époux que la reine s'identifie ici, non seulement parce qu'elle prend sa défense, mais parce qu'elle fait du discours qu'il doit prononcer une sorte de manifeste commun, dans lequel il est parfois bien difficile de démêler ce qui vient de l'un et ce qui vient de l'autre. Est-ce Navarre ou Marguerite qui choisit de mentionner la mort « trop prompte » de son père, et la pesante « obéissance » maternelle qui en découla, « sous » laquelle il fallut dès lors « demeurer » ? Est-ce lui ou elle qui, au soir de la Saint-Barthélemy, vit « tuer [des huguenots] jusques au chevet de [s]on lit » ? La substitution semble ici totale. Si la reine n'est plus, comme au lendemain de Jarnac, l'alter ego du duc d'Anjou, elle assume une nouvelle position fraternelle, en volant à la défense de cet homme au nom de qui elle dit *je*.

---

21. Voir Introduction aux *Mémoires*, I, B et V, B.

Le *Mémoire* témoigne donc d'une modification dans le positionnement des places et des rôles au sein de la galaxie familiale, comme dans la perception du monde et de soi de la reine. Quitté le rôle d'« autre moi-même » (dominé) de son frère aîné, de même qu'elle a quitté son parti, Marguerite endosse celui d'allié et de « grand frère » auprès de son époux. Toutefois cette position – pour laquelle elle perd à jamais la confiance du roi – est aussi provisoire qu'illusoire . Dès l'hiver suivant, Navarre aura fait la preuve qu'il n'a fait au printemps qu'utiliser sa femme, et qu'il ne voit pas d'intérêt à la fidéliser dignement à sa personne. C'est donc auprès du seul duc d'Alençon qu'elle s'installera durablement dans un tel rôle, jusqu'à ce l'ensemble des conflits et des disparitions de la fin du siècle rende possible une nouvelle configuration mettant fin à l'impasse inaugurée par la rupture de l'année 1574. Lorsque trente ans plus tard, en effet, son ancien mari sera devenu roi – lorsqu'Henri IV aura remplacé Henri III – elle se réjouira de retrouver en lui un « frère », et elle le substituera au Dieu de sa jeunesse dans les métaphores où elle se plaira à lire l'histoire de sa vie[22].

IV - L'HISTOIRE DU TEXTE.

Les *Mémoires*, qui ne consacrent que deux phrases au plaidoyer, n'apportent guère d'informations sur les conditions de sa rédaction. Les documents d'époque, pour leur part, n'en disent rien, ce qui s'explique à l'évidence par la nécessité de tenir secrète l'identité du véritable auteur du texte – du moins tant qu'étaient vivants les principaux intéressés, et notamment la reine mère. Cette même précaution explique sans doute l'absence de manuscrit original, vraisemblablement détruit aussitôt, et l'absence d'indication de provenance sur le seul manuscrit existant. Nous savons toutefois que la vague d'arrestations ayant débouché sur les procès des conjurés avait commencé le 8 avril, et que le discours fut prononcé le 13, jour où le duc d'Alençon déposa également. C'est donc entre ces deux dates que le *Mémoire* fut rédigé, alors que les premiers interrogatoires – où la torture fut utilisée – étaient en cours. Le texte lui-même mène d'ailleurs le récit autobiographique jusqu'en ces semaines où les deux beaux-frères vivaient le plus souvent à

---

22. *Cf.* notamment sa comparaison entre Jacob (Marguerite) et Ésaü (Henri III/Henri IV), *COR*, lettre 454.

Paris, simplement menacés d'être « men[és] au bois de Vincennes prisonniers », et, sous prétexte de vaquer à leurs occupations amoureuses, rencontraient régulièrement leurs complices.

A. La réception du discours.

Le destin des princes ne dépendait pas de leur habileté à se défendre lors de leur procès : bien qu'ils y aient adopté des attitudes très différentes, ils furent en raison de leur rang tous deux traités de la même manière, et par la suite gardés sous étroite surveillance jusqu'à leur double évasion de la Cour. Le plaidoyer prononcé par le roi de Navarre ne joua donc pas un rôle décisif dans le procès. Il n'empêche qu'il fit une impression très positive sur ses auditeurs, comme en témoigne Marguerite elle-même dans ses *Mémoires* : « Dieu me fit la grâce de le dresser si bien qu'il [Navarre] en demeura satisfait, et les commissaires étonnés de le voir si bien préparé ». Le duc d'Alençon, lui, était arrivé devant ses juges sans texte écrit[23], et leurs questions l'avaient conduit à des aveux beaucoup plus compromettants, ce qui explique en partie la réaction de la cour face à l'attitude du Béarnais. Les propos fort brefs de Marguerite sont malheureusement les seuls à nous renseigner sur la réception immédiate du *Mémoire*. Le *Discours merveilleux*, paru quelques mois seulement après le procès et rédigé par un partisan des Montmorency, ne dit rien de la défense des deux princes et se contente d'appeler à la révolte contre la reine mère. De même, la première publication des textes, intervenue très rapidement, ne donne lieu à aucun commentaire particulier.

En revanche, le discours joua par la suite un rôle certain dans la réputation du Premier Bourbon. Les auteurs qui travaillèrent à l'édification de son culte s'efforcèrent notamment de montrer que la conjuration (évidemment condamnable) avait eu le mérite de faire émerger un véritable chef politique : jusqu'alors, on l'avait injustement jugé en le croyant soumis et indifférent, et on avait fait une erreur d'estimation inverse concernant le duc d'Alençon (la condamnation de l'un mettant en valeur l'édification de l'autre).

---

23. Les textes recueillis (qu'on trouve dans le ms fr. 3969 de la BNF, dans les *Mémoires de l'Estat de France*..., dans les *Additions* de Le Laboureur et dans le dossier des *Archives curieuses*) prouvent cette différence : la déposition du duc, comme celle de tous les suspects interrogés, a été prise en note par un secrétaire de la cour, et se présente à la troisième personne (« a dit que... », « a certifié que... »). Navarre seul n'a pas subi d'interrogatoire le 13/4 (voir *infra*, C et n. 28) : il a lu son discours, puis l'a remis.

Tous soulignèrent de plus l'habileté du plaidoyer. « Ce prince ne parla point en criminel, qui vient pour se justifier, mais il adressa la parole à la Reine en presence du chancelier et des commissaires, et se plaignit hautement de tous les outrages qu'elle lui avoit faits[24] », écrit De Thou dès le début du XVIIe siècle. Aubigné ne dit rien d'autre : « le roi de Navarre, à son audition, ne travailla point à la négative des choses alléguées, mais [...] il se mit à justifier son désespoir par les maux qu'elle [Catherine] lui faisoit[25]. » Quelques décennies plus tard, Le Laboureur reprit et développa le parallèle entre les deux beaux-frères, évoquant successivement « l'un comme un enfant bien obéissant qui fait une confession générale et tout prest de fournir à sa mère tout ce qu'il luy plairoit de crimes pour faire périr tous ses serviteurs et tous ses amis ; l'autre comme un Roy captif en sa personne, mais toujours libre en sa dignité, et qu'on peut dire avoir fait le procés à cette reine envers la postérité, au mesme temps qu'elle croyoit travailler au sien[26]. »

Les laudateurs baissèrent d'un ton quand il apparut que le texte n'était pas du Premier Bourbon mais de son épouse. Nous ne savons exactement quand l'évidence apparut, ni qui en fit l'hypothèse. En 1731, date de la seconde édition des documents fournis par Le Laboureur, elle n'avait vraisemblablement pas encore été formulée avec force, puisque les propos de l'érudit furent reproduits tels quels. Trois décennies plus tard, en revanche, elle semblait en passe de convaincre, comme le montre ce commentaire de Dreux du Radier : « si effectivement le mémoire dont se servit le roi de Navarre étoit l'ouvrage de la reine sa femme, c'étoit une excellente pièce[27] » (1775). Peut-être l'historien était-il en débat avec le chanoine Mongez, qui préparait alors la première publication du *Mémoire* sous le nom de Marguerite (1777). L'attribution n'a jamais été contestée depuis cette époque, et l'on comprend pourquoi à la lecture du texte. En revanche, rares sont les biographes d'Henri IV qui ont continué à s'émerveiller de l'habileté du texte, et ceux de Marguerite sont parfois allés jusqu'à ne pas mentionner qu'elle en était l'auteur...

24. Jacques-Auguste de Thou, *Histoire Universelle...*, vol. 7, p. 52 [1ère éd., en latin, 1604].

25. Aubigné, *HU*, vol. 4, p. 231 [1ère éd., 1616].

26. Le Laboureur, *Additions...*, vol. 2, p. 356.

27. Dreux du Radier, *Mémoires historiques...*, vol. 5, p. 242.

B. Le manuscrit.

Il ne semble pas que les commentateurs ni même les éditeurs du *Mémoire justificatif* l'aient jusqu'ici repéré dans le ms fr. 3969 de la BNF, qui reproduit les principales dépositions du procès de 1574. Le texte n'est d'ailleurs pas répertorié dans les catalogues au nom d'Henri IV, ni à celui de Marguerite. C'est au nom de La Mole qu'il faut aller le chercher : « procès de La Mole. Dépositions de La Mole et autres ». Ces « autres » ne sont pas mieux identifiés dans le manuscrit lui-même, où l'interrogatoire du duc d'Alençon précède le discours du roi de Navarre (f° 21-24), sans titres, ni signatures, ni explications.

C'est à partir de ce texte (si ce n'est de ce document) qu'ont été préparées les premières éditions du *Mémoire*, que leurs auteurs ont « arrangé » chacun à leur manière. Leurs interventions, et le sens de celles-ci, étant presque toutes repérables, c'est la version de ce manuscrit qui a été reproduite ici.

C. Les éditions du Mémoire.

La première publication du texte est celle de Simon Goulart, qui a donné dès 1578 dans la seconde édition de ses *Memoires de l'Estat de France sous Charles Neufviesme* l'ensemble des pièces du procès de 1574, auquel il avait eu accès. Figurent là, toujours sans commentaire, mais avec indication des noms de leurs auteurs, les dépositions successives et les interrogatoires des différents suspects. Des détails factuels sont donnés, comme le fait que Charles IX interrogea lui-même Coconat, et que le roi de Navarre déposa une seconde fois cinq jours après la première (le 18/4) – en étant cette fois-ci interrogé comme les autres[28]. Goulart a intitulé le texte *Déposition du roi de Navarre*, et l'a légèrement retouché. Toutes ses corrections visent à simplifier la syntaxe de Marguerite, en scindant les phrases lorsqu'elles s'enchaînent avec plusieurs relatifs successifs. Dans quelques cas aussi, il modifie un mot – sans que la raison en soit bien claire.

Le discours parut ensuite en 1659 dans les volumineuses *Additions* que Le Laboureur donna à son édition des *Mémoires* de Castelnau, où il reproduisait, lui aussi, l'essentiel des pièces du procès de 1574. Le texte est plus proche du manuscrit que celui de Goulart, mais non exempt d'interventions. L'érudit, qui n'a pas fait

---

28. *Mémoires de l'Estat de France...*, vol. 3, pp. 181b-184. Le Béarnais se contenta de reprendre les explications contenues dans le *Mémoire*.

le rapprochement avec les *Mémoires* de la reine, pourtant fort célèbres, l'accompagne d'un commentaire extrêmement élogieux pour le roi de Navarre. Le discours est notamment présenté comme « un véritable manifeste de toute sa conduite à la Cour de France et un reproche tacite à la Reine des mauvais offices qu'elle luy rendoit ou qu'elle luy procuroit, contre le respect qu'on devoit à sa qualité de Roy ». Et Le Laboureur n'hésite pas, à la suite du texte, à redire son admiration : « Voilà une déclaration qui sent bien mieux le Roy que celle du duc d'Alençon ne sent celle d'un fils de France ; aussi ne s'en servit-on pas pour faire le procés aux prisonniers, et je ne m'en sers moy mesme que pour adjouster à l'honneur que méritera ce grand prince pour estre sorty de tant de combats et de dangers par sa valeur[29]... »

C'est dans le premier tiers du XVIIIe siècle, toutefois, que le culte du Premier Bourbon (en développement constant depuis le règne de Louis XIV) atteint son zénith, notamment sous l'impulsion de Voltaire et de sa *Henriade*, d'où la réédition des travaux de Le Laboureur – et donc du *Mémoire justificatif* – en 1731. C'est pourtant la dernière fois que le texte est mis au compte du roi de Navarre. Il paraît en effet dès 1777 en appendice de la première bonne biographie consacrée à la reine, établie par Antoine Mongez. Empruntant le texte à son prédécesseur, il lui donne le titre qu'il porte depuis, et emporte l'assentiment quant à son attribution à la reine. Six des sept éditions ultérieures du plaidoyer l'ont en effet présenté comme son œuvre, dont cinq l'ont reproduit à la suite de ses *Mémoires*. Les seuls éditeurs qui dérogent à cette règle, ceux des *Archives curieuses*, ne s'opposent d'ailleurs pas à l'attribution ; ils semblent seulement l'ignorer. Ils suivent du reste le texte de Goulart, dans l'œuvre duquel ils puisent le texte. Parmi les autres éditeurs, seul Xivrey (qui connaissait les deux sources écrites) a choisi de reproduire également la version de l'historien et pamphlétaire protestant.

29. Le Laboureur, *Additions...*, vol. 2, p. 364.

NOTICE SUR L'ÉTABLISSEMENT DU TEXTE

TEXTE DE RÉFÉRENCE

Le texte qui a été suivi est, sauf exceptions indiquées, celui du ms fr. 3969 de la BNF.

ORTHOGRAPHE

En l'absence de manuscrit original ou d'édition supervisée par l'auteur, la reproduction du choix des éditeurs n'a pas semblé utile, et l'orthographe a été modernisée.

PONCTUATION

Elle a été restituée selon l'usage moderne.

PRÉSENTATION

Des alinéas, absents du manuscrit et de la première édition, ont été introduits.

NOTES

« G » renvoie aux variantes de Goulart, « LL » à celles de Le Laboureur, « ms » au manuscrit. Les variantes mineures (présence ou absence de *de*, *et*, *que*, variations *et/ni*, *et/ou*, *l'on/on*, *pas/point*) n'ont pas été prises en compte.

Cliché Ph. Lauzun

FAC-SIMILE D'UN DESSIN DU CHATEAU DE NÉRAC

PRIS SUR UN MANUSCRIT DE 1782

Signé Dupin de Francueil

Reproduit dans Philippe Lanzun, *Itinéraire raisonné de Marguerite de Valois en Gascogne*, Paris, 1902, p. 286. Bibliothèque nationale de France.

MÉMOIRE JUSTIFICATIF POUR HENRI DE BOURBON

Madame, je m'estime très heureux du commandement qu'il vous plaît de me faire. Encore que, par droit, je ne sois obligé de répondre qu'à vos majestés, si* ne craindrai-je, devant cette compagnie et toutes autres personnes que vous trouverez bon, vous[(a)] disant vérité, de vous faire paraître mon innocence et la méchanceté de ceux qui pourraient avoir menti de moi[(b)1].

Or, afin que je commence dès mon enfance[(c)] à vous témoigner ma vie et mes effets* passés, je vous dirai, Madame, que le roi mon père[2] et la reine ma mère[3], en l'âge de sept ans me condui-

---

(a) G et LL omettent ce mot — (b) G : « qui peuvent avoir menti de moi. » ; LL : « qui pourraient avoir menti. » — (c) G et LL s'accordent ici ; le ms donne « afin que, de mon enfance, je commence… »

1. Allusion aux interrogatoires qui se déroulaient depuis plusieurs jours et aux révélations faites sous la torture par certains conjurés – dont Marguerite et Henri ne connaissaient pas la teneur.

2. Antoine de Bourbon (1518-1562), duc de Vendôme, devenu roi de Navarre par son mariage avec Jeanne d'Albret. Catholique, il combattit les protestants dirigés par son frère le prince de Condé et mourut au siège de Rouen. Voir également *infra*, n. 21.

3. Jeanne d'Albret.

rent[4][(a)] en votre cour, afin de me rendre aussi affectionné à vous bien et fidèlement servir comme* le feu[(b)] roi mon père, qui n'a voulu autres témoins de ce qu'il vous était[5] que son sang et la perte de sa propre vie ; laquelle fut très prompte[(c)] pour moi, qui dès lors demeurai sous l'obéissance de la reine ma mère, laquelle continua à me faire nourrir en la religion qu'elle tenait[6]. Et voyant qu'après le décès de feu mon père[(d)], il fallait qu'elle me fît connaître et aimer de mes sujets, elle me voulut mener en ses pays[7], ce qui fut fait à mon très grand regret : me voyant éloigné du roi et du roi de Pologne[8], desquels, outre que nos âges étaient quasi égaux, je recevais tant d'honneur, que le lieu du monde où je me plaisais le plus était[(e)] en leur compagnie.

Après avoir demeuré quelque temps en ses pays, elle s'achemina pour retrouver vos majestés jusques à Nérac[9] ; où étant[(f)], il arriva un gentilhomme de Monsieur le prince de Condé, qui lui fit entendre que, leurs ennemis étant les plus forts, que vos majestés s'étaient bien résolues[(g)], sans doute, de se défaire de ceux qui

---

(a) G : « m'amenèrent » — (b) Mot absent dans G — (c) G : « fut bien courte » — (d) G et LL : « du feu roi mon père » — (e) LL : « était d'être » — (f) G : « retrouver vos majesté. Mais étant à Nérac, il arriva... » — (g) G : « entendre que les ennemis étaient plus forts vers vos majestés, et s'étaient bien résolus... »

4. « conduisirent ». Le jeune prince arriva avec sa mère à Paris le 21 août 1561.

5. Pour cette formule, voir n. 48.

6. Navarre avait été baptisé dans la religion catholique. Sa mère lui fit effectivement adopter la religion protestante dès la mort de son époux (*cf.* Babelon, *Henri IV*..., p. 105).

7. Ce n'est que plusieurs années après la mort d'Antoine de Bourbon qu'Henri suivit sa mère dans ses États (voir n. 9). L'altération est-elle due à l'oubli, ou au désir de rendre le récit plus efficace ?

8. Henri de Valois, ex-duc d'Anjou, futur Henri III. Roi de Pologne depuis juin 1573, il régnait à Cracovie depuis décembre et ne devait revenir en France que l'été suivant.

9. Jeanne retrouva une première fois le cortège royal, en route pour le « grand voyage » (voir *Mémoires*, pp. 76-78), à Macon, dans la première partie de l'année 1564. Elle se retira ensuite à Vendôme, son fils demeurant avec la Cour. Pendant l'été 1565, elle revint à Nérac pour y recevoir le cortège royal. Elle eut alors l'autorisation de garder Henri avec elle, et lui fit à ce moment-là visiter leurs domaines. Puis ils rejoignirent la Cour à Blois, en décembre 1565. Ce n'est qu'en janvier 1567 que tous deux quitteront Paris (*cf.* Babelon, *Henri IV*..., pp. 126-137).

portaient les armes, afin que plus aisément ils pussent exterminer les femmes et les enfants, et par ce moyen ruiner du tout notre Maison[10] ; et que cela, il le savait[(a)] pour certain de bonne part ; et que dans quatre ou cinq jours, il serait dans[(b)] La Rochelle avec sa femme et ses enfants[11]. Ce qui l'émut tellement à pitié[(c)] que, craignant que le même malheur lui advint, elle se délibéra de les aller trouver à La Rochelle, où elle me mena[12]. Et mon oncle dressant son armée, elle m'envoya avec lui, où tous ceux qui y[(d)] sont venus de votre part pour traiter la paix vous ont pu témoigner le désir que j'avais d'être auprès[(e)] de vos majestés, pour vous faire très humble service. Entre autres, Messieurs de Cros[13], de Biron[(f)] et de Boisy[14], qui furent députés pour ce fait, vous l'ont pu assurer.

Après la paix faite, il se commença de mettre[(g)] en avant le mariage de Madame votre fille[15], duquel je m'estimai très heureux, pour me voir approcher[(h)] de vos majestés ; lequel[(i)] mariage n'étant du tout résolu, elle[(j)] vous vint trouver pour achever de le conclure, et me laissa en[(d)] attendant en ses pays[16] ; où bientôt après, elle m'envoya quérir, comme aussi firent vos majestés par Perquy, lequel vous a pu dire le plaisir que ce me fut d'avoir ce commandement – comme je le montrai, m'acheminant trois jours

(a) G : « notre Maison ; et qu'il savait cela... » — (b) G et LL : « à » — (c) G : Ce qui émut tellement à pitié la reine ma mère que... » — (d) Mot absent dans G — (e) G : « près » — (f) LL : « Brion » — (g) G : « la paix faite, commença de se mettre... » — (h) G et LL : « rapproché » — (i) G : « vos majestés. Ce mariage... » — (j) G : « la reine ma mère ».

10. On reconnaît ici la thèse protestante diffusée après la Saint-Barthélemy, selon laquelle la Couronne aurait prémédité le massacre et commencé à en mettre au point le plan lors de l'entrevue à Bayonne avec les émissaires de Philippe II (antérieure de quelques semaines au séjour à Nérac). La focalisation sur « les femmes et les petits enfants » accentue le sentiment de peur sur lequel est fondé la défense.

11. Il y eut effectivement des rencontres avec Condé à Nérac en 1565, mais c'est à la fin de l'été 1568 que le prince se réfugia avec sa femme, prête d'accoucher, à La Rochelle.

12. Jeanne se réfugia avec Condé (et Henri) à La Rochelle à partir du 28 septembre, se préparant à la troisième guerre de religion.

13. Pour ce nom, *cf.* les conjectures de Xivrey dans *LH4*, vol. 1, p. 63, n.

14. Vraisemblablement Claude Gouffier, marquis de Boisy.

15. Voir *Mémoires*, n. 77.

16. Voir *supra*, n. 9 et *Mémoires*, n. 79.

après, ayant eu(a) vingt accès de fièvre tierce. Après m'être acheminé sept ou(b) huit journées, je sus(c) la mort de la reine ma mère[17], qui m'eût été une excuse assez valable de m'en retourner si j'en eusse eu envie. Toutefois je m'acheminai un jour après(d), avec la meilleure troupe de mes amis et serviteurs(e) que j'avais pu assembler, et ne fus content que je ne fusse(f) près de vos majestés. Où, tôt après mes(g) noces, advint la Saint-Barthélemy, où furent massacrés tous(h) ceux qui m'avaient accompagné, dont la plupart n'avaient bougé de leurs maisons pendant(i) les troubles. Entre les autres fut tué Beauvais[18], lequel m'avait gouverné depuis(j) l'âge de neuf ans. Dont(k) pouvez penser quel regret ce me fut, voyant mourir ceux qui étaient venus sous(h) ma simple parole, et sans autre assurance que les lettres que le roi m'avait fait(l) cet honneur de m'écrire comme*(m) je le vinsse trouver, m'assurant qu'il me tiendrait comme frère. Or ce déplaisir me fut tel, que j'eusse voulu les racheter de ma vie(n), puisqu'ils perdaient la leur à mon occasion, et même* les voyant tuer jusques au chevet de mon lit. Je demeurai seul(o) d'amis et de fiance*(p).

En ces peines, Thoré[19], lequel était piqué de la mort de son cousin, et me(q) voyant désespéré, se vint joindre avec moi, me remettant devant les yeux l'indignité que j'avais reçue et le peu d'assurance que je pouvais attendre pour moi-même[20], voyant l'hon-

---

(a) G : « trois jours après que j'eus eus eu... » — (b) G et LL : « à » — (c) G : « j'entendis ». — (d) G : « je m'acheminai avec... ». — (e) LL : « troupe de mes serviteurs... » — (f) LL : « que je ne fusse arrivé... » — (g) LL : « ces » — (h) Mot absent dans G — (i) G et LL : « durant » — (j) G et LL : « dès » — (k) G : « neuf ans. Vous pouvez... » ; LL : « dont vous pouvez... » — (l) G : « assurance que le roi m'avait faite en me faisant cet honneur... » — (m) G et LL : « m'écrire que » — (n) G : « ma propre vie ». — (o) G : « seul, dénué d'amis » — (p) LL : « et en défiance. » — (q) LL : « se ».

17. Henri apprit le 12 juin, alors qu'il était à Verneuil-sur-Charente, la nouvelle de la mort de sa mère (Babelon, *Henri IV*..., p. 173).

18. Louis Goulart de Beauvoir [ou Beauvais], gouverneur d'Henri.

19. Guillaume de Montmorency, seigneur de Thoré (1540?-1592), cinquième fils du maréchal Anne de Montmorency et de Madeleine de Savoie. Sa tante, Louise de Montmorency, était la mère de l'amiral de Coligny, assassiné lors de la Saint-Barthélemy. Marguerite/Henri mentionne ici le début des rapprochements entre les princes et les Montmorency (voir Introduction, I, A et *Mémoires*, n. 134).

neur et bonne chère que vous, Madame, et le roi votre fils, et le roi de Pologne, faisiez à ceux de Guise, lesquels, non contents de ce qu'ils avaient voulu faire au feu roi mon père, et à Monsieur le Prince mon oncle[21], triomphaient de ma honte. Non toutefois qu'il m'entrât jamais en l'intention de vous être autre que très fidèle et très affectionné serviteur, ce que j'espérais vous faire paraître à La Rochelle[22], où je fus résolu de vous bien et fidèlement servir, et de suivre de si près le roi de Pologne, qu'il vous pût témoigner le dessein[(a)] de mes intentions.

Or étant si près de lui, je fus averti par plusieurs[(b)] de mes bons amis que l'on voulait faire une seconde Saint-Barthélemy, et que Monsieur le Duc[23] ni moi n'y serions épargnés non plus[(c)] que les autres. Outre[(d)], le vicomte de Turenne me dit qu'il avait su pour certain de la Cour que Monsieur de Villeroy[24] apportait la dépêche pour faire l'exécution, et que si ma femme était accouchée d'un fils, que le roi avancerait ma mort. Même*, quelques-uns de mes gentilshommes furent avertis de leurs amis qui étaient à Monsieur

---

(a) G et LL : « le fond » — (b) G : « quelqu'un » — (c) G et LL : « n'y serions non plus épargnés... » — (d) G : « Outreplus* ».

20. Goulart lit : « pour moi. Même voyant... » Cette lecture donne l'impression que la suite de la phrase n'évoque qu'une sorte de raison supplémentaire, sans lien nécessaire avec ce qui précède. Le renforcement du pronom souligne en fait le parallèle avec Coligny.

21. Antoine de Bourbon était mort des suites d'une blessure d'arquebuse, alors qu'il combattait aux côtés de François de Guise, mais des rumeurs avaient couru sur l'origine de l'arquebusade. Louis de Bourbon, prince de Condé, blessé en mars 1569 à la bataille de Jarnac, avait été exécuté sur ordre du duc d'Anjou. Les deux morts sont ici mises au compte des Guises, pour ne pas contredire le dispositif laudateur mis en place autour du roi de Pologne dans le *Mémoire* ; l'accusation directe est toutefois évitée grâce au verbe *vouloir*.

22. Après la Saint-Barthélemy, les huguenots s'étaient retranchés à La Rochelle, où ils refusèrent la nomination d'Armand de Gontaut, seigneur de Biron, comme gouverneur. Cette crise décida la Couronne à envoyer des troupes faire le siège de la ville (janvier-juin 1573). Les deux derniers fils de Catherine, ainsi que les ducs de Guise et de Nevers faisaient partie de l'état-major, mais également les deux princes convertis de force depuis la Saint-Barthélemy, Henri de Condé et Henri de Navarre.

23. François de Valois, duc d'Alençon. Sa neutralité lors du massacre et le maintien de ses projets de mariage avec Élisabeth d'Angleterre faisaient de lui, dès cette époque, un traître aux yeux des catholiques intransigeants.

24. Le secrétaire d'État.

de Guise, qu'ils sortissent de leur[(a)] quartier pour aller au leur, parce qu'il ne faisait point sûr pour les miens ; et aussi Le Guast, me venant voir, disait tout haut que, La Rochelle prise, l'on ferait parler[(b)] autrement les huguenots et les nouveaux catholiques[25]. Vous pouvez penser si, en ayant eu[(c)] tant d'avertissements, et même* de lui[(d)] en qui le roi de Pologne se fiait entièrement[26], disant ces choses[(e)], s'il n'y avait pas juste occasion de le croire. Toutefois, ayant promis au roi de Pologne que si j'entendais quelque chose pour le service du roi et le sien, je l'en avertirais, comme je fis : l'allant trouver le soir à son cabinet, lui faisant entendre comme le tout se passait, [il] m'assura qu'il n'en était rien – de quoi je m'assurai[(f)] ; et dès lors[27] il me promit tant d'amitié que, me séparant de[(g)] cette frayeur, je cessai de faire garde à mon logis, comme j'avais été contraint de faire pour l'assurance de ma vie. Depuis, je ne perdis une seule[(h)] occasion de me tenir auprès de lui, tant pour le servir que pour lui faire preuve[(i)] que je n'avais rien plus cher que ses bonnes grâces.

En ce temps-là le camp fut rompu, et nous revînmes de La Rochelle vous trouver [à Paris][28], où il ne s'est parlé que du départ du roi de Pologne, lequel vos majestés furent conduire jusques à Vitry[29], où j'eus avertissement de plusieurs endroits que l'on voulait tuer le roi, ce que je ne voulus jamais croire, ensemble Monsieur le

---

(a) LL : « mon » — (b) LL : « parler tout autrement... » — (c) Mot absent dans G — (d) G : « celui » — (e) G : « entièrement, s'il n'y... » — (f) G : « ce que je crus. » ; LL : « tout se passait, de quoi il m'assura qu'il n'en était rien ; et dès lors... » — (g) G : « quittant » — (h) LL : « aucune » — (i) LL : « auprès de lui, pour faire preuve que... »

25. Les « nouveaux catholiques » sont Condé et Navarre lui-même.

26. Comparer : « Le Guast, duquel il était tellement possédé qu'il ne voyait que par ses yeux et ne parlait que par sa bouche... » (*Mémoires*, p. 84).

27. « alors ».

28. C'est l'élection d'Anjou au trône de Pologne, fin mai, qui conduisit la Couronne à conclure au plus vite une trêve avec les protestants. Les princes revinrent à Paris au mois de juillet.

29. Pour accompagner le nouveau roi sur le chemin de son royaume, la Cour partit de Paris en octobre 1573 en deux cortèges. Ceux-ci devaient se rejoindre à Nancy, chez le duc et la duchesse de Lorraine, mais Charles, qu'accompagnaient Marguerite et son mari, dut s'arrêter à Vitry-en-Perthois (Marne), trop malade pour aller plus loin. Henri et sa mère bifurquèrent alors sur Vitry (Chevallier, *Henri III...*, p. 205).

Duc et moi, et faire le roi de Pologne roi[(a)]. Toutefois, faisant entendre à Monsieur le Duc ce que j'avais appris[(b)], il me dit qu'il en avait eu beaucoup d'avis, et de pareils, et que Monsieur de Guise faisait assemblée à Joinville pour faire l'exécution de cette entreprise. Et moi étant à la chasse, je trouvai[30] dix ou douze chevaux avec armes, comme fit le guidon* de Monsieur le prince de Condé, qui en trouva quarante ou cinquante en ce même équipage, [ce] qui était assez pour nous en[(c)] faire croire quelque chose. Toutefois, le roi de Pologne étant arrivé à Vitry, je ne faillis* à lui dire tous les bruits qui couraient de lui, lequel[(d)] m'assura qu'il n'en savait rien, et que si j'étais en ce doute de Messieurs de Guise, que je ferais bien de demeurer auprès[(e)] du roi, et l'aller trouver[(f)] à Nancy[31] pour prendre congé de lui ; ce que la reine me fit commander par le roi.

Le roi partit[(g)] de Vitry pour aller à Châlons, où j'allai avec lui. Où étant, demandai[(h)] congé pour tenir la promesse que j'avais faite au roi de Pologne d'aller prendre congé de lui à Nancy ; ce qu'il me refusa, et me commanda me tenir près de lui. Sept ou huit jours après avoir été à Châlons, je sus le départ du roi de Pologne. Et me fut assuré qu'à son dernier adieu, il oublia[(i)] l'amitié et bonne chère qu'il m'avait promises, et ne se souvint[(j)] de vous supplier[(k)], Madame, que vous m'eussiez en votre protection ; mais au contraire, il[(l)] vous recommanda Monsieur de Guise, afin que par votre moyen il fût fait connétable, ce que je ne voulais nullement croire. Mais étant votre majesté de retour à Reims, vous me fîtes une si maigre mine, et commençâtes d'avoir[(m)] une telle défiance de moi,

(a) G : « tuer le roi, Monsieur le Duc et moi, et faire le roi de Pologne roi, ce que je ne voulus jamais croire. » — (b) LL : « entendre ce que j'avais appris à Monsieur le Duc... » ; G : « entendre ce que j'avais entendu à Monsieur le Duc, il me dit qu'il en avait eu beaucoup de pareils avis... » — (c) Mot absent dans LL — (d) G : « de lui. Il m'assura... » — (e) G : « près » — (f) G : « retrouver » — (g) G : « commander par le roi, qui partit... » — (h) LL : « lui demandai... » ; G : « avec lui. Étant là, demandai... » — (i) LL : « oubliant [...] promises, il ne... » — (j) G et LL : « souvint, Madame, de... » — (k) G : « rappeler » — (l) Mot absent dans G — (m) LL : « commençâtes là d'avoir... »

30. « je vis ».

31. Autrement dit : « de demeurer près du roi, puis d'aller prendre congé du roi de Pologne à Nancy ».

que cela me fit penser qu'il en était quelque chose. En ce même temps, Monsieur de Thoré arriva, lequel ne fut seulement fâché me voir en cette peine, mais me la continua, me disant[(a)] que c'était chose très certaine que, demeurant à la Cour, je n'y devais[(b)] attendre que beaucoup de mécontentement, et que ma vie n'y était trop assurée.

De là vos majestés allèrent à Soissons[32], où vous continuâtes encore plus les méfiances que vous preniez de moi, sans vous en avoir donné[33] une seule occasion, [ce] qui m'était un extrême ennui*. Là, les capitaines des gardes commencèrent à venir chercher[(c)] tous les jours en la chambre de Monsieur le Duc et la mienne, et voir[(c)] dessous les lits[(e)] s'il n'y avait personne. Et commandâtes qu'il ne coucherait en ma garde-robe qu'un seul valet de chambre pour me servir. Et même, me levant le matin pour me trouver à votre lever, Madame[(f)], comme j'avais accoutumé, frappant[(g)] à votre porte, vous dîtes que l'on me répondît[(h)] qu'étiez[(i)] chez le roi ; toutefois vous parliez à La Chastre et quelques autres, dont il ne me souvient les noms[(j)], qui avaient été des principaux exécuteurs de la Saint-Barthélemy, et du tout serviteurs de Monsieur de Guise, [ce] qui me fit croire que vous désiriez plus vous servir de[(k)] cette Maison que de ceux qui ont[(l)] cet honneur de vous être plus proches et plus fidèles serviteurs. Le lendemain, ne me voulant rien rebuter de ce que je savais[(m)] venir de vous, je

(a) G : « mais continua à me dire... » — (b) G : « pouvais ... » — (c) Mot absent de LL — (d) G et LL : « regarder » — (e) LL : « nos lits, pour voir » — (f) G : « votre lever, comme... » — (g) G et LL : « choquant » — (h) G : « vous me fîtes répondre que... » — (i) G et LL : « que vous étiez » — (j) G : « des noms desquels il ne me souvient » ; LL : « de qui il ne me souvient des noms » — (k) LL : « de ceux de cette... » — (l) G : « ont eu » — (m) G : « savais néanmoins venir... »

32. C'est là qu'eut lieu, quelques jours avant la fin de l'année, l'une des premières tentatives de coup de force de la jeune coalition, l'« entreprise de Soissons » (mi-décembre 1573). Alençon et Navarre devaient rejoindre des troupes levées par Condé et Guillaume de Nassau, puis, se mettant à leur tête, marcher sur le cortège royal afin d'imposer Alençon comme successeur au trône. Encore au service du roi de Pologne, Marguerite la fit échouer en la dénonçant au roi et à la reine, ce qui provoqua un accroissement de la surveillance des deux princes (voir *Mémoires*, pp. 102-103).

33. « sans que je vous en aie donné... »

retournai[(a)] encore pour vous trouver en votre chambre, de laquelle vous étiez sortie pour aller chez le roi, où pensant[(b)] entrer[34], vous commandâtes que l'on me dît que le roi dormait, encore que, passant par la salle, plusieurs gentilshommes (même de ceux de mon gouvernement) y eussent vu entrer cinq ou six du conseil. Ce que sachant[(c)], je choquai à la porte, et lors vous me fîtes répondre[(d)] que le roi ne voulait pas que j'y entrasse, qui me fut une grande honte, même [cela] étant connu de tous les hommes[(e)] qui le virent[35].

Cela était suffisant de me mettre en une extrême peine, n'ayant jamais rien su qui importât à votre service que je n'en eusse averti le roi de Pologne, comme il vous a témoigné de La Rochelle et de Vitry. Et vous, Madame, étant à Reims, ayant ouï parler de quelque requête que l'on voulait présenter à vos majestés, je ne faillis* incontinent* le vous dire, [ce] qui[(f)] ne méritait pas de vous mettre en défiance[(g)] de moi, mais au contraire vous conviait à vous y fier. Et[(h)] voyant que mes ennemis avaient telle part auprès de vos majestés que, pour nul de mes effets*, vous ne pouviez[(i)] perdre la défiance qu'à grand tort aviez prise sur moi, je crus[(j)] que les bruits qu'on faisait courir (que l'on nous voulait mal faire[36]) étaient véritables. En cette peine[(k)], Monsieur le Duc, qui n'en avait pas moins, me contait les dédains[(l)37] qu'on lui faisait, et je lui dis les miens en la présence de Thoré.

(a) G : « retourne » — (b) G : « le roi. Pensant y entrer... » — (c) G : « conseil. Sachant cela... » — (d) G : « dire » — (e) G : « même en la présence de tous les gentishommes... » — (f) G : « dire. Cela ne... » — (g) G : « de vous faire concevoir une défiance... » — (h) G : « Or » — (i) LL : « pouvez [...] avez » — (j) LL : « j'ai cru » — (k) G : « peur » — (l) G : « desseins ».

34. « où, comme je pensais entrer... »

35. Cette série de vexations semble faire écho à l'expérience propre de Marguerite (voir Introduction, III, B).

36. « faire du mal ».

37. Allusion (que Goulart n'a pas comprise) à la lieutenance générale du royaume, laissée vacante par le roi de Pologne à son départ, et que réclamait Alençon. Navarre l'espérait aussi...

De là, vos majestés allèrent à Chantilly[38], et de là[(a)] à Saint-Germain, où vinrent les nouvelles que l'on avait failli* à prendre La Rochelle ; et fut dit tout haut que, si elle eût été prise, l'on eût mis Monsieur de Montmorency[39] prisonnier, et que l'on eût[(b)] exécuté sur nous la mauvaise volonté qu'on nous porte. Et voyant les grandes méfiances que vos majestés avaient sur nous croître[(c)] tous les jours, et recevant beaucoup d'avertissements tout nouveaux, que l'on nous voulait méfaire[40], cela fut cause que Monsieur le Duc se résolut, pour s'ôter de ce danger et pour l'assurance de sa vie, de s'en aller[41]. Où je lui promis de l'accompagner, et de là m'en aller en mon pays, tant pour ma sûreté que pour donner ordre en Béarn et Navarre, où, pour mon absence, je ne suis nullement obéi[42]. Et lorsque nous étions, pour l'assurance de nos vies, sur le point de nous absenter de la présence de vos majestés, il[(d)] advint que vous en fûtes averties, et nous appelâtes en votre cabinet, où nous vous dîmes tout ce que nous savions[43]. Alors, vous nous assurâtes de nos

---

(a) G : « et puis à... » — (b) G : « mis prisonnier Monsieur de Montmorency, et exécuté... » — (c) G et LL : « s'accroître » — (d) Mot absent dans G.

38. C'est-à-dire chez les Montmorency. Turenne explique que le duc y précha la patience à Alençon, lui conseillant de « s'insinuer dans les bonnes graces du roy [...], qu'il établiroit sa créance en s'authorisant dans les affaires ; mais que sortant de la cour, il feroit un party [*un groupe d'opposition*] et se rendroit l'Estat contre luy. » (*Mémoires*..., p. 390).

39. Le bruit relatif à la formation d'un parti dirigé par François de Montmorency et son frère Damville contre la Cour semble s'être répandu dans l'entourage royal à partir du 20 janvier (De Crue, *Le Parti des Politiques*..., p. 130).

40. Voir n. 36.

41. Ce passage est à comparer au récit des *Mémoires* à propos d'Alençon, en février 1578 : « ayant supporté trois jours l'appréhension de ce danger, il se résolut de s'ôter de là pour se retirer chez lui. » (p. 188)

42. À comparer encore à la décision des deux mêmes personnages de s'enfuir de la Cour, fin 1575 : « ils se résolurent, voyant que leur division était leur ruine, de se réunir et se retirer de la Cour, [...] mon frère n'ayant eu jusques alors son apanage et [...] le roi mon mari ne jouissait nullement de son gouvernement de Guyenne, ne lui étant permis d'y aller, ni en aucune de ses terres. » (p. 124).

43. Cette nouvelle tentative de fuite avait été programmée pour le 10 mars par La Noue, en même temps qu'un soulèvement général des rebelles, comme Turenne l'explique fort bien : « Nous voilà donc résolus de nostre partement et du lieu de nostre retraitte [Sedan]. Le roy de Navarre va prendre son logis au village pour y coucher ; M. de Thoré estoit avec nous, et M. de Monmorency s'en estoit retourné à Chantilly. » Alençon seul était resté au château, partagé entre la rebellion et la

vies, et nous dîtes que le roi donnerait si bon ordre que nous n'aurions ci-après aucune[(a)] occasion de nous plaindre[44].

Depuis, étant au faubourg Saint-Honoré, nous eûmes les mêmes alarmes qu'auparavant, et même* que l'on disait qu'on nous voulait mener au bois de Vincennes prisonniers[(b)]. Alors, le vicomte de Turenne arriva de la part où vos majestés l'avaient envoyé[45], lequel nous confirma les mêmes occasions de peur et crainte, et nous présenta[(c)] devant les yeux le danger où nous étions de nos vies ; [ce] qui fut cause que Monsieur le Duc m'envoya dire

---

soumission. Il arriva cependant, poursuit Turenne, « une très grande faute [...], qui fut que M. de Guitry [voir n. 45], au lieu de prendre le 10 de mars, s'avança de 10 jours ». Des mouvements de troupes importants furent alors rapportés au château (le 27/2) : « Sur l'entrée de la nuit, voilà l'alarme à la Cour, si chaude que, n'en congoissans bien la cause, les perturbations estoient grandes, les bagages chargés, les cardinaux de Lorraine et de Guyse à cheval pour s'enfuir à Paris... » (*ibid.*, p. 392). Thoré s'enfuit de la Cour à ce moment-là. Quant à Alençon, il suivit les conseils de La Mole (voir les *Mémoires* de Marguerite p. 104), et prit le parti de révéler (une partie de) ce qu'il savait. On voit ici qu'il se confessa avec son beau-frère.

(a) Mot absent dans G et LL — (b) G : « auparavant. Et disait-on que nous serions menés prisonniers au bois de Vincennes. » — (c) G : « mit » ; LL : « représenta ».

44. On lit dans la déposition du duc d'Alençon à propos de cette même confession que « le Roy et la Reine en furent fort contens, et montrèrent en cela leur bonté, et dirent qu'ils oublieroient tout le passé. » (*Mémoires* de Castelnau..., vol. 2, p. 359). La reine mère et Charles prirent cependant la décision de revenir à Paris, où ils s'installèrent au faubourg Saint-Honoré chez les Retz. Une semaine plus tard, Charles gagna la forteresse de Vincennes pour plus de sécurité.

45. Turenne, qui par les liens familiaux était proche des conjurés, mais qui n'était pas encore identifié comme tel, fut envoyé auprès de Jean de Chaumont-Quitry (ou Guitry) au début du mois de mars, et une entrevue fut organisée avec la Couronne à Vincennes. Durant la semaine de pourparlers, on apprit que Montgomery avait débarqué en Normandie (11/3) et que plusieurs villes étaient tombées aux mains des rebelles (*cf.* Turenne, *Mémoires*, pp. 393-395). La Couronne renvoya Quitry auprès d'eux négocier à nouveau, laissa partir Condé dans son gouvernement de Picardie, et fit signer aux deux princes une déclaration commune le 24 mars, par laquelle ils se désolidarisaient des fauteurs de troubles (*Déclaration de très illustres princes et seigneurs, les duc d'Alençon et roi de Navarre*, Paris, Jean Morel, 1574, BNF : 8 Lb33 366). Marguerite/Henri passe soigneusement sous silence cet épisode.

par La Vergne et Montaigu[46] qu'il était résolu, pour ces mêmes raisons, de se retirer[(a)]. Ce qu'entendant, je me délibérai de partir pour l'accompagner, et de là me retirer en mes pays, pour les mêmes raisons que j'ai ci-devant dites[47].

Voilà, Madame, tout ce que je sais. Et vous supplie très humblement de considérer si je n'avais pas juste[(b)] occasion de m'absenter. Et qu'il plaise au roi et à vous me vouloir dorénavant faire tant de bien et d'honneur que de me traiter comme étant ce que je vous suis, et qui[48] n'a[(c)] autre volonté[(d)] que vous être pour jamais[(e)] à tous deux très humble, très obéissant et très fidèle serviteur[(f)].

Henri.

(a) G : « résolut de se retirer pour ces mêmes raisons. » — (b) G et LL : « juste et apparente » — (c) G : « n'ai » — (d) G : « vouloir » — (e) G : « à jamais » ; LL « vous être à tous deux... » — (f) LL : « très fidèle et très obéissant... »

46. Le premier pourrait être Jean-Jacques de La Vergne, seigneur de Saint-Leu ; le second est Jean de Balzac, seigneur de Montaigu, chambellan du duc d'Alençon (1545-1581). *Cf.* De Crue, *Le Parti des Politiques*..., p. 171.

47. Ce nouveau projet de fuite était prévu pour le 9 avril ; Charles ne croyait guère à la gravité des agissements de son frère et de son beau-frère, et les laissait régulièrement revenir à Paris – mais Catherine avait pris la précaution de glisser un espion dans leur groupe. La conjuration, elle, n'avait fait que prendre de l'ampleur : Bouillon avait rejoint ses alliés, La Rochelle s'était soulevée, et Turenne avait pris le large... Les arrestations commencèrent le 8 au soir et se poursuivirent toute la semaine suivante.

48. Ce relatif représente « ce que je vous suis ». Cette dernière formule se retrouve dans une lettre d'avril 1580, où Marguerite, en très fâcheuse position, demande à Henri III de comprendre pourquoi elle a pris fait et cause pour son mari : « Je ne puis avoir recours ni espérance ni consolation qu'en votre grande bonté, pour avoir cet honneur de vous être ce que je vous suis. » (*COR*, lettre 78 ; également lettre 239). Une autre formule proche se trouve dans les *Mémoires* (« les villes avaient commandement du roi de me recevoir selon [ce] que j'avais cet honneur de lui être », p. 145).

PARTIE III

DISCOURS
DOCTE & SUBTIL

Dicté* promptement par la reine Marguerite, et envoyé à l'auteur des *Secrets moraux*

1614

Page de titre des *Fleurs des secretz moraux*, 1614.
Bibliothèque nationale de France.

INTRODUCTION

La dernière oeuvre de Marguerite de Valois se présente à la fois dans la lignée des autres écrits et en rupture avec eux. Avec les *Mémoires*, le *Mémoire justificatif*, la plupart des poésies et bien entendu toute la correspondance, le *Discours docte et subtil* manifeste le goût marqué de la reine pour le dialogue. Ce petit traité se donne en effet sous la forme d'une longue lettre adressée au père jésuite Loryot, dont elle entretenait la Compagnie, en réponse à l'un de ses livres, *Les Secrets Moraux, concernant les passions du coeur humain,* paru au début de l'année 1614, dont certains propos l'avaient choquée. L'œuvre se différencie toutefois fortement du reste de la production connue de Marguerite, à la fois par sa facture démonstrative, par l'engagement féministe qu'elle traduit, et par le fait qu'elle fut publiée sous son nom du vivant de son auteur. Elle témoigne ainsi de l'évolution personnelle de la reine, ainsi que de ses idées et de ses préoccupations au crépuscule de sa vie.

I - MARGUERITE DE VALOIS ET LA QUERELLE DES FEMMES.

Le débat sur la « bonté » et la « mauvaiseté » des femmes, qui faisait rage en France depuis le début du XVe siècle avec des moments d'apaisement et des accès de fièvre récurrents, ne semble guère avoir intéressé Marguerite jusqu'à l'approche de la cinquantaine. Au soir de sa vie, pourtant, elle rédige et fait publier un texte qui s'inscrit dans la droite ligne de cette polémique centrale de son époque, avec une aisance qui connote la plus grande familiarité avec sa problématique. Elle ne reprend pas, cependant, les thèses audacieuses des femmes et des hommes qui l'ont précédée sur ce terrain, se contentant de mettre en valeur ce qui pour elle est essentiel, marquant une fois de plus sa différence avec ses contemporains, et surtout ses contemporaines – pour autant qu'on puisse en juger par l'état actuel des connaissances en ce domaine.

A. La Querelle des Femmes.

Les Histoires de France sont curieusement muettes sur cette gigantesque polémique dont les rebondissements scandèrent toute la formation de l'État moderne, alors que les deux phénomènes sont étroitement liés. Durant cette période, en effet, les femmes assistèrent à la mise en place puis au triomphe de la loi salique leur interdisant l'accès au trône, virent se fermer devant elles les portes des nouvelles institutions de savoir, furent exclues du « boum » social et politique lié à la multiplication des prestigieuses charges administratives, et périrent par milliers sur les bûchers d'Europe. Les historiens de la littérature, qui devraient y être sensibles dans la mesure où la polémique généra des milliers de textes, observent le plus souvent une discrétion similaire, ou se contentent de répéter les propos rassurants d'Émile Telle, selon lequel le débat en question était purement spéculatif et littéraire. Qui veut aujourd'hui se renseigner sur ce phénomène pluriséculaire, qui concerne l'histoire institutionnelle comme l'histoire de l'art et l'histoire des mentalités, la littérature comme la philosophie, la sociologie et les sciences politiques, doit aller chercher de maigres renseignements dans des ouvrages fort anciens, généralement inaccessibles, et dans les histoires du féminisme (que l'offensive fit naître). Le renouveau des études sur l'histoire et les écrits des femmes, depuis une vingtaine d'années, a bien fait réémerger l'iceberg, mais celui-ci apparaît aujourd'hui si gigantesque que les recherches effectuées jusqu'à présent ne nous en fournissent qu'une connaissance encore très fragmentaire et très approximative[1].

On peut toutefois rappeler quelques évidences, pour mieux saisir l'originalité de Marguerite. La première est que l'angle de vue sous lequel elle envisage sa discussion, à savoir la question de la supériorité ou de l'infériorité de la femme vis à vis de l'homme, est alors tout à fait banal. S'il est erroné de soutenir que le concept d'égalité des sexes n'émergea qu'au XVIIe siècle, notamment sous l'impulsion de l'ouvrage de Marie de Gournay, *Égalité des hommes*

1. On trouvera de nombreuses références dans les ouvrages de Maïté Albistur & Daniel Armogathe, d'Évelyne Berriot-Salvadore, de Renate Bridental & Claudia Koonz, de Luce Guillerm, de Madelaine Lazard et de Linda Timmermans.

et des femmes (1622), il paraît avéré que les contemporains de Marguerite se représentaient beaucoup plus volontiers les relations entre les sexes en termes hiérarchiques – quitte à s'opposer sur les tenants du hauts de l'échelle. Ceci n'est d'ailleurs pas spécifique aux sexes : c'est toute la société que l'on se représente alors ainsi, et aussi toute la création. De même, la nature des arguments employés et le type de stratégie discursive que l'on observe dans le *Discours*, tout aussi déroutants pour des lecteurs d'aujourd'hui, sont alors très courants. Le recours aux textes bibliques et philosophiques – d'ailleurs mis sur le même plan – ainsi que le retournement complet des arguments les plus reçus, font partie intégrante de l'héritage scolastique, ce mélange de savoirs essentiellement chrétiens et de virtuosité essentiellement aristotélicienne. Marguerite ne déroge ni dans l'un ni dans l'autre domaine.

Plusieurs auteurs, pourtant, avaient réussi à sortir le débat de ce formalisme, en mettant l'accent non sur l'ordre divin ou celui de la nature, mais sur les effets de la culture et de la société. Christine de Pisan avait mis en cause, la première semble-t-il, l'éducation : « si la coutume était de mettre les petites filles à l'école, et que communément on les fit apprendre les sciences comme on fait aux fils [...] elles apprendraient aussi parfaitement et entendraient les subtilités de tous les arts et sciences, comme ils font. » (*La Cité des dames*, 1405). Martin Le Franc avait pour sa part analysé les raisons de cette interdiction faite aux femmes d'étudier : les tenir éloignées des emplois publics, par exemple les empêcher de « tenir justice » (*Le Champion des dames*, 1440). Corneille Agrippa de Nettesheim, au début du XVIe siècle, avait dénoncé ces mêmes empêchements dressés par les hommes sur le chemin des femmes, et y avait ajouté la « scandaleuse interdiction [...] de monter en chaire et de prêcher la parole de Dieu » (*De nobilitate et de præcellentia fœminei sexus*, 1529). Il semble que cette pertinence de la critique sociale, politique et religieuse se soit émoussée au cours du siècle, mais dans la célèbre « Épître dédicatoire à Clémence de Bourges » qui servait d'introduction à ses *Œuvres*, Louise Labé disait encore hautement que les femmes ne devaient pas « être dédaignées pour compagnes, tant ès affaires domestiques que publiques, de ceux qui gouvernent et se font obéir » (1555).

B. Le Discours *dans la production de la Querelle.*

Il est aisé de constater que Marguerite ne se situe pas dans cette filiation, même si l'état des connaissances, encore une fois, rend précaires les analyses que nous pouvons faire de son *Discours*. Les très rares critiques qui s'y sont intéressés y ont vu l'influence de Corneille Agrippa et de son fameux traité, traduit en français dès 1537, que la reine aurait suivi tout en modérant ses propos[2]. Il est clair que Marguerite devait connaître ce texte, elle qui lisait tout, d'autant que son auteur était un occultiste célèbre et qu'elle était férue de cette science. Il est clair également que beaucoup d'arguments employés ici et là sont de la même veine. Mais à bien les lire, ce sont plutôt les différences les deux écrits qui frappent (la radicalité du premier, mais aussi sa précision, sa longueur, l'importance de ses exemples historiques et bibliques, sa tonalité mystique...), et il est probable qu'on ne les rapproche que faute de connaître suffisamment l'ensemble de la production de ce courant.

À vrai dire, le texte de la reine se présente plutôt comme un rappel des arguments les plus employés par les « champions des dames », que comme un traité à proprement parler. Elle précise d'ailleurs qu'elle n'entend discuter avec le jésuite que sur un point : *Pourquoi l'homme rend tant d'honneur à la femme ?* Le « manque d'envergure » remarqué du *Discours* est à mettre en relation avec cet objectif initial, dont la limitation s'explique elle-même par le fait que le livre du religieux n'était pas un traité s'inscrivant directement dans la Querelle. Enfin, même s'il fait peu de doute que la publication de ses propos, précédés d'un aussi joli titre, fit plaisir à la reine, il ne faut pas oublier qu'il s'agit avant tout d'une *lettre*, comme en témoigne l'adresse, l'ouverture et la clôture du texte : une lettre suscitée par une lecture, puis par une discussion stimulante avec l'auteur du livre, et destinée à préciser des arguments jetés un peu hâtivement dans le débat, comme devait l'expliquer le Père jésuite[3].

La grande originalité de Marguerite se situe là : dans cette manière de relever le gant de manière impromptue, pour signifier l'essentiel (les femmes sont respectables, ceux qui disent le contraire n'ont pas réfléchi), sans pour autant produire un traité. Beaucoup de textes de la Querelle, en effet, regorgent d'une part d'exemples tirés de la Bible, de l'histoire sainte, de la mythologie

---

2. *Cf.* Mariéjol : « Marguerite n'a pas le temps de réfléchir, et même sur cette question qui la passionne, elle se borne à suivre un livre. Elle a sous les yeux le petit traité du fameux Corneille Agrippa » (*La Vie de Marguerite*..., p. 357). M. Lazard suit Mariéjol quasi mot à mot (« Le discours docte et subtil »..., p. 231).

3. Voir *infra*, III, A.

grecque ou latine, et d'autre part de théories plus ou moins fantaisistes[4]. Nombreux sont en outre ceux qui, à un moment où à un autre, dressent des listes de femmes célèbres – listes au reste fort importantes dans le débat du temps, parce qu'elles opposent au discours misogyne des clercs des « preuves » de l'excellence des femmes, qu'elles proposent des modèles aux femmes elles-mêmes, et qu'elles opèrent un « travail de mémoire » certain. Marguerite évite toute cette érudition, comme si elle estimait que les écrits précédants suffisaient, comme si elle pensait déjà que *vingt citations ne font pas une raison*. Elle évite également tout « grief », toute accusation précise, se contentant de reprendre les arguments les plus fondamentaux et de les décliner sous la forme la plus traditionnelle (au regard de la culture du jésuite). Si le *Discours* peut paraître « conformiste » dans sa facture et son propos, il brille en fait par sa malice, par son bon sens, par sa brièveté, par son adaptation à son destinataire, et par la démonstration qu'il fait de la maîtrise des connaissances enseignées aux seuls hommes. Pour autant, il ne fait pas de compromis avec l'« adversaire » : en ouverture de sa lettre, Marguerite dit « insupportable » le « mépris » du religieux pour le sexe féminin ; c'est aussi ce que faisait Christine de Pisan au seuil de sa *Cité des dames* – quoiqu'en des termes ô combien plus poignants.

II - LE FÉMINISME DE LA REINE MARGUERITE.

Pour être original, ce féminisme n'est pas sans étonner chez une femme qui s'était identifiée à des hommes durant la majeure partie de son existence[5]. Si l'âge a pu jouer, c'est surtout une métamorphose personnelle profonde qui fit de la reine divorcée une nouvelle femme. Non seulement elle devint capable, au cours des premières années du XVIIe siècle, de se dire fièrement partie prenante du sexe féminin, non seulement elle assimila toutes les stratégies comportementales et discursives auxquelles les femmes de son temps avaient recours pour s'imposer (et qu'atteste le *Discours*),

4. Agrippa note ainsi, pour preuve de la supériorité de la femme, qu'elle « ne tombe ni ne se couche jamais sur le ventre, à moins qu'elle n'ait ses raisons » (alors que l'homme, quand il trébuche, tombe face contre terre), parce qu'elle l'emporte sur le mâle dans la capacité de regarder le ciel (*Sur la noblesse*..., p. 57).

5. Voir Introduction aux *Mémoires*, I, B et Introduction au *Mémoire justificatif*, III, C.

mais elle termina sa vie en féministe convaincue et identifiée comme telle.

A. L'évolution personnelle de la reine.

Le *Discours docte et subtil* couronne la dernière phase d'une évolution commencée plus de vingt ans auparavant. En effet, si les *Mémoires* – dans l'état où ils nous sont parvenus, c'est-à-dire vraisemblablement amputés de plusieurs années de travail – témoignent d'un trouble identitaire pour l'essentiel encore en place au milieu de la décennie 1590, la correspondance de Marguerite atteste que des transformations commencèrent de s'opérer dans sa personnalité et son rapport à soi dès l'époque de leur mise en chantier. Elle qui n'avait (semble-t-il[6]) jamais fait allusion à son appartenance au sexe féminin autrement qu'avec distance, voire avec mépris, se met en effet dès la fin de l'année 1594 à y faire référence de manière moins négative. Les années suivantes montrent la poursuite de ce processus, et la métamorphose est telle qu'au début du XVIIe siècle, nous la voyons même jouer de cette référence lorsqu'elle veut obtenir quelque chose du roi[7].

Ce jeu est clairement repérable dans le *Discours*. On se méprendrait en effet gravement en lisant au premier degré l'allusion liminaire au désir de ne pas « sortir du sujet qui est propre à ma faible connaissance », ou l'affirmation finale selon laquelle « ces raisons, écrites par une femme, ne peuvent pas avoir beaucoup de force ». Ces propos relèvent en réalité de la rhétorique à laquelle avaient régulièrement recours les femmes de l'époque, tout particulièrement lorsqu'elles s'aventuraient sur des terrains où on ne les attendait pas – voire, où l'on préférait ne pas les rencontrer[8]. Cette rhétorique, généralement utilisée pour désamorcer l'hostilité des hommes avec lesquels elles entraient en rivalité, en leur faisant croire à leur adhésion à l'ordre masculin, est ici convoquée de manière ostentatoire, et presque provocatrice. Si la soumission apparente, en effet, est utile en ouverture de discours, comme *cap-*

6. Rappelons que toute la correspondance de la reine ne nous est pas parvenue ; peut-être pas tous ses écrits non plus.

7. *Cf.* à ce sujet *COR*, pp. 45-46.

8. Ainsi, Anne de France, ancienne régente de France et première femme auteur d'un traité d'éducation d'une princesse, commence-t-elle par s'y excuser d'être « de pauvre et débile engin [faible intelligence] ». Jeanne d'Albret demande de la même manière en ouverture de son Mémoire justificatif (qui est une déclaration de guerre contre la Couronne) qu'on y pardonne « le style d'une femme ».

tatio benevolentiæ, elle est évidemment nuisible en conclusion – le public étant censé avoir à ce stade, si ce n'est oublié le sexe de l'auteur, du moins le lui avoir pardonné.

Marguerite au contraire revient avec insistance en clôture de sa lettre sur son infériorité de femme et sur la supériorité de son interlocuteur. Il n'y est plus seulement question de son peu de « connaissance », comme au début, mais du peu de « force » de ses « raisons », et encore de son « rude et grossier* langage ». Or tout ce qui précède dément catégoriquement ces propos, tant par l'organisation et la progression du *Discours* que par la clarté des phrases et les connaissances qu'elles dévoilent. Par ailleurs, la demande formulée au jésuite montre la limite de la modestie de la reine – et que les « raisons » elles-mêmes ne sont nullement en cause. Si elles paraissent faibles, en effet, ce n'est que parce qu'elles sont *écrites* par une femme, et dans un style qui n'est pas celui auquel sont habitués les lecteurs – nous dirions que ce n'est qu'une question de « communication ». En revanche, les mêmes idées « parées des fleurs de [l']éloquence » de qui connaît les codes, insérées « au pied d'un de [ses] chapitres », et présentées « comme [siennes] », paraîtront tout à fait convenables – voire tout à fait justes !

Non seulement la reine se moque gentiment du jésuite – d'autant que les « fleurs de son éloquence » sont aux antipodes de sa propre esthétique (voir p. 268) –, mais elle se moque des hommes lettrés en général, qui sont prêts à écouter (si ce n'est à entendre) un discours favorable aux femmes du moment que c'est un des leurs qui le tient ; et il se pourrait bien qu'elle se moque aussi, en passant, d'elle-même, si friande de leur conversation et de leurs productions… Le *Discours* témoigne donc de la sérénité rayonnante qui caractérisait la reine Marguerite au crépuscule de sa vie. Rien là d'étonnant pour une femme qui avait effectué un tel rétablissement de sa situation personnelle, qui était régulièrement sollicitée par l'équipe au pouvoir, et qui était respectée et célébrée par les artistes et les intellectuels de son temps. Mais on mesure le travail de désinformation qu'il faudra accomplir, quelques décennies plus tard, afin de la faire passer pour une hypocondriaque méfiante et paranoïaque.

B. La dernière cour de Marguerite.

Le bonheur et la maîtrise qui émanent du dernier écrit de la reine sont en effet à mettre en relation avec ce que fut sa cour parisienne, ses fréquentations, ses occupations, le rôle qu'elle joua dans la vie culturelle du premier XVIIe siècle. C'est tout d'abord un lieu : un hôtel somptueux, bâti « en face du Louvre » (comme s'en offusquent les médisants[9]), et dont la construction commença un an à peine après le retour de la châtelaine d'Usson dans la capitale. Vite surnommé le « Parnasse Royal », c'est le rendez-vous des lettrés, des artistes, des étrangers de passage, car on y sait la reine attentive, curieuse, prête à goûter tous les genres, et particulièrement généreuse[10].

Toujours adepte du *Banquet*, Marguerite y régale ses hôtes de toutes les nourritures. Durant ses repas, note Étienne Pasquier, elle « a ordinairement quatre hommes près de soy, ausquels d'entrée elle propose, du commencement, telle proposition qu'il luy plaist, pour l'examiner ; chacun desquels ayant deduit sa ratellée, ou pour, ou contre, et estant de fois à autre par elle contredits, comme elle est pleine d'entendement, leur fait perdre souvent le pied, n'estant marrie d'estre par eux controllée, mais que [*pourvu que*] ce soit avec bonnes et valables raisons[11]. » Loryot lui-même évoque cette ambiance à la fois studieuse et plaisante : « ceux qui ont l'honneur de hanter sa Cour, et la voir du temps de ses repas, donner moins de nourriture à son corps qu'à son esprit, par tant de doctes discours dressez sur le subject de toutes sortes de sciences, tant divines qu'humaines, qu'elle traite avec les sçavans qui entourent tousjours la Table, ne s'en retournent jamais que pleins d'etonnement, d'avoir entendu ceste docte Reyne discourir si subtilement, comprendre si promptement, et resoudre si judicieusement les questions de plus difficile acces, que les plus doctes rencontrent en la Theologie et en la Philosophie[12]. »

Marguerite cependant n'est pas seulement entourée de « sçavans ». Sa cour est un lieu mixte, où les femmes sont bien davantage qu'un ornement. On sait que Marie de Gournay y travailla. Mais d'autres femmes, dramaturges, poétesses, y évoluaient, qui avaient conscience du rôle qu'elles jouaient aux yeux de leurs

---

9. *Cf.* L'Estoile, *MJ*, vol. 9, pp. 200-201.

10. *Cf.* l'étude de Simone Ratel, puis celles de Jean Balsamo, d'Evelyne Berriot-Salvadore, de Gabriel-André Pérouse, de Bernard Yon et de Luigia Zilli.

11. Etienne Pasquier, *Œuvres*..., vol. 2, p. 666.

12. Loryot, *Les Fleurs*..., commentaire, second cahier *c* [d'], iij (édition Desmarquets). Ces habitudes dataient d'Usson (voir le témoignage de Brantôme, Annexe I, E).

contemporains hommes et femmes, et qui inscrivaient leur activité créatrice dans un mouvement d'émancipation de leur sexe. C'est cette activité quasi militante que décrit l'historien Pierre Matthieu : « De ses discours elles font une Academie : autant de paroles, autant de preceptes. Elles attrapent tousjours quelque mot digne d'imitation et de memoire. Les communs exercices de leur sexe sont tenus pour prophanes. Elle renvoye aux Dames de ville les ouvrages et veut que leurs esprits s'eslevent plus haut, qu'ils courent dans les bons livres, s'arrestent sur les bons exemples, et fassent passer heureusement le genie et les graces d'une langue en une autre. La musique, la peinture, la poesie et les mathematiques ne permettent qu'une heure de temps leur eschappe sans plaisir ou profit[13] ». On retrouve là les exhortations de Louise Labé appelant les femmes à « élever un peu leurs esprits par dessus leurs quenouilles et fuseaux », avec la différence qu'ici c'est tout un groupe qui s'active, et que c'est une reine vivant à Paris qui en est le moteur.

Cette émulation, cette fière conscience de sexe, sont parfaitement visibles dans le *Discours*, que Marguerite termine en s'englobant dans la communauté des femmes pour évoquer l'« immortel honneur » que recevrait « notre sexe » si la cause de celui-ci était embrassée et défendue par Loryot. On conçoit peut-être un peu mieux que les hommes qui n'étaient d'accord ni avec ce programme ni avec la manière dont il était mis en œuvre dans cette nouvelle Cité des dames, se soient acharnés à salir la mémoire de leur promotrice.

III - L'HISTOIRE DU TEXTE.

L'entreprise de dénigrement de la personne était d'autant plus utile pour les misogynes que l'œuvre ne tomba jamais dans l'oubli. Publié aussitôt qu'écrit par un destinataire éperdu d'admiration (mais pas pour autant convaincu par les arguments de la reine !), republié peu après, le *Discours docte et subtil* fut remarqué des érudits féministes des XVIIe et XVIIIe siècles. Ce n'est qu'avec la naissance du mythe de la reine Margot que la dernière oeuvre de Marguerite se vit rejetée dans l'ombre, notamment au profit de *La Ruelle mal assortie*[14]. Malgré les doutes pesant sur l'attribution de

13. Pierre Matthieu, *Histoire de Louis XIII...*, vol. 2, p. 40.

14. Voir Avertissement.

cette dernière, elle cadrait en effet bien mieux que le *Discours* avec l'image de femme dévergondée qu'avait réussi à forger la postérité.

A. La rédaction et la publication du Discours.

C'est à la suite d'une des discussions savantes qui animaient régulièrement la cour de la reine Marguerite que celle-ci rédigea sa lettre à Loryot. « Lors que j'ai eu l'honneur de presenter à sa Majesté le premier volume des *Secrets Moraux* », raconte celui-ci, « je demeuray tout estonné, l'entendant l'espace d'une heure ou environ, nous donner bien de l'exercice à six personnes professans les sciences (dont j'estois le moindre) sur divers subjects, les plus speculatifs de l'Eschole » – ce dernier détail expliquant bien la tournure du *Discours*. « La premiere question du present volume, poursuit-il, estoit *Pourquoy la femme est plus devote que l'homme* ? Elle me deploya promptement un grand nombre de raisons, ou que j'avois ja trouvées mais avec beaucoup de travail, ou que j'ay mises [depuis] a profit. » À la seconde question, *Pourquoi l'homme rend tant d'honneur à la femme ?*, « trouvant quelqu'une des raisons que j'allegue un peu foible, il [*ce grand esprit royal*] se mit aussitôt à dicter* les raisons qui luy sembloient les plus propres pour estançonner les miennes un peu ruineuses[15] ». Le jésuite parti, en effet, la reine s'était empressée de les coucher sur le papier et de les lui envoyer.

Dans le commentaire où il consigne cette histoire, Loryot évoque son nouvel étonnement à la réception des « raisons » de la reine, et il a l'honnêteté (ou l'impudence) d'en reconnaître la nature : « Je ne les eus pas leuës, que la pensée me vint (il faut que je le confesse), que c'estoit un des plus doctes de ses Sçavans qui avoit faict voir la fecondité de son esprit en un subject si sterile ; et si* demeuray en ceste croyance jusque à ce qu'estant allé remercier sa majesté de tant d'honneur que j'avois receu en la reception de ses lettres, toute la Cour me tira d'erreur, m'assurant qu'elle avoit dicté* ce discours sur le champs[16]... » Revenu de sa surprise, le bon Père songea alors à faire imprimer le *Discours*. Il avait justement un nouvel ouvrage en cours d'impression, une suite du précédent : *Les Fleurs des Secretz moraux, sur les secretz du cœur humain*. Il fit donc rajouter quelques cahiers en tête du volume, et le dédia tout entier « A la Reyne Marguerite, duchesse de Valois ».

15. *Les Fleurs*..., commentaire, second cahier *c* [iiij].

16. *Ibid.*

Le sonnet liminaire de « LAutheur à son livre » invite ce dernier à « marcher [...] Soubz l'Estendart Royal de la grand' Marguerite ». Puis vient un avis *Au lecteur*, où l'on apprend que « Sa Majesté a honoré ce present volume d'un docte et subtil Discours de sa façon », et que c'est « la meilleure pièce de tout cet ouvrage ». Loryot s'y justifie aussi du bouleversement qu'il a dû introduire dans l'agencement de son livre ; celui-ci commence en effet par la question *Pourquoy il se trouve souvent des femmes qui ont tant d'esprit et de capacité, et au-delà de plusieurs hommes ?* « Il est aysé à recongnoistre, dit-il, que [cette considération] est venüe après la naissance de plusieurs autres, veu qu'elle est ici sans chiffre[17]. » Après les quelques pages consacrées à cette « Question 1 », le *Discours* lui-même apparaît, écrit en grosses lettres, mais cerné par des marges saturées de citations en petits caractères, où Loryot a fait voisiner le français, le latin et le grec. Enfin, vient un commentaire où il dresse une brève liste de femmes célèbres, qu'il termine par l'évocation de Marguerite que l'on a vue plus haut.

Ces choix éditoriaux attestent que le jésuite n'était pas prêt à faire ce que la reine lui demandait : intégrer sa démonstration dans l'un de ses chapitres, faire comme si elle venait de lui. La principale raison en est, très certainement, qu'il se fût alors privé de la publicité attachée à la publication d'un écrit de la première personnalité de la scène culturelle du temps. Une autre raison, cependant, semble bien être le désaccord sur le fond avec sa royale dédicataire. Il est aisé de voir, en effet, combien sa plume trahit ses réticences, que ce soit en parlant de Marguerite au masculin, en insistant sur sa surprise et sur ses doutes, en qualifiant la discussion de « subject si sterile », en enserrant le *Discours* dans les marques de sa propre science, et surtout en ne flattant la reine qu'au dépens des autres femmes, puisqu'il salue en elle « l'un des plus grands entendemens dont *son sexe* puisse estre capable », et intitule le poème qui clôt l'ouvrage « La Marguerite Victorieuse de toutes les autres fleurs cueillies au jardin de Flore ».

---

17. C'est-à-dire hors de la numérotation normale du livre ; en réalité, tout ce qui est rajouté n'est identifié que par les lettres (minuscules) inscrites sur les cahiers, avec une erreur au milieu puisqu'il y a deux cahiers *c*, dont un qui vient après le cahier *d* (a, b, c, d, c, e, f).

B. La réception immédiate du Discours.

L'ouvrage de Loryot connut durant l'année 1614 deux impressions parisiennes presque simultanées (la seconde affichant une pagination cohérente[18]), ce qui dénote un certain succès, sans doute dû au *Discours* de la reine. La notoriété de ce gros livre s'arrêta en effet là. Le petit manifeste fut quant à lui republié quatre ans plus tard en compagnie d'un autre texte, qu'il venait cette fois appuyer de son autorité. *L'Excellence des femmes, avec leur response à l'autheur de l'Alphabet*, est en effet un tout petit ouvrage nettement féministe, motivé comme son titre l'indique par une énième réactivation de la Querelle des femmes – l'ouvrage incriminé s'en étant pris à « toutes les femmes », mais visant surtout Léonora Galigaï, femme de confiance de Marie de Médicis, qui venait d'être brûlée comme sorcière[19].

La rédactrice anonyme de cette courte *Response* y dresse une nouvelle liste de femmes de célèbre mémoire, dont la dernière est « ceste grande Reyne Marguerite, arriere niepce de ceste premiere, niepce de ceste seconde, et heritiere de leur double esprit ». L'auteur de ce manifeste a visiblement connu la reine. Après avoir évoqué « sa pieté en toutes sortes de saints exercices de la vraye religion ; sa liberalité envers tout le monde et sa charité magnifique et vrayement royalle », elle explique que « c'estoit une Reyne qui n'ignoroit rien aux sciences et qui de son temps, s'estant presenté suject de témoigner le merite de son sexe, en fist un discours en forme de lettre missive[20]. » Le texte est alors reproduit, avant d'être conclu par quelques phrases qui prouvent que la reine avait trouvé là une éditrice partageant non seulement ses idées, mais son goût pour la brièveté : « Vous trouveriez mauvais, amis lecteurs, si nous voulions parler davantage, veu que les raisons de ceste grande Reyne sont autant dignes d'admiration que de louange, et qu'elles sont plus que fortes, tant pour vous faire à jamais reconnaistre le respect et l'honneur que chacun doit à nostre sexe, qu'aussi faire detester ces Ecrivains amateurs du mensonge et ennemis de la

---

18. Les cahiers préliminaires de l'édition Guyot sont normalement numérotés de *a* à *h*.

19. Jacques Olivier [Alexis Trousset], *Alphabet de la malice des femmes, dédié à la plus mauvaise*, 1618.

20. *L'Excellence des femmes*..., p. 9.

verité. Toutefois nous ne nous en souçions pas, car nous savons bien que de l'ignorance il ne peut rien sortir que d'injuste[21]. »

Si les éditions du *Discours* s'arrêtent là pour longtemps, le texte ne sort pas pour autant de la mémoire des lettrés. En témoigne la première notice biographique consacrée à Marguerite, en 1630, qui fait référence à cette lettre « dans laquelle elle s'essaye de prouver que la femme est plus excellente que l'homme ». Son auteur, le Père Hilarion de Coste, mentionne Marguerite à la fois dans la liste des « dames illustres » et dans celle des femmes plus particulièrement célèbres « pour le sçavoir ou pour avoir affectionné les bonnes lettres », avant de lui consacrer une notice particulière où il mentionne le *Discours*. À son propos, il signale en outre que le Père carme Louys Jacob avait cité la reine pour la qualité de cette petite œuvre dans sa *Bibliothèque des Femmes Illustres par leurs écrits*[22].

C. La postérité du Discours.

Différents événements et facteurs plus structurels concourent ensuite à l'effacement du *Discours*. Le succès durable des *Mémoires*, l'association qu'ils établissaient entre la reine et l'époque plus lointaine des guerres de religion, la dérive romanesque qu'ils encourageaient, ont eu tendance à imposer dans la mémoire collective un autre personnage, plus jeune, plus intrépide, moins savant, qui correspondait d'ailleurs mieux à l'idéal du XVIIe siècle. Paradoxalement, la dernière œuvre de la reine a dû sembler de plus en plus archaïque au fur et à mesure que s'évanouissait la Querelle des femmes (ou plus exactement la protestation féministe dans les formes qu'elle avait prises à la Renaissance). Enfin, la propagande d'État, hostile à la reine dès les années 30 du XVIIe siècle, s'est appesantie sur son rôle politique sans jamais évoquer ses écrits – silence contre lequel les *Mémoires* seuls pouvaient lutter.

Cette conjonction explique sans doute que la postérité de la reine ait été quasi muette sur le *Discours* – y compris ses biographes et les éditeurs de ses *Mémoires*. Les rares propos qu'il a suscités prouvent cependant qu'il est resté étroitement associé au débat féministe. Ainsi l'académicien Antoine-Léonard Thomas mentionne-t-il parmi beaucoup d'autres livres l'« ouvrage en forme

21. *Ibid.*, p. 14.

22. Coste, *Les Eloges et vies des reynes...*, vol. 2, pp. 292-312 L'ouvrage du Père Jacob semble être devenu introuvable.

de lettre [entrepris par Marguerite pour] prouver que la femme est fort supérieure à l'homme », en soulignant de manière désabusée que ces écrits n'ont pas fait avancer la question[23]. Ce n'est ni le séisme révolutionnaire, ni le Code Civil, ni les attaques incessantes contre les « femmes-auteurs » du XIXe siècle qui allaient le faire, et ce n'est pas l'explosion du mythe de la reine Margot qui pouvait faire renaître l'intérêt pour ce petit texte biblico-aristotélicien...

Ce n'est donc qu'avec le retour en force de la revendication féministe sous la Troisième République puis dans les prolongements de la Grande Guerre, corrélativement à la multiplication des études sur les femmes de l'Ancien Régime, que le *Discours* fut réédité : une première fois par Charles Urbain à la fin du XIXe siècle, une seconde fois par Paul Bonnefon en 1920. Le premier, tombé par hasard sur le texte en compilant des recherches sur la compagnie de Jésus, rappelait brièvement les conditions de sa rédaction et le redonnait tel quel, avec une partie des notes de Loryot. Le second le reproduisait en orthographe modernisée, accompagné d'une seule longue note – consacrée au jésuite. Le texte n'a pas été republié depuis, et Cazaux, le dernier éditeur des *Mémoires*, n'en signale pas l'existence dans sa préface.

23. Thomas, *Essai sur le caractère...*, p. 107.

NOTICE SUR L'ÉTABLISSEMENT DU TEXTE

TEXTE DE RÉFÉRENCE

Aucun manuscrit de cette œuvre n'a pour l'instant été répertorié. C'est le texte des deux éditions de 1614, qui ne présentent entre elles aucune différence, qui a été suivi.

ORTHOGRAPHE

Les éditions n'ayant pas été supervisées par l'auteur, la reproduction des choix de l'éditeur n'a pas semblé utile, et l'orthographe a été modernisée.

PONCTUATION

Elle a été restituée selon l'usage moderne.

PRÉSENTATION

La distribution en arguments numérotés respecte la présentation initiale.

NOTES

Il a semblé utile de reproduire les citations grecques ou latines données en français par Loryot, afin de rendre possible les comparaisons entre les termes des traductions circulant à l'époque et ceux de Marguerite.

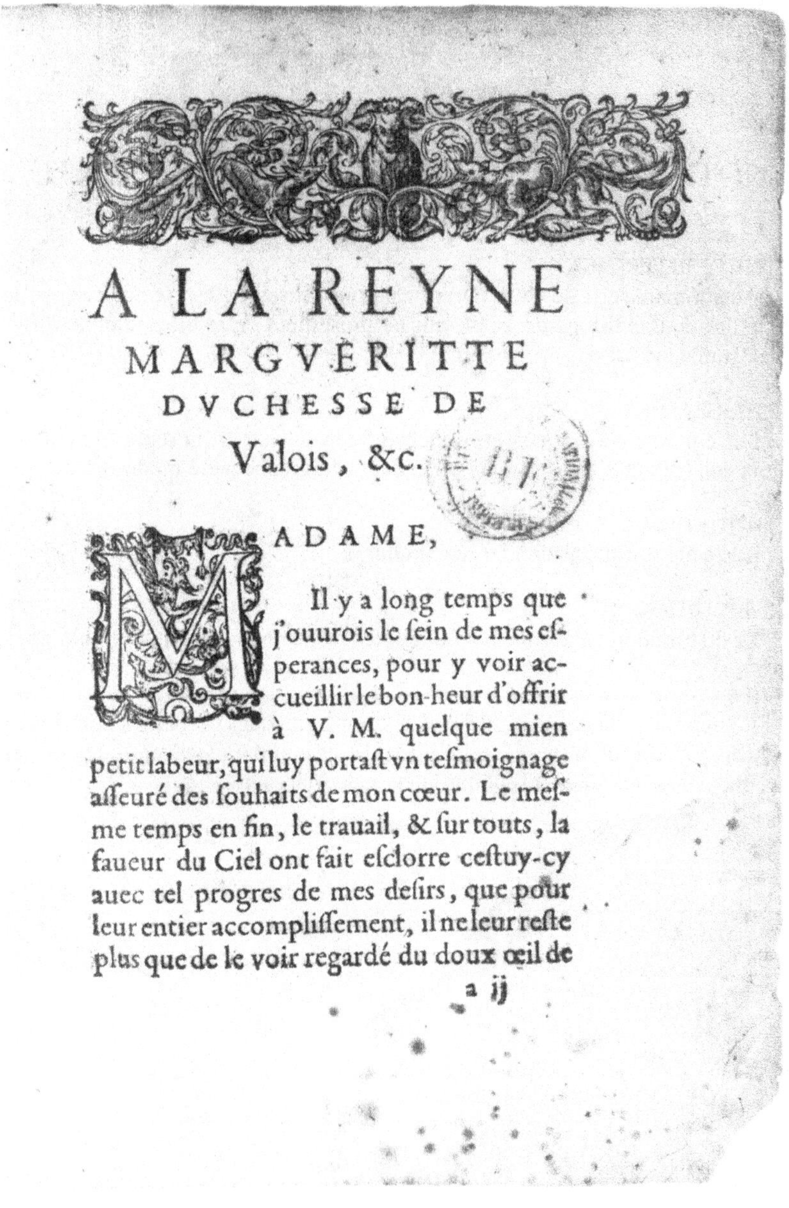

A LA REYNE
MARGVERITTE
DVCHESSE DE
Valois, &c.

MADAME,

Il y a long temps que j'ouurois le ſein de mes eſperances, pour y voir accueillir le bon-heur d'offrir à V. M. quelque mien petit labeur, qui luy portaſt vn teſmoignage aſſeuré des ſouhaits de mon cœur. Le meſme temps en fin, le trauail, & ſur touts, la faueur du Ciel ont fait eſclorre ceſtuy-cy auec tel progres de mes deſirs, que pour leur entier accompliſſement, il ne leur reſte plus que de le voir regardé du doux œil de

a ij

Première page des *Fleurs des secretz moraux*, 1614.
Bibliothèque nationale de France.

DISCOURS DOCTE & SUBTIL

AU RÉVÉREND PÈRE LORYOT, JÉSUITE

Mon Père, l'heur m'ayant été si grand, lorsqu'il vous plut me bailler votre beau livre, de m'être rencontrée en quelqu'une de vos conceptions aux raisons que vous apportez sur la question *Pourquoi la femme est plus propre à la dévotion que l'homme ?*, et maintenant, sans sortir du sujet qui est propre à ma faible connaissance (comme fit le cordonnier duquel le peintre se moqua quand il le voulut reprendre d'autre chose que de son soulier[1]), ains* m'appuyant sur ce commun dire que chacun doit être savant en son propre fait[2], j'oserai, ayant lu tous les chapitres que vous faites sur cette question, savoir : *Pourquoi l'homme rend tant d'honneur à la femme ?*, vous dire que, poussée de quelque ambition pour l'honneur et la gloire de mon sexe, je ne puis supporter le mépris où vous le mettez, [en] voulant qu'il soit honoré de l'homme pour son

1. Loryot renvoie ici à Pline, *De Natura Rerum*, XXXV, 10, et à Plutarque, *De Adul. et amic. desir.* : « Ces enfants, disoit Apelles à Megabyzus, se rient de toy quand tu as commencé à parler de ce que tu n'entends pas. »

2. Loryot cite ici Aristote, *Ethique*, livre I, ch. 1 : « Celuy-la juge bien d'un fait qu'il cognoist, et il en juge selon qu'il y est bien instruit. »

infirmité et faiblesse. Vous me pardonnerez si je vous dis que l'infirmité et faiblesse n'engendrent point l'honneur, mais le mépris et la pitié ; et qu'il y a bien plus d'apparence que les femmes soient honorées des hommes par leurs excellences – espérant, par les raisons qui suivent, vous prouver que, non par l'infirmité mais par l'excellence de la femme, l'homme lui rend honneur.

I - Dieu procède par tel ordre en ses œuvres qu'il fait les premières les moindres, et les dernières les plus excellentes, les plus parfaites et les plus dignes, comme il a montré en la création du monde, faisant l'homme le dernier, pour lequel il avait fait toutes les créatures. Dont [*D'où*] il faut avouer que, la femme étant encore faite après l'homme et comme dernière création de Dieu, que l'excellence et suprême degré de dignité lui doi[ven]t être attribué[s], ainsi que[3] les plus grandes perfections sont en elle, étant formée comme l'homme des mains de Dieu, mais d'une matière d'autant plus élaborée que la côte de l'homme surpasse la fange en degré d'excellence[4].

II - L'on voit la Nature procéder en embryon de même sorte : formant premièrement le corps humains, elle commence par les organes de la végétable, puis de la sensitive, et pour le dernier de la raisonnable, qui est le degré de perfection autant élevé au dessus de la sensitive que celle-ci surpasse la végétable[5]. Aristote tient ce même ordre aux biens et aux fins, disant que la dernière fin est toujours la plus excellente[6].

---

3. « et que » (Il faut avouer que… et que…). La construction de la phrase forme un chiasme complexe (*avouer* + participiale + cod de avouer + *et* + cod de avouer + participiale.

4. Loryot renvoie à la *Genèse*, sans citation. Dieu, après avoir créé le ciel et la terre, puis les animaux, s'était servi de boue pour façonner Adam, puis de la côte d'Adam pour faire Ève (II, 2, 7).

5. Les trois facultés correspondant au trois stades traditionnellement identifiés dans le vivant.

6. Loryot cite ici Aristote, *De Part. animal.*, Livre I, ch. 1 : « Les choses qui se font les premieres par la Nature sont les dernieres en son intention (laquelle regarde premierement ce qui est de plus parfaict), et ce qui est faict le premier par la mesme Nature est le dernier en son intention. »

III - Et faut avouer que, là où les organes sont composés d'une matière plus délicate et excellente, qu'ils seront au préalable mieux proportionnés, comme il se voit extérieurement au visage et au corps de la femme, tant délicate, d'où il faut inférer l'intérieur semblablement être plus délicatement et mieux organisé pour les fonctions de l'âme. Et par conséquent, l'âme de la femme sera plus propre à faire des plus belles actions que celle de l'homme fait de fange, matière rude et sale et grossière, qui le doit rendre plus grossier et lourd en toutes ses actions, tant de l'esprit que du corps.

IV - Ceci convia les hommes, au commencement qu'ils s'assemblèrent, de rejeter la première élection qu'ils avaient faite des plus forts de corps pour les gouverner et défendre des bêtes sauvages, pour se faire régir par les plus beaux esprits, plus capables de raison, justice et équité, qui les feraient plus heureusement vivre[7]. En quoi la femme excellant, comme la dernière et plus parfaite œuvre de Dieu, et l'homme le connaissant, [il] se reconnut obligé à lui rendre ce grand honneur, et presque l'adorer, comme plus sainte et plus vive image de la divinité, et en qui reluit plus de ses grâces. Par quoi, il ne faut plus dire le monde avoir été fait pour l'homme, et l'homme pour Dieu, mais il faut dire le monde avoir été fait pour l'homme, et l'homme pour la femme, et la femme pour Dieu.

V - Dieu a toujours voulu que ses sacrificateurs fussent bien accomplis et que ses offrandes se choisissent des choses les plus excellentes et parfaites, comme vous voyez en l'ancienne Loi avoir été ordonné, aux sacrifices, de n'être offertes à Dieu aucunes victimes viciées ou imparfaites[8]. De sorte que, le plus parfait étant le plus agréable à Dieu, nous pouvons clairement inférer que la

7. Loryot cite ici Aristote, *Politique*, Livre I, ch. 3 : « Et partant, si quelqu'un est plus vertueux que l'autre et qu'il sçache mieux pratiquer ce qui est le meilleur, il est honneste de le suivre et c'est justice de luy obeyr. Il ne faut donc pas seulement qu'il ayt de la vertu, mais aussi faut-il qu'il ayt le moyen de l'exercer. »

8. Loryot renvoie ici, sans donner de texte, au *Lévitique*, ch. 21. Il cite en outre « Philo Iud. » [Philon d'Alexandrie] : 1) « S'il y a quelque Sacrificateur qui ayt perdu un œil ou une main ou un pied, ou soit mutilé de quelque autre membre, ou qu'il ayt quelque tache, il doit estre interdit de l'exercice de sa charge. » (*De Monarchia*, livre I) ; 2) « Il faut que toutes les victimes soient bien entières, sans manquement d'aucune partie et sans aucune tache ni ordure. » (*De Victim. generib.*, Livre I).

femme a cet avantage sur l'homme. Car si c'est pour le corps, c'est chose trop connue que celui de la femme est trop* plus beau, plus délicat et mieux élaboré que celui de l'homme ; et si c'est pour l'âme, Dieu se plaît aux esprits tranquilles, reposés, dévots et tels que celui de la femme, non aux esprits tumultueux et sanguinaires comme et celui de l'homme : n'ayant voulu, pour cette cause, que David, homme de guerre, fît son temple, mais Salomon, qui fut paisible[9], et qui en la douceur de ses humeurs approchait de fort près du naturel de la femme.

VI - Partant, puisqu'elle surpasse l'homme en toute sorte d'excellence, de perfection et de dignité, et que toutes choses se rapportent au plus excellent, plus parfait et plus digne comme sa dernière fin[10], il faut dire la femme avoir été faite comme chef de toute la création du monde et son dernier œuvre, [elle] qui possède le Transcendant de toutes choses créées en plus pur et parfait degré. Et par conséquent, elle est une digne offrande pour être présentée à Dieu et pour être plus capable de lui rendre grâces de toutes celles qu'il a épandues en la Nature et sur toute sa création.

VII - Et tout ainsi qu'il n'y a rien en la Nature si digne d'être dit être fait pour Dieu que la femme, aussi, toutes choses en la Nature étant sous elle (et l'homme même), elles ne peuvent être dites faites que pour la femme, [elle] ne pouvant, sans se rabaisser et faire tort à sa dignité, se dire faite pour autre que pour Dieu.

VIII - Que si on la dit être déchue de l'excellence de sa création par la menace que Dieu lui fit pour le péché de la pomme (disant en courroux et par punition qu'elle serait assujettie à son mari)[11], cela montre qu'auparavant, elle lui était supérieure. Et pour ce juste courroux, il ne la priva de l'excellence de son être, l'ayant choisie pour mère de Dieu, honneur auquel le sexe de l'homme

9. Loryot renvoie au Livre des *Rois*, II, 7 et III, 2.

10. Loryot cite ici Aristote : Que s'il est vray qu'il y a une fin des choses que nous devons faire, et laquelle nous desirons pour l'amour d'elle, et voulons toutes choses pour elle, et ne choisissons rien que pour elle, il faut bien dire qu'elle soit le souverain bien, et entierement le plus excellent et parfaict. » (*Ethique*, Livre I, ch. 1).

11. *Genèse*, III, 16.

n'est point parvenu. Par quoi encore, il doit honneur et soumission à la femme, comme à la mère de son Dieu.

Ces raisons, écrites par une femme, ne peuvent pas avoir beaucoup de force. Mais si elles étaient si heureuses d'être adoptées de vous, et comme telles dépouillées de mon rude et grossier* langage pour être revêtues et parées des fleurs de votre éloquence, et mises au pied d'un de vos chapitres de ce sujet, comme vôtres, je crois que notre sexe en recevrait un immortel honneur, pour lui être par un auteur si célèbre comme* vous attribuée telle dignité. Ce que je [re]mettrai à votre discrétion, et vous priant que j'aie part en vos bonnes prières, je demeurerai, de toute votre compagnie et de vous,

Votre très affectionnée amie,

Marguerite.

Partie IV

POÉSIES

1580?-1614

La forteresse d'Usson.
Bibliothèque nationale de France, Cabinet des estampes.

INTRODUCTION

Si les *Mémoires*, le *Mémoire justificatif* et le *Discours docte et subtil* ne sont jamais tombés dans l'oubli et ont été plusieurs fois, voire régulièrement ou très souvent republiés, il n'en est pas de même des poèmes de Marguerite de Valois. On a beau savoir qu'elle aimait particulièrement la poésie et qu'elle s'y adonnait elle-même, rien ou presque ne s'est transmis de ce qu'elle a pu écrire. L'état des lieux est cependant moins maigre que ne le laissaient croire, il y a encore quelques années, les trois malheureux textes que recopiaient biographes et spécialistes de la poésie depuis le XVIIIe siècle. Des recherches récentes ont en effet permis de retrouver plusieurs poèmes, dont certains, inédits, étaient conservés en manuscrits, et dont d'autres ont été publiés de son vivant et attribués à la reine, parfois directement, parfois de manière plus ou moins transparente[1].

Bien que le corpus des poésies de la reine soit à présent plus large, il n'est ni très sûr ni clairement délimité. D'une part, la frontière entre les textes qui sont de son cru et ceux qui furent écrits pour elle n'est pas facile à tracer. D'autre part, les poèmes retrouvés ne représentent vraisemblablement qu'une petite partie de ceux qu'elle s'est amusée à semer dans les recueils publiés par ses proches, ou édités à sa demande. Or la production du début du XVIIe siècle est particulièrement touffue, elle est souvent anonyme, souvent collective, et rares sont les érudits qui, tels Frédéric

1. Cette dernière parties des *Écrits* de Marguerite de Valois est bâtie à partir de l'article que j'ai publié en 1994 dans la revue *XVIIe siècle*. J'en ai supprimé les analyses proprement littéraires et quelques erreurs, mais le contenu n'en est pas vraiment différent.

Lachèvre (à qui cette étude est très redevable), s'y sont plongés pour tenter d'en démêler les fils. Il est donc tout à fait probable que de nouvelles enquêtes pourraient modifier le corpus réuni ici. Les études sur la production poétique de la reine ne font que commencer.

En attendant, on verra que les pièces considérées sont toutes sont d'un très grand intérêt, même si elles n'ont pas toutes la même valeur littéraire : elles recèlent des accents élégiaques absents des autres écrits de Marguerite, elles offrent sur ces derniers des renseignements précieux, elles éclairent des épisodes peu ou mal connus de sa vie. Elles permettent aussi de comprendre les pratiques culturelles qu'elle favorisa dans ses différentes cours, et de mieux saisir la modernité littéraire qui fut la sienne.

I - MARGUERITE ET LA POÉSIE.

La dernière des Valois fut toute sa vie grande amatrice de poésie. En témoignent sa participation au « salon vert » de son amie la maréchale de Retz dans les années 1570, le nombre de poètes qui ont écrit pour elle ou sur elle[2], le nombre de livres ou de poèmes qui lui ont été dédiés[3]. En témoigne aussi l'existence de l'Album où elle conservait ses pièces préférées, qui a été étudié par Eugénie Droz mais qui n'a toujours pas été publié[4]. Lectrice attentive et cultivée, Marguerite a toujours favorisé la production poétique, en encourageant les créateurs autour d'elle, en leur commanditant des pièces ou des traductions, en les faisant lire ou jouer dans ses différentes cours, en multipliant les rencontres entre les arts, puisqu'on a toujours chanté et joué de la musique dans ses cercles[5]. Son Album de poésies montre par exemple qu'elle avait à Nérac attiré la fine fleur des poètes du sud-ouest, qu'ils soient catholiques ou protestants, et que ce fut pour eux une période particulièrement féconde. Une étude approfondie des recueils de poésies du tournant du siècle permettrait sans doute de mettre en

---

2. *Cf.* les étude de S. Ratel, de J. Lavaud, d'E. Berriot-Salvadore, de C. Magnien-Simonin, de G.-A. Pérouse et de L. Zilli.

3. *Cf.* pour un premier recensement, ma thèse, vol. 2, appendice 2.

4. Cet Album manuscrit de 385 pages est conservé à la BHPF (cote 816).

5. *Cf.* l'étude de Florence Gioanni.

évidence que la reine est allée plus loin : jusqu'à peser sur la production éditoriale, pour faire connaître ses poètes préférés[6].

Amatrice et protectrice, Marguerite fut en outre une créatrice en matière de poésie. Le genre était alors très en vogue dans l'aristocratie, et toute sa parenté s'y était exprimée. « Elle mesme compose fort, tant en prose qu'en vers », écrit Brantôme dans le *Discours* qu'il lui a consacré, estimant que « ses compositions [sont] très-belles, doctes et plaisantes, car elle en sçait bien l'art ». Les deux derniers qualificatifs employés par le mémorialiste révèlent que les textes connus aujourd'hui orientent mal la lecture de l'œuvre poétique de la reine, puisque les textes élégiaques y dominent, et qu'un seul, sans relever de la poésie « docte », cite du moins des auteurs. Brantôme ajoute un autre détail de première importance, comme on le verra : « elle fait souvant quelques vers et stances très-belles, qu'elle fait chanter[7]. » Scipion Dupleix, qui fut l'un de ses maîtres des requêtes au début du XVIIe siècle, rapporte pour sa part, à une époque où il est pourtant payé pour dire du mal d'elle, qu'« elle escrivoit elegamment, et en vers et en prose françoise[8]. »

II - PROBLÈMES DE DÉLIMITATION DU CORPUS.

Si cette activité poétique a laissé des traces dans les publications du temps, elle ne s'est pas transmise. Les recueils où sont parus les poèmes de la reine sont effet tombés depuis cette époque dans un oubli complet. Les sources manuscrites sont quant à elles problématiques. On sait qu'au-delà de son Album, aucun papier personnel de la reine ne nous est parvenu[9] ; à supposer qu'elle ait eu à cœur de conserver ses propres poèmes dans un document particulier, il a été détruit ou – si l'on est optimiste – il n'a pas encore été retrouvé. De la même façon, si des poèmes ont été conservées par ses proches, les documents ont disparu ou n'ont pas été identifiés. Par ailleurs, aucun des manuscrits contenant les *Mémoires* ou les lettres de la reine ne contient de poèmes d'elle. Quant à ceux où l'on en trouve, ils sont rares, ils ne sont constitués que de copies, ils ne présentent jamais plus de trois textes, qui sont souvent les

6. Voir *infra*, IV.
7. *DM*, p. 155.
8. Dupleix, *Histoire de Louis...*, p. 72 [80].
9. Voir Introduction aux *Mémoires*, n. 52.

mêmes. L'un d'eux, celui qu'évoquait Jacob Le Duchat au début du XVIIIe siècle, a en outre disparu depuis[10] ; il était d'ailleurs, si l'on en juge par ce qui en a été publié, fautif et peu disert. Les quatre textes ainsi conservés (cinq, dont un mal attribué[11]) ne permettent guère de tirer des conclusions très assurées.

La découverte de poèmes attribués à la reine et parus de son vivant renouvelle évidemment de manière essentielle ce très maigre corpus. Autorisant enfin de véritables comparaisons – entre les textes eux-mêmes, et avec le reste de l'œuvre –, elle permet d'affermir les interprétations ou d'en bâtir de nouvelles. Cependant de nouveaux problèmes surgissent. Cette production, en effet, met en évidence non seulement l'habitude qu'avaient alors les grands de mettre à contribution les poètes de leur entourage pour chanter leurs peines ou leurs amours (y compris à la première personne du singulier), mais aussi des pratiques d'écriture collective, que l'on repère aisément dans la similarité étroite de nombreuses pièces et le traitement différentiel effectué entre elles ultérieurement par les poètes de son cercle… Il faut alors tenter de débrouiller, dans les textes apparemment attribués à Marguerite, ce qui lui revient et ce qui revient à d'autres, tâcher de repérer, par de nouvelles comparaisons, les marques de ces autres – ce qui n'est pas toujours possible car ce ne sont pas tous des poètes « professionnels »… Quant aux pièces parues ultérieurement au sein de volumes signés, et qui semblent ainsi « revendiquées » par leur véritable auteur (Maynard, Régnier…), qui peut dire qu'elles sont vraiment d'eux, et d'eux seuls ? Ce que nous pouvons identifier comme de l'honnêteté chez certains (la différence, par exemple, qu'établit Régnier entre ses « Vers de Cloride » et ses « Airs pour Cloride ») peut cacher d'autres codes… sans parler des auteurs qui sèment à plaisir des énigmes, comme, semble-t-il, Aubigné[12].

---

10. « Ces vers sont copiez des Manuscrits de la Bibliothèque du Roi de Prusse, achetez de Monsieur de Wiquefort au nombre de 30 voll. in f°, reliez en maroquin rouge. Celui-ci est intitulé *Mémoires d'Etat sous le Roi Henri IV*, et les vers cidessus y suivent immédiatement le *Divorce satyrique* qui differe en quelque chose des Imprimez » (*Ducatiana*…, vol. 1, p. 42).

11. Voir Annexe VIII.

12. Voir la pièce I.

III - MARGUERITE POÉTESSE.

S'il est parfois bien difficile de retrouver Marguerite dans la production poétique nombreuse qui se rapporte à elle ou qui semble avoir été identifiée comme la sienne (notamment par l'usage de la préposition *de* dans les titres des poésies), des critères permettent tout de même de repérer ses marques et de définir sa manière. D'une part, il existe par chance quelques textes conservés appartenant à des périodes où la reine n'était pas entourée d'une cohorte de poètes, voire où elle était franchement isolée. C'est le cas du premier poème sur la mort d'Aubiac, et du sonnet « à Brantôme ». Par ailleurs, relativement nombreuses sont les correspondances qui peuvent être faites entre la production en vers et la production en prose de la reine. Ainsi, le sonnet « à Brantôme » n'est identifiable comme tel que parce que nous possédons le *Discours* du mémorialiste, une lettre de la reine à son ami, et sa propre dédicace au début de ses *Mémoires*. De même, les poèmes adressés à d'autres poètes (La Pujade, Audiguier) s'éclairent (et réciproquement) par le *Discours docte et subtil*, dans lequel Marguerite discute avec Loryot sur un ton très similaire – attitude par ailleurs attestée par ceux qui fréquentaient sa cour[13].

Les correspondances s'établissent également à d'autres niveaux. Il en est ainsi de l'amour du dialogue, du besoin de dialogue, dont témoignent toutes les œuvres de la reine, et qui s'exprime ici en permanence, notamment à travers la figure de l'apostrophe, omniprésente. Il en est ainsi, également, de la familiarité de Marguerite avec la doctrine néoplatonicienne, que l'on connaît par les témoignages de ses contemporains et les traductions qu'elles a commanditées, que l'on observe dans sa correspondance avec Champvallon, et dont témoignent ces textes, alors que rien de semblable n'émerge sous la plume de ses poètes. Si le ton volontiers doctrinaire de la correspondance a disparu, c'est que les circonstances sont différentes, puisqu'il s'agit ici de déplorations funèbres ; mais la théorie de la partition des âmes, si chère à la reine, est présente dans quasiment tous les textes pleurant des morts aimés (Aubiac et Bajaumont, Dat à un moindre degré). Même si c'est en des termes différents, l'« ancienne théorique » est toujours,

13. Voir le *Discours*, Introduction, II, B.

pour la reine une « pratique » avec laquelle elle s'« s'accorde » : un idéal à vivre, un idéal qui aide à vivre[14].

Une autre caractéristique des poésies qui se rattachent à Marguerite (qu'elle les ait ou non écrites) est l'abondance, parmi celles-ci, des vers de longueurs différentes, alors fort rares. Les textes hétérométriques ne représentent en effet que 1 à 5% de l'ensemble des recueils, proportion que l'on retrouve dans toute la production de l'époque, et qui ne commencera à s'élever que dans le second tiers du XVIIe siècle[15]. Or, la quasi totalité de ces textes se rapportent à Marguerite, y compris quand ils la mettent en scène à la troisième personne et qu'ils ne sont pas « de son style ». Cette préférence, ainsi que la présence fréquente de rythmes ternaires dans ses propres poésies, sont très certainement dues à l'influence de la musique, que la reine apprécia de tout temps et dont elle ravit les Parisiens dans les dernières années de sa vie[16].

Enfin, sont manifestes les similarités esthétiques entre les poésies et le reste des écrits de Marguerite. Les poèmes attribués à la reine et ceux qu'on peut sans grand risque mettre à son compte en vertu des critères qui viennent d'être mentionnés ont en effet des caractéristiques identifiées ailleurs : légèreté, brièveté, absence de pédantisme, sincérité qui va parfois jusqu'à la violence. En revanche, les textes revendiqués par ses poètes mais qui s'apparentent aux siens par la thématique, sont toujours plus longs, plus lourds, plus bavards, plus superficiels, et leurs auteurs omettent rarement de s'y mettre en avant, de manière plus ou moins subtile. Ce qui fournit un nouveau critère pour tracer la ligne entre les œuvres de l'une et celles des autres – mais un critère pas toujours opérationnel en raison des collaborations...

---

14. *COR*, lettre 162.

15. *Cf.* le ms fr. 884 de la BNF, qui renferme des poésies de cette époque ; également les anthologies d'André Blanchard et de Gisèle Mathieu-Castellani.

16. Les quelques poésies hétérométriques que l'on trouve chez Ronsard, par exemple dans les *Amours de Marie*, sont intitulés « Chanson » ; on peut soupçonner ici une influence qui pesa sur Marguerite poétesse. On peut aussi voir, dans le développement du goût pour ce type de poésies à partir des années 1630, une influence de l'esthétique de la reine sur la jeune génération de poètes qui avait fréquenté sa dernière cour.

IV - LES STRATÉGIES DE PUBLICATION DE MARGUERITE.

La fin du XVIe siècle et le début du XVIIe ont vu se développer une mode bien particulière au sein de la production poétique de l'époque, celle des florilèges édités par des libraires collectant les pièces (Raphaël du Petit Val, Anthoine Du Breuil, Mathieu Guillemot...) et réédités année après année avec d'infinies variations : ajouts ou suppression de pièces, présence ou absence des signatures, variantes dans les leçons, etc. C'est dans plusieurs de ces recueils que l'on trouve des poésies directement rattachées à la reine, qu'elles lui soient adressées ou qu'elles évoquent, parfois à la première personne du singulier, des événements de sa vie.

Si, comme on vient de le voir, toutes ces pièces ne lui sont pas attribuables (et en raison de leur « style », et parce que plusieurs ont été « revendiquées » par la suite), il n'en demeure pas moins que certaines, qui sont d'elle, apparaissent au milieu des autres, glissées là sans signe distinctif, telle, dès 1599, la réfection du poème sur la mort d'Aubiac (pièce III). L'année suivant son retour dans la capitale, ce sont plusieurs poèmes qui sont insérés dans des florilèges. Ils se rapportent cette fois à la mort de Saint-Julien, qui semble avoir relancé la production poétique de la reine. Dans la mesure où il était mal vu que les femmes de son rang publient de la poésie amoureuse (surtout dédiée à un amant !), le caractère anonyme de la plus grande partie des poèmes figurant dans ces recueils a bien évidemment favorisé la publication de ceux de la reine. Dans le même ordre d'idée, on pourrait considérer la pratique des collaborations comme un moyen supplémentaire de faciliter l'insertion de ses propres poésies, et un moyen tout court d'entrer dans la communauté des poètes.

On pourrait enfin se demander si Marguerite, qui est au début du XVIIe siècle l'un des plus grands mécènes de France, n'est pas l'une des investigatrices de cette mode des florilèges, qui selon Frédéric Lachèvre débute en 1597[17], c'est-à-dire à l'époque où la reine commence à préparer son retour sur la scène politique et littéraire nationale. Il est frappant de constater, en effet, que la plupart des auteurs publiés là sont parmi ses poètes préférés (Ronsard, Desportes, Pibrac, Le Tasse...) ou font partie de son cercle (D'Agoneau, Brach, Jamyn, Maynard, Bertaut, La Roque, Lauger de Porchères, Bouteroue...). Il ne serait pas étonnant que soit né dans son

17. *Cf.* sa *Bibliographie des recueils collectifs...*, vol. 1, p. 105.

entourage, très productif et très soudé, l'idée de ces publications collectives mêlant célébration des grands anciens décédés et promotion des plus jeunes. Quoi qu'il en soit, grand dut être le plaisir de la reine à voir figurer ses écrits en compagnie de ceux des poètes les plus prestigieux de son temps, de ceux qu'elle avait aimés et soutenus, de ceux avec qui elle animait son « académie ».

IV - LES MANUSCRITS.

La bibliothèque nationale possède plusieurs manuscrits comportants des poésies de Marguerite ou attribuées à elle, dont aucune n'est autographe. Deux d'entre eux (ms fr. 10210, f° 327-329 et ms fr. 18020, f° 505) présentent les mêmes trois pièces (II, IV, VII) – le second étant plus lisible, mais aussi plus fautif que le premier. D'autres manuscrits contiennent chacun une pièce attribuée par erreur à la reine[18]. La bibliothèque de l'Assemblée nationale conserve un manuscrit (1104, f° 194-197) de copies contenant les trois mêmes pièces que ceux de la BNF. Un autre (1232, f° 115-117, 223-224) présente des poèmes relatifs à la reine, non précisément attribués à elle. Un manuscrit de la bibliothèque de l'Arsenal présente trois quatrains relatifs à Marguerite, mais qui ont été recopiés sur le Journal de L'Estoile et ne sont pas d'elle (ms 3137, f° 12). La bibliothèque municipale de Rouen possède un manuscrit recopié au XIXe siècle sur ceux de la BNF et qui présente les trois textes parisiens (Leber 5715-8, f° 3200-3205). Celle de Troyes a également consigné ces mêmes poèmes, ainsi que d'autres relatifs à la mort de Saint-Julien, dont ceux de Maynard (ms 2600 f° 54-59, et ms 3611, f° 1-11).

Aucun de ces manuscrits ne semble avoir été pris en considération par les biographes de Marguerite ni les critiques littéraires, qui n'en ont jamais fait état. Les pièces II et IV qu'ils contiennent presque tous étaient encore inédites il y a quelques années.

V - LES PUBLICATIONS.

Les premiers textes publiés de Marguerite, on l'a dit, l'ont été de son vivant, soit dans les volumes successifs des *Muses françaises r'alliées*, soit dans les recueils de ses poètes (La Pujade, Audiguier). À l'exception de la pièce VII, ces poèmes sont tous différents de ceux qui ont été conservés en manuscrits. Quelques-uns d'entre eux

---

18. Voir Annexe VIII, A et D.

ont reparu peu après sa mort, mais non clairement identifiés comme les siens, notamment dans les *Satyres* de Régnier. Rarissimes, de toute façon, avaient été les pièces signées de Marguerite. Si l'on comprenait aisément, en 1607, qui était la « grande dame » émettant des « plaintes » douloureuses sur la mort de son « serviteur » ou devant son portrait, si l'on savait, jusqu'à sa mort, qui se cachait sous les noms de Cloride, ou de Cléante, ou de Minerve, l'intelligence de ces clefs s'est vite perdue. Des rééditions de ces œuvres, ou des recherches sur cette production poétique auraient pu permettre d'éclaircir ces mystères ; mais les poètes du premier XVIIe siècle, qui bénéficiaient pourtant d'une bonne réputation chez leurs successeurs, ont vite été méprisés par les chantres de la République des lettres louis-quatorzienne, et ils n'ont guère bénéficié, par la suite, de l'intérêt des critiques.

Ce n'est donc qu'un bon siècle plus tard que parut la première « livraison » de poèmes clairement attribués à Marguerite : deux pièces déjà publiées (VII et VIII), mais que Jacob Le Duchat avait trouvées dans un manuscrit et qu'il croyait vraisemblablement inédites. Il n'est pas sûr que les rares commentateurs du début du XIXe siècle aient rien lu d'autre, si ce n'est, bien entendu, le petit quatrain que l'auteur du *Divorce satyrique* avait inséré dans son pamphlet – édité en 1660 et constamment réédité ensuite. Fortunée Briquet écrit ainsi de manière bien vague à propos de la reine, en 1804 : « on lui doit des Poésies, parmi lesquelles il y a des vers heureux[19] ». Avec la même imprécision, La Mésangère écrit encore, en 1827 : « on a d'elle des poésies qui sont très bonnes pour le temps[20] ». L'année précédente, les trois textes avaient paru dans *Les poètes français depuis le XIIe siècle jusqu'à Malherbe*. En 1860, Léon Feugère, délaissant le quatrain alors soupçonné d'être l'œuvre d'Aubigné, republiait les deux autres dans une anthologie consacrée cette fois aux *Femmes poëtes au XVIe siècle*, accompagnés d'un commentaire à la fois laudatif et amusé. « Elle représenta dignement, écrivait-il en introduction, une maison plus habile, par malheur, à bien dire qu'à bien faire » ; mais il concluait après les poèmes dédiés à la mort de Dat : « malgré ces vers, la longue liste des amants de Marguerite n'était pas finie[21]. »

19. Fortunée Briquet, *Dictionnaire Historique*..., p. 225.

20. La Mésangère, *Galerie française de femmes*... [sans pagination].

21. Léon Feugère, *Les Femmes poètes*..., p. 93.

Entraînés sur cette pente fatale, les critiques n'ont pas jugé bon de reprendre l'enquête ni de redonner ces quelques pièces, même s'ils se sont parfois autorisés à formuler sur la production et le talent poétiques de la reine des jugements définitifs[22]. Le premier imitateur de Léon Feugère n'a donné dans son *Histoire de la littérature féminine en France* (1929) que la troisième strophe de « Rigoureux souvenirs... »[23]. L'autre grande entreprise de ce type, celle de Jeanine Moulin (1975), est muette sur l'œuvre de la reine. La seule exception à citer ici est une romancière, Jeanne Galzy, qui, à la fin de son bien piètre *Margot, reine sans royaume* (1939), a consacré quelques dizaines de pages aux poésies inspirées ou écrites par Marguerite. Sont ici notamment reproduits des textes de Ronsard, Desportes, Jamyn, Pibrac, La Pujade, Maynard, Du Perron, ainsi que, pour la première fois ainsi rassemblées, cinq pièces de la reine (VI, VII, VIII, X, XI).

Comme pour les *Mémoires*, cependant, le peu de progrès réalisés en ce domaine a été oublié dans les décennies suivantes. En 1975, une *Histoire de la poésie française* a cité six vers d'un poème « où s'exprime toute la passion de cette célèbre reine Margot », et que l'auteur s'aventure en outre à comparer aux poèmes de Louise Labé[24]. Il s'agit des « Stances amoureuses de la reine de Navarre », qui ne sont pas d'elle[25].

---

22. Tel celui-ci, de Mariéjol : « Il faut rayer Marguerite de la liste des poètes. Aussi bien la poésie exige une application et un souci de la forme dont les femmes en général sont incapables. » (*La Vie de Marguerite*..., p. 163).

23. Jean Larnac, *Histoire de la littérature féminine*..., p. 55.

24. Robert Sabatier, *Histoire de la poésie française*..., vol. 2, p. 267.

25. Voir Annexe VIII, C.

POÉSIES

I

QUATRAIN
(1580 ?)[1]

A ces bois, ces prés et cet antre,
Offrons les voeux, les pleurs, les sons,
La plume, les yeux, les chansons,
D'un Poète[2], d'un Amant, d'un Chantre !

Ces quatre vers que la postérité de Marguerite a vite trouvés charmants et qui ont été reproduits par la plupart des biographes de la reine comme un exemple de la grâce de son style, sont extraits du *Divorce satyrique*, pamphlet anonyme datant de l'année 1607. L'auteur du libelle y pourfendait avec rage la relation très libre qui avait autrefois existé entre Henri IV et sa première épouse. Il ne citait ces quatre vers que dans le but de se moquer de la reine,

1. Ce poème, présent dans l'Album de poésies de Marguerite (BHPF, ms 816), et inséré dans le *Divorce satyrique*, a été publié pour la première fois avec celui-ci, en 1660 (*Nouveau Recueil...*).

2. Ce mot, prononcé alors avec synérèse, ne compte que pour deux syllabes, finale féminine comprise.

leur tonalité bucolique contrastant grossièrement avec les lignes qui les précédaient, et qui montraient la souveraine d'Usson en train de chercher son amant Pominy à quatre pattes sous les lits de son château. « C'est pour luy, glosait le pamphlétaire, que vous avez tant oüy chanter à nos belles voix de Cour, ces vers faicts par elle-mesme. »

Claude François de Pominy était un jeune homme de bonne famille bourgeoise du Puy que Marguerite avait remarqué au début des années 1590 pour ses dons de chanteur et dont elle avait fait son maître de musique. Plus tard, elle devait lui donner des terres (celle de Pominy notamment) et le marier. Le pamphlétaire est le seul contemporain à avoir affirmé que la reine en avait également fait son amant. Ces allégations sont de toute façon erronées : ce n'est pas pour Pominy que Marguerite écrivit ces vers, qui étaient déjà rédigés dix bonnes années avant qu'elle n'entende parler de lui, comme le prouve leur présence dans son Album de poésies, copié pendant son premier séjour à Nérac, c'est-à-dire avant 1582. Comme le prouve, également, le fait qu'Aubigné a inséré ce quatrain dans ses manuscrits du *Printemps* (ode XX), écrit à cette période, avec une variation mineure (« jeux » au lieu de « vœux ») mais accompagné d'un second quatrain :

> Lisez, prenez, enflez des trois,
> Muses, Nymphes, et vous, Echos
> Des bois et des prés et des rocs,
> Les vers, les larmes et la voix.

Le premier éditeur du *Printemps*, Charles Read, a vu dans cette « coïncidence » une signature : l'une des preuves que l'auteur du *Sancy* et du *Fæneste* était bien également celui du *Divorce satyrique*. Il n'a pas envisagé que ces vers puissent être de Marguerite[3]. Eugénie Droz est allée plus loin, en suggérant que cette pièce était vraisemblablement une commande de la reine à Aubigné, « pour un divertissement musical ». En effet, l'écuyer du roi de Navarre était fort en vogue à la cour de Nérac, et souvent « mis à contribution pour les nombreuses représentations que Marguerite aima à donner[4]. » Quant à Fernand Desonay, collaborateur de Droz et dernier éditeur du texte intégral du *Printemps*, il a

---

3. *Cf.* Aubigné, *Le Printemps*..., p. 143.
4. Droz, « La reine Marguerite... », p. 39.

mis en valeur la singularité de la pièce dans l'ensemble de cette œuvre, en remarquant que, construite « sur un mouvement ternaire peu habile », elle forme avec l'ode III un unique cas de poème fait de quatrains d'octosyllabes à rimes *abba*[5] ; encore celle-ci est-elle beaucoup plus longue, et sans rythme ternaire. On nous permettra de ne pas être d'accord avec Fernand Desonay sur la qualité de cette petite pièce, et d'aller plus loin encore que les deux éminents érudits qui n'ont vu là qu'une commande de la reine. Les rythmes ternaires sont en effet fréquents sous sa plume, et ses vers ont souvent cette tonalité légère et dansante. Il y a donc de fortes chances pour que nous soyons là en présence d'une collaboration entre les deux futurs ennemis.

II

« STANCES SUR LA MORT D'AUBIAC » (1586-1587)[6]

O lit, mon triste lit, jadis si plein de roses,
Maintenant épineux, contraire à mon repos,
Ferme bien tes rideaux, tiens secrètes ces choses ;
Tu seras seul témoin de mes tristes propos.

Mon coeur, puisque la nuit est maintenant venue,
Augmentant cette humeur si propre à mes douleurs,
De mes humides yeux la pluie continue
Et, pour noyer mon mal, écoule tout en pleurs ![7]

---

5. Agrippa Aubigné, *Le Printemps : Stances et Odes*..., p. XXV, et table des rythmes des odes.

6. Le titre est celui du manuscrit 1104 de la BAN (« Stances sur la mort d'Aubiac son amant pendu et estranglé à Aigueperse en Auvergne l'an 1596 [*sic*] par jugement de Lugolis, lieutenant du grand prevost de France »). Le ms fr. 10210 de la BNF, qui donne en premier le sonnet de 1593, dit pour celui-ci : « Stances de la mesme Royne Margueritte de Vallois, sur la mort d'un gentilhomme nommé d'Aubiac son amant, pendu et estranglé à Aigueperse en Auvergne, l'an 1596 [*sic*], par jugement de ***, lieutenant du grand prieur de France ». Le ms fr. 18020 de la BNF donne la bonne date (1586) et précise lui aussi, à la place des astérisques, « Lugolis ». Le poème a été publié pour la première fois dans la revue *XVIIe Siècle* 183 (avril-juin 1994), pp. 351-352.

7. *continue* et *écoule* sont deux impératifs.

Fermez-vous, ô mes yeux! Vos deux flammes gentilles,
Suivant leur beau soleil, s'éclipseront toujours ;
Vous êtes pauvres yeux, maintenant inutiles ;
Si mon jour ne luit plus, de quoi me servez-vous ?

Pauvres petits Amours ! vous semblez ces mouchettes
Qui de l'hiver cruel ressentent la rigueur ;
Car vous traînez ainsi vos débiles ailettes,
Ayant perdu l'éclat qui vous donnait vigueur.

Portez le deuil, Amours ! Marchez, petite bande !
On porte avec ce corps aux cercueils vos attraits.
Jetez là vos flambeaux ! Que votre arc se débande !
Mort est qui fournissait et vos feux et vos traits.

Afin, petits Amours, qu'un médisant n'écrive
Que la mort de vous tous triomphe en mon ennui,
Faites qu'en mon amant ma mémoire soit vive,
Comme après qu'il est mort, je suis encore à lui !

Je suis toujours au lit, toute la matinée ;
Ce n'est pas de paresse ; mais mon oeil, désormais,
Croit qu'il est toujours nuit, depuis cette journée
Que la mort me ravit ma lumière à jamais.

Tous les astres depuis montrent leur belle face,
Plus luisants à la terre (on me l'a rapporté) ;
Ils n'ont plus d'astre, ici, qui leur beauté efface,
Et mon astre, là-haut, augmente leur clarté.

Quel miracle d'amour ! Amants, que vous en semble ?
Mon coeur jà ne vit plus, et je vis malgré moi ;
Et toutefois jamais nous ne bougeons d'ensemble ;
Qui ne croit au mystère est un amant sans foi.

Alors que mon amour prit au ciel sa volée,
L'honneur et la valeur prirent même parti ;
Les vertus, à l'instant, eurent l'aile ébranlée,
Mais seul le pauvre Amour en deux fut départi.

Mon amant prit sa part, j'eus la mienne sur l'heure,
Comme capables seuls de telles amitiés.
L'Amour, donc, comme nous, seul divisé demeure,
Jusqu'à temps que la mort rassemble nos moitiés.

Esprit, de mon esprit la douceur et la gloire,
Encore que tu sois, comme l'on dit, aux Cieux,
Pourrais-tu perdre, hélas, de ces yeux la mémoire ?
Mais quel Ciel peux-tu voir, éloigné de mes yeux ?

Ce poème date des lendemains de l'exécution de Jean de Lart de Galard, seigneur d'Aubiac, intervenue le 17 novembre 1586, durant la période particulièrement difficile où Marguerite était retenue prisonnière au château d'Usson. Comme d'autres seigneurs catholiques, Aubiac avait proposé ses services à la reine de Navarre au printemps 1585, lorsqu'elle s'était séparée de son époux et qu'elle s'était réfugiée à Agen, dont elle était comtesse. Huit mois plus tard, après la prise de la ville par le maréchal de Matignon, il l'avait suivie à Carlat (Cantal). Enfin, en octobre 1586, il l'avait suivie avec une petite troupe de fidèles dans sa fuite au château d'Ibois, où la reine pensait trouver un refuge, et où elle s'était vue assiégée, puis arrêtée, par le marquis de Canillac. Le jeune homme avait péri quelques jours plus tard, pendu sur l'ordre de Catherine de Médicis et de Henri III, tandis que la reine s'effondrait, malade, pour plusieurs semaines[8]. Le poème traduit cet abattement physique et moral. Il affirme aussi l'attachement de Marguerite à la doctrine néoplatonicienne de l'amour, de manière beaucoup plus simple et nue que dans les lettres à Champvallon[9].

III

« STANCES FUNÈBRES D'UNE DAME SUR LE TRÉPAS DE SON AMANT » (1587-1599)[10]

La Mort ne gagne rien par si cruel ennuie [*ennui*],
M'emportant mon ami, car je le vais suivant ;
Voire, il en a là sus une plus belle vie,
Et mon amour, lui mort, demeure plus vivant.

8. *Cf.* les rares échanges de cette époque, *COR*, lettres 238-240.

9. *COR*, années 1581-1583.

10. Ce texte est paru dans *Les Muses françoises*..., p. 86. Selon Lachèvre, il n'a jamais été attribué.

Quel miracle d'Amour ! Amants, que vous en semble ?
Mon ami n'étant plus s'est éloigné de moi,
Et toutefois jamais nous ne bougeons d'ensemble.
Qui ne croit ce mystère est un amant sans foi.

Je suis chez lui là-haut, il est en cette place;
Anges, il vous dira ce qu'on fait en ces lieux !
Humains, je vous dirai ce que là haut se passe !
Sur terre, il est en moi ; dans lui, je suis aux Cieux.

Alors que mon amant prit au ciel sa volée,
L'honneur et la vertu prirent même parti.
Les vertus à l'instant eurent l'aile ébranlée,
Mais seul le pauvre Amour en deux fut départi.

Mon amant prit sa part, j'eus la mienne sur l'heure,
Comme capable soeur des belles amitiés ;
L'Amour donc comme nous seul divisé demeure
Jusqu'à tant que la mort rassemble nos moitiés.

Esprit, de mon esprit ma douceur et ma gloire,
Encore que tu sois, comme l'on dit, aux Cieux,
Pourrais-tu perdre, hélas, de ce lieu la mémoire ?
Mais quels Cieux peux-tu voir, éloigné de mes yeux ?

Ce poème est à l'évidence une réfection du précédent, que Marguerite a fait publier dans un florilège de poésies anonymes de la fin du siècle. Deux fois plus court que le premier, il apparaît délesté de deux des composantes majeures qui le caractérisaient : la description de la douleur et les images mythologiques. De fait, la reine a supprimé les huit premières strophes de sa première version, qu'elle a remplacées par une nouvelle introduction décrivant sa constance. Les strophes suivantes ont été reprises dans l'ordre, à l'exception d'une seule, qui a été ajoutée (« Je suis chez lui... »). Les autres variations sont mineures. Dans l'ensemble, le poème est plus serein, moins pathétique. L'horreur de la disparition, l'acuité de la douleur, l'accablement des jours de solitude ont disparu ; reste la thématique néoplatonicienne des âmes qui sont à la fois séparées et ensemble.

Ces différences ne permettent pas de postuler une date de rédaction précise entre 1587 et 1599 (année de la publication des *Muses*), mais la présence du poème dans ce recueil montre que le souvenir d'Aubiac lui était encore cher plus de dix ans après sa mort, et qu'elle adhérait toujours pleinement à la doctrine du Ficin.

IV

SONNET À BRANTÔME (1593)[11]

Ami qui vas cherchant dans la masse pierreuse
De ce fatal rocher la grandeur qu'autrefois
Tu as vu resplendir au palais de nos rois,
Honorant et ornant leur perle précieuse,

Ne t'y travaille plus ! La Fortune envieuse,
En celle de Crésus renouvelle la voix ;
De l'instabilité, l'exemple tu y vois ;
De notre injuste siècle, une marque piteuse[12].

Ainsi qu'en un vaisseau par l'orage agité,
Le marchand effrayé tout son bien a jeté,
Restant pour se sauver seul avec le pilote,

De même en ce rocher, vrai vaisseau de salut,
Où, Fortune pour vent, Dieu pour pilote elle eut,
Dieu seul elle retient, tout autre chose elle ôte[13].

Ce sonnet, écrit à Usson dont il célèbre le « fatal rocher », paraît un double poétique de la dédicace des *Mémoires*. Nombre de marques et de thématiques communes relient en effet les deux textes, ainsi que le *Discours* de Brantôme et la lettre que la reine lui

11. Le ms 1104 (BAN) précise : « Sonnet faict par la Reyne Marguerite duchesse de Valois prisonnière au Château d'Usson, et par elle donné à Monsieur de la Beraudière son secrétaire au mois de décembre 1593 renvoyé qu'il fut vers elle par le Roy Henri IIII ». Le ms fr. 10210 (BNF) dit : « Sonnet fait par la Royne Margueritte duchesse de Vallois prisonniere au chasteau d'Usson en Auvergne et par elle donné à Monsieur de la Beraudrise son secretaire au mois de decembre 1593 ». Le ms fr. 18020 (BNF) se trompe en écrivant *1595*. Ce texte a paru pour la première fois dans mon livre sur Marguerite (1993, p. 186).

12. « De notre injuste siècle, tu y vois une marque... »

13. Brantôme disait dans sons *Discours* : « ores que le monde l'a abandonnée et luy faict la guerre, elle a pris son recours seul à Dieu » (*DM*, p. 155).

avait envoyée[14] : le nom d'« ami » dont elle l'honore, les informations qu'elle fournit sur le dédicataire des trois textes et qui désignent l'admirateur de toujours, les allusions au travail du temps et à la Fortune, l'affirmation d'une identité nouvelle née des jours difficiles, et jusqu'à la discrète mais ferme référence à Du Bellay... Les concordances entre ces textes, de même que la date de décembre 1593 proposée par la plupart des manuscrits sont autant d'éléments permettant d'affiner la date du début de la rédaction des souvenirs de la reine[15].

Il semble exclu que Brantôme ait jamais reçu ce poème, ni même qu'il en ait eu connaissance ; il en aurait assurément parlé, soit dans une version plus tardive de son *Discours*, soit dans une dédicace ultérieure, de même qu'il n'avait pas manqué de reproduire la lettre qu'il avait conservée de sa royale amie.

V

« SONNET DE LA REINE MARGUERITE, SUR LES ŒUVRES ET SILENCES D'ANTOINE LA PUJADE » (1603)[16]

Est-ce pour acquérir ce grand nom de Pimandre[17]
Qu'en silence et muet allez toujours rêvant,

14. Voir Annexe I, B.

15. Voir *Mémoires*, Introduction, I, C et D. J'ai étudié plus précisément les liens entre ces quatre textes et la métamorphose personnelle de Marguerite dans mon article de 1998.

16. Ce poème a paru dans les *Œuvres chrestiennes*... d'Antoine La Pujade, p. 110. La pièce y est précédée de vers du poète, adressés à Marguerite pour la nouvelle année 1603 ; elle est suivie d'un sonnet de réponse de La Pujade et d'une version latine du sonnet de la reine, « par Monsieur le Double, Conseiller au Magistrat Presidial d'Agen ». Ce sonnet a été republié par Pierre de Vaissière (« Marguerite de Valois en Auvergne... », p. 17), avec une coquille (« vos beaux esprits » au lieu de « vos beaux escrits »).

17. Nom sous lequel on désignait l'un des trois groupes de textes attribués à Hermès, textes philosophiques redécouverts à la Renaissance et censés contenir une grande partie de la sagesse antique. Lors de son premier séjour en Gascogne, François de Foix-Candale avait dédié à Marguerite sa traduction commentée du *Pimandre de Mercure Trismégiste* (Bordeaux, Simon Millanges, 1579). Hermès, interprète des messages des dieux, était selon certaines traditions l'inventeur de l'écriture : sa place dans ce poème est primordiale (voir dernier vers).

– Non rêvant ! mais plutôt pensant et contemplant
Aux plus divins sujets que l'esprit peut comprendre ?

Ou pour de Pythagore[18], vrai disciple, vous rendre,
Allez à Harpocrate[19] ainsi sacrifiant ?
Ou, comme Archimèdes[20], votre œuvre imaginant,
D'un agréable oubli vous vous laissez surprendre ?

Non, non, rien de ceci votre parler n'arrête,
Mais de vos beaux écrits l'action si parfaite
De votre âme retient toutes les facultés.

Ceux qui font tous les deux n'y ont telle excellence.
À notre âme a été limitée sa puissance :
Également agir n'est dû qu'aux Déités.

Ce poème, qui date des dernières années passées à Usson, alors que Marguerite régnait heureuse sur la cour qu'elle avait reconstituée au fil des années, offre un excellent témoignage du talent, des préoccupations et de l'état d'esprit de la reine à la veille de son retour à Paris. S'il traduit son attachement déjà ancien à la tradition ésotérique, il montre aussi quel type de liens elle avait noué avec les poètes de son entourage, et aussi la manière dont elle entendait s'inscrire dans la production de son temps. Comme dans le *Discours docte et subtil*, la reine s'amuse – d'autant plus, vraisemblablement, que les « silences » de La Pujade ont pour corollaire son propre amour de la conversation… Mais si le persiflage, ici comme là, rend moins grave le propos philosophique qui sous-tend le texte, celui-ci n'en est pas moins tout à fait réel. Enfin, nous la voyons déjà ici s'affirmer comme partie prenante d'une communauté de créateurs, s'exprimant dans ses codes les plus formels (là un « traité », ici un sonnet), dialoguant avec l'un d'entre eux comme aimaient à le faire les versificateurs de la Pléiade – et destinant ce texte à la publication.

18. Pythagorre, philosophe et mathématicien grec du VIe siècle -JC., théoricien et mystique des nombres.

19. Harpocrate, dieu égyptien, représenté par un enfant suçant son doigt, adopté par les Grecs qui en firent le dieu du silence, et qu'honoraient les philosophes mystiques.

20. Archimède, savant grec du IIIe siècle -JC, dont la capacité à s'absorber dans ses pensées était légendaire.

VI

« VERS DE CLORIDE, POUR LA MORT D'ATYS » (1606)[21]

Puisqu'à tes destins asservie,
Je suis la butte de l'ennuie [*ennui*],
Ciel rigoureux, fais ton effort
Pour rendre ta rage assouvie !
De bonheur, je t'offre la vie,
Si tu ne m'envoies la mort.

La mort, de sa main froide et blême,
Me privant d'un autre moi-même,
A comblé mon coeur de douleur ;
Et ce qui rend mon mal extrême,
C'est que, pour plaindre ce que j'aime,
J'aurai moins de temps que de pleurs.

Tombeau de qui les dures lames
N'entendent pas les cris des dames,
Laisse aux miens pénétrer tes bords !
Et si tu refroidis les flammes,
N'empêche point l'amour des âmes,
Bien que tu sépares les corps !

Et toi, beauté qui me soustraite[22],
Bien qu'en cette obscure retraite
Tu caches mon dernier désir,
Ouvertement je te regrette.
Et si ma joie fut secrète,
Apparent soit mon déplaisir !

En vain, me voyant affligée,
Et ma beauté si négligée
Chacun en reçoit du souci.
Je ne veux point être allégée ;
Car si ma liesse est changée,
Il faut que je le sois aussi.

---

21. Ce poème a été publié pour la première fois par Mathurin Régnier, dans l'édition de 1616 de ses *Satyres*..., p. 147.

22. Ceci est obscur. Faut-il supposer une coquille (« qui m'est soustraite ») ou une rime pour l'œil (« qui me soustraites » – au sens de « qui me dérobes au monde ») ? Marguerite s'adresse au défunt.

Des affiquets et mignardises,
Par qui maintes âmes sont prises,
Je dédaigne le port et l'art.
En mes funestes entreprises,
Les larmes seules sont requises,
Dont je n'ai que trop bonne part.

Larmes de moi fort estimées,
Si les lumières bien aimées
D'Atys leur servaient de flambeau,
Ou que ces gouttes enflammées,
Ayant ces pierres consumées,
Le réchauffassent au tombeau.

Vous qui concevez espérance
(Allégeant le mal qui m'offense)
D'occuper la place d'autrui,
Eloignez-vous de ma présence,
Si de voix et de contenance
Vous n'accompagnez mon ennui !

Je n'oppose pour me défendre
Des liens que vous voulez tendre
Que les seuls mérites d'Atys.
Aussi faudrait-il pour me prendre,
Ou que l'on ravivât sa cendre,
Ou qu'on éteignît mes esprits.

L'événement funèbre que déplore ce poème est l'assassinat de Gabriel Dat de Saint-Julien, jeune homme de bonne noblesse qui faisait partie de la Maison de la reine depuis l'époque du séjour à Usson. Etait-il son amant ? Vraisemblablement. En tout cas, il était le favori de ces jeunes gens dont elle aimait à s'entourer à la fin de sa vie, et qui, pour son plus grand plaisir, « faisaient les passionnés pour elle », selon la formule un peu malveillante de Scipion Dupleix[23]. Sa mort, intervenue le 5 avril 1606, fut certainement commanditée par Charles de Valois, futur duc d'Angoulême, fils bâtard de Charles IX et de Marie Touchet, alors comte d'Auvergne – et en prison. L'attentat intervint en effet à quelques semaines seulement de l'ouverture du gigantesque procès que la reine lui

23. Dupleix, *Histoire de Louis...*, p. 71 [79].

intentait, avec l'aval de la Couronne, pour récupérer l'héritage auvergnat de Catherine de Médicis, dont Henri III l'avait spoliée au profit du jeune homme. Ce meurtre spectaculaire, accompli tout près d'elle et perpétré par le fils d'une de ses plus anciennes dames de compagnie, Madame de Vermont[24], était sans doute destiné à l'intimider à la veille de cette échéance décisive[25].

Cette mort a donné lieu à une déploration bruyante, aussi bien de la part de Marguerite qui venait de s'installer dans Paris *intra muros* (à l'hôtel de Sens) et qui croyait avoir atteint la fin de ses malheurs, que de la part des poètes de son cercle, plus large que jamais. Il est intéressant de constater que la reine n'a pas fait publier ce texte de son vivant, notamment avec ceux qui sont liés au même événement. Sans doute sa violence, sa sincérité, son aspect provocateur, l'ont-ils fait reculer[26]. C'est pourtant ce qui en fait le poème le plus fort, le plus authentique, de toute la production dédiée à Saint-Julien. On y retrouve la thématique néoplatonicienne des pièces relatives à la mort d'Aubiac, alors que rien de semblable n'émerge ailleurs. On y entend aussi la colère de la reine face à la prétention de ceux qui cherchent à « occuper la place d'autrui », c'est-à-dire du mort. Peut-être ce poème a-t-il été écrit très vite après l'événement.

---

24. La Thorigny des *Mémoires*, devenue Mme de Vermont durant le premier séjour de la reine à Nérac ; le comte d'Auvergne semble avoir acheté ses services durant les dernières années passées à Usson.

25. *Cf.*, sur cet événement, les nombreuses lettres du printemps 1606 au roi et à ses ministres, et surtout la lettre 393 à la baronne de Fourquevaux, dans laquelle Marguerite évoque son chagrin.

26. La quatrième strophe, notamment, semble une sorte de provocation lancée à la face du monde. En ses jeunes années, la reine de Navarre avait parfois choqué pour son manque de dissimulation en matière d'amour. En Auvergne, cependant, il faut croire qu'elle avait tenu « sa joie secrète », puisqu'on ne lui connaît aucun amant durant les dix-neuf ans passés à Usson (à propos de Pominy, voir pièce I), et que l'existence de Saint-Julien serait vraisemblablement restée inconnue s'il n'avait péri de cette manière tragique. Puisque le sort s'acharne, dit la reine, pourquoi respecter cette discrétion ? Dans les années suivantes, d'ailleurs, elle affichera ouvertement ses amours avec Bajaumont.

VII

« STANCES DE LA REYNE MARGUERITE SUR LA MORT DE DAT »
ou
« AIR POUR CLORIDE »
(1606)[27]

Rigoureux souvenirs d'une joie passée,
Qui logez les ennuis du coeur dans la pensée,
Vous savez que le Ciel, me privant de plaisir,
M'a privée de désir.

Si quelque curieux, informé de ma plainte,
S'étonne de me voir si vivement atteinte,
Répondez seulement, pour prouver qu'il a tort :
Le bel Atys est mort.

Atys, de qui la mort attriste mes années,
Atys, digne des vœux de tant d'âmes bien nées,
Que j'avais élevé pour montrer aux humains
Une œuvre de mes mains !

Quand le temps (mais pourtant cette crainte soit vaine !)
Permettrait qu'un oubli fît adoucir ma peine,
Je persiste aux serments diverses fois conclus
De n'aimer jamais plus.

---

27. Le premier titre est celui qu'on trouve dans les manuscrits (BAN, ms 1104 : « Stances sur la mort de Dat dict de Sainct Julien, tué d'un coup de pistollet par le jeune Vernon, 1606 » — BNF, ms fr. 10210 : « Autres stances de la mesme reyne Marguerite sur la mort d'un nommé Dat, dit Saint Julien, tué d'un coup de pistolet à la portière de son carosse par le jeune Vermond, elle estant logée à l'hostel de Sens a Paris l'an 1606 »). Le second titre est celui donné par Régnier, qui a publié ce texte pour la première fois dans ses *Satyres* de 1616 (p. 149). Le Duchat a reproduit la pièce, qu'il croyait inédite et qu'il tenait d'un manuscrit aujourd'hui disparu (qui l'attribuait à la reine), en expliquant qu'elle l'avait écrit après la mort d'Aubiac (en réalité, il donne pour ce poème l'explication qui apparaît dans les autres manuscrits pour la pièce II : « vers faits par la Reine Marguerite prisonnière au château d'Usson en Auvergne, sur la mort d'Aubiac son amant, pendu à Aigueperse par jugement de Lugoly, Lieutenant du grand Prevost », *Ducatiana*..., vol. 1, p. 40). Le poème a ensuite été redonné, avec la même explication, dans les publications ultérieures. C'est la leçon de Régnier, la meilleure, qui a été retenue ici.

Si je cesse d'aimer, qu'on cesse de prétendre.
Je ne veux désormais être prise ni prendre,
Et consens que le temps puisse éteindre mes feux,
Car rien n'est digne d'eux.

Cet amant de mon cœur, qu'une éternelle absence
Éloigne de mes yeux, non de ma souvenance,
A tiré quant et soi, sans espoir de retour,
Ce que j'avais d'amour !

Le titre donné à ce poème par Régnier, introduisant une différence avec la pièce précédente, semble indiquer qu'il n'est pas de la reine. Quelques éléments paraissent appuyer cette hypothèse. Si l'on y retrouve globalement les thématiques présentes dans l'autre, la tonalité en est différente. Le « bel Atys » ne semble pas ici avoir représenté beaucoup plus, pour sa royale maîtresse, que le fait d'être « une œuvre de ses mains ». Les trois dernières strophes sont de plus interchangeables, et ont d'ailleurs été mélangées dans plusieurs manuscrits. Enfin, la moitié du texte est consacrée à l'impossibilité d'aimer encore, ce qui donne beaucoup d'importance à l'éventualité contraire – et rappelle le leitmotiv des poèmes rédigés par les protégés de la reine,.

D'un autre côté, les manuscrits lui attribuent sans hésitation ce poème, et il est incontestable qu'il n'a pas l'allure, la longueur, la pesanteur des pièces produites par les poètes que la reine mit à contribution pour pleurer avec elle l'événement tragique. Par ailleurs, la musicalité apportée par le sexamètre qui ferme les strophes, est caractéristique des goûts de Marguerite.

Peut-être les différences avec la pièce précédente sont-elles surtout à mettre au compte du temps qui passe, et de l'insistance de son entourage à la voir « guérir ». Sans doute également faut-il y voir une conséquence des apports de Régnier.

VIII

« PLAINTES SUR LE MESME SUJET »
ou
« AIR POUR LA MESME »
(1606)[28]

Atys, l'objet de cette cour,
Bel Atys, mon dernier amour,
De qui le souvenir me tue,
Dois-je point espérer de te revoir un jour,
Afin que cette attente encore m'évertue ?

Ces beaux yeux de moi tant chantés
Me seront-ils toujours cachés ?
Faut-il pour jamais m'y résoudre ?
Nos coeurs et nos désirs, par le ciel attachés
Peuvent-ils par le temps être réduits en poudre ?

Les pleurs sur la tombe épandus,
Et les cris de tous entendus
Témoignent si ma plainte est feinte ;
Et les plaisirs qui sont si chèrement vendus
Font que tous mes plaisirs me donnent de la crainte.

---

28. Le premier titre est celui du recueil où ce texte est paru pour la première fois (*Le Parnasse*...[1607], vol. 2, seconde pagination, p. 48), ainsi que celui de sa réédition (*Le Parnasse*... [1618], p. 384). Il renvoie au texte qui précède ce poème dans les volumes : « Plainte de Cleorite sur la mort de Atys » (« Cléorite en deuil consummée... »), qui évoque Marguerite à la troisième personne, et qui doit être de Régnier (il l'a repris dans ses *Satyres*..., p. 150). Le second titre est celui des *Satyres* de 1616 (p. 148), qui renvoie au poème précédent (ici comme là, c'est-à-dire à la pièce VII). Le Duchat, qui donnait le premier titre, a redonné ces « Plaintes » amputées de la dernière strophe, et accompagnées de ce commentaire dont la dernière information est erronée : « Autres vers faits par la mesme sur la mort de Datte son amant, tué par le jeune Vermond, à la porte de son carosse, du commandement du Roy » (*Ducatiana*..., vol. 1, p. 41). On retrouve ce texte dans les *Poètes français*..., sans la dernière strophe. Également dans les *Femmes poètes*..., toujours sans la dernière strophe et avec une autre amputée d'un vers ; Feugère indique par ailleurs à tort qu'il s'agit des « Regrets amoureux » de Maynard (voir n. 30).

Aux tristes accents de ma voix
Tes amis pleurent quelquefois,
Mais c'est quand j'attire leurs larmes :
Je suis seule qui rends l'amour au même poids[(a)]
Et qui, pour bien aimer, me fait quitter les armes.

Pour me donner allégement,
Mes yeux vont cherchant vainement
Quelque chose qui te ressemble :
Ils en trouvent les traits, mais c'est figurément[(b)],
Car le Ciel ne joint plus tant de beautés ensemble.

C'est trop peu pour mes déplaisirs
D'enflammer le Ciel de soupirs,
Et noyer de larmes le monde.
Il faut faire avouer qu'en vos dignes désirs,
Atys fut sans second, comme moi sans seconde.

Ce poème que Marguerite a fait publier dans le *Parnasse* de 1607 s'inscrit dans la même veine que plusieurs autres textes dédiés à la mémoire de Saint-Julien, notamment le précédent, et pourrait être le fruit d'une nouvelle collaboration. Le ton plaintif, la tristesse rageuse, les allusions à la publicité donnée au deuil, comme marque d'attachement, de même que le contraste produit par les vers de longueur différente, semblent revenir à la souveraine. En revanche, des répétitions maladroites ou désagréables, des termes excessifs, des expressions triviales ou quelque peu militaires, des références creuses au ciel, alourdissent l'ensemble et trahissent d'autres mains : celle de Régnier, assurément, puisqu'il a repris le texte, et qui pourrait être l'auteur de la dernière strophe, absente des manuscrits ; peut-être aussi celle de Maynard, qui dans le même recueil produit deux pièces d'une inspiration très similaire, qu'il a revendiquées plus tard, et dans lesquelles la reine s'exprime à la première personne du singulier. Ces deux poèmes s'éloignent toutefois encore considérablement de celui-ci : beaucoup plus longs, beaucoup plus bavards, remplis d'images conventionnelles, ils ren-

(a) Version Régnier et Le Duchat. Le *Parnasse* dit « au même pris », ce qui rend la rime fautive.

(b) Version Le Duchat, qui pourrait faire allusion au portrait de l'Aimé, mentionné dans d'autres poèmes (voir *infra*, les deux suivants). Le *Parnasse* donne « séparément », ce qui est terriblement lourd, et Régnier « si rarement ».

ferment par ailleurs des flatteries clairement destinées à plaire à Marguerite[29].

IX

« PLAINTE D'UNE DAME DEVANT LE PORTRAIT DE SON SERVITEUR ABSENT » (1606)[30]

Mes pleurs, mes compagnons de ma douleur passée,
Toujours officieux,
Tandis que cette image entre dans ma pensée,
Vous sortez de mes yeux.

Car vous lavez mon œil, vase fait en ovale,
D'un saphir ondoyant,
Et pour y mieux loger cette image fatale,
Vous l'allez nettoyant.

Et vous, mes yeux, changés maintenant en rivières,
Auprès de ce tableau,
En recevant du feu de ces belles lumières,
Vous lui donnez de l'eau.

Tout ainsi que la glace, au vallon recelée
Par la froideur du temps,
Fait couler son humeur quand elle est dégelée,
Au soleil du printemps,

Les glaçons dont le temps, la prudence et la crainte
Recelaient mes douleurs,
N'ayant de mon soleil que la lumière peinte,
Se fondent tout en pleurs.

---

29. « Regrets d'une grande Dame sur la mort de son serviteur » (« Il faut que par mes cris je rompe mon silence... »), et « Stances sur le même sujet » (« Qu'on ne s'attende pas de voir jamais finir... »). Ce sont ces deux textes que L'Estoile évoquait dans son Journal (« on publia à cette occasion [la mot de Dat] des "regrets amoureux sur ladite mort", faits par Mesnard, au nom et commandement de la roine Marguerite, qui les portoit ordinairement dans son sein, et les disoit tous les soirs comme elle eust fait ses Heures », *MJ*, vol. 8, p. 214) et qu'il avait recopiés dans ses *Recueils divers* (*ibid.*, vol. 11, pp. 215-221).

30. Ce poème est paru dans *Le Parnasse...*, vol. 2, pp. 239-240. Selon F. Lachèvre, il n'a jamais revendiqué ni attribué.

Mes yeux, ne faites rien, étant en sa présence,
Que regarder et voir ;
Et puis ne faites rien, étant en son absence,
Que pleurer et pleuvoir.

Mais non, faites les deux, voyant de la peinture
La présence en objet,
En même temps, aussi, chacun de vous deux pleure
L'absence du sujet.

Mon coeur à vos regards porte une envie extrême
Qu'il ne la puisse voir ;
Il halète, il pantèle, et sa constance même
le fait ainsi mouvoir.

Cependant Philidon est tiré dans mon âme,
Tout tel que je l'ai vu,
Sur un tableau d'acier, et d'un pinceau de flamme,
Par un peintre de feu.

Ô que dedans mon coeur la guerre est dangereuse
Des partialités !
Mon coeur est ennuyeux, mon âme est amoureuse,
Et mes yeux attristés.

Mais las ! diversement ils perdent tous la vie
En un même séjour ;
Mes yeux mourront de deuil, mon coeur mourra d'ennui,
Et mon âme d'amour.

Ainsi parlait Cléante auprès de la figure
De son ami parfait,
Tandis qu'elle voyait, et son bien en peinture,
Et son mal en effet*.

Bien que la reine soit ici chantée sous le nom de Cléante et Saint-Julien sous celui de Philidon, ce poème est à nouveau relatif à l'événement tragique du printemps 1606, et il entretient avec les autres de nombreux liens. La thématique du portrait devant lequel s'abîme Marguerite est en effet reprise dans plusieurs autres textes de l'époque[31]. Le poème est une nouvelle fois bâti sur la figure de l'apostrophe, et l'on y retrouve des rythmes ternaires plutôt heureux. L'expression d'une contradiction interne, aussi bien dans cette description d'un état intérieur déchiré que dans les ordres divergents donnés aux yeux, renoue par ailleurs avec l'inspiration qui baignait la dernière strophe des « Stances sur la mort d'Aubiac », de même que l'omniprésence de l'élément liquide, au début du texte, en rappelle les premières strophes.

Quelques images cependant sont maladroites ou lourdes. Certaines oppositions trop strictes, trop appuyées, tournent au procédé. Plusieurs expressions basses détonnent avec le chagrin sincère et simple qui semble se dire dans certaines strophes. Enfin, la mise en abîme finale, qui glose le poème, signe l'intervention d'une tierce personne, ici même et sans doute avant. Ni Régnier ni Maynard n'ayant revendiqué ou publié ce poème, il faut croire qu'un autre poète y a mis la main – peut-être le baron de Fourquevaux, dont la correspondance de Marguerite a mis en lumière la participation à la déploration de 1606[32].

X

« SUR LE PORTRAIT DE DAMON » (1606)[33]

L'art a su de si près imiter la Nature
Qu'il semble que l'on voie, dedans cette peinture,
Mouvoir et respirer celui de qui la mort
Me fait plaindre si fort.

Mais ce n'est rien de peint, cher Damon, c'est toi-même
Qui, touché de pitié de ma douleur extrême,
Sur les ailes d'Amour est descendu des Cieux
Pour essuyer mes yeux !

---

31. Voir poème précédent, variante (b), et le poème suivant ; *cf.* également, dans les *Œuvres poétiques*... d'Audiguier, le poème de Memnon (« il me souvient de ce portrait encore... », vol. 2, p. 32).

32. *COR*, lettre 393.

33. Ce poème, qui circulait dans Paris au printemps 1606, est l'un de ceux que L'Estoile avait recueillis dans ses *Recueils divers* (*MJ*, vol. 11, pp. 221-223). Il est paru pour la première fois avec ce document.

Je reconnais assez ces deux lèvres vermeilles
Qui tâchent de s'ouvrir pour charmer mes oreilles,
Et remettre mon cœur en son premier repos,
Par leurs divins propos.

Je reconnais cet œil, à qui je fais hommage,
Qui n'a rien de pareil, si ce n'est son image
Que l'Amour engrava dans le roc de mon cœur,
Avec son trait vainqueur.

Je reconnais le poil dont fut faite la trame
Des glorieux liens qui captivent mon âme,
Et qui, par leur beauté, ont forcé la raison
De louer ma prison.

Puis donc qu'il est ainsi, que, contre mon attente,
L'éclair de tes regards aujourd'hui me contente,
Et que, malgré le sort, en son injuste loi,
Tu peux parler à moi,

Dis-moi, toi qui d'en haut peux voir toute la terre:
As-tu vu que l'Amour quelqu'autre esprit enserre,
Avec un si parfait et si ferme lien
Qu'il attache le mien ?

Dis-moi quel vent propice à mon amitié sainte
A porté jusqu'à toi les accents de ma plainte,
Et comme le Destin t'a permis le retour
En ce mortel séjour ?

Dis-moi si le sujet de ta douce venue
N'est point pour m'enlever avec toi dans la nue,
Afin que notre bien ne soit pas limité
Que de l'Eternité ?

Ou dis-moi si le Ciel, en dépit de l'envie,
T'a voulu redonner une seconde vie,
Comme ayant déplaisir que la nuit d'un tombeau
Cachât un feu si beau ?

Mais qu'est-ce qui te fait garder un tel silence ?
Serait-ce, mon Damon, l'extrême violence
Du regret de me voir passer en pleurs les jours
Qui t'ôte le discours ?

Ou bien fais-tu le sourd, alors que je t'appelle,
Pour rendre ma douleur plus forte et plus cruelle,
Et géhenner* l'esprit, qui s'est, par tant de fois,
Laissé vaincre à ta voix ?

Mais quel si grand amour me transporte et m'affole ?
J'adresse à ce tableau mes cris et ma parole,
Ainsi que s'il avait quelque ressentiment
Pour plaindre mon tourment !

Voilà comme Daphné, de pleurs toute couverte,
S'efforce d'adoucir les regrets de sa perte,
Regardant le portrait du corps le plus parfait
Que la Nature ait fait.

Cette pièce est très proche de la précédente, jusqu'à la mise en abîme qui, dans la dernière strophe, arrête net la déploration à la première personne du singulier pour figer le tableau dans une troisième personne plus distante. Elle entretient également des liens avec le poème suivant, où la reine est à nouveau campée sous le nom de Daphné, tandis que Saint-Julien figure ici sous le nom de Damon, comme dans l'un des deux poèmes de Maynard, et comme encore dans un autre texte recopié par L'Estoile[34]. La marque de la reine semble ici assez forte : le poème est relativement court, les phrases sont brèves, et le ton est dans l'ensemble soutenu. L'interpellation du portrait, comme s'il était un être vivant, puis, devant son silence, la montée du ton de l'éplorée jusqu'à sa prise de conscience finale de l'incongruité de la démarche, témoignent d'une inspiration plus solide, mais plus affectée aussi, que dans les autres poèmes précédants. L'illusion de la présence du mort revenu sur terre pour quelques instants, qui débouche sur la volonté de le questionner sur l'Au-delà, semble une première ébauche du thème qui sera développé, sur un ton beaucoup plus douloureux, dans le poème suivant.

34. *Ibid.*, p. 223, « Dialogue de Damon et de Daphène » (« Mets fin à ta funeste plainte... »), visiblement d'un poète de Marguerite.

XI

« REGRETS DE DAPHNÉ SUR LE TRÉPAS DE DAPHNIS » (1613 ?)[35]

Quel remède à mes maux peut être secourable ?
Ce que je vais pleurant, moins que moi déplorable,
A franchi le trépas.
Son âme bienheureuse est au Ciel Empirée.
Ma douleur, pour sa part, tant de fois soupirée,
Ne l'en tirera pas.

Vous, ministres d'Amour, tourments de belles âmes,
Qui mêlez tant de flots avecques tant de flammes,
Mes yeux, que faites-vous ?
Tant d'eau que vous perdez, pleurant mon infortune,
Et à vous inutile, à moi-même importune,
Et dommageable à tous !

Il est vrai, mon Daphnis, que plaindre votre vie
En sa félicité, c'est vous porter envie ;
Mais, ô mon soin plus cher,
Voyant, pour votre mort, la campagne déserte
Et les prés sans couleur ressentir votre perte,
M'en pourrais-je empêcher ?

O mon petit Olympe[36], où mon âme offensée
Va seule, contemplant l'objet de ma pensée,
Mon demi-paradis !
Voyez-vous point son ombre, à quelque certaine heure,
Se promener de nuit en la belle demeure
Qu'il habita jadis ?

---

35. Ce texte est paru dans les *Œuvres poétiques*... d'Audiguier (vol. 2, p. 33-34).

36. Le « petit Olympe » est la propriété que Marguerite acheta à Issy-lès-Moulineaux, et où elle entraînait régulièrement ses proches. Cette « belle demeure » était indissociablement liée à Bajaumont, puisque la reine l'acheta durant l'été 1606, après la mort de Saint-Julien.

Vous, mon parc, que Nature, avecques l'Art décore[37],
A quelle heure du soir le voyez-vous encore
Apparaître en ces lieux ?
Car je ne pense point, quelque part qu'il séjourne,
Que son esprit errant, quelquefois, ne retourne
Y faire ses adieux.

O mes yeux ! Le voici ! Quelle heureuse rencontre !
Son corps glorifié comme un astre se montre
Plus grand et plus léger !
Hélas ! Il disparaît ! Le voilà qui s'envole,
Et ne veut, en partant, d'une seule parole,
Ma douleur alléger !

Si fait ! J'entends sa voix qui parle en cette sorte :
« Consolez-vous, ma belle, il est temps que je sorte
De tant d'affliction ![38]
Mes maux sont achevés, ma douce destinée
A terminé ma vie, et n'est point terminée
Ma belle affection !

Comme après le combat succède la victoire,
Après un long travail*[39] je suis ores en gloire,
Affligé seulement
De voir que vos beautés, si chères à ma vie,
S'affligent de la voir entre les Dieux, ravie,
Luire éternellement.»

Mais, ô faible discours d'une âme désolée !
Il a repris au Ciel, loin de nous, sa volée,
Où son esprit content
Jouit d'un autre bien, plus grand et véritable ;
Et s'il a quelque soin, c'est un soin charitable
De nous en voir autant.

---

37. Marguerite avait fait faire de nombreux aménagement dans sa maison de campagne, et notamment dans son parc, qu'elle mentionne explicitement (*COR*, lettre 439).

38. C'est le mot « affection » qui apparaît ici dans le recueil, mais ce doit être une coquille car le dernier vers, outre qu'il présenterait une répétition exacte, dirait alors le contraire de celui-ci.

39. Cette expression suggère peut-être que Bajaumont est mort d'une longue maladie.

Ces stances déplorent la mort d'Hector Regnault de Durfort, baron de Bajaumont, dernier favori de la reine. On sait, par les remarques amusées de L'Estoile, que la reine l'aimait beaucoup, mais on ignore la date de sa mort – certainement après 1611, date à laquelle se tait le chroniqueur, qui n'en parle pas. Bajaumont semble avoir été un proche de la reine depuis la période d'Usson (ce ne serait pas étonnant : il était le fils de l'ancien sénéchal d'Agenais), et un ami de Saint-Julien. Les deux hommes sont en effet chantés en ces termes dans les *Mélanges et vers funèbres* où a paru ce texte, volume dédié à Marguerite, en grande partie consacré à elle, et publié à sa demande[40]. Ce poème se différencie toutefois nettement des autres poésies du recueil, qu'elles s'adressent à Marguerite ou qu'elles la mettent en scène à la troisième personne. Toutes sont de plus, contrairement à celle-ci, en vers isométriques et d'une tonalité beaucoup plus conventionnelle.

La vraie détresse qui s'exprime ici tranche également avec le ton plus détaché des divers poèmes consacrés à la mort de Saint-Julien Dat. La souffrance semble plus nue, plus profonde, plus authentique ; le monde extérieur, fût-il en train de lui faire la cour, a laissé la place à une tristesse entièrement repliée sur elle-même. La reine renoue là avec des accents parfois très proches de ceux utilisés jadis : les yeux qui pleurent inutilement ressemblent aux « pauvres yeux, maintenant inutiles » de la pièce II, et l'évocation mélancolique de l'errance de Marguerite dans son parc rappelle sa propension à chercher avec la nature une sorte d'union douloureuse, qui s'exprimait déjà dans les lettres à Champvallon[41]. La date

40. *Cf.* Audiguier, *Œuvres poétiques...*, vol. 2, dédicace et avertissement au lecteur.

41. *Cf.* : « les plus durs rochers, où en mille et mille lieux j'ai gravé votre nom, vos beautés et mes passions, vous pourraient témoigner si mon âme est de ces âmes de cire que le temps et l'absence changent et rechangent tous les jours en cent diverses formes. L'Echo de ces caverneuses montagnes serait importunée de ma voix et de mes soupirs, si elle avait autre cause que son beau Narcisse, qui fait qu'elle me répond, mais avec telle rage désespérée de me voir posséder ce qui lui a toujours été cruel, qu'il n'y a tonnerre qui si longtemps garde son son, que l'on l'oit bruire et gronder, mêlant ses cris à l'horrible bruit d'un torrent impétueux et effrayable qui passe au pied de sa demeure, [et] que je crains faire bientôt déborder par l'abondance de mes larmes. Le désespoir de cette misérable, à qui rien n'est resté que les plains [*plaintes*], me sert de quelque consolation, modérant quelque peu mon ennui ; car si mes sens sont, comme les siens, privés du seul objet qu'ils désirent, mon âme a cet avantage sur elle que son Narcisse ne sera jamais sourd à sa voix, ni tardif à répondre à ses passionnées lamentations. » (*COR*, lettre 115).

tardive du texte est sans doute également pour beaucoup dans la profondeur de son ton. Marguerite est au seuil de sa vie. Si divers thèmes qui caractérisaient les poésies précédentes sont ici repris, c'est avec infiniment plus de simplicité, et une sérénité qui montre que, cette fois-ci, la reine est prête à accepter la mort, cet « autre bien, plus grand, plus véritable ».

XII

« À MON VALET, SUR SES *ŒUVRES POÉTIQUES*, ÉPIGRAMME » (1614)[42]

Amant qui feins tant de trépas,
Languissant aux pieds de ta belle,
Ou tu te plains d'être fidèle,
Ou tu te plains qu'elle n'est pas !
En l'un, sa contrainte l'excuse
De ce dont ta plainte l'accuse ;
En l'autre, se plaindre d'avoir
Fidèlement servi son Maître,
C'est plaindre contre le devoir
D'avoir été ce qu'on doit être...

Cette épigramme signée « Minerve » – l'un des surnoms les plus fréquemment donnés à la reine par ses contemporains – clôt le second volume des *Œuvres poétiques* d'Audiguier. Elle fait assurément référence au premier volume, intitulé « Amours », qui était dédié à la princesse de Conti. Nous retrouvons ici le sourire du sonnet de 1603 ou du *Discours docte et subtil.* La reine s'amuse du ton par trop plaintif de son protégé, et de la contradiction présente dans son discours lorsque l'amoureux-poète ne cesse de mettre en valeur sa propre fidélité, alors que d'un autre côté il enrage de la rigueur de sa belle – c'est-à-dire de la fidélité de celle-ci envers son honneur, si ce n'est envers son mari. Les deux attitudes sont erronées : la femme aimée se doit d'être rigoureuse, le mariage l'y « contraint » ; quant à l'amoureux, c'est son « devoir », presque sa fonction, que de soupirer fidèlement. C'est aussi ce qu'elle tentait de dire à Champvallon bien des années auparavant[43].

---

42. Ce texte est paru dans les *Œuvres poétiques...* d'Audiguier, vol. 2, p. 63b.

43. *Cf.* : « Vénus a souvent par Junon en la plupart de ses desseins été contrariée [...] mais l'honneur s'acquiert par la peine » (*COR*, lettre 173).

ANNEXES

Annexe I
PIÈCES JUSTIFICATIVES

A. SONNET DE BRANTÔME SUR LA « COMMANDE » DE MARGUERITE[1].

Vous me dites, un jour, que j'escrisse [*écrivisse*] de vous.
Et quel esprit, Madame, en pourroit bien escrire ?
Un Ronsard y faudroit [*n'y réussirait pas*], avec sa grave lyre,
Un gaillard Maison-Fleur avec son style doux.

Je sçay bien que Ronsard a fait valoir à tous
Sa guerriere Cassandre avec son brave dire ;
Maison-Fleur dit très bien la peine et le martyre
D'amour, quand il vient estre amoureux comme nous.

Vostre subjet est haut, et d'eux deux le plus brave
Ne se vantera pas qu'il faille qu'il engrave
Vostre nom dans leurs vers, car leur vers tournoyé

Dans les flotz de voz yeux, de vostre beau visage,
De vostre chasteté, de vostre bon langage,
De vostre grand'vertu seroit bien tost noyé.

B. LETTRE DE MARGUERITE À BRANTÔME (~1591)[2].

Par la souvenance que vous avez de moy, qui m'a esté non moins nouvelle que agreable, je cognois que vous avez bien conservé l'affection qu'avez toujours heue à nostre maison, à si peu qui reste d'un si miserable naufrage, qui, en quelque estat qu'il puisse être, sera tousjours disposé de vous

---

1. *Recueil d'aucunes rimes*, in *RD*, p. 907. Ce texte dont nous ne connaissons pas la date de composition est le premier témoignage des croisements d'écritures entre la reine et son panégyriste. Les derniers connus sont la dédicace de la quasi totalité de l'œuvre de ce dernier « à la plus belle, la plus noble, la plus grande, la plus genereuse, la plus magnanime et la plus accomplie Princesse du monde, Madame Marguerite de France, fille et seur restée unique de nos Roys de Valois, derniers trespassez ; par moy, Pierre de Bourdeille, seigneur de Brantosme, gentilhomme ordinayre de la chambre de noz deux derniers Roys Charles IX et Henri III, et chambellan de Monsieur d'Alançon, son très-humble et très-obeissant subject et très-affectionnné serviteur. » (*RD*, p. 3).

2. *DM*, p. 156.

servir, me sentant bien heureuse que la Fortune n'ayt pu effacer mon nom de la memoyre de mes plus anciens amis, comme vous estes. J'ay sceu que, comme moy, vous avez choisi la vie tranquille, à laquelle j'estime heureux qui s'y peut maintenir, comme Dieu m'en a faict la grace despuis cinq ans, m'ayant logée en ung arche de salut, où les orages de ces troubles ne peuvent, Dieu mercy, me nuire ; à laquelle, s'il me reste quelque moyen de pouvoir servir à mes amys, et à vous particulièrement, vous m'y trouverez entièrement disposée, et accompaignée d'une bonne vollonté.

C. « QUATRAIN POUR ELLE-MESME » DE BRANTÔME[1].

Jamais rien de si beau Nature n'a peu faire
Que ceste grand'Princesse, unique de la France.
Et Fortune la veut totalement deffaire !
Voylà comme le mal aveq' le bien ballance [*alterne*].

D. LETTRE DE MARGUERITE À HENRI III (1588)[2].

Monsigneur, comme antre toux mes malheurs celui que jai estimé le plus grant a esté la privation de votre bonne grase, aussi, antre toutes les grases que jai resues de Dieu, cete derniere (de me voir esperanse de rantrer au nonbre de vos tres humbles servantes) est celle de quoi je panse lui estre plus obligée et lui devoir randre plus de louanges, pour mavoir exsausée aux plus afectionnées prieres que je lui aie james faites ; et nai point, Monsigneur, de termes ases sufisans pour pouvoir exprimer la joie et le contantemant que jai resu des paroles desqueles Roupaireu ma dit quil vous a pleu monorer, ce que je tiens a tant dheur et dhonneur que neul actidant* du tans ni de la Fortune, ou [*ni*] tout ce qui li saroit avoir de plus fort, ne me poura separer (tant que vous lares, Monsigneur, agreable) du veu de la tres humble servitude que pour james je vous desdie, avec tres humble suplication vouloir oublier et me pardonner ce que le dessespoir ma peu contrindre faire pour la conservation de ma vie ; et croire, Monsegneur, que si jai cete felisité (que je dessire non moins que mon salut) quil vous plaise me continuer lhonneur de votre bonne grase, que jespere par tant de fidelité et tres humble servise vous faire, Monsigneur, connoitre ma devotion [telle] que si un si grant bien se peut mesriter, je man randeré digne, comme plus particulieremant (et de crainte, Monsigneur, de vous inportuner) jai donnai [*sic*] cherge a Roupaireu le vous represanter ; auquel me remestant, Monsigneur, je vous baiseré tres humblemant les mains, priant Dieu, Monsigneur, vous donner an santé, tres heureuxse et longue vie…

---

1. *DM*, p. 158. Ce quatrain clot le *Discours* de Brantôme sur Marguerite. C'est sur sa thématique qu'elle rebondit dans l'ouverture de ses *Mémoires*.
2. *COR*, lettre 243.

E. ÉPÎTRE DÉDICATOIRE DE BRANTÔME[1].

Dernièrement que je vous estois allé faire la révérence à Usson, j'eus cest honneur d'entrer dans vostre salle, et vous veoyr manger tous les jours, où je notay une chose très-louable, que je ne vous ay jamais veu faire repas que, devant vostre table, vous n'eussiez de fort honnestes gens et sçavans, lesquesl vous mettiez tousjours sur quelques beaux discours, disputes et propos non communs ; si que je n'ay jamais veu les tables des roys vos frères mieux remplies et garnies de ces beaux metz que la vostre ; et ce qui estoit le plus beau et plus à priser, c'est que vous présidiez par dessus, et en disiez votre advis, et donniez vostre sentence, par de si beaux et breifz mots, que j'entray en admiration de vous, de vostre sçavoir et beau dire, plus que je ne fis jamais.

1. « Epistre dedicatoire à Marguerite de Valois, reyne de France et de Navarre, sur les harangues suivantes », *OC*, vol. 10, p. 4.

Annexe II
RAPPORT MOTS/JOUR DANS LES *MÉMOIRES*

		mots	jours	rapport
OUVERTURE		608		
TOTAL HORS OUVERTURE (mi-1559-1581)		45116	7852	5,75
TOTAL RÉCIT SUIVI (1569-1581)		43636	4383	9,95
DÉTAIL ANNÉE PAR ANNÉE				
1569		2773	(365)	7,6
1570		544		1,5
1571		154		0,42
1572		2890	*	7,92
1573		360	*	0,99
1574	a) 1574 seul	3354		9,19
	b) retour en arrière	484		
1575		4774		13,08
1576		2874		7,87
1577		12116		33,19
1578		7101		19,45
1579		1480		4,05
1580		2127		5,83
1581		2592	*	7,10

* Année lacunaire

Annexe III
LES PREMIÈRES ÉDITIONS DES *MÉMOIRES*

A. PRIVILÈGE.

- Version 1 :

Par grace et Privilege du Roy, en datte du dernier jour d'Octobre mil six cens vingt-huit, signé Fauvre, et seellé ; il est permis à Charles Chappellain Imprimeur à Paris, d'imprimer, vendre et distribuer un Livre intitulé, Les Memoires de la Roine Marguerite ; Et ce pendant le temps de six annees consecutives. Avec deffenses à tous autres Imprimeurs et Libraires de le contrefaire, sur peine aux contrevenans de confiscation des exemplaires, et de huict cens livres d'amende, applicable moitié au Roy, et l'autre audit exposant, ainsi que plus amplement est porté par ledit Privilege.

Enregistré le huictiéme jour du mois de Novembre mil six cens vingt-huict.

- Version 2 = même texte que 1, mais avec « signé Favre ».

B. AVIS *AU LECTEUR.*

- Texte de base [TB]

Ce livre, Lecteur, est un de ceux qui n'ont point besoin de l'industrie d'autruy pour se rendre recommendable. Son titre est un charme si puissant, qu'il faut estre merveilleusement stupide pour n'estre point attiré à la lecture de l'ouvrage qui est en suitte, et les choses qu'il traitte sont si agreables, et si elegamment escrites, que celuy n'a aucune cognoissance des belles choses, qui n'avoüe que cet escrit a toutes les perfections qui sont requises pour exciter l'admiration dans les esprits bien faits. Que Rome vante tant qu'il luy plaira les Commentaires de son premier Empereur, la France a maintenant les Memoires d'une grande Roine qui ne leur cedent en rien. Voila un eloge bien grand, mais tres-veritable pourtant, et duquel tu ne me desdiras pas, Lecteur, si tu n'es preoccupé de cette impertinente opinion, que rien ne peut esgaler ce que l'antiquité a produit, ou si une abominable malice ne te fait regarder avec envie la gloire de ta patrie. Je ne veux pas m'étendre davantage sur ce sujet, afin qu'un plus long discours ne retarde le contentement que tu auras en la lecture de celuy de cette rare princesse ; et me contenteray de te dire que celuy auquel elle l'adresse est Messire Charles de Vivonne, Baron de la Chatai-

gneraye, et seigneur de Hardelay, qui estoit Chambellan du Duc d'Alençon. La mere de Madame de Rais estoit sa tante, et luy par consequent cousin de Madame de Rais. Quelques uns croyent que l'adresse en soit faite à Monsieur de Rendan, mais cela n'est pas si vray semblable.

- Version 2 = même texte que 1, suivi de :

Or la copie sur laquelle il a esté imprimé estoit si corrompuë, que ce n'est pas si grand'merveille qu'il s'y soit glissé plusieurs fautes, comme il est étrange qu'on l'aye peu publier [rendre public] *si entier. Mais depuis que l'impression a esté achevée il m'est tombé entre les mains un exemplaire plus entier et plus net, duquel j'ay tiré les obmissions.*

- Version 3 = même texte que 2, suivi de :

[obmissions] *que tu verras à la page suivante, avec quelques autres plus legeres corrections, que tu remettras s'il te plaist chacune en son lieu.*

- Version 4 = même texte que 2, suivi de :

[obmissions] *qui estoient en la première edition, avec quelques autres plus legères corrections, qui ont esté remises chacune en son lieu.*

- Version 5 = même texte que 2, suivi de :

[obmissions,] *lesquelles maintenant ont esté corrigées en cette dernière édition.*

C. TABLEAUX DES PRINCIPALES ERREURS DES PREMIÈRES ÉDITIONS

* = erreur répertoriée dans la liste des *errata* de la première édition.

(1) *Saint-Barthélemy*

- a : « [...] de m'envoyer sacrifier comme cela, et que sans doute s'ils voyaient quelque chose qui empêchât l'effet........ »
- b : « [...] de m'envoyer sacrifier comme cela, et que sans doute s'ils découvraient quelque chose, ils se vengeraient sur moi. La reine ma mère répond que, s'il plaisait à Dieu, je n'aurais point de mal ; mais quoi que ce fût, il fallait que j'allasse, de peur de leur faire soupçonner quelque chose. »
- b' : même texte que b, mais « soupçonner quelque chose....... »
- c : « [...] de m'envoyer sacrifier comme cela, et que sans doute s'ils découvraient quelque chose, ils se vengeraient sur moi. La reine ma mère répond que, s'il plaisait à Dieu, je n'aurais point de mal ; mais quoi que ce fût, il fallait que j'allasse, de peur de leur faire soupçonner quelque chose qui empêchât l'effet. »
- c' : même texte que c, mais « quelque chose qui empêchât l'effet........ »

(2) *Bussy*

- a : « [...] et le connaissant à une écharpe colombine que portait un des siens comme lui, mais toutefois bien différente [...] »
- b : « [...] et le connaissant à une écharpe colombine où il portait son bras droit blessé, bien à propos pour eux, qui en eussent sinon senti la force ; qui

furent toutefois bien soutenus de cette petite troupe d'honnêtes gens qui étaient avec lui, à qui l'inopinée rencontre ni l'horreur de la nuit n'ôta le cœur ni le jugement, mais, faisant autant de preuve de leur valeur que de l'affection qu'ils avaient à leur ami, à force d'armes le passèrent jusques à son logis, sans perdre aucun de leur troupe qu'un gentilhomme qui avait été nourri avec lui, qui, ayant été blessé auparavant à un bras, portait une écharpe colombine comme lui, mais toutefois bien différente [...] »

(3) *Lalain*

- a : « [...] étant seigneur très catholique, il n'avait jamais voulu voir don Juan, qui ne l'avait osé forcer de faire au contraire, craignant s'il l'attaquait, [...] »
- b : « [...] étant seigneur très catholique, il n'avait néanmoins jamais voulu voir don Juan, ni permettre que lui ni aucun de la part de l'Espagnol entrât en son gouvernement ; don Juan ne l'ayant osé forcer de faire le contraire, craignant, s'il l'attaquait, [...] »

NB : les erreurs communes à toutes les éditions jusqu'à celle de Guessard n'ont pas été prises en compte dans ces tableaux (« Téjan », au lieu de *Léran* — « Dieu permit que la mèche se découvrit », au lieu de *Dieu permit que La Mole le découvrit* — « et les barriques », au lieu de *et les braquent* [ici p. 166] — « Le roi prenant la parole de nuit », au lieu de *Le roi prenant sa robe de nuit* [ici p. 178]).

ÉDITIONS 1628-1629

leçon édition	réf.	28 1	28 2	28 3	28 4	29 1	29 2	29 3	29 4	29 5
vous parlez de ma peau*		4								
vous parlez de Pau	71		4	4	4	4	7	7	7	4
vous parlez de Dau										
duquel la fortune		8	8	8		8	9	9	9	
duquel la nature	74				8					8
Mme de Curtoge*		10								
Mme de Curton	75		10	10	9	10	10	10	10	9
Burrus	87	39	39	39	38	39	28			38
Brutus								28	28	
haine, estimant cela.......	91	47	47	47	46	47	33	33	33	46
haine, estimant cela.										
Saint-Barthélemy (1)*	98	61a	61b	61b	59c'	61b	42c	42c	42c	59c'
Monsieur de Téjan		63	63	63	62	63	43	43	43	62
Monsieur Téjan										
Monsieur de Léran	99									
neveu de Monsieur d'Audon		non	non	non	oui	non	non	non	non	oui
Beaumont		68	68	68		68	46	46	46	
Blamont	101				67					67
de Montmorency et de Cossé	105	74	74			74	50	50	50	
de Montmorency et de Losse				74	73					73
de Montmorency et de Lossé										
division et ruine, ...susdite		99	100	99		100	65	65	65	
division et ruine susdite	115				98					98
Bussy (2, a)*		109								
Bussy (2, b)	119		110	109	107	110	71	71	71	107
il se trouva suivi du carosse*		123	124							
il trouva Simier avec le carosse	125			123	123	124				123
il se trouva Simier dans le car.							81	81	81	
Lalain (3, a)*		183								
Lalain (3, b)	148		184	183	183	185	119	119	119	183
La Bressiere*		219								
La Boëssiere			220	219	219	220	141	141	141	219
La Bussiere	60									
à cause qu'il venait entre lui*		232								
à cause qu'il vivait neutre	166		233	232	232	233	149			232
à cause qu'ils vivaient neutres								149	149	
M.de Cossé et des Ecossais		270					173	173	173	
M. de Losse et des Ecossais	179		271	270	270	271				270
M. de Lossé et des Ecossais										
M. de Loste, bon homme		279	280			280	179	179	179	
M. de Losse, bon homme	183			279	279					279
jusques à La Rochelle*		312								
jusques à La Réolle	194		313	312	312	313	199	199	199	312
mon cousin M. qui		322	323	322		323			205	
mon cousin M........qui							205	205		
mon cousin M. de Turenne	198				322					322

ÉDITIONS 1649-1666

leçon édition	49	58 1	58 2	58 3	61	65 1	65 2	65 3	65 4	66
vous parlez de ma peau*										
vous parlez de Pau										
vous parlez de Dau	6	7	7	7	7	6	6	6	6	8
duquel la fortune	8	9	9	9	9	8	8	8	8	10
duquel la nature										
Mme de Curtoge*										
Mme de Curton	8	10	10	10	10	9	9	9	9	11
Burrus	20	25	25	25	25	22	22	22	22	
Brutus										25
haine, estimant cela.......	23	29	29	29	29					
haine, estimant cela.						26	26	26	26	29
Saint-Barthélemy (1)*	28b'	36b'	36b'	36b'	36b'	32b'	32b'	32b'	32b'	35b'
Monsieur de Téjan	29	38	38	38	38					
Monsieur Téjan						33	33	33	33	36
Monsieur de Léran										
neveu de Monsieur d'Audon	non	non	non	non	non	non	non	non	non	non
Beaumont	31	40	40	40	40	35	35	35	35	38
Blamont										
de Montmorency et de Cossé										
de Montmorency et de Losse										
de Montmorency et de Lossé	33	43	43	43	43	38	38	38	38	38
division et ruine, ...susdite	44	56	56	56	56	50	50	50	50	53
division et ruine susdite										
Bussy (2, a)*										
Bussy (2, b)*	47	61	61	61	62	54	54	54	54	57
il se trouva suivi du carosse*										
il trouva Simier avec le carosse	53	71	71	71	71	62	62	62	62	65
il se trouva Simier dans le car.										
Lalain (3, a)*										
Lalain (3, b)*	77	02	02	102	102	87	87	87	87	92
La Bressiere*										
La Boëssiere	92	121	121	121	121	103	103	103	103	108
La Bussiere										
à cause qu'il venait entre lui*										
à cause qu'il vivait neutre	96	128	128	128	128	110	110	110	110	115
à cause qu'ils vivaient neutres										
M.de Cossé et des Ecossais										
M. de Losse et des Ecossais	110	148	148	148	148	127	127	127	127	132
M. de Lossé et des Ecossais										
M. de Loste, bon homme										
M. de Losse, bon homme	113	153	153	153	153	132	132	132	132	137
jusques à La Rochelle*										
jusques à La Réolle	126	171	171	171	171	147	147	147	147	153
mon cousin M. qui	130									
mon cousin M........qui		176	176	176	176	152	152	152	152	157
mon cousin M. de Turenne										

Annexe IV
ÉDITIONS DES *MÉMOIRES*

A — 1628-1715
Descriptif sommaire et principales localisations

1628

1 - LES MEMOIRES DE LA ROINE MARGUERITE. A PARIS, Par Charles Chappellain, ruë de la Bucherie, à l'image saincte Barbe. M. DC. XXVIII. Avec privilege du Roy.

* 362 p., in 8° — Page de titre = Deux cornes d'abondance qui se croisent, avec au centre un caducée vertical surmonté d'une chouette de face aux ailes déployées — *Au lecteur* (3) = ital 12 — *Fautes à corriger et obmissions à remettre* = rom 10 — *Extraict du Privilege du Roy* (1) = rom 10.

BNF : 8° La23 8 Rés (magnifique reliure en maroquin rouge parsemée du monogramme de Marguerite et de fermesses) — 8° La 23 8 (microfilm M 7624)

BA : 8° NF 5530 (sans avis au lecteur)

MAZ : 53232 — 49857

2 - LES MEMOIRES DE LA ROINE MARGUERITE. A PARIS, Par Charles Chappellain, ruë de la Bucherie, à l'image saincte Barbe. M. DC. XXVIII. Avec privilege du Roy.

* 363 p., in 8° — Page de titre : tournesol ou souci vu de profil, avec deux feuilles symétriques — *Au lecteur* (TB) = ital 10 — *Extraict du Privilege du Roy* (1) = rom 12 — 1 page blanche.

BNF : 8° La23 8 (A)

SG : L8° 424 [INV 1892]

3 - LES MEMOIRES DE LA ROINE MARGUERITE. A PARIS, Par Charles Chappellain, ruë de la Bucherie, à l'image saincte Barbe. M. DC. XXVIII. Avec privilege du Roy.

* 362 p., in 8° — Page de titre = Urne remplie de fleurs, reposant sur un parterre de fleurs — *Au lecteur* (3) = ital 10 — sans privilège.

BNF : Rés 8° La23 8 (C)

4 - LES MEMOIRES DE LA ROINE MARGUERITE. A PARIS, Par Charles Chappellain, ruë de la Bucherie, à l'image saincte Barbe. M. DC. XXVIII. Avec privilege du Roy.

* 362 p., in 8° — Page de titre = comme 1 — *Au lecteur* (2) = ital 14 (sur 4 pages) — *Extraict du Privilege du Roy* (2) = rom 10 — Dates dans les marges.

BNF : 8° La23 8 (B) — Rés. 8° La23 8 (B) (marocain havane)

1629

1 - LES MEMOIRES DE LA ROINE MARGUERITE. A PARIS, Par Charles Chappellain, ruë de la Bucherie, à l'image saincte Barbe. M. DC. XXIX. Avec privilege du Roy.

* 363 p., in 8° — Page de titre = comme 1628/2 — *Au lecteur* (TB) = ital 10 — *Extraict du Privilege du Roy* (1) = rom 10

BA : 8 NF 5530 (même cote que 1628/1)

2 - LES MEMOIRES DE LA ROINE MARGUERITE. A PARIS, Iouxte la copie imprimée par Charles Chappellain, M. DC. XXIX.

* 230 p., in 8° — *Au lecteur* (5) = ital 10 — sans privilège.

BNF : 8° La23 8 (D) — SG : L8° 425 [INV 1893]

3 - LES MEMOIRES DE LA ROINE MARGUERITE.

* s. l., s. d. — 230 p, in 8 — *Au lecteur* (5) = ital 10 — sans privilège.

BNF : 8° La23 8 (E)

4 - LES MEMOIRES DE LA ROINE MARGUERITE.

* s. l., s. d. — 230 p, in 8° — *Au lecteur* (5) = ital 10 — sans privilège — Même édition que 3, mais cahier N recomposé.

BNF : 8° La23 8 (F)
MAZ : 32913

5 - LES MEMOIRES DE LA ROYNE MARGUERITE. Reveus, corrigez et augmentez de nouveau. Iouxte la copie imprimée A PARIS, Par CHARLES CHAPPELAIN, ruë de la Bucherie, à l'image saincte Barbe. M. DC. XXIX. Avec privilege du Roy.

* 362 p., in 8° — Page de titre = fleuron — *Au lecteur* (4) = ital 14, sur 4 pages ; sur la dernière page page, *Extraict du Privilege du Roy* (2) = rom 10 — même édition que 1628/4, mais pas de dates dans la marge.

MAZ : 32914

1632

LES MEMOIRES DE LA ROINE MARGUERITE. A PARIS, Par Charles Chappellain, ruë de la Bucherie, à l'image saincte Barbe. M. DC. XXXII. Avec privilege du Roy.

* In 8° — Non vu — Page de titre = motif à guirlandes et pompons (reproduit dans Tchermerzine, *Editions originales et rares XV-XVIIIe...*, vol. 4, p. 394).

1642

LES MEMOIRES DE LA ROINE MARGUERITE.

* In 4° — Non vu, signalé par Boucher, *Mémoires de Marguerite...*, 1789, p. 138.

1648

LES MEMOIRES DE LA ROINE MARGUERITE. A PARIS, Par Charles Chappellain, ruë de la Bucherie, à l'image saincte Barbe. M. DC. XXIX. Avec privilege du Roy.

* In 8° — Non vu, signalé par Tchermerzine, *Editions originales et rares XV-XVIIIe...*, vol. 4, p. 394, et Boucher, *Mémoires de Marguerite...*, 1789, p. 138.

1649

MEMOIRES DE LA REYNE MARGUERITE. Derniere édition plus correcte. A GOVDE, Imprimez chez GUILLIAUME DE HOEVE, maistre Imprimeur demeurant à l'Imprimerie. M. DC. XLIX.

* 144 p., in 12° — Page de titre = vignette ovale avec femme nue sur horizon marin, tenant une guirlande ; à gauche, *nære gressum*, à droite *spero fortu* — *Au lecteur* (TB) = ital 8 — sans privilège.

BNF : 8° La23 8 (G) - maroquin havane, aux armes de l'évêque Petrus Daniel Huetius.

MAZ : 52124

1658

1 - MEMOIRES DE LA REYNE MARGUERITE. Nouvelle édition, plus correcte. Iouxte La Copie. A Paris. M. DC. LVIII.

* 197 p., in 12° — Page de titre = palmes et fleurs entremêlées formant triangle pointe en bas — *Au lecteur* (TB) = rom 10 — sans privilège — frise à chaque début et motif à chaque fin de livre.

BNF : Rés 8° Z Don 594 (157)
MAZ : 54850

2 - MEMOIRES DE LA REYNE MARGUERITE. Nouvelle édition, plus correcte. A BRUXELLES, Chez François Foppens, à l'eseigne du S. Esprit, M. DC. LVIII.

* 197 p., in 12° — Page de titre = vignette triangulaire pointe en bas, tête d'où partent des gerbes de feuilles, avec ligne de points horizontale à gauche et à droite au niveau des yeux — *Au lecteur* (TB) = rom 10 — sans privilège — frises et motifs comme 1.

BNF : 8°La23 8 (H) — Res 8° La23 8 (H) (mar. rouge, doré sur tranche)
SG : OEe 8° 453 [INV 786]

3 - MEMOIRES DE LA REYNE MARGUERITE. Nouvelle édition, plus correcte. A BRUXELLES, Chez François Foppens, à l'eseigne du S. Esprit, M. DC. LVIII.

* 197 p., in 12° — Page de titre = même que 2 — *Au lecteur* (TB) = rom 10 — sans privilège — frises et motifs différents de 1 et 2.

BNF : 8° La23 8 (I)
MEJ : ANC C 8 8619

1659

LES MEMOIRES DE LA ROINE MARGUERITE. Nouvelle édition, plus correcte. A BRUXELLES, Chez François Foppens, proche l'Eglise des Peres Jesuites, au S. Esprit, M. DC. LIX.

* 197 p., in 12° — Non vu — Page de titre = Fleuron en triangle, reproduit par Tchermerzine, *Editions originales et rares XV-XVIIIe...*, vol. 4, p. 394 — dessin final avec coq.

1661

MEMOIRES DE LA REYNE MARGUERITE. Edition nouvelle, plus correcte. A PARIS, Chez Claude Barbin, dans la grand'Salle du Pallais, au Signe de la Croix. M. DC. LXI.

* 197 p., in 12° — Page de titre = panier avec pommes, fleurs et feuilles — *Au lecteur* (TB) = rom 10 — sans privilège — frises et motifs à chaque début et fin de livres — très proche des éditions précédentes.

BNF : 8 La23 8 (J)
BA : NF 5198 (pp. 175-176 manquantes)
MEJ : ANC D 5477
SG : OEe 8° 454 [INV 787 Rés]

1662

LES MEMOIRES DE LA ROINE MARGUERITE.

* In 12° — Non vu, signalé par Boucher, *Mémoires de Marguerite...*, 1789, p. 138.

1665

1 - MEMOIRES DE LA REYNE MARGUERITE. Edition Nouvelle, plus correcte. A PARIS, chez Pierre Trabaoüillet, au Palais, dans la Sale D'auphine, à la Fortune. M. DC. LXV.

* 166 p. (incomplet), in 12° — Page de titre = grand panier avec fleurs et fruits, rectangulaire et assymétrique — *Au lecteur* (TB) = rom 12 — sans privilège — frises et motifs à chaque début et fin de livres.
BNF : 8° La23 8 (K) (dernières pages manquantes)

2 - MEMOIRES DE LA REYNE MARGUERITE. Edition Nouvelle, plus correcte. A PARIS, chez la Veuve Traboüillet, au Palais, dans la Gallerie des Prisonnié, à la Tulippe. M. DC. LXV.

* 171 p. (complet) — *Idem* 1.
BNF : 8° La23 8 (L)

3 - MEMOIRES DE LA REYNE MARGUERITE. Edition Nouvelle, plus correcte. A PARIS, chez Iean RIBOU, au Palais, Vis à vis de la saincte Chapelle, à l'image Sainct Louys. M. DC. LXV.

* *Idem* 2.
BNF : 8° La23 8 (M)

4 - MEMOIRES DE LA REYNE MARGUERITE. Edition nouvelle, plus correcte. A PARIS, chez François Mauger, au quatrieme Pillier de la grande Salle du Palais, au grand Cyrus. M. DC. LXV.

* *Idem* 2.
BNF : 8° La23 8 (O)

5 - MEMOIRES DE LA REYNE MARGUERITE. Edition nouvelle, plus correcte. Paris, I.B. Loyson, 1665.

* 173 p. — Non vu, signalé par NUC
Library of Congress, Washington (USA)

1666

MEMOIRES DE LA REYNE MARGUERITE. Edition Nouvelle, plus correcte. A PARIS, chez Jean RIBOU, au Palais, Vis à vis de la saincte Chapelle, à l'image Sainct Louys. M. DC. LXVI.

* 177 p., in 12° — Page de titre = panier avec fruits et colloquintes (motif proche de celui qui servait à clore les livres 1 et 2 dans les éditions 1665/1-4) — *Avis au lecteur* (TB) = ital 12, avec frise étoile — sans privilège — frises et motifs à chaque début et fin de livres.

BNF : 8° La23 8 (N)
SG : L8° 427

1668

MEMOIRES DE LA REYNE MARGUERITE. Edition Nouvelle, plus correcte. A PARIS, chez Jean RIBOU. M. DC. LXVIII.

* Non vu, signalé par Tchermerzine, *Editions originales et rares XV-XVIIIe...*, vol. 4, p. 396 et 398.

1693

LES MEMOIRES DE LA ROINE MARGUERITE.

* In 12° — Exemplaire non vu, signalé par Boucher, *Mémoires de Marguerite...*, 1789, p. 138.

1713

MEMOIRES DE MARGUERITE DE VALOIS, REINE DE FRANCE ET DE NAVARRE, auxquels on a ajouté son éloge, celui de Monsieur de Bussy et la FORTUNE DE LA COUR. A Liège, chez Jean François Broncart. M. DCC. XIII.

* 459 p. [+ 17 pages de table], in 8° — Page de titre = lettres en rouge et noir + motif = palmier avec livre, guerrier et ange dans une couronne d'épis de blés, avec inscription *amat libraria curam* — portrait en frontispice — Avertissement de l'éditeur, cahier A — *Mémoires* : pp. 51-204 — Table.

BNF : microfiche 8° La23 9
MAZ : 32915

* Tchermerzine signale la même édition, mais avec un autre motif (*Editions originales et rares XV-XVIIIe...*, vol. 4, p. 397).

1715

MEMOIRES DE MARGUERITE DE VALOIS, REINE DE FRANCE ET DE NAVARRE Auxquels on a ajouté son éloge, celui de Mr de Bussy et la FORTUNE DE LA COUR. PREMIERE PARTIE. A LA HAYE, chez Adrien Moetjens, marchand Libraire, prés la Cour, à la Libraire Françoise. M. DCCXV.

* 194 p. [+ 8 p. de table], in 8° — Page de titre, frontispice, avertissement = même édition que 1713 — *Mémoires* : pp. 49-194 — Table.

BNF : 8° La23 9 A (1) - 105*166
MAZ 54647
MEJ : ANC C 8619 - 105*166

B — 1789-1994

Mémoires de Marguerite de Valois, reine de France. In : Collection Universelle des Mémoires particuliers relatifs à l'histoire de France, Éd. Boucher, Londres/Paris, M. Cuchet, 1789, vol. 52, pp. 93-372.

Mémoires de Marguerite de Valois. In : Collection complète des Mémoires relatifs à l'histoire de France, Éd. Petitot, Paris, Foucault, 1823, Ière série, vol. 37, pp. 27-186.

Mémoires de Marguerite de Valois. In : Choix de Chroniques et Mémoires sur l'histoire de France, Éd. J.A.C. Buchon, Paris, Desrez, 1836, vol. 14, pp. 506-563.

— Réimpression : Orléans, Herluison, 1875 (MAZ 19868].

Mémoires. In : Nouvelle collection des Mémoires pour servir à l'histoire de France, depuis le XIIIe siècle jusqu'à la fin du XVIIIe, Éds Michaud & Poujoulat, Paris, Guyot frères, 1836, 1ere série, vol. 10, pp. 391-453.

— Réimpression : 1866 [MAZ 17495].

Mémoires et lettres de Marguerite de Valois. Nouvelle édition revue sur les manuscrits des Bibliothèques du Roi et de l'Arsenal, et publiée par F[rançois] Guessard, Paris, Jules Renouard et Cie, 1842.

Mémoires, suivis des anecdotes inédites de l'histoire de France pendant les XVIe et XVIIe siècles, tirés de la bouche de M. le Garde des sceaux Du Vair et autres, publiés avec notes par Ludovic Lalanne, Paris, P. Jannet, 1858.

Mémoires, avec notes biographiques et littéraires, par Charles Caboche, Paris, Charpentier, 1860.

Mémoires. Introduction et notes par P[aul] Bonnefon, Paris, Bossard, 1920.

Mémoires de la Reine Margot - Histoire secrète de Théodore Agrippa d'Aubigné écrite par lui-même. Introduction du comte François de Clermont Tonnerre, Paris, Les Amis de l'Histoire, 1968.

Mémoires et autres écrits de Marguerite de Valois, la reine Margot. Éd. Yves Cazaux [et Bernard Barbiche], Paris, Mercure, 1971.

— Réimpression : 1986.

Mémoires de Marguerite de Valois, la reine Margot. Édition établie par Sylvie Rozenker, Toulouse, Ombres, 1994.

Annexe V

ÉDITIONS DU *MÉMOIRE JUSTIFICATIF*

G = Goulard — LL = Le Laboureur

Déposition du roi de Navarre. In : [Simon Goulart,] *Mémoires de l'Estat de France sous Charles Neufviesme*, Seconde edition, reveue, corrigée et augmentée, Meidelbourg, 1578, vol. 3, pp. 159-163. (texte G)

[Sans titre] In : *Mémoires de Michel de Castelnau de la Mauvissière*, Éd. Jean Le Laboureur, Paris, Lamy, 1659, vol. 2, pp. 391-394. (texte LL)

[Sans titre] In : *Mémoires de Michel de Castelnau de la Mauvissière*, Éd. Jean Le Laboureur, Bruxelles, Léonard, 1731, vol. 2, pp. 360-364. (texte LL)

Mémoire justificatif pour Henri de Bourbon, Roi de Navarre. In : Antoine Mongez, *Histoire de la reine Marguerite de Valois, première femme du roi Henri IV*..., Paris, Ruault, 1777, pp. 413-422. (texte LL)

Déposition du roi de Navarre. In : *Archives Curieuses de l'histoire de France*.., Éds F. Danjou & L. Cimber, Paris/Beauvais, 1834-40, 1ère série, vol. 8, pp. 143-151. (texte G)

Mémoire justificatif pour Henri de Bourbon. In : *Mémoires de Marguerite de Valois*, Éds Michaud & Poujoulat, Paris, Guyot frères, 1838, 1ère série, vol. 10, pp. 454-457. (texte LL)

Mémoire justificatif pour Henri de Bourbon. In : *Mémoires et lettres de Marguerite de Valois*..., Éd. F. Guessard, Paris, Jules Renouard et Cie, 1842, pp. 185-194. (texte LL)

Mémoire justificatif pour Henri de Bourbon. In : *Mémoires de Marguerite de Valois, suivis des anecdotes inédites de l'histoire de France pendant les XVIe et XVIIe siècles tirées de la bouche de M. le Garde des sceaux Du Vair et autres*, publiés avec notes par L. Lalanne, Paris, P. Jannet, 1858, pp. 181-190. (texte LL)

Mémoire justificatif pour Henri de Bourbon. In : *Recueil des Lettres missives de Henri de Navarre*, Éd. M. Berger de Xivrey & J. Guadet, Paris, Imprimerie Royale, 1843-1876, vol. 1, pp. 60-70. (texte G)

Mémoire justificatif pour Henri de Bourbon. In : *Mémoires de Marguerite de Valois*..., Éd. Ch. Caboche, Paris, Charpentier, 1860, pp. 243-255. (texte LL)

Mémoire justificatif pour Henri de Bourbon. In : *Mémoires et autres écrits de Marguerite de Valois : la reine Margot*, Éd. Y. Cazaux, Paris, Mercure, 1971, pp. 183-189. (texte LL)

— Réimpression : 1986.

Annexe VI

ÉDITIONS DU *DISCOURS DOCTE & SUBTIL*

In : P. Loryot, *Les Fleurs des Secretz Moraux*, [Paris], Claude Desmarquets, 1614, pp. liminaires.

BNF : D.8596

In : P. Loryot, *Les Fleurs des Secretz Moraux*, [Paris], Guillaume Guyot, 1614, pp. liminaires.

MAZ : 14 377

In : *L'Excellence des femmes, avec leur response à l'autheur de l'Alphabet, Accompagnee d'un docte et subtil discours de la feu reyne Marguerite et envoyé à l'Autheur des* Secrets Moraux, Paris, Pierre Passy, 1618 (pp. 10-14).

BNF : Rp 1623 et Res 2187

In : Charles Urbain, « Un Plaidoyer en faveur du sexe faible : Marguerite de Valois et le P. Loryot », *BBi* 1891, pp. 416-423.

In : *Mémoires de Marguerite de Valois*, Éd. Bonnefon, Paris, Bossard, 1920, pp. 228-233.

Annexe VII
PRINCIPALES ÉDITIONS DES POÉSIES[1]

In : *Les Muses françoises ralliées*, Paris, Mathieu Guillemot, 1599 [cote BNF Ye 11425] — p. 86 (III).

In : *Œuvres chrestiennes* d'Antoine La Pujade, Paris, Robert Foüet, 1604 — p. 110 (V).

In : *Le Parnasse des plus excellents poètes de ce temps*, Mathieu Guillemot, 1607 (continuation des *Muses Françaises Ralliées de diverses parts*, titre sous lequel il est répertorié à la BNF, cote Rés. Ye 2739) — pp. 239-240 (IX), seconde pagination, p. 48 (VIII).

In : *Le Parnasse des plus excellens poètes de ce temps, ou Muses françaises R'alliées de diverses parts*, Paris, Mathieu Guillemot, 1618 (2 vols., cote BNF Ye 11427 et 11428) — vol. 2, p. 384 (VIII).

In : Vital d'Audiguier, *Meslanges et vers funèbres*, vol. II des *Œuvres poétiques du sieur Daudiguier*, Paris, Toussainct du Bray, 1614 — pp. 33-34 (XI), 63b (XII).

In : Mathurin Regnier, *Les Satyres et autres œuvres folastres*, Paris, Samuel Tiboust, 1616 — pp. 147 (VI), 148 (VIII), 149 (VII).

In : *Le Parnasse des plus excellens poètes de ce temps, ou Muses françaises R'alliées de diverses parts*, Paris, Mathieu Guillemot, 1618 (2 vols, BNF Ye 11427 et 11428) — vol. 2, p. 384 (VIII).

in : *Le Divorce satyrique*, in : *Nouveau Recueil des Pièces les plus agréables de ce temps*, Cologne, Pierre du Marteau, 1660 — p. 315 (I).

In : Jacob Le Duchat, *Ducatiana, ou Remarques de feu Monsieur Le Duchat sur divers sujets d'histoire et de littérature*, Amsterdam, Pierre Humbert, 1738, vol. 1, pp. 40 (VII), 41 (VIII).

---

1. N'ont pas été pris en compte ici les textes cités dans des biographies.

In : *Les Poètes français depuis le XIIe siècle jusqu'à Malherbe*, Éd. R. Auguis, Paris, 1824 — vol. 5, pp. 520 (VII), 521 (I), 522 (VIII).

In : Léon Feugère, *Les femmes poëtes au XVIe siècle, anthologie commentée*, Paris, Didier, 1860 — pp. 90-95 (VII et VIII).

In : Jeanne Galzy, *Margot, reine sans royaume*, Paris, Gallimard, 1939 — pp. 281 et suiv. (VI, VII, VIII, X, XI).

In : Pierre de Vaissière, « Marguerite de Valois et la Ligue en Auvergne », *RQH* 131 (mars 1938) — p. 17 (V).

In : Éliane Viennot, « Les poésies de Marguerite de Valois », *XVIIe Siècle* 183 (avril-juin 1994) — pp. 349-375 (I à XII).

Annexe VIII
POÉSIES MAL ATTRIBUÉES

A. SIX VERS « DE MARGUERITE DE VALOIS, ROINE DE NAVARRE » (« Quand or' la Vertu aurait... »)

Les catalogues des manuscrits de la BNF donnent pour œuvre de Marguerite ce sizain qui apparaît dans le ms fr. 22560 (f° 129), ensemble hétéroclite de pièces de circonstance. L'attribution est fausse, puisque ces vers ont été revendiqués et publiés en 1572 par Jean de La Taille de Bondaroy, à la suite de sa tragédie *Saül le Furieux*. Il y apparaît en troisième position des « Anagrammatismes ou noms retournés d'aucuns grands seigneurs et dames », précédé du titre « A la tres-illustre princesse Marguerite de Valoys », et son dernier vers (« De Vertus, Royale Image ») est effectivement un anagramme du nom de la reine[1].

B. « OMBRE DE BUSSY » OU « DIALOGUE DE FLORE ET LYSIS » (« Sur le point que la nuit... »)

Ce poème où dialoguent deux personnages (dont l'un est appelé Flore, surnom transparent de Marguerite) circula durant l'été 1579, suite à l'assassinat de l'ex-amant de la reine, le 19 août, et fut recueilli par L'Estoile[2]. C'est une pièce en alexandrins, faite de dix-huit quatrains à rimes croisées dont les trois premiers et les deux derniers sont soudés – ces deux blocs étant émis par Flore qui introduit et qui conclut l'histoire, tandis que les autres quatrains sont distribués un par un aux deux protagonistes. Rien, dans la facture ni dans l'inspiration de cette pièce, ne semble indiquer que Marguerite en soit l'auteur, ni qu'elle ait même participé à sa rédaction. Les termes dans lesquels Bussy est évoqué sentent le cliché et ne sont aucunement empreints de l'enthousiasme avec lequel la reine parlait encore de lui dans ses *Mémoires*, des années après sa mort. Les expressions toutes faites, les images d'école, truffent le poème, qui par ailleurs s'adresse à Henri III :

---

1. Ce sizain a été republié notamment dans *La Famine, ou les Gabéonites* (Paris, Frédéric Morel, 1574) et dans les *Œuvres* de Jean de la Taille de Bondaroy, Ed. Maulde La Clavière (Paris, Willem, 1878-82, vol. 2, p. LXXXIII).

2. L'Estoile, *RJ*, vol. 3, pp. 38-41.

O détestable Cour ! O siècle rigoureux !
Forge de trahison ! Ecole d'injustice !
Des siècles le dernier ! O Prince malheureux,
Tu éteins la vertu pour avancer le vice !

L'Estoile et ses informateurs, qui avaient une meilleure connaissance que nous des talents de l'époque, ont attribué ce poème à Guy Du Faur de Pibrac, chancelier de la reine en 1578 au moment de la mort de Bussy[1]. Il n'y a aucune raison de ne pas les suivre. La présence de cette pièce dans l'Album de Marguerite, aux côtés d'autres poèmes de l'auteur des *Quatrains*, autorise amplement cette interprétation. Qu'elle lui ait demandé de l'écrire ou qu'il l'ait fait spontanément pour lui complaire, nous n'en savons rien. Il faut cependant remarquer que le dialogue figure de nombreuses fois dans les recueils collectifs de poésie du tournant du siècle, à une époque ou Pibrac était mort, ce qui pourrait s'être fait à la demande de Marguerite et qui témoignerait du reste d'attachement que la reine portait encore au plus valeureux de ses serviteurs.

C. « STANCES AMOUREUSES DE LA REINE DE NAVARRE » (« Vous qui violentez nos volontés sujettes… »).

Ce poème, qui figure aussi à la fin de l'Album de Marguerite, et qui a également été recueilli par L'Estoile[2] en 1581, se rapporte à Champvallon. Il est composé de dix-neuf strophes de six alexandrins qui célèbrent les effets bénéfiques de la séparation – celle-ci permettant à la personne qui parle en disant *je* de s'élever au-dessus de la souffrance, vers un amour encore plus fort. Si la thématique des âmes demeurant unies lorsque les corps sont séparés peut provenir de reine, le style extrêmement lourd que produit la multiplication des clichés pétrarquistes, des antithèses, des chiasmes et des allitérations lui est étranger :

Par le contraire vent des soufflantes bouffées,
Le feu va r'attisant ses ardeurs étouffées ;
Il bruit au bruit du vent, souffle au souffle venteux ,
Murmure, gronde, craque, aux langues halenées ;
Il tonne, étonne tout de flammes entonnées ;
Le vent dépité bouffe, et bouffit, dépiteux…

Il semble exclu que ces strophes boursouflées (dont un adjectif, « venteux », trahit d'ailleurs une main masculine) soient de la reine. Il y a donc une erreur dans l'attribution du poème, qui pourrait être de Champvallon lui-même (on sait qu'il écrivait des vers), ou de Benjamin Jamyn, qui lui aurait prêté sa main. Cette pièce a en effet été redonnée dans le *Jardin des*

---

1. L'Estoile écrit que ce texte « est digne de l'esprit de M. de Pybraq, qui en estoit tenu pour aucteur ». (*ibid.* p. 38).
2. L'Estoile, *Recueils divers* (*MJ*, vol. 11, p. 156).

Muses de 1643, sous le titre : « Stances pleines d'antithèses par le sieur Jamin de Chastillon sur Seine »[1], ce qui désigne clairement le poète attaché à la dernière des Valois[2]. Cela n'empêche pas certaines anthologies de continuer à donner ce poème comme l'œuvre de la reine[3].

D. TROIS POÈMES SUR LE RETOUR DE LA REINE À PARIS, 1605.

Frédéric Lachèvre a donné comme attribués à Marguerite trois textes d'une inspiration très similaire écrits à l'occasion de son retour dans la capitale[4]. Le premier, intitulé « Stances » et composé de neuf quatrains d'alexandrins, est donné par le critique comme une traduction de stances latines (« Cher Pays, belles tours, riche Louvre que j'aime… »). Le second, intitulé « Regrets de la Reine Marguerite de Valois arrivant au Louvre », est long de trente-huit alexandrins (soit deux de plus que le premier) non distribués en quatrains (« Douce et chère patrie, agréable séjour… »). Le troisième texte, intitulé « Regrets de la Royne Marguerite de Valois », également en alexandrins, également construit sur un multiple de quatre vers, en présente cette fois quarante-quatre (« O Paris, ô mon Louvre, ô pavillons dorés… »). Ces textes proviennent de manuscrits[5].

Ces poèmes se rattachent par leur thématique à la vie de la reine, et ils sont rédigés à la première personne. Pourtant, leur facture aussi bien que leur état d'esprit n'ont rien à voir avec elle. Tous en effet mettent en scène une « chétive épouse sans époux » (texte 2), une « pauvre veuve » (3) ayant « de reine et femme le vain nom seulement » (1), une « sœur que coupable on estime » (2), qui sort « des nus rochers d'une prison lointaine » (1), et qui doit à présent révérer « celle qui près du roi tient ma place en sa couche » (3). Cette image de victime et de femme soumise est celle qu'on attribuait à l'ancienne châtelaine d'Usson dans les premières semaines de son retour, et qui n'a rien à voir avec elle. De même, la prosodie « au kilomètre » qui caractérise ces textes, leurs images faciles, leurs expressions toutes faites, la lourdeur d'ensemble de l'expression, les laborieux jeux de mots sur la vie et la mort qui ornent la fin des poèmes, lui sont étrangers.

De fait, il s'agit de trois traductions différentes d'un poème de Barclay (« In reditum Reginae Margaritae in Gallias ») dont L'Estoile dit qu'il comportait vingt-deux vers, et dont il reproduit lui-même une quatrième traduction « faite par P.D.M.F. », qui en comprend, elle, trente trois (il en

---

1. *Cf.* Lachèvre, *Les Recueils collectifs de poésie libres…*, p. 291.
2. *Cf.* également le commentaire de E. Droz, « La Reine Marguerite... », p. 24.
3. Notamment R. Sabatier, *Histoire de la poésie…*, vol. 2, p. 267.
4. F. Lachèvre, *Les Recueils collectifs de poésie libres…*, p. 291.
5. Respectivement : BNF, ms fr 884 (f° 52) ; ms fr. 15222 (f° 11b-12) et ms fr. 12636 (f° 40) ; BAN, ms 1232 (f° 117).

manque un)[1],. Sans doute la célébrité de l'événement et de l'auteur des stances latines poussa-t-elle différents poètes à broder sur ce thème, en y ajoutant, qui des mentions flatteuses du « grand roi » et du « cher enfant », qui des remarques désobligeantes sur une Marie de Médicis, toujours objet de contestations cinq ans après son mariage avec le Premier Bourbon.

1. L'Estoile, *Recueils divers* (*MJ*, vol. 11, pp. 204-205).

Annexe IX
CHRONOLOGIE SOMMAIRE

1553 Les armées françaises au siège de Metz — *naissance de Marguerite.*

1556 Philippe II devient roi d'Espagne.

1558 Prise de Calais par les Français — avènement d'Elisabeth d'Angleterre.

1559 Paix du Cateau-Cambrésis — mort de Henri II.

1560 Conjuration d'Amboise — mort de François II — Catherine devient régente pendant la minorité de Charles IX

1561 Colloque de Poissy.

1563 Première guerre de religion — assassinat de François de Guise — Paix d'Amboise.

1564-66 *'Grand voyage' de France.*

1567 Deuxième guerre de religion.

1568 Troisième guerre de religion — mort de Don Carlos, Infant d'Espagne — fuite de Marie Stuart en Angleterre.

1569 Batailles de Jarnac et de Moncontour — *Marguerite au service de son frère Henri d'Anjou.*

1570 Paix de Saint-Germain.

1572 *Mariage de Marguerite avec Henri de Bourbon* — massacre de la Saint-Barthélemy.

1573 Quatrième guerre de religion et Paix de La Rochelle — Henri d'Anjou élu roi de Pologne.

1574 Complots des Malcontents — procès de Navarre, Alençon, La Mole et Coconat — *Marguerite rédige pour la défense du premier le* Mémoire Justificatif — mort de Charles IX — retour en France du roi de Pologne, qui devient Henri III — *Marguerite demeure dans le camp des Malcontents et s'éprend de Bussy d'Amboise.*

1575 Fuite de François de Valois de la Cour de France — *Marguerite en résidence surveillée au Louvre* — cinquième guerre de religion.

1576 Fuite de Henri de Navarre de la Cour de France — *Marguerite en résidence surveillée au Louvre* — Paix de Sens.

1577 Premiers états généraux de Blois — sixième guerre de religion — *voyage diplomatique de Marguerite en Flandre* — Paix de Bergerac.

1578 Querelle des mignons — *Marguerite rejoint son époux en Gascogne en compagnie de sa mère.*

1579 Conférence de Nérac — *Marguerite séjourne à Pau puis s'installe à Nérac.*

1580 'Guerre des amoureux', ou septième guerre de religion et Paix de Fleix — *Marguerite tombe amoureuse de Champvallon.*

1582-83 *Séjour de Marguerite à la Cour de France, qui se termine par un affront public lors du départ de la reine.*

1584 *Retour à Nérac, après un long périple* — mort de François de Valois.

1585 Huitième guerre de religion — *Marguerite s'installe à Agen, puis s'enfuit à Carlat.*

1586 *Marguerite est enfermée quelques mois à Usson, puis s'installe libre dans sa forteresse.*

1588 Journée des Barricades — défaite de l'Invincible Armada — assassinat des frères Guises — les Lorrains et les Seize maîtres de Paris.

1589 Mort de Catherine de Médicis — assassinat de Henri III — bataille d'Arques.

1593 Henri IV se convertit et se fait sacrer roi de France à Chartres — *début des pourparlers en vue de l'annulation de son mariage avec Marguerite.*

1594 Henri IV entre dans Paris — début de la pacification du royaume — *Marguerite commence ses Mémoires.*

1598 Edit de Nantes — Traité de Vervins avec l'Espagne.

1599 *Annulation du mariage de Marguerite, qui devient la 'Reine Marguerite'.*

1600 Mariage de Henri IV avec Marie de Médicis.

1605 *Retour de Marguerite à Paris, installation au château de Madrid puis à l'Hôtel de Sens.*

1606 *Marguerite lègue ses biens au dauphin et gagne son procès contre le comte d'Auvergne.*

1607 *Marguerite s'installe dans son palais de la rue de Seine.*

1610 Assassinat de Henri IV — Marie de Médicis devient régente.

1614 *Marguerite écrit le* Discours docte et subtil — *elle intervient pour la couronne dans la fronde des princes et lors des etats généraux.*

1615 *Mort de Marguerite.*

GLOSSAIRE

Accident, actidant : malheur survenu fortuitement, incident.
Ains : mais.
Altères : troubles, difficultés.
Apparemment : manifestement.
Apparence : sagesse, raison ; prestance.
Apparent : sage, avisé ; important ; fondé.
Avouer : reconnaître pour sien.

Canetille : fil retordu.
Canon (broderie de ~) : broderie de forme tubulaire.
Caresse : démonstration d'amitié.
Chucheter : chuchoter.
Colombine : couleur gorge de pigeon.
Comme (autant... ~, aussi... ~) : que.
Commission : charge extraordinaire et définie par une « lettre de commission ».
Confident (être ~) : être proche de quelqu'un, avoir sa confiance.
Congé : autorisation.
Connaître : reconnaître.
Courage : caractère, estime de soi, gloire.
Courre : courir.
Couvertement : à couvert, de manière dissimulée.
Couverture : mensonge, mystification, prétexte.
Couvrir : cacher.
Créance : confiance, croyance, autorité.
Curieusement : soigneusement.
Curieux : soigneux.

Degré : escalier.
Département : départ.
Dépêche : action d'en finir avec quelque chose.
Dépêcher : envoyer rapidement.
Déportement : conduite, comportement.
Desseigner : projeter, avoir le dessein de.
Dicter : composer.
Diligence (en) : rapidement.
Dînée, dîner : déjeûner.
Dire (trouver à ~) : regretter l'absence.
Diverser : séparer.

Effet : acte, action, fait.
Empêché (être ~ à) : occupé.

Engarder : empêcher.
Ennui : malheur, douleur.
Envi (faire à l'~ avec) : lutter, être en rivalité, en compétition.
Essai : expérience.
Etranger : éloigner. S'~ : s'éloigner, devenir indifférent.

Faillir : manquer.
Fiance : confiance.

Galant : avenant, aimable.
Géhenner : faire souffrir, torturer.
Grand, grande : grand seigneur, grande dame.
Grossier : rustique.
Guidon : officier portant l'étandard.

Hanter : fréquenter.
Haut : partie élevée d'un terrain, hauteur.
Hayait : ancienne forme de l'imparfait de haïr.
Heures : livre de prières.

Incarnadin : incarnat pâle.
Incertainement : de manière peu précise.
Incontinent : aussitôt.
Indiscret : qui manque de retenue, de jugement.
Intelligent (avec) : complice, d'accord avec.
Invention : moyen, expédient, stratagème.

Leste : élégant.
Lit : tour du lit.

Maîtresse : femme courtisée par un homme.
Magnifique : fastueux.
Main (tenir la ~) : veiller.
Mander : commander, demander, faire savoir.
Même : surtout.
Merveille : émerveillement.
Merveilleux : extraordinaire.
Merveilleusement : extraordinairement.
Meubles : tout matériel de décoration transportable.
Mi-parti : divisé en deuxcamps.
Mot (avoir le) : avoir l'ordre.

Nourrir : élever.
Nuer : assortir.

Outreplus : en outre.

Partant : c'est pourquoi, en conséquence.
Partement : départ.

Partir : diviser.
Pétard : boîte remplie de poudre.
Plus : tout à fait, beaucoup.
Porter : supporter.
Poste (en ~) : rapidement.
Pour : parce que, à cause de.
Pourmener : se promener.
Pratiquer : suborner.
Prédicament : catégorie.
Premier : d'abord. ~ que : avant que.
Prevenir : devancer, aller au devant de quelque chose pour l'empêcher.
Principaux : personnes les plus importantes, en charge des plus hautes responsabilités.
Privé : intime, familier.
Prix (au) : en comparaison.
Proximité : parenté proche.
Publier : manifester, rendre public.

Rabiller [rhabiller] : arranger, réparer.
Recherche : poursuite en vue d'obtenir la main ou les faveurs de quelqu'un/e.
Religion : couvent.
Rencontre (subs. masc.) : rencontre.
Rêver : délirer.
Rêverie : délire.
Robille : élément de parure féminin.
Rôle : liste.

Salle : clairière.
Servir : faire la cour.
Si : Aussi, ainsi, pourtant.
Souper : dîner.
Sûrement : en toute sécurité, de manière sûre.

Tabernacle : tente (en parlant des Hébreux).
Tabourin : joueur de petit tambour.
Tâcher à : essayer de.
Tenir : soutenir.
Travail : souffrance, torture.
Traverser : s'opposer, faire obstacle, mettre des difficultés.
Traverses : obstacles, contrariétés.
Trop : bien, très, tant.

Uniquement : de manière exceptionnelle.
Vite : rapide.
Vitement : vite.

INDEX GÉNÉRAL DES NOMS DE PERSONNES ET DE LIEUX

Les références en caractères normaux désignent les citations de Marguerite de Valois, celles en italique les citations de l'appareil critique.

BIBLIOGRAPHIE

ŒUVRES DE MARGUERITE, SOURCES MANUSCRITES

A – *MÉMOIRES* : Voir pp. 55-58.
B – *MÉMOIRE JUSTIFICATIF POUR HENRI DE BOURBON* : Voir p. 234.
C – *DISCOURS DOCTE & SUBTIL* : —
D – POÉSIES : Voir pp. 279-284.

ŒUVRES DE MARGUERITE, ÉDITIONS

A – *MÉMOIRES* : Voir pp. 58-61, 63-65 et Annexe IV.
B – *MÉMOIRE JUSTIFICATIF POUR HENRI DE BOURBON* : Voir pp. 234-235 et Annexe V.
C – *DISCOURS DOCTE & SUBTIL* : Voir pp. 262-266 et Annexe VI.
D – POÉSIES : Voir pp. 284-286 et Annexe VII.

SOURCES ANCIENNES

AGRIPPA DE NETTESHEIM, Henri Corneille. *Sur la nobelsse et l'excellence du sexe féminin, de sa prééminence sur l'autre sexe*, Paris, Coté-femmes, 1990 [1537].

Archives curieuses de l'Histoire de France depuis Louis XI jusqu'à Louis XVIII, Ed. F. Danjou et L. Cimber, Paris/ Beauvais, 1834-40.

AUBIGNÉ, Théodore-Agrippa d'. *Histoire universelle, 1550-1601*, Ed Alphonse de Ruble, pour la Société de l'Histoire de France, Paris, Renouard, 1886-1909.

—. *Sa Vie à ses enfans*, Ed. G. Schrenck, Paris, Société des Textes Français Modernes, 1986.

—. *Le Printemps*, Ed. Charles Read. Paris, Librairie des bibliophiles, 1874.

—. *Le Printemps : Stances et Odes*, Ed. Fernand Desonay, Genève/Lille, Droz/Giard, 1952.

— [attribué à]. *Le Divorce Satyrique*, in *Œuvres complètes*, Ed. E. Réaume & F. de Caussade, Paris, Alphonse Lemerre, 1873-1879, vol. 2.

BRANTÔME, Pierre de Bourdeille, abbé de. *Oeuvres complètes*, Ed. L. Lalanne, Paris, Veuve Jules Renouard, 1864-96.

—. *Recueil des Dames, poésies et tombeaux*, Ed. E. Vaucheret, Paris, Gallimard-La Pléiade, 1991.

BRIQUET, Fortunée. *Dictionnaire Historique, littéraire et bibliographique des Françaises*.... Paris, Treuttel et Würtz, an XII [1804].

Calendars of State Papers : Foreign Series of the Reign of Elizabeth, Londres, His Majesty's Stationery office, 1863-1950.

CASTELNAU DE LA MAUVISSIÈRE, Michel. *Mémoires*, Ed. Le Laboureur, Bruxelles, Léonard, 1731.

CATHERINE DE MÉDICIS. *Lettres de Catherine de Médicis*, Ed. Hector de la Ferrière & Baguenault de Puchesse, Paris, Imprimerie Nationale, 1880-1909.

CHEVERNY, Philippe Hurault, comte de. *Mémoires*, Eds Michaud & Poujoulat, Paris, Guyot frères, 1838.

COLOMIÈS, Paul. *La Bibliothèque choisie de M. Colomie's*, La Rochelle, Pierre Savouret, 1682.

— *Mélanges historiques de M. Colomiès*, Orange, J. Rousseau, 1675.

COSTE, Hilarion de. *Les Eloges et vies des reynes, princesses, dames et damoiselles, illustres en piété, courage et doctrine, qui ont fleury de nostre temps, et du temps de nos peres, avec l'explication de leurs devises, emblemes, hieroglyphes et symboles*, Paris, Cramoisy, 1647 [1630].

DANDINO, Anselmo. *Correspondance du nonce en France, 1578-1581*, Éd. Y. Cloulas, Rome/Paris, Presses de l'Université grégorienne/Boccard, 1970.

DE THOU, Jacques-Auguste. *Histoire Universelle de J.-A. de Thou*, traduite sur l'édition latine de Londres. Paris, 1734.

Discours merveilleux de la vie, actions et deportements de Catherine de Médicis, Royne-mère, Ed. Nicole Cazauran et al., Genève, Droz, 1995.

DREUX DU RADIER, *Mémoires historiques, critiques et anecdotes des reines et régentes de France*, Amsterdam, M. Rey, 1776.

DUPLEIX, Scipion. *Histoire de Henri IV le Grand, Roy de France et de Navarre*, Paris, Claude Sonnius, 1632.

—. *Histoire de Louis Le Juste*, Paris, Claude Sonnius, 1633.

GOULART, Simon. *Memoire de l'Estat de France sous Charles Neufviesme*. Seconde edition, reveue, corrigée et augmentée, Meidelbourg, 1578.

GOURNAY, Marie Le Jars de. *L'Ombre de Mademoiselle de Gournay*, Paris, J. Libert, 1626.

GUETTE, Madame de La. *Mémoires*, Paris, Mercure de France, 1982.

HATON, Claude. *Mémoires*, Paris, Imprimerie impériale, 1857.

HENRI IV. *Recueil des Lettres Missives de Henri de Navarre*, Ed. M. Berger de Xivrey & J. Guadet, Paris, Imprimerie Royale, 1843-1876.

LE DUCHAT, Jacob. *Ducatiana, ou Remarques de feu Monsieur Le Duchat sur divers sujets d'histoire et de littérature*, Amsterdam, Pierre Humbert, 1738.

LE LABOUREUR. *Additions...* voir Castelnau de la Mauvissière.

L'ESTOILE, Pierre de. *Mémoires-Journaux*, Ed. Brunet, Champollion, Halphen, Lacroix, Read, Tamizey de Larroque, Tricotel, Paris, Alphonse Lemerre, 1875-1896.

—. *Registre-Journal du regne de Henri III*, Ed. M. Lazard et G. Schrenck, Genève, Droz, 1992- .

LORYOT [Père]. *Les Secrets Moraux, concernant les passions du coeur humain*, Paris, Claude Chappelet, 1614.

—. *Les Fleurs des Secretz Moraux*, [Paris], Claude Desmarquets, 1614.

MATTHIEU, Pierre. *Histoire de Louis XIII*. In *Histoire de France depuis François Ier jusqu'à Louis XIII*, Paris, Veuve Nicolas Buon, 1631.

MERGEY, Jean de. *Mémoires*, Eds. Michaud & Poujoulat, Paris, Guyot frères, 1838.

MONTAIGNE, Michel de. *Œuvres complètes*, Ed. A. Thibaudet & M. Rat, Paris, Gallimard-bibliothèque de la Pléiade, 1962.

MONTPENSIER, Louise de [La Grande Mademoiselle]. *Mémoires*, Paris, Charpentier, 1858.

Négociations de la France avec la Toscane, 1311-1610, Document recueillis par Giuseppe Canestrini, Ed. Abel Desjardins, 6 vol. Paris, 1859-1886.

NEVERS, Louis [Ludovic] de Gonzague, duc de Nevers. *Mémoires du duc de Nevers*, Ed. Gomberville, Paris, T. Jolly, 1665.

PASQUIER, Etienne. *Oeuvres*, Amsterdam, Libraires associez, 1723.

PLUTARQUE. *Vie des hommes illustres*, trad. Jacques Amyot. Ed. Gérard Walter, Paris, Gallimard, Collection la Pléiade, 1951.

PELLISSON, Paul. *Relation contenant l'Histoire de l'Academie Françoise*, Paris, Augustin Courbé, 1653.

[RICHELIEU] MÉZERAY, E. de. *Histoire de la mère et du fils*, Amsterdam, Le Cene, 1730.

SULLY, Maximilien de Béthune, duc de. *Memoires des sages et royales Oeconomies d'Estat*, Eds. David Buisseret & Bernard Barbiche, Paris, Klincksieck, 2 vol. parus, 1970-.

TAVANNES, Gaspard de. *Mémoires de Gaspard de Saulx-Tavannes* [rédigés par son fils Jean], Ed. Michaud et Poujoulat, Paris, Guyot frères, 1836.

THOMAS, Antoine-Léonard. *Essai sur le caractère, les moeurs et l'esprit des femmes dans les différens siècles*, Paris, Moutard, 1772.

TURENNE, Henri de. *Mémoires de Henri de la Tour d'Auvergne, vicomte de Turenne, duc de Bouillon*, in : *Choix de Chroniques et Mémoires sur l'histoire de France*, Ed. Buchon, Paris, Desrez, 1836, vol. 14.

ÉTUDES RÉCENTES SUR MARGUERITE (>1980)

ARNOULD, Jean-Claude. « La mémoire dans les *Mémoires* de Marguerite de Valois », in *Marguerite de France...*, pp. 217-226.

BALSAMO, Jean. « Marguerite de Valois et la philosophie de son temps », in *Marguerite de France...*, pp. 269-282.

BAUSCHATZ, Cathleen M. « Plaisir et proffict » in the Reading and Writing of Marguerite de Valois, *Tulsa Studies in Women's Literature* 7/1, Spring 1988.

BERRIOT-SALVADORE, Evelyne. « Le temps des malheurs, le temps de la philosophie : Marguerite et la vulgarisation des sciences », in *Marguerite de France...*, pp. 255-268.

BERTIÈRE, Simone. *Les Reines de France*, vol. 2, Paris, De Fallois, 1994.

BOUCHER, Jacqueline. « Le double concept du mariage de Marguerite de France, propos et comportement », in *Marguerite de France...*, pp. 81-98.

—. *Deux Epouses et reines à la fin du XVIe siècle, Louise de Lorraine et Marguerite de France*, Saint-Etienne, Publications de l'Université de Saint-Etienne, 1995.

CHOLAKIAN, Patricia Fr. « Marguerite de Valois and the Problematics of Female Self-Representation », in Anne R. Larsen & Colette H. Winn Ed., *Renaissance Women Writers, French Texts/American Contexts*, Detroit, Wayne State Univ. Press, 1994.

COCULA, Anne-Marie. « Marguerite de Valois, de France et de Navarre : l'impossible identité de la Reine Margot », in *Marguerite de France...*, pp. 17-27.

FRAGONARD, Marie-Madeleine. « La Reine Marguerite au rang des illustres », in *Marguerite de France...*, pp. 193-204.

GARAPON, Jean. « Une autobiographie dans les limbes, les *Mémoires* de la reine Marguerite », in *Marguerite de France...*, pp. 205-216.

GARRISSON, Janine. *Marguerite de Valois*, Paris, Fayard, 1994.

GIOANNI, Florence. *La Société artistocratique française du XVIeme siècle et la musique : le cas de Marguerite de Valois*, Thèse de doctorat, Centre d'Etudes Supérieures de la Renaissance, Tours, 1996.

LAZARD, Madeleine. « Le *Discours docte et subtil* », in *Marguerite de France...*, pp. 227-237.

MAGNIEN-SIMONIN, Catherine. « La jeune Marguerite des poètes (1553-1578) », in *Marguerite de France...*, pp. 135-158.

Marguerite de France, reine de Navarre et son temps, Actes du colloque d'Agen, sept. 1991, Agen, Centre Matteo Bandello, 1994.

PÉROUSE, Gabriel-André. « Le petit-maître et Marguerite : un mot sur le sieur de la Fontan », in *Marguerite de France...*, pp. 283-296.

SCHRENCK, Gilbert. « Brantôme et Marguerite de Valois : d'un genre l'autre, ou les Mémoires incertains », in N. Hepp, *La Cour au miroir des mémorialistes*, 1530-1682, Paris, Klinsieck, 1991.

VIENNOT, Eliane. *La vie et l'œuvre de Marguerite de Valois : Discours contemporains, historiques, littéraires, légendaires*. Thèse de doctorat, Paris III, 1991.

—. « Marguerite de Valois et *La Ruelle mal assortie* : une attribution erronée », *NRSS* 10 (1992), pp. 81-98.

—. *Marguerite de Valois, histoire d'une femme, histoire d'un mythe*, Paris, Payot, 1993.

—. « Les poésies de Marguerite de Valois », *XVIIe Siècle* 183 (avril-juin 1994), pp. 349-375.

—. « De la reine Marguerite à la Reine Margot : les lectures de l'Histoire d'Alexandre Dumas », *L'Ecole des lettres* 13-14 (juillet 1994), pp. 81-105.

—. Alexandre Dumas, *La Reine Margot*, Postface et notes, Paris, Le Livre de Poche classique, 1994.

—. « Les ambiguïtés identitaires du *moi* dans les *Mémoires* de Marguerite de Valois », in *Le Genre des Mémoires, essai de définition*, Paris, Klincksieck, 1995, pp. 69-79.

—. « A propos de la Saint-Barthélemy et des *Mémoires* de Marguerite de Valois : authenticité du texte et réception au XVIIe siècle », *RHLF* (sept.-oct. 1996), pp. 894-917.

—. « Agrippa d'Aubigné, Marguerite de Valois et le *Divorce satyrique* », *Albineana* 7 (1997), pp. 87-111.

—. « Marguerite de Valois et Henri IV », *BSACP* 134, 1er sem. 1997, pp. 9-26.

—. « L'heureux voyage de Flandres : temps du récit, temps de l'écriture, dans les *Mémoires* de Marguerite de Valois », in Belinda Cannone (sous la dir. de), *Le Bonheur en littérature, Représentations de l'Autre et de l'Ailleurs*, Klincksieck, 1998, pp. 97-109.

—. « Les métamorphoses de Marguerite de Valois, ou les cadeaux de Brantôme », in *Dans les miroirs de l'écriture : la réflexivité chez les femmes écrivains d'Ancien Régime*, Montréal, *Paragraphes* 1998, pp. 83-94.

—. « Ecriture et culture chez Marguerite de Valois », in Colette Nativel (sous la dir. de), *Femmes savantes, savoir des femmes, du crépuscule de la Renaissance à l'aube des Lumières*, Genève, Droz (à paraître).

—. « Marguerite de Valois et le comté d'Auvergne : stratégies pour la reconquête du pouvoir », in Kathleen Wilson-Chevalier & É. Viennot (sous la dir. de), *Royaume de Femynie*, Actes du colloque de Blois, 13-15 octobre 1995 (à paraître).

VILLEMUR, Frédérique. « De la 'philautie' chez Marguerite de Valois : amour de soi et pacte autobiographique », in *Dans les miroirs de l'écriture : la réflexivité chez les femmes écrivains d'Ancien Régime*, Montréal, *Paragraphes* 1998, pp. 95-108.

YON, Bernard. « L'*Astrée* et le salon de Marguerite », in *Marguerite de France...*, pp. 297-308.

ZILLI, Luigia. « L'italianisme à la cour parisienne de Marguerite de Valois », in *Marguerite de France...*, pp. 239-254.

AUTRES TITRES CITÉS

BABELON, Jean-Pierre. *Henri IV*, Paris, Fayard, 1982.

BEAUNE, Colette. *Naissance de la nation France*, Paris, Gallimard 1985.

BERRIOT-SALVADORE, Evelyne. *Les Femmes dans la société française de la Renaissance*, Genève, Droz, 1990.

BLANCHARD, André. *La Poésie baroque et précieuse, 1550-1650*, Paris, Pierre Seghers, 1984.

BRIDENTHAL, Renate & Claudia KOONZ (sous la dir. de). *Becoming visible : Women in European history*, Boston, Hougton Mifflin, 1977.

BRIOT, Frédéric. *Usage du monde, usage de soi. Enquête sur les mémorialistes d'Ancien Régime*, Paris, Seuil, 1994.

BOUCHER, Jacqueline. *Société et mentalités autour de Henri III*, Lille, Presses Universitaires de Lille III, 1981.

BOURGEON, Jean-Louis. *L'Assassinat de Coligny*, Genève, Droz, 1992.

BOUTIER Jean *et al. Un Tour de France royal : le voyage de Charles IX*, Paris, Aubier, 1984.

CHATENET, Monique. « Henri III et l''ordre de la cour': évolution de l'étiquette à travers les règlements généraux de 1578 et 1585 », in *Henri III et son temps...*, p. 133-139.

CHEVALLIER, Pierre. *Henri III*, Paris, Fayard, 1985.

CLOULAS, Yvan. *Catherine de Médicis*, Paris, Fayard, 1979.

COCULA-VAILLIÈRES, Anne-Marie. *Brantôme, amour et gloire au temps des Valois*, Paris, Albin Michel, 1986.

COPPIN, Joseph. « Marguerite de Valois et le *Livre des créatures* de Raymond Sebond », *RSS* 10 (1923), pp. 57-66.

CROUZET, Denis. *La Nuit de la Saint-Barthélemy, Un rêve perdu de la Renaissance*, Paris, Fayard, 1994.

DE CRUE, Francis. *Le Parti des politiques au lendemain de la Saint-Barthelemy : La Molle et Coconat*, Paris, Plon, Nourrit et Cie, 1892.

DELISLE, Leopold. *Le Cabinet des manuscrits de la Bibliothèque impériale*, Paris, Imprimerie nationale, 1868.

DROZ, Eugénie. « La reine Marguerite de Navarre et la vie littéraire à la cour de Nérac, 1579-1582 », Bordeaux, Taffard, 1964. Extrait du *Bulletin de la société des bibliophiles de Guyenne* 80 (juillet-déc. 1964), pp. 77-120.

DUBOIS, Claude-Gilbert. *La Conception de l'Histoire au XVIe siècle (1560-1610)*, Paris, Nizet, 1977.

FUMAROLI, Marc. « Les Mémoires du XVIIe siècle au carrefour des genres en prose », *XVIIe siècle* 1971, pp. 7-37.

—. « Mémoires et Histoire : le dilemme de l'historiographie humaniste au XVIe siècle », in N. Hepp, *Les Valeurs chez les mémorialistes français...*, pp. 21-45.

GUILLERM, Luce *et al. Le Miroir des femmes. Moralistes et polémistes au XVIe siècle*, Lille, Presses Universitaires de Lille, 1983.

Henri III et son temps. Études réunies par Robert Sauzet, Paris, Vrin, 1992.

HEPP, Noémie & Jean Hennequin (sous la direction de). *Les Valeurs chez les mémorialistes français du XVIIe siècle avant la Fronde*, Acte du Colloque Strasbourg-Metz [1978], Paris, Klincksieck, 1979.

HOLT, Mack P. *The Duke of Anjou and the Politique Struggle during the Wars of Religion*, London/New-York/Melbourne, Cambridge University Press, 1986.

JOUANNA, Arlette. *Le Devoir de révolte. La noblesse française et la gestation de l'Etat moderne, 1559-1661*, Paris, Fayard, 1989.

—. « Faveur et favoris : l'exemple des mignons de Henri III », in *Henri III et son temps...*, pp. 155-165.

KETTERING, Sharon. « The patronage power of early modern French Nobelwomen », *The Historical Journal* 32-4 (1989), pp. 817-841.

LACHÈVRE, Frédéric. *Bibliographie des recueils collectifs de poésie publiés de 1597 à 1700*, Genève, Slatkine Reprints, 1967 [Paris, 1901].

—. *Les Recueils collectifs de poésie libres et satiriques publiés de 1600 à 1626*, Paris, Champion, 1914.

LA MÉSANGÈRE. *Galerie française de femmes célèbres par leurs talens, leur rang ou leur beauté*. Portraits en pied dessinés par M. Lanté, la plupart d'après des originaux inédits, gravés par M. Gatine et coloriés, Paris, Chez l'éditeur, 1827.

LARNAC, Jean. *Histoire de la littérature féminine en France*, Paris, Kra, 1987 [1929].

LAVAUD, Jacques. *Un Poète de cour au temps des derniers Valois, Philippe Desportes, 1546-1606*, Paris, Droz, 1936.

LAZARD, Madeleine. *Images littéraires de la femme à la Renaissance*, Paris, PUF, 1985.

LEJEUNE, Philippe. *Le Pacte autobiographique*, Paris, Seuil, 1975.

MARIÉJOL, Jean-Hippolyte. *La Vie de Marguerite de Valois, reine de Navarre et de France, 1553-1614*, Paris, Hachette, 1928.

MATHIEU-CASTELLANI, Gisèle. *Anthologie de la poésie amoureuse baroque, 1570-1620*, Paris, 10/18, 1979.

MESNARD, Jean. *La Culture du XVIIe siècle, Enquêtes et synthèses*, Paris, PUF, 1992.

MONGEZ, Antoine. *Histoire de la reine Marguerite de Valois, première femme du roi Henri IV*, Paris, Ruault, 1777.

RATEL, Simone. « La Cour de la reine Marguerite », *RSS* 11 (1924), pp. 1-29, 193-207 ; 12 (1925), pp. 1-43.

National Union Catalog : pre-1956 Imprints... Londres, Mansell, 1968-1981.

SABATIER, Robert. *Histoire de la poésie française*, Paris, Albin Michel, 1975.

SIMONIN, Michel. *Charles IX*, Paris, Fayard, 1995.

SUTHERLAND, Nicola-Mary. *The massacre of St-Bartolomew and the European Conflict, 1559-1572*, Londres, Mac Millan, 1973. Trad. en français d'un chapitre : « Le massacre de la Saint-Barthélemy : la valeur des témoignages et leur interprétation », *Revue d'Histoire moderne et contemporaine* (oct-déc. 1991), pp. 529-598.

TCHERMERZINE, Avenir. *Bibliographie d'éditions originales et rares d'auteurs français des XVe, XVIe, XVIIe et XVIIIe siècles*, Paris, Herman, 1927-1933.

TELLE, Émile. *L'Œuvre de Marguerite d'Angoulême, reine de Navarre et la querelle des femmes*, Genève, Slatkine Reprints, 1969 [Toulouse, 1937].

TIMMERMANS, Linda. *L'Accès des femmes à la culture (1598-1715). Un débat d'idée de saint François de Sales à la marquise de Lambert*, Paris, Champion, 1994.

VIENNOT, Éliane. « La transmission du savoir-faire politique entre femmes, d'Anne de France à Marguerite de Valois », in *La Transmission du savoir en Europe aux XVIe et XVIIe siècles*, Actes du colloque de Nancy, 1997 (à paraître).

—. « Veuves de mère en fille au XVIe siècle : le cas du clan Guise », in Nicole Pellegrin & Colette Winn (sous la dir. de), *Veuves, veufs, veuvage sous l'Ancien Régime*, Actes du colloque de Poitiers, 1998 (à paraître).

TABLE DES MATIERES

PARTIE II

MÉMOIRE JUSTIFICATIF POUR HENRI DE BOURBON

1574

PARTIE III

DISCOURS DOCTE & SUBTIL

Dicté promptement par la Reine Marguerite et envoyé à l'auteur des* Secrets moraux

1614

PARTIE IV

POÉSIES

1580?-1614

ILLUSTRATIONS

IMPRIM'VERT®

Achevé d'imprimer par Corlet,
Condé-en-Normandie (Calvados),
en Mars 2022
N° d'impression : 175401 - dépôt légal : Mars 2022
Imprimé en France